# 101 HECHOS LEGENDARIOS
## EN LA HISTORIA DE VALENCIA

# 101 HECHOS LEGENDARIOS
## EN LA HISTORIA DE VALENCIA

**Salvador Raga Navarro**

Marva, 9 - 46007- Valencia
Email: editorial@carenaeditors.com
www.carenaeditors.com

Primera edición Octubre 2014
Impreso en España

ISBN: 978-84-16130-09-2
Depósito Legal: V-2190-2014

*A mi PADRE, por demasiados motivos.*

# PRÓLOGO A LA OBRA....

Salvador Raga es un activo e inquieto licenciado en Derecho que, lejos del bufete y de la práctica de la abogacía, lleva ya años dedicado a la difusión de los aspectos culturales de la personalidad valenciana. Convencido está de que nuestro carácter tranquilo, acogedor, un tanto pasivo y poco combativo se halla falto de una pedagogía que ni las aulas de nuestros centros de enseñanza y, menos, la universidad, ha cuidado con el mimo necesario para valorar debidamente lo que son nuestras señas de identidad como rasgo distintivo de una rica personalidad e historia que el legado cultural puso en tierras valencianas. Y, de ahí, la preocupación que, desde su juventud, ha sentido por indagar, rebuscar, investigar, no sólo entre archivos y bibliotecas, sino también en los paisajes urbano y rural, los vestigios de una cultura que define al pueblo valenciano como tal. No hay calle, callejuela, *açucat*, rincón de nuestra ciudad, ni paisaje, fuente, acequia, alquería, caserío... que, subido en su bicicleta, haya dejado de ser visitado por este enamorado de todo lo valenciano. Y, como nos ocurre a todos los que profesamos este mismo sentimiento, tampoco resiste la tentación de difundirlo de una forma altruista y generosa entre sus conciudadanos sin distinción de edades ni de formación. No es raro encontrarle en cualquier esquina de la ciudad explicando a personas desconocidas el porqué de una lápida conmemorativa o del rotulado de una calle ante la curiosidad de los transeúntes.

Y todo esto que él vive, yo diría que casi como profesión, le llevó tiempo atrás a fundar y presidir la valenciana asociación Via Vicentius, creada en el año 2007 y cuyo principal objetivo es el conocimiento y difusión de la ruta que, desde Zaragoza a Valencia para sufrir su martirio, siguió el más universal de nuestros santos Vicentes, San Vicente mártir, acompañando al obispo Valero, allá en los inicios del siglo IV de la era cristiana, en la última de las persecuciones en tiempos del emperador Diocleciano, en vísperas del Edicto de Milán (313) promulgado por Constantino, que daba libertad de culto a los cristianos. Esta ruta muchos años antes de que el Camino de Santiago aglutinara todo un peregrinar europeo hacia la tumba del santo patrón, con las consecuencias culturales de la misma, ya funcionaba desde Zaragoza a Valencia para visitar la tumba de nuestro santo en una colectividad mozárabe de tan ondas repercusiones en la historia y forja de nuestra cultura. Hoy, esta activa asociación lleva a cabo un sinnúmero de actividades y es fiel reflejo del interés que despierta entre el mundo de la cultura desde el punto de vista religioso, artístico, cultural y turístico dentro de la riqueza patrimonial del pueblo valenciano.

Salvador, con su rica actividad y amplios conocimientos sobre nuestro pasado es, asimismo, un activo conferenciante participando en tertulias televisivas y radiofónicas, semanas culturales, eventos de todo tipo de entidades culturales, promotor de exposiciones... acudiendo allí donde se le reclama para hacer partícipes de sus conocimientos a quienes se hallan ávidos de saber sobre cuestiones relativas a nuestra historia; su fácil verbo, amplios archivos fotográficos, su fonética valenciana, le llevan a conectar y 'comunicar' con prontitud con su auditorio y sus, más que conferencias, 'charlas' y coloquios pasan sin percatarse del tiempo transcurrido, dado el interés y atractivo de las mismas.

Yo llegué a conocer a Salvador a través de las páginas de Internet (ese ente omnipotente y omnipresente que todo lo sabe) rebuscando en un trabajo de investigación sobre el impresor Laborda de la valenciana calle de la Bolsería, impresor de 'pliegos sueltos' que destacó precisamente en la edición de gozos como piezas fundamentales del devocionismo popular. El hecho de contactar con las páginas de 'gogistas valencianos' me llevó a aclarar muchas dudas y a percatarme de que ¡por fín! alguien en mi Comunidad sentía alguna preocupación por aquello que, hasta el presente, sólo había movido el interés de eruditos locales y coleccionistas. Por fín, aquel coleccionismo del erudito Orellana, de Calatayud Bayá, de Nicolau Primitiu, de M. Sanchez Navarrete, de X. Casp, M. Adler Noguerol, conventos de monjas y frailes y, últimamente de Andrés de Sales Ferri Chulio y su Archivo de Devocionismo Popular... podía tener una sistematización y continuidad y lo que muchos consideramos aspecto esencial de nuestra diversificada creación literaria, se podía hallar a salvo de injerencias extrañas. Nuestro Siglo de Oro ya había tenido sus ejemplares de 'gozos' exportados a otras latitudes que después destacaron precisamente por su coleccionismo y valoración de lo que los valencianos no hicimos, ni hemos hecho nunca, gala de forma tan generalizada.

La recopilación de gozos llevada a cabo por la asociación Via Vicentius, desde el año 2010 en que se inicia, es una encomiable empresa que pone al alcance de todos esa práctica devocional a la que hemos dedicado muchos años de nuestra actividad investigadora, difusora y docente. Hoy, a través de internet puede cualquier persona interesada localizar los gozos que sus antepasados devotamente entonaron en sus respectivas parroquias, ermitas, cofradías y gremios y que sólo permanecen actualmente interpretados al final de romerías, misas y procesiones (embrión de la fiesta) dedicadas a la Virgen, Cristo y santos patrones tras un apretado programa y ajetreado día antes de que el párroco lance sus habituales vítores y la masa responda (muchas veces sin saber el porqué) de una forma mecánica, aunque se le escapen las furtivas lágrimas de rigor a cierta feligresía todavía añorante de tiempos pasados.

Y no queda ahí la labor recopiladora y difusora de Via Vicentius; diferentes blogs van haciendo su aparición dentro de la Asociación, siempre en relación con ese espíritu emprendedor y universal de nuestro autor que le llevan a campos tan diversos como el mundo de las bicicletas clásicas, las calles históricas de Valencia, el Valencia C.F. en el recuerdo, la *Penya Valencianista per la solidaritat*, San Vicente Mártir, carteles antiguos de Valencia, anuncios de antiguos comercios de la Ciudad,... Se observa en la obra de Salvador un claro conocimiento y dominio de los pilares clásicos de la bibliografía valenciana, tanto de los cronistas (Beuter, Viciana, Escolano, Esclapés, Perales...) como de los padres de la historiografia moderna (Orellana, Teixidor, Mayáns, Chabás...), así como de las trabajos históricos y divulgativos que desde tiempos de la Renaixença valenciana fueron editados por entidades señeras como Lo Rat Penat o el entonces Centro de Cultura Valenciana (hoy Real Academia de Cultura Valenciana) que celebra su primer Centenario; las *Memorias de un Setentón*, de Teodoro Llorente Falcó, *La Valencia de otros tiempos*, de V. Vidal Corella, los estudios de los barrios de la Ciudad de J.L. Corbín... no le son ajenos.

Y ahora, Salvador nos presenta una obra realmente interesante en la que, bajo el epígrafe de '101 HECHOS LEGENDARIOS DE LA HISTORIA DE VALENCIA', hace una vez más gala de su valencianismo demostrando y poniendo de relieve los innumerables hechos por los que nuestra Ciudad y Comunidad aparece en primera línea del contexto cultural mundial. Los más diversos y dispares asuntos tienen por cuna la ciudad del Turia sin que su ciudadanía se percate de ello y se enorgullezca por tal motivo. Ha sintetizado en los capítulos que va desgranando a lo largo de las páginas de este trabajo tal cantidad de información de toda índole que no podemos dejar de felicitarle -y felicitarnos- por un trabajo que debe servir de estímulo para los que somos y nos sentimos valencianos por encima de todo, sin distinción de ideologías y credos; díganlo instituciones como la Taula de Canvis, el Consolat del Mar, el Misteri d'Elx y el Tribunal de las Aguas (ambos patrimonio inmaterial de la Humanidad), La Lonja de la Seda, el primer hospital psiquiátrico del mundo; nuestros escritores del Siglo de Oro valenciano; la introducción del papel en Europa en los molinos de Xàtiva; les *Ores i troves*..., primera obra impresa en España; la primera traducción de la Biblia a una lengua no latina, la valenciana, por Bonifacio Ferrer; Arnau de Vilanova, el médico más importante del mundo medieval; el cirujano Lluis Alcanyís, el humanista Luis Vives; la llegada del renacimiento pictórico a tierras españolas merced a los papas Borja; o, en otro orden de cosas, la financiación del descubrimiento de América por el judío valenciano Luis de Santàngel (injustamente tratado en recientes series televisivas), o la figura de Vicente Martín y Soler, el músico más admirado en Europa en la segunda mitad del siglo XVIII, el Valencia C.F. ('su' Valencia), el ajedrez moderno, CIFESA, el arte, las bandas de música, etc. etc. etc.

Y así, poco a poco, el libro va presentándonos cuestiones y temas decisivos y de repercusión mundial, en los que nuestra gente, nuestro buen hacer y nuestra sociedad fueron pioneros en aportar alguna innovación desconocida hasta entonces en campos muy diversos, siempre con el denominador común de su patente de valencianidad que llevan el nombre de nuestra Valencia a los más alejados rincones del mundo. Sorprenderá, con toda seguridad, al lector el contenido del mismo.

¿Tenemos o no motivos los valencianos para enorgullecernos de serlo? Salvador ha puesto su granito de arena. Ahora, sólo falta que los lectores de este interesante trabajo, que publica la Editorial Carena, le secundemos y hagamos la necesaria pedagogía ante la tibieza y pasividad de nuestros conciudadanos.

Daniel Sala Giner.
Académico de la R.A.C.V.

# INTRODUCCIÓN

Vivimos en una gran tierra pero algo debe cambiar. Porque algunos indignos depositarios de nuestra confianza convirtieron nuestro mandato en un juego indecente de impunidades. Y lo tienen que pagar porque la historia con mayúsculas no puede perdonar a los que han convertido el nombre de nuestra tierra en el sinónimo más próximo de la corrupción y el desatino. Yo al menos por ahí no paso. Porque quiero compartir un repaso a vuelo de pájaro de lo que aquí contemplaron los siglos y a ese viaje os invito para que comprobéis que no siempre fuimos así: En nuestra ciudad, la **Valencia** que amamos, los romanos fundaron hace veintidós siglos una colonia, *Valentia*, cuyo nombre significaba *fortaleza* y *buen augurio*. Con el martirio de *San Vicente* dentro de sus murallas aparecemos en el mapa de la historia siendo el escenario de la lección de aquél héroe en un diminuto lugar de la Via Augusta. Ya con la decadencia de los visigodos, que aprovecharon las debilidades de un imperio romano fracturado por el banquete de gloria, los musulmanes toman una *Balansiya* que acaban convirtiendo con sus nuevas murallas en una de las plazas más fuertes de su imperio y en sus cinco siglos de dominio ganaron en esplendor y florecieron en las más diversas artes. Las incursiones del *Cid* serían el preludio de una conquista de *Jaime I* en 1238 para la cristiandad que hizo convivir a cristianos, musulmanes y judíos en nuestra ciudad. Las antiguas mezquitas se convirtieron en iglesias y el *Repartiment*, los *Furs* y el *Consolat del Mar* dieron un nuevo orden jurídico a sus habitantes. En el S.XIV una nueva muralla fortaleció la ciudad , nuestra lengua vernácula, el valenciano, presenció un brillante *Siglo de Oro* de la literatura y la expansión demográfica consiguiente iba a dar personajes para la posteridad de la talla de *Luís Vives*, los *Borja*, *Joan Martorell*, *Sor Isabel de Villena, Ausias March, Arnau de Vilanova, Jaume Roig*, el *padre Jofre, Lluis Alcanyís, San Vicente Ferrer* , y tantos otros, ... Su influjo convirtió a *Valencia* en la ciudad cristiana más importante de la península en el S.XV y en ella se imprimió su primera obra literaria en el año 1474. Y nuestros antepasados contemplaron la construcción de la *Torre del Miguelete*, la *Lonja de la Seda*, las *Torres* *de Cuart*, las atarazanas y cómo, con dinero valenciano, *Luís de Santángel* financió la conquista del *Nuevo Mundo* por los *Reyes Católicos*. En este tiempo se obligará a musulmanes y judíos a que abracen la fe cristiana para crear un contingente de conversos que serán combustible para las hogueras de la Inquisición, mientras *Valencia* sufrirá riadas y pestes que diezmarán su población. Las Germanías de los gremios artesanos se alzarán en el año 1520 en armas contra los privilegios de la nobleza, huidizos de la peste de la ciudad, pero serán finalmente aplastados por ella en la primera de las revoluciones modernas. El S.XVI concluirá con una definitiva expulsión de los moriscos que despoblará campos y huertas. Con la *Guerra de Sucesión* y la victoria de *Felipe V* para los *Borbones* en la *Batalla de Almansa* se abolirán los Fueros y se castellanizará el territorio. Duro castigo por habernos alineado con los austracistas. Ya con la invasión francesa, un humilde *palleter* pone en jaque al poderoso ejército imperial francés para que Fernando VII recupere un trono que nunca mereció. La crisis de la seda hará que en el año 1865 se derriben las murallas cristianas de la ciudad y sólo dejarán en pie las *Torres de Serranos* y de *Quart* por ser prisiones en la época. Ya a principios del S.XX, los *Sorolla, Blasco Ibáñez* y los *Benlliure* elevarán nuestras artes a categoría de una ofrenda internacional que las *Fallas* convertirán en símbolo mundial de fiesta purificadora por el fuego. La Guerra Civil, trágica, marcará una difícil posguerra que mitigarán los títulos del *Valencia C.F* de los 40 con su mítica delantera eléctrica . La riada de 1957, que aún perdura en la memoria de muchos, y el florecimiento de la exportación naranjera nos llevarán al Estatuto de Autonomía en 1982... en la época democrática muchas cosas nos han pasado mientras seguimos discutiendo si somos tirios o troyanos, si somos galgos o podencos... pero ¿qué nos pasa hoy? Tras esta historia gloriosa, *Valencia* aparece en nuestros días como una oportunidad desaprovechada para dar una lección de progreso, para dar a la modernidad el legado de una ciudad que era envidiada en el mundo con el referente del deporte, de las artes, de la arquitectura y de la solidaridad. Algunos malversaron nuestro crédito tirando a la basura el nombre de nuestras instituciones financieras, de nuestro circuito de Fórmula 1, de nuestra televisión, mercadeando incluso con nuestro equipo de fútbol más querido y llenando de imputados los escaños de les Corts. Difícil trago el que tenemos que digerir...para colmo, acabo de leer que somos la ciudad con mayor consumo de luz por habitante y que la farola pública por cada ocho habitantes a la que salimos guiaría fácilmente en la noche a un barco que viniera desde Mallorca. Derroches indecentes de una opulencia mal entendida.

Pero yo digo que tenemos una oportunidad. En tiempos como estos es más necesario que nunca recordarle a la sociedad que Valencia ha dado a la historia de España y de la humanidad hitos pioneros de gran altura en campos diversos como el arte, la medicina, el deporte, la literatura o la religión. En este trabajo voy a esforzarme por preguntar a cientoun hechos de nuestra historia si fueron únicos, si fueron los primeros en el tiempo o si fueron los mayores en cantidad. Y si la respuesta es afirmativa voy a desarrollar su contenido para glosar su novedad y trascendencia histórica. Porque son ciento un casos de éxito, ciento un argumentos para el orgullo, ciento un revulsivos sin paliativos. Aunque no quiero crear un libro Guinness valenciano de los récords sí voy a hacer justicia mediante este recordatorio con luces de neón, de nombres, hechos y lugares gloriosos para exigir respeto y memoria por lo que hemos dado en nuestra Valencia superlativa. Porque tener una renta per cápita inferior a la media nacional de España y ser contribuyentes netos quejándonos menos de lo justo algún derecho nos dará. Ya está bien de que nos traten como al "Levante feliz" del derroche, de ser adulados con media sonrisa por un clima que nos hace mendigar por el agua, por las idílicas playas, por el carácter de las gentes y por nuestra tolerancia a la crítica fácil. Valencia es el mejor ejemplo de lo que podría ser la California europea sólo con un "poc de trellat", porque nuestra tradición cultural, industrial, histórica y manufacturera deben ser el motor de nuestra necesaria reinvención como pueblo. Y los que se equivocaron con nosotros… que Dios les guarde en su gloria desde el banquillo de una sala de justicia. Echemos una mirada al pasado que nos da orgullo porque este es mi humilde HOMENAJE a esta tierra. Porque la única patria, como decía el filósofo, es la infancia vivida…

# 101 HECHOS LEGENDARIOS
## EN LA HISTORIA DE VALENCIA

# 1.- En "valentina lingua".

De entre las glorias que enorgullecen a los valencianos se encuentra un hito que elevó nuestra lengua a categoría de tesoro inmaterial ya en el lejano siglo XV. Porque haber tenido un siglo de oro de la literatura en la "*valentina lingua*" mucho antes que cualquier otra lengua peninsular dio a nuestra forma de comunicación más íntima pasaporte a la posteridad. Ni el castellano, ni el catalán, ni el euskera, ni el gallego entre las lenguas hispanas modelaron tan pronto un discurso literario de la profundidad y belleza como la que aquí se construyó, siendo sólo superado en antigüedad en las lenguas latinas por el italiano ya que este contó con las cumbres coronadas de los *Dante, Petrarca* y *Bocaccio*. Para comprender el calado de este movimiento me parece necesario comprender el entorno en que se desarrolló y ahí es donde voy a incidir primeramente.

La semilla del esplendor posterior ya vino plantada desde la cultura árabe puesto que desde nuestras tierras setabenses se introdujo el papel en toda Europa y ello fructificó en la impresión de la primera obra literaria de *España* unos siglos después. Pero, ya en el siglo XV, *Valencia* se había convertido en refugio de mentalidades cosmopolitas al calor de las conquistas mediterráneas de *Alfonso el Magnánimo* en que la población de la capital llegó a alcanzar el hasta entonces desconocido número de 75.000 habitantes, siendo sólo superada entonces por *Granada*. Por otro lado, la convivencia entre las tres grandes culturas que nos habitaban, aunque no exentas de escarceos, podría calificarse entonces de estable y conflictos y pestes en territorios vecinos actuaron de "efecto llamada" a nuestras tierras. En todo caso, hay que hacer notar que nuestro *Siglo de Oro* es un fenómeno urbano exclusivo de la ciudad de *Valencia* que la colocó en la vanguardia europea de la época pero que no se extendió a las otras ciudades importantes del reino. Por tanto, *Valencia* creó un espacio de referencias para el desarrollo del arte y la cultura apoyado en una sociedad dinámica y emprendedora que alcanzó cotas de prosperidad nunca vistas hasta el momento.

Es en este contexto cuando una pléyade de escritores, algunos nacidos en el *Reino de Valencia* y otros procedentes de otros lugares, tienen la conciencia de estar escribiendo en valenciano. Porque antecedentes en los siglos XIII y XIV los hubo sobrados con figuras como *Francesc de Eiximenis, Arnau de Vilanova, Fray Antoni Canals, Bonifaci Ferrer* y *San Pedro Pascual*. Con una fuerza inusitada, la cadena de transmisión de este saber se propagó de forma imparable en los autores que encumbraron nuestra literatura del siglo XV como fueron *Sor Isabel de Villena, Jaume Roig, Joan Martorell, Ausias March, Roig de Corella, Jordi de Sant Jordi, Bernat Fenollar, Lluís Alcanyis*, Jaume Roig y tantos otros… de cada uno de los cuales podríamos construir una historia.

Como si de un deseo de insistir en "la marca" de su vehículo de comunicación, muchos de ellos insisten en que escriben en una lengua propia, diferente y diferenciada y manifiestan, ya entonces, que escriben en valenciano en sus obras. Así encontraremos estas referencias en el colofón del "*Liber Elegantiarum*" de *Joan Esteve*, en el colofón de la "*Hystoria de Alexandre*" de *Lluis de Fenollet*, en el colofón de la "*Biblia Valenciana*" de *Bonifaci Ferrer*, en el prólogo del "*Tirant lo Blanch*" de *Joan Martorell*, en la primera página de "*L'imitació de Jesucrist*" de *Miquel Pérez*, en el colofón de "*Lo Cartoixá*" de *Roig de Corella*, en el prólogo de la "*Vida de la Seraphica Sancta Catherina de Siena*" de *Tomeu Vesach*, en "*L'espill*" o "*llibre de les dones*" de *Jaume Roig* o en la traducción del "*Carcer d'amor*" de *Bernardi Vallmanya*, que es el primer libro ilustrado con grabados que se conoce impreso en *España*. Incluso algunos escritores catalanes del mismo siglo afirman igualmente escribir en lengua valenciana como *Jeroni Amiguet* en el comienzo y colofón del "*Sinonima Variatiorum Sententiarum*", *Joan Bonlavi* en la portada del "*Blanquerna*" y del "*Llibre de les oracions*", *Francesc de Eiximenis* en su "*Scala Dei*" y "*Art de ben morir*" u *Onofre Pou* en el "*Thesaurus puerilis*".

Distintos factores contribuyeron entre los siglos XVI y XIX a una súbita decadencia de nuestra lengua como la presión uniformadora producida desde la codificación que *Nebrija* dio al castellano, la expansión de esta lengua por las *Indias* que la convirtió en la lengua literaria más importante del mundo, la llegada a la realeza de *Aragón* de los *Trastámara* y la ausencia de relevo generacional en nuestros escritores. Es entonces cuando nuestra lengua vernácula se refugió en el ámbito rural, familiar y siempre popular, agravándose su depresión por la indiferencia y menosprecio de los propios valencianos. La derrota en la *Guerra de Sucesión* y en su *Batalla de Almansa* supondría su puntilla. Por tanto, nuestro reto por la recuperación de su esplendor sigue hoy más vigente que nunca para protegerse del mestizaje con el poderoso y oficial castellano.

*"Es la lengua valenciana la primera lengua romance literaria de Europa, de cuyos clásicos no sólo aprendieron catalanes sino incluso castellano". (Menéndez Pidal, "Gramática Histórica", 1977).*

*"Si la lengua castellana tiene casi todas las vozes griegas asi como los griegos las pronunziaron, i es toda latin en los idiomas diferentes solo casi en la pronunçiaçion, como valençiano, portuges i castellano". (Quevedo, 1604).*

## 2.- El libro didáctico de las elegancias.

Otro de los hitos literarios con los que adornamos este libro es el conocido como *Liber Elegantiarum* o "*Libro de las Elegancias*", obra del Notario Real valenciano *Joan Esteve*, *Joannis Stephani* como firma en el colofón de su obra. Esta condición de Notario Real es lo que le dio a su autor una de las máximas responsabilidades como fedatario que se podía tener en aquel tiempo, teniendo jurisdicción en todo el *Reino de Valencia* y en la *Corona de Aragón* para la emisión de documentos oficiales. Pero, aún antes, *Esteve* fue curial en la escribanía real de la corte del rey *Alfonso el Magnánimo* en *Nápoles* y allí entró en contacto con las ideas renovadoras del humanismo italiano que se respiraban en la corte. Finalmente, su condición de escribano capitular en la catedral de *Valencia* le dio acceso a una de las mayores bibliotecas de la ciudad con la que documentar su *Liber Elegantiarum* y a la que acompañó una capacidad erudita fuera de lo común pues gustaba de leer a *Virgilio, Terencio, Cicerón* y otros autores latinos.

Su obra se convirtió pues en el siglo XV en el primer diccionario que, desde expresiones latinas, recogía equivalentes a una lengua peninsular y en este caso fue al valenciano. La obra fue escrita en el año 1472 y fue impresa el 3 de octubre de 1489 en la imprenta de *Paganino de Paganinis* de *Venecia.* La fecha de 1472, con grandes posibilidades de ser confirmada, podría convertir la obra en el primer diccionario de una lengua romance al ser una recopilación de palabras y frases latinas ordenadas alfabéticamente con su correspondencia al valenciano. Esta se postulaba así como una obra didáctica pensada inicialmente para facilitar la enseñanza del latín a los estudiantes y se la considera el primer diccionario ya que lo que existía con anterioridad no dejaban de ser colecciones de palabras de especial dificultad procedentes de determinadas obras. De extensión considerable, combina al mismo tiempo una técnica compleja y heterogénea con una gran diversidad de fuentes tanto clásicas como, sobre todo, medievales y renacentistas.

Esta corriente de producción de diccionarios abundaría en la preocupación de las lenguas romances en tener su propia equivalencia con frases latinas y así en el año 1487 *Loys Garbin (Louis Cruse)* publicaría en *Ginebra* su "*Vocabulaire latin-françois*", en el 1490 *Alonso de Palencia* publica su

"*Universal vocabulario en latín y en romance*" y en el 1492 *Nebrija* imprime su "*Lexicon latino-castellanum et castellano-latinum*". Podría pensarse que, por el tiempo transcurrido entre la firma de la obra y su publicación conocida, estamos ante una segunda edición de aquella, siendo que se conservan tan sólo cuatro ejemplares originales de esta edición pero sin tapa y estando el único de los valencianos en la universidad literaria. Respecto al hecho de su no publicación en *Valencia* cuando nuestra imprenta ya estaba más que consolidada y había dado la primera obra literaria a España pudo venir del deseo de evitar la censura sobre algunas expresiones o palabras que pudieran considerarse de mal tono, o relativas a asuntos conflictivos sobre guerras o enfermedades. Algún autor añade que *Esteve* toma prestadas expresiones de una obra de un autor llamado *Fliscus* que era un manual de enseñanza del latín para jóvenes titulado "*Sententiarum variationes seu Synonyma*. Esta se trata de una recopilación de frases en toscano con su equivalente en latín que pudo haber sido replicado en parte por *Esteve*.

Respecto a lo que algunos autores escribieron sobre la obra, *Germán Colón* dejó dicho que se trata "*del primer repertorio que recoge más o menos completa la lengua hablada en Valencia a mediados y finales del siglo XV*" y, por lo tanto, de "*un instrumento de capital importancia para la lexicografía romántica en general*". *Pere Gimferrer* dijo también que el *Liber Elegantiarum* "*es sumamente divertido y, lo que es más, tan característicamente valenciano en su colorido como el Spill de Roig, el Tirant lo Blanch, o la poesía de Estellés*". En su colofón, Esteve manifestará explícitamente que recoge expresiones en lengua latina y lengua valenciana: "*Explicit liber elegantiarum Johannis Stephani, viri eruditissimi, civis Valentiani, regie auctoritate notarii publici, latina et valenciana lingua exactissima diligencia emendatus: Ópera atque impensa Paganini de Paganinis Brixiensis Venetiis impresus. Inno. VIII summo pontifice. Augustino Barbadico, Venetiarum principe. Anno a natali christiano MCCCCLXXXVIIII. V vero nonas Octobris*".

> *"...la lengua valenciana ha probado con todo cumplimiento, que la lengua Latina es muy universal por todo el mundo, y de aquella muchas otras han tomado gran número de vocablos, y que la lengua valenciana es hija, y factura de la lengua Latina por derecha línea y propagación..." Rafael Martí de Viciana, "Libro de alabanzas de las lenguas Hebrea, Griega, Latina, Castellana y Valenciana", 1574.*

## 3.- Un incunable para la “mare de Deu”.

La invención de la imprenta en el mundo moderno supuso un antes y un después en la historia de la humanidad como lo fue después un internet imparable que comenzó a democratizar el acceso al arte y la información. *Johann Gutenberg* ensayó y puso en marcha durante la década de los cuarenta del siglo XV una primera imprenta que iba a crear desde los años 1452 a 1460 verdaderas joyas bibliográficas e iba a adiestrar en este arte a algunos discípulos que, a partir de 1462, se distribuyeron por las principales ciudades europeas. Su llegada a *Valencia* fue unos años después de haberse introducido en Italia en el año 1465 para imprimirse aquí la primera obra literaria de nuestro país, dando ello muestra de la enorme importancia socio-económica de la ciudad en esta época y de su altísimo nivel cultural. Las relaciones comerciales con los territorios transalpinos serían así determinantes para esta llegada.

La primera imprenta valenciana se instaló en el año 1474 junto al *portal de Valldigna* y era propiedad del comerciante alemán *Jacobo Vizlant*, creando así el primer negocio editorial del que se tiene noticia. De este taller se hizo cargo *Lambert Palmart*, impresor nacido en *Colonia* y que había trabajado en Italia antes de instalarse en nuestra ciudad, y con el que pronto colaborará *Fernández de Córdoba*, “*argenter*” de profesión que aprendió de *Lambert* el arte de imprimir y realizó con él algunas impresiones, independizándose más tarde. Una placa callejera en la *calle del Portal de Valldigna* donde esto sucedió nos recuerda este hecho. El primer libro salido de su imprenta será las “*Obres e trobes davall escrites les cuals tracten de lahors de la sacratíssima Verge María* “, del año 1474, le sigue el “*Comprehensorium*” en el año 1475, que fue además el primer incunable fechado sin mencionar su impresor, y un “*Salustio*” el mismo año. Ambos imprimen también conjuntamente la “*Biblia Valenciana*”, obra acabada en el 1478 por *Bonifaci Ferrer* y que fue la primera traducción de la *Biblia* a una de las lenguas peninsulares. Otros impresores alemanes como *Lope de Roca, Nicolás Spindeler,* que publicó una edición del “*Tirant lo Blanch*” a dos columnas que está considerada en el ámbito tipográfico como una de las obras cumbres de la imprenta española, *Juan Rosenbach, Pedro Hagenbach, Leonardo Hutz* y *Cristóbal Koffman* también llegaron a *Valencia* bajo el auspicio de *Vizlant. Lambert*

*Palmart* continuó en *Valencia* hasta el año 1493 publicando más de una docena de obras de autores clásicos y conviviendo con el resto de talleres que produjeron, casi de forma industrial, mayor número de obras que cualquier otra ciudad española. Entre estas obras impresas por *Palmart* destacan las fábulas de *Esopo* (1480), la "*Cosmographia*" de *Pomponio Mella* (1482), "*Lo Crestià*" de *Eiximenis* (1483), el "*Cantica Canticorum*" del obispo *Pérez de Valencia* (1486) y el "*De profundis*" de *Fuster* (1490).

La larga tradición de elaboración de papel, introducida por los árabes e impulsada por sus molinos de *Xátiva*, y el siglo de oro de la literatura en lengua valenciana fueron decisivos en la consolidación de esta industria impresora. Estos pioneros de la imprenta fueron en la mayoría de los casos, además de tipógrafos, fundidores de los tipos y libreros o editores. Otra de las obras relevantes salidas en estos años de las imprentas valencianas fue en el año 1477 la "*Tertia pars Summa Teologica*", primer incunable que aparece con todos los datos completos y con el nombre del impresor incluido.

Pero el hito histórico que nos ocupa es que *Palmart* imprimió la primera obra literaria de España, "*Obres e trobes davall escrites les cuals tracten de lahors de la sacratíssima Verge María*", y que lo fue en su mayor parte en lengua valenciana. Esta obra recoge el certamen o justa poética convocada por el virrey de *Valencia* fray *Luis Despuig*, Gran Maestre de la *Orden de Montesa* y amante y cultivador de la poesía, el 11 de febrero de 1474, siendo encargada la organización de este certamen literario a *Mossén Bernat Fenollar*. Su tema principal es el de las alabanzas a la *Virgen María*, concurriendo a él todos los poetas que estaban activos en ese momento y que van a escribir en su mayoría en valenciano, aunque también hay obras en toscano y castellano. Así, los cuarenta y cinco poemas presentados debían de constar de cinco estrofas, con dedicatoria y estribillo, teniendo libertad en cuanto al estilo y lengua. El libro, por otra parte, no tiene colofón en la finalización del mismo al carecer su última página de la fecha de la terminación de la obra y el impresor que la realizó. Como curiosidad, en esta obra sólo escribe una mujer de la que, debido a su condición femenina, hay un notario que da fe de su género apareciendo su nombre al comienzo de cada verso. Su autora se llamaba *Yoland* y escribía en valenciano.

Podemos concluir, por tanto, que *Valencia* llegó a ser a finales del siglo XV el primer centro editorial de España porque llegó a contar con treinta y dos impresores, entre los que destacaron *Joffre, Costilla, Sanahuja, Díaz, Romano, Maciá, Navarro* y el flamenco *Juan Mey*, patriarca de una dinastía que crearía la mayor parte de las publicaciones locales en materia de humanidades. No podemos olvidar tampoco el tiempo y esfuerzo que debía emplearse en cada una de estas ediciones pues la carencia de papel y su traslado, la tinta y su fabricación, la escasez de artesanos con formación, la fundición, la recepción de los tipos sin errores y la propia fabricación de las prensas de imprimir, que debieron ser copias de la traída de Italia por *Lambert Palmart*, dificultarían enormemente su trabajo.

Es así como a finales del siglo XV y principios del XVI convivían en *Valencia* impresores, encuadernadores, curtidores e ilustradores, que alcanzaron gran fama y prestigio, mientras continuaron instalándose en la ciudad nuevos talleres atraídos por el auge adquirido por la industria y el comercio del libro. Ya en el siglo XVIII, los *Orga*, familia de reconocido prestigio, también formaron parte de la tradición de los impresores más importantes de la ilustración valenciana junto con los *Monfort,* los *Bordázar, Joaquin Ibarra* o *Sancha*. Por último, hay determinadas características que definen estas primeras ediciones como son la portada casi inexistente ya que en su lugar se inserta el título en xilografía o los caracteres móviles de gran tamaño. El texto, normalmente, comienza en la segunda hoja o en el verso de la primera, teniendo una interlineación ancha y las iniciales son blancas sobre fondo negro. El tamaño folio y una tipografía de la letra variable según los impresores tendría una fuerte influencia de la caligrafía de los manuscritos españoles. Los temas influidos por la religión o de autores clásicos completarían un universo fascinante que colocó a *Valencia* también en la cima del progreso.

> *"Las cualidades de la lengua valenciana son su brevedad, la abundancia de monosílabos y la suavidad y la cantidad de palabras de origen árabe, griego y latino" (Carles Ros, 1733).*

## 4.- Extra, extra ¡¡¡ … sólo por una gazetta ¡¡¡¡

Nadie duda que la influencia de la prensa en nuestro país ha servido, históricamente, para servir de contrapeso al resto de poderes y para canalizar la información de los lectores tanto en épocas de abundancia como de carestía de noticias. Pues bien, *Henry Ettinghausen*, profesor emérito de la *Universidad de Southampton* e hispanista especializado en la figura de *Quevedo* y en los orígenes del periodismo, concluye de sus investigaciones que la prensa periódica valenciana fue la primera en tener esa condición en *España* a principios del siglo XVII.

Y es que el primer hecho conocido que genera la difusión de noticias fue una carta de *Cristóbal Colón* en el año 1493 sobre su primer viaje a las *Indias*, pero estas misivas todavía no serán periódicas en *Europa* hasta dos siglos después. Ya en el año 1619 es cuando se puede afirmar que adquiere todo su protagonismo el primer periódico de la *península ibérica*, publicación que toma la denominación de "*Gazeta de Valencia*". De esta publicación sólo se han localizado tres ejemplares, teniendo la particularidad de que tuvo un carácter efímero y pionero, no recuperándose hasta varias décadas después la tradición de publicar gacetas de noticias al desaparecer esta. Además, las características de esta primera prensa fueron idénticas a las de la prensa periódica posterior como hoy la conocemos, abarcando el mismo rango de temas y siendo igualmente pionera la histórica imprenta valenciana de *Felipe Mey* en la traducción e impresión de gacetas italianas. Existen además otras relaciones de "*avisos*" del mismo impresor en fechas coetáneas a estas.

La denominación real de esta "*Gazeta de Valencia*", información aportada por *Carmen Espejo* como doctora en Filología Hispánica de la *Universidad de Sevilla*, era en realidad la "*Gazeta de Roma*" y se trataba de una amalgama o serial en castellano de noticias provenientes de toda Europa y que eran recogidas desde *Roma*. Este era un fenómeno que se dio en su misma época en otros lugares de *Europa*, debiendo su nombre veneciano a una pequeña moneda de cobre llamada "*gazzetta*" que se pagaba por cada pliego o ejemplar. No es casual que esta primera prensa periódica se sitúe en *Valencia* ya que fueron definitivas las buenas conexiones marítimas con Italia y la potencia de nuestra industria impresora valenciana, también pionera en su actividad. El propio *Ettinghausen* afirmó en una de sus conferencias que se han encontrado en la *Biblioteca Reale* de Turín tres números de esta "*Gazeta*", lo que probaría que la península ibérica no quedó al margen de la euforia periodística de finales de la segunda década del siglo XVII que se vivió en *Italia, Inglaterra, Alemania,* los *Países Bajos* o *Francia.* Esta coincidió con los preliminares de la *Guerra de los Treinta Años* y, como en el resto de *Europa*, los impresores traducían las gacetas manuscritas italianas con frecuente origen en *Roma* o *Venecia*, siendo su periodicidad casi siempre semanal.

En cuanto a su contenido, la *Gazeta de Roma* sólo incluía noticias internacionales de carácter triunfal como victorias militares siguiendo el tono del carácter de la monarquía absolutista de la época, milagros religiosos, noticias de sociedad como bodas, nombramientos profesionales, o incluso sucesos sangrientos, catastróficos, etc,... Su origen sería el de emisarios que escribían cartas desde el lugar de los hechos o a través de lo copiado en otras gacetas. Así, con anterioridad al descubrimiento de *Carmen Espejo*, el origen de la prensa ibérica se situaba en el año 1660 con la publicación mensual madrileña llamada *Gaceta nueva.*

Sus títulos eran muy extensos y se hallaban, como era habitual en la época, repletos de efectos autopromocionales. Es por eso por lo que me parece ilustrativo señalar el contenido de las tres cabeceras conocidas hasta el momento:

1.-*La Gazeta de Roma. En la qual vienen diferentes avisos de los passados, assi de las sangrientas guerras, como de casos muy señalados que han sucedido por diuersas partes del mundo. Venida con este Ordinario de Roma, que llego aquí a Valencia a 3. de Enero, desde Año 1619.*

2.-*La Gazeta de Roma, Venida con este Ordinario, que llego aquí a 7. de Março deste Año 1619. En la qual se da cuenta de las diferentes guerras, y rencuentros que ha tenido el exercito Imperial, contra los Hereges de Bohemia. Tambien se avisa de la poderosa armada que esta junta en Napoles, y Mecina: y de las municiones, y provisiones que se envian a Cerdeña: y como cogieron al Bey del Cayro, y su muger; con 150 Turcos, y presa de quatrocientos mil ducados de mercancias, y veynte y cinco pieças de artilleria. Dase aviso de la muerte de la Emperatriz, y de la Reyna de Inglaterra. Y tambien se da cuenta de las Ciudades que estan apestadas: con otros avisos dignos de ser sabidos.*

3.-*La Gazeta de Roma, venida con este Ordinario, que llego aquí a los postreros deste mes de Setiembre, deste Año 1619. En la qual vienen muchas, y muy diferentes nuevas de las pasadas, tanto de cosas tocantes al Imperio, como de otras tocantes a la Armada. Dase cuenta de la Presa que han hecho las Galeras de los Cavalleros de Malta. Dicense las grandes luminarias y fiestas que han hecho en Roma, el Sacro Colegio de Cardenales, y demas Señores, por el nombramiento que su Santidad ha hecho del nuevo Cardenal el Ilustrissimo y Reuerendissimo Señor, el Señor Cardenal Infante de España, de edad de once años.*

> *"En algun temps (y no tan antic que yo nol haja alcançat) solia fer-se tan gran estimació de la llengua valenciana que quan en les juntes de la ciutat, Estaments i altres Comunitats, algu dels valencians que es trobaven en elles, se posava a parlar en castella, tots los demes s'enfurien contra ell, dient-li que parlas en sa llengua..." (Marc Antoni Ortí, "Siglo Cuarto de la Conquista de Valencia", 1639 ).*

## 5.- Hacia Brujas huyendo de las brujas.

El nacimiento de *Juan Luis Vives* vino marcado desde su principio por la persecución que los judíos sufrieron en su tiempo. Porque *Luis Vives* nació un 6 de marzo de 1492 en *Valencia* y el 31 de ese mismo mes *Isabel* y *Fernando* decretaron que todos los judíos de la península debían convertirse al cristianismo o exiliarse en caso de no querer abrazar la fe cristiana que, a partir de ese momento, será la única que podrá vivirse. El plazo dado fue de tan sólo cuatro meses y, siendo los *Vives* prósperos comerciantes como eran, decidieron convertirse, aunque en la intimidad del hogar siguieran llevando a la práctica su culto propio en una sinagoga oculta en la casa. Sin embargo, como tantos otros judíos, fueron denunciados y procesados. Se inició así un largo y duro proceso contra la familia de *Juan Luis Vives* que se prolongaría durante años con un final trágico, ya que el padre, *Luis Vives Valeriola*, fue condenado a la hoguera y su primo, *Miguel Vives,* como rabino de la sinagoga de la casa, también fue condenado. Casi como una broma macabra, la madre, *Blanca March*, fue condenada también y, a pesar de que había fallecido en el año 1508, sus restos serían desenterrados años más tarde y quemados en la hoguera como aviso a navegantes de que la Inquisición no perdonaba ni a los muertos.

Parece que la carrera de *Luis Vives* se desligó de las desgracias de su familia ya que asiste como estudiante a la recién creada *Universidad de Valencia*, que entonces se conocía como *Estudi General*, para iniciar entre los años 1507 y 1509 una brillante formación académica. Siendo su padre consciente del peligro que corría en *Valencia* debido a que la persecución se mantenía y que su familia estaba muy cerca de ser condenada, enviará a su joven hijo a estudiar en varias ciudades de *Europa*. *Vives* comienza así a destacar como escritor, pedagogo y filósofo, convirtiéndose junto con Erasmo en el gran humanista del Renacimiento y relacionándose con personajes de la talla de *Santo Tomás Moro* o *San Ignacio de Loyola*. Nos cuenta la filósofa *Sandra Ruiz Gros* que aquí aparecerá el espíritu agudo y sensible de un pensador que contempla cómo *Europa* experimenta un importante giro en el Renacimiento con la tensión de la Reforma y la Contrarreforma, con un mundo que se abre paso hacia nuevos pensamientos a diferentes niveles y que exigirá al mismo tiempo importantes cambios y ajustes. Es en el objetivo de lograr que los beneficios del progreso se extiendan a todas las capas y clases sociales para integrar a los que fueron excluidos por su escasez de recursos en el que *Vives* dará un impulso revolucionario y desconocido hasta el momento. Porque, aunque es evidente el auge y el avance social en diferentes disciplinas, el mal de la desproporción en los recursos y en las vidas de muchos individuos seguía pesando enormemente. Podemos afirmar que *Luis Vives* es el humanista valenciano que abrió de par en par, hace ya seiscientos años, las puertas a lo que ahora actualmente se denomina Trabajo Social y en su obra «*Tratado del socorro de los pobres y las necesidades humanas*" del año 1526, establecerá claramente bases sólidas y bien estructuradas para organizar una estrategia de erradicación de la pobreza en las ciudades.

En su momento esta obra provocó en toda *Europa* reacciones de todo tipo, pero por esto mismo también logró una reflexión y un importante debate ideológico y filosófico en torno a un asunto que sentó las bases de la defensa del individuo, de la solidaridad con los necesitados, de la educación y el compromiso como plataforma social, elementos que fueron los definitorios de los modernos sistemas de asistencia social. El hecho de que *Vives* viviera en ciudades como *Brujas* o *Lovaina*, donde existían unas comunidades laicas de mujeres que cumplían misiones de asistencia a los pobres y a los enfermos, motivaron sin duda la ejecución práctica de su obra como el verdadero tratado del trabajo social. La influencia de aquella labor humanitaria y el sentido práctico de su pensamiento le llevó a escribir la obra que hemos mencionado y que en su título original era "*De subventione pauperum sive de humanis necessitatibus*" ("*Del socorro de los pobres y las necesidades humanas*"). Su tesis para abordar el problema de la mendicidad era buscar soluciones en unas instituciones públicas cuya obligación era socorrer a los verdaderos pobres y hacer trabajar a los que estaban capacitados. Para conseguirlo era necesaria una organización de la beneficencia y una reforma del sistema sanitario y de acogida desde una visión secularizada de lo que es la atención pública y lejos de visiones confesionales de la caridad. En su obra, *Vives* analizaba y sistematizaba la organización de ayuda a los pobres y cómo debía hacerse. Por ello se considera a *Vives* el primer autor en *Europa* en llevar a la práctica un "*servicio organizado de asistencia social*" mediante su tratado. Fue por tanto el precursor de la organización futura de los servicios sociales en *Europa* y, por tanto, uno de los precursores de la intervención del Estado organizada y asistencial a los necesitados.

Como muestra de su discurso, *Vives* se dirigió a los burgomaestres y *Senado de Brujas* al implantar allí el sistema de servicios sociales que sería el precursor de los que progresivamente se fueron instalando en otras ciudades de *Europa*. manifestando: "*Es deber de sus gobernantes el preocuparse y poner todo su empeño en que unos ayuden a otros, que nadie sea oprimido, que nadie reciba daño por injusticia cometida contra él, que el más poderoso ayude al más débil para que por la caridad crezca cada vez más la concordia entre los ciudadanos y esta permanezca eternamente*". Lo verdaderamente innovador en la filosofía de *Vives* es la importancia que adquiere la salvación social de los receptores de ayudas en detrimento de la egoísta salvación eterna de los donantes. Propugna la sustitución un entramado de pequeñas instituciones de ayuda por un organismo central al que llama la "*caja común*".

Su progresismo avanza con la prohibición de la mendicidad y el rechazo de la caridad piadosa para sustituir la benevolencia para con los pobres por su sometimiento a programas sistemáticos y disciplinarios de educación y rehabilitación. Supera así aquella visión medieval de la pobreza como imagen de Dios ya que las peores consecuencias del hacinamiento urbano, de la miseria favorecedora de epidemias o de la asociación entre pobreza y peste, provocará una progresiva mezcla de temor y desprecio por estos. Avanzará también clasificando a los pobres dentro de tres categorías principales (enfermos, vergonzantes y fingidos) tratando de eliminar la picaresca de quienes tienen a la limosna como forma de vida realizando un censo o registro que permitiera controlar adecuadamente el problema. El tratamiento por la educación y el trabajo crearon un conflicto entre los ámbitos católicos opuestos a la reforma y sus tesis fueron atacadas por ser tenidas como luteranas y heréticas, acusándole de querer convertir a los pobres en un eslabón productivo de la sociedad más que atender a sus dramas personales.

En suma, nos hallamos en *Vives* ante una de las cumbres que el pensamiento dio a la humanidad y nuestra ciudad tuvo el honor de presenciar sus primeros años de existencia en nuestras calles.

*"Dos o tres nombres hay que compitan con el de Vives en la historia de la ciencia española; no hay ninguno que le supere". (Menéndez Pidal).*

## 6.- Molinos papeleros para escribir los sueños.

El papel como medio de transmisión de conocimientos y comunicación ha sido uno de los inventos que más ha hecho avanzar a la humanidad. Y tenemos el honor de que la primera población de Occidente de la que hay pruebas documentales de la existencia de una industria papelera es *Xàtiva*. Porque, siendo originario el soporte papel de *China* en el siglo I A.C, sus técnicas de fabricación serán un secreto celosamente guardado hasta que en el siglo VII pase a *Corea* y *Japón*. Así, este secreto fue aprendido por los árabes al serles revelado por unos prisioneros chinos y en el año 751 se instalará en *Samarcanda* el primer molino de papel del mundo islámico. Es entonces cuando llegará a los árabes de *Al-Andalus* desde *Bagdad, El Cairo* o *Fez,* que entonces eran los grandes poseedores de un saber universal que introdujeron en *Europa* a través de *Xàtiva*, cuna europea por tanto del papel en el siglo VIII y sede de la primera industria papelera hacia el año 1150.

El soporte que predominaba para la escritura durante la Edad Media era el pergamino que era utilizado para los documentos más solemnes. El papel empezó a utilizarse por los árabes porque era mucho más asequible y económico y porque en el pergamino se podían raspar los textos, desapareciendo así la información, acción que en el papel no podía pasar desapercibida. No cabe duda de que la fabricación del papel fomentó la cultura de la escritura en el mundo árabe, por lo que muchos textos llegaron a Europa a través de su papel.

En el año 1154, el geógrafo árabe *Al-Idrisi* habla de *Sahtiba (Xátiva)* refiriéndose a ella como "*una bonita villa con castillos... en la que se fabrica papel como no se encuentra otro en el mundo. Se expide en Oriente y Occidente*". Desde esta población, la industria del papel se expandiría hacia *Europa*. El famoso historiador de *Xàtiva Sarthou* relata la leyenda de *Abú Massaifa* como el artesano que introdujo el papel en un molino junto a una acequia que tenía más de veinte trabajadores en el año 1056. Otras menciones son hechas por *Ibn Hazm* tras la caída del califato de *Córdoba* en 1031 ya que se refugió en *Sahtiba* que ya era una ciudad importante por su ubicación geopolítica y geoestratégica. Con el papel setabense este escribiría la obra "*El Collar de la Paloma*" o "*Taw al-hammam*". También el historiador árabe *Cacim Acenhegi* mencionaba que *Xàtiva* tenía en su jurisdicción cuarenta pueblos, y que en ella se hacía el mejor papel que se conocía en el mundo. No es extraño por tanto que se produjera la llegada al norte de *Marruecos* de profesionales de la fabricación de dicho papel provenientes de *Xátiva* y que se instalaran en *Fez* durante la época árabe. Es por eso por lo que un barrio y una calle de esa ciudad tienen el nombre de *Al-Shatibi*, dando origen a un apellido que aún existe y que significa "*el de Xàtiva*". Con esta emigración, estos artesanos buscaron la riqueza económica y con sus técnicas realizaron ocho tomos de un Corán califal almohade anterior al año 1252, escrito en papel blanco de *Xàtiva*, con hojas espesas y brillantes, que se guarda como una joya valiosa en la biblioteca *Ibn Yussuf* de *Marrakech*.

El "*Llibre del Repartiment*" del rey *Jaume I* se escribió a mediados del siglo XIII con el exquisito papel setabense que se exportaba a todo el mundo ilustrado y también lo fueron los archivos de la corona. Por esto, los molinos del arrabal de la ciudad recibieron varios privilegios del rey que los protegía al prohibir su producción fuera de los límites de este. Porque es en estos molinos donde se trituraba la primera materia del papel utilizando unas muelas verticales de las almazaras que eran accionadas por caballerías. Los árabes introdujeron en la técnica de la fabricación de papel la energía hidráulica y es por esto que los ríos son utilizados como fuente energética que mueven unos molinos papeleros que, en muchos casos, fueron antes de harina. El papel sebatense se fabricaba entonces con trapos viejos de lino que eran triturados, blanqueados y prensados hasta dejarlos secar. Esta producción artesana se mantendrá a lo largo del siglo XIII y durante buena parte del XIV en manos de artesanos independientes que trabajarán en sus casas o talleres utilizando las técnicas árabes tradicionales. Gracias al papel y a las palabras escritas sobre el papel, *Europa* comenzó a caminar hacia la modernidad y decir que para occidente su generalización supuso una revolución comparable a la de *Gutenberg* y su imprenta no es ninguna exageración.

Con el incremento de las relaciones comerciales con *Italia* durante el reinado de *Pedro IV*, el papel que allí se fabricaba comenzará a ganar terreno en la misma medida que el papel de *Xàtiva* lo irá perdiendo. La conquista de *Cerdeña* por la *Corona de Aragón* incentivará la importación de papel italiano, que ya entonces tenía mejor presencia y un precio más competitivo porque se había mecanizado el proceso de fabricación. Aún así, *Xàtiva* no será ajena por completo a las innovaciones tecnológicas que mejoraban los procesos y el precio del papel, ya que el papel de tradición árabe convivirá con otro papel manufacturado en instalaciones más modernas que también emplearán la fuerza del agua para su producción. Lo que sí será su puntilla irreversible es la expulsión de los moriscos en el año 1609 puesto que la producción tradicional de papel se verá gravemente afectada al perder esta mano de obra tan cualificada.

Aún así, este no sería el punto y final de esta tradición ya que de los años 1820 y 1878 datan otros dos molinos papeleros en *Xàtiva*. La creación en el año 1932 de la factoría papelera de *Gregorio Molina*, la popular *Fábrica de San Jorge*, daría una producción que la convirtió durante décadas en líder en *Europa* del papel de estracilla y empleó a más de doscientos trabajadores. No debe extrañarnos por tanto que en inglés el famoso "*paper de Xátiva*" valenciano se llame también "*paper*".

> *"Y más ha concedido Dios a Valencia una lengua polida, dulce y muy linda, que con brevedad moderada exprime los secretos y profundos conceptos del alma, y despierta el ingenio a vivos primores, donde le resulta un muy esclarecido lustre. Esta lengua formaron de lo mejor que había en la lemosina y por lo que les faltaba recurrieron a las tres lenguas más excelentes de todas las del mundo según antes hemos probado. De la hebrea tomaron... De la griega... De la latina tomaron todos los otros vocablos para hacer que la lengua fuese muy copiosa y tuviese propio nombre a cada cosa por rara que fuese". (Rafael Martin de Viciana. "Alabança de les llengues hebrea, grega, castellana, latina y valenciana"*, 1574).

## 7.- Una alquería guarda los textos sagrados.

Los valencianos desconocemos muchos aspectos de la historia de un hombre apasionante que a menudo ha estado bajo la sombra alargada de su hermano. *Bonifaci Ferrer* (1350-1417), hermano de *San Vicente Ferrer*, cursó inicialmente estudios de leyes en la *Universidad de Perusa* y luego en la de *Lérida*. Casado con la noble *Jaumeta Despont*, tuvo siete hijas y cuatro hijos. Cuando regresó a *Valencia*, trabajó para la catedral, ejerció diversas funciones oficiales en nombre del municipio de *Valencia* y asumió la embajada del *Reino de Valencia* en algunas cuestiones delicadas. De tradición jurídica pues era hijo de un notario, fue asesor del *Justicia Criminal, Jurado de la Ciudad* y en el año 1388 llegó a comprar el *Señorío de Alfara*. No tardaron las envidias en acecharle y el rey consiguió encarcelarle por una intervención suya en las *Cortes de Monzón* que perjudicaba sus intereses para permanecer en presidio durante siete años. Si esto fuera poco, su familia se vio afectada por la terrible peste del año 1394 y ni su mujer ni nueve de sus hijos consiguieron salvarse. Pareció cambiarle la suerte cuando en el año 1395 fue absuelto de los cargos que pesaban sobre él ya que nada pudo probarse en su contra.

En este estado de cosas y, con la influencia de su hermano *Vicente*, ingresó en el convento cartujo de *Porta Coeli* en *Altura (Castellón)* en el año 1396, cenobio del que fue nombrado *Superior General* en el año 1402 por el *papa Luna, Benedicto XIII*. Con su prestigio íntegramente recuperado, fue uno de los tres representantes valencianos en el *Compromiso de Caspe* que dirimió la lucha sucesoria de *Martín I el Humano* a favor de *Fernando de Antequera*. Hay que decir que en el momento de su ingreso en la cartuja vendió todos sus bienes y el importe obtenido lo dedicó a la construcción de una capilla a la que dotó de todos los elementos muebles necesarios y un magnífico retablo pictórico que se puede contemplar hoy en el *Museo de Bellas Artes de Valencia*. Tras su muerte, sus restos fueron inicialmente depositados en una capilla de la *cartuja de Vall de Crist* para pasar en el año 1895 a la *iglesia de San Miguel Arcángel* de *Altura* y permanecer actualmente desde el año 1917 en el *santuario de la Cueva Santa* de la misma localidad.

Pero el hecho histórico que trae al personaje a este trabajo es que *Bonifaci* fue el primer traductor de la *Biblia* a una lengua peninsular y lo fue al valenciano. Ayudado por algunos frailes, su labor traductora ocupó sus últimos años en la cartuja y motivó que su obra fuera la traducción más antigua primeramente impresa ya que se acabó de imprimir en el año 1478 una traducción hecha al menos sesenta y cinco años antes. Así, *Juan Bautista Civera* en su "*Historia del Monasterio de Porta Coeli*" nos dice en el segundo cuarto del S.XVII que esta Biblia "*fue arromansada de lengua latina en la nuestra valenciana, en el convento (Cartuja) de Porta Coeli, por el Rev. Micer Bonifacio Ferrer (hermano de Vicente), con otros singulares hombres de ciencia*". Por tanto, fue la primera impresión de una traducción de la *Biblia* realizada a una lengua de las habladas en la península ibérica, la segunda de una lengua romance tras el italiano, la cuarta en cualquier lengua tras el latín (1456), alemán (1466) e italiano (1471) y la, probablemente, traducción más antigua que fue primeramente publicada tras la latina.

El trabajo de traducción se realizó a partir de la versión latina llamada *Vulgata*, que escribió *San Jerónimo* y fue impresa por *Mossén Alfonso Fernández de Córdoba* y *Mossén Lambert Palmart* en la vieja imprenta de la *calle del Portal de Valldigna*, a cargo del mercader *Felipe Vizlant*, hermano del introductor de la imprenta en *Valencia*. El caso es que, aunque el latín era la lengua oficial para el culto, muchos nobles y reyes preferían leerla en su lengua habitual. Así, en el momento de su impresión la obra era propiedad del noble *Berenguer Vives*, que algún autor manifiesta que fue su traductor real, y habría sido corregida por un tal *Daniel Vives* ya que aquella presentaba un buen número de arcaísmos poco entendibles para la época.

Pero este año 1478 presencia la creación de una institución como el *Santo Oficio*, conocido como la *Santa Inquisición*, que luchó con uñas y dientes para que no se editaran y por ende, difundieran, traducciones de la *Biblia* a lenguas distintas del latín pues consideraba que podían ser manipuladas y fomentaban así la herejía. También se creía que con estos libros los falsos judíos conversos realizaban prácticas diabólicas que debían ser abolidas. Es por esto por lo que *Daniel Vives* acabó encarcelado tras un largo proceso y vio cómo la edición entera era requisada y se ordenaba quemar todos los ejemplares de la Biblia recién impresa. Hubo quien siglos después llegó a dudar de que la traducción hubiese realmente existido ya que su persecución fue implacable. La pista definitiva de su existencia fue la aparición en el siglo XIX de un *Salteri,* incunable impreso en *Barcelona* que los editores habían extraído de nuestra *Biblia Valenciana*. El mismo *Civera,* al que antes hemos hecho mención, relataba en sus "*Annales de la presente casa de Porta-Coeli*" cómo un clérigo de *Valencia* le había hecho llegar cuatro hojas de un ejemplar de la *Biblia* afirmando que el autor de la traducción era *Ferrer*. Con el paso de los siglos llegaremos a la exclaustración de la cartuja y la dispersión de muchos de sus bienes muebles e incunables que tuvieron distintos destinos como fueron otros conventos y casas de particulares ya que se creía que el abandono del cenobio iba a ser temporal y los bienes rápidamente retornarían a su origen. Como no se produjo el retorno a la cartuja y ya se había perdido el rastro de lo que quedaba del libro, muchos estudiosos valencianos se lamentaron de tal pérdida hasta que el manuscrito de *Civera* fue encontrado en la *Alquería de Bellver* de *Benicalap* a finales del siglo XIX donde había sido depositado junto a otros códices y objetos de valor. Este ejemplar de la crónica de *Civera* fue presentado en una exposición de "*Lo Rat Penat*" de 1908 y fue cuando, de forma sorpresiva, se descubrió que *Civera* había intercalado entre las páginas de su libro una de las hojas de la *Biblia Valenciana*. Cuando algún investigador valenciano intentó comprar el libro se apercibió que el huertano lo había vendido y había aceptado 2.500 pesetas de la época de un anticuario de *Barcelona*. Tras alguna otra compra intermedia, finalmente fue adquirido por la "*Hispanic Society*" de *Nueva York*, donde se conserva todavía. Del estudio que hizo el erudito *Konrad Haebler* en el año 1909 se desprende que aquella era la última hoja del único ejemplar que se conserva de la que se conoce como la *Biblia Valenciana*. En ella se dice:

> *"Gracies infinides sien fetes al omnipotent Deu e senyor nostre Jesucrist, e a la humil e sacratissima Verge Maria, mare sua. Acaba la Biblia, molt vera e catholica, treta de una Biblia del noble mossen Berenguer Vives de Boïl, cavaller, la qual fon trelladada de aquella propia que fon arromançada, en lo Monestir de Portaceli, de lengua latina en la nostra valenciana, per lo molt reverend micer Bonifaci Ferrer, doctor en cascun Dret e en la facultat de sacra Theologia, e don de tota la Cartoxa, germà del benaventurat sanct Vicent Ferrer, del Orde de Pricadors, en la cual translacio foren, e altres singulars, homens de sciencia. E ara derrerament, aquesta es stada diligentment corregida, vista e reconeguda, per lo reverend mestre Jaume Borrell, mestre en sacra Theologia, del Orde de Pricadors e inquisidor en Regne de Valencia. Est stada empremtada en la ciutat de Valencia, a despeses del magnifich en Philip Vizlant, mercader, de la villa de Isne de Alta Alamanya, per mestre Alfonso Fernandez de*

*Cordova, del Regne de Castella, e per mestre Lambert Palomar, alamany, mestre en Arts. Començada en lo mes de febrer del any mil quatrecents setantaset, e acabada en lo mes de març del any mil CCCCLXXVIII".*

"*...me atrevire expondre: no solament de lengua anglesa en portoguesa. Mas encara de Portoguesa en vulgar valenciana, per ço que la nacio d'on yo so natural sen puxa alegrar e molt ajudar...*" (*Joanot Martorell, Tirant lo Blanch, Impr.1490*).

## 8.- Hollywood se llena de azahar.

De la tríada de glorias artísticas de nuestras tierras, *Vicente Blasco Ibáñez* dio la cuota literaria a nuestros embajadores más notables. Siendo el autor español cuya obra fue más adaptada por la meca del cine, *Hollywood,* sigue siendo uno de los nombres de la literatura española más populares internacionalmente porque a principios del siglo XX ya era el escritor europeo más leído y *best seller* de la época. "*Los cuatro jinetes del Apocalipsis*" fue el libro más vendido en *Estados Unidos* en 1919 según *Publishers Week*, sólo comparable entonces con las ventas de la *Biblia. Blasco* competía en popularidad con el propio *Scott Fitzgerald* ya que se convocó en el año 1926 por la "*Revista Internacional del Libro*" *de Nueva York*, una encuesta entre sus lectores sobre la popularidad de los autores y *Blasco Ibáñez* alcanzó la segunda posición por detrás de *H.G.Wells*. Fue idolatrado por tanto por los guionistas de cine que encontraron en sus obras contundentes argumentos cinematográficos plenos de realismo y crudeza.

*Blasco* vio cómo a lo largo de su vida *Hollywood* llevó a la gran pantalla siete de sus novelas, aunque la lista de textos de *Blasco* adaptados al cine alcance la treintena de títulos. Entre ellas, "*Sangre y arena*" y "*Los cuatro jinetes del Apocalipsis*" fueron dos éxitos que consolidaron a *Rodolfo Valentino* como astro cinematográfico y récords sobresalientes de taquilla. "*Entre naranjos*", que en su versión norteamericana se llamó "*El torrente*", supuso además el debut de la mágica *Greta Garbo* en el cine norteamericano. El periodista y crítico *Guzmán Urrero* dice: "*El cine es un elemento esencial para comprender la fama de Blasco Ibáñez, un novelista cuyos argumentos literarios han sido frecuente objeto de adaptación cinematográfica.*"

Y es que nuestro personaje nació un enero de 1867 en las inmediaciones del *Mercado Central* de *Valencia*, cuyos sonidos, olores, chismorreos, personajes al límite y vendedores de humo seguro que forjaron en él alguien inquieto y capaz de novelar la realidad. Estudió en la *Universidad de Valencia* pero no ejerció la carrera de Derecho. En esos tiempos participó en diversas acciones de agitación republicana y anticlerical y es el momento en que comienza a implicarse en la vida política de *Valencia*. Luchó sobre todo contra la realidad del analfabetismo del pueblo que creaba unas condiciones de vida precarias y unas creencias casi supersticiosas. Su precocidad hizo que a los dieciséis años ya hubiera fundado un periódico semanal y sus boicots políticos ya le habían llevado a huir hasta *París* a los veintitrés años. Su populismo le llevó a recorrer toda la ciudad y su carisma fue arrollador, sus mítines multitudinarios y por ello fue elegido diputado a cortes en siete legislaturas. Fue un hombre rebelde, temerario, apasionado, luchador infatigable por sus principios, masón, empresario arriesgado y comprometido con las clases más desfavorecidas, provocador y con fama de mujeriego. La fundación del periódico "*El Pueblo*", que fundó en noviembre de 1894, le dio una plataforma de opinión estable, así como los siete casinos republicanos que dieron cobertura al movimiento político denominado "*blasquismo*". Fue denostado tanto por la derecha como por la izquierda, ya que unos no perdonaban su ateísmo y anticlericalismo y los otros no le perdonaban su posición económica. Su movimiento fue tan hegemónico en la ciudad de *Valencia* que ganó todas las elecciones entre los años 1898 y 1933. El *Blasco* pendenciero se batió en diversos duelos como en la más novelesca de sus obras y el más famoso de ellos fue uno en que la bala quedó incrustada en la hebilla de su pantalón, salvando así milagrosamente la vida.

Sus actos callejeros en no pocas ocasiones le llevaron a la cárcel y también sufrió las envidias del número dos de su partido, *Soriano*, que creó una escisión fratricida que se tradujo en un clima de tensión social tremendo. A partir de su abandono de la vida política y su marcha a *Madrid*, se dedicó sólo a la literatura. En su estancia en *Argentina* en el año 1909 proyectó una gran obra de colonización en *Patagonia* comprando tierras que pondría en cultivo llevando de *Valencia* agricultores que las arrendarían y pagarían después con sus beneficios. Aquel proyecto fue un gran fracaso y su precaria situación hizo de su necesidad virtud ya que le llevó a convertirse en un escritor internacional y sus giras y conferencias en *Estados Unidos* desde 1914 se pagaban ya a cantidades considerables. También el ámbito académico se rindió a los pies de *Blasco Ibáñez*, a quien nombraron *Doctor Honoris Causa* en la *Universidad de Washington* en su momento de máximo esplendor internacional. En el año 1921 emprendió la vuelta al mundo que dio origen a "*La vuelta al mundo de un novelista*". Finalizó sus días en *Menton* en el año 1928 en la villa que había construido, pero sus restos se encuentran en una tumba más bien modesta del cementerio de *Valencia*. El mausoleo que *Mariano Benlliure* esculpió para él se puede ver en el *Convento del Carmen* de *Valencia*.

Entre sus títulos destacan "*Arroz y Tartana*" (1894), "*La Barraca*" (1898), "*Entre Naranjos*" (1900), "*Cañas y Barro*" (1902), "*La Horda*" (1905),

"*Sangre y Arena*" (1908) o "*Los Cuatro Jinetes del Apocalipsis*" (1916). Casó con *María Blasco* en el año 1891, con la que tuvo cuatro hijos. Su mujer falleció en 1925 en *Valencia*, mientras él residía exiliado en *Menton*, y se casó en segundas nupcias en el año 1925 con *Elena Ortúzar*, de nacionalidad chilena. Con todo lo que hemos escrito dejamos claro que nos encontramos ante un hombre libre que quiso crear un mundo mejor y puso todas sus capacidades en ese empeño. Idolatrado y odiado por igual, el mundo se rindió a los pies de este valenciano que creó la mejor literatura que hemos conocido.

> *"A diferencia de sus enfurecidos descendientes familiares y de las escandalizadas instituciones actuales del país que le parió a mí me cae muy bien el caótico, errático, cínico, populista, excesivo, libertino, libertario, vitalista y complejamente humano Blasco Ibáñez que acaba de desacralizar un Berlanga en forma en la serie de televisión. Me gusta ese tipo capaz de jugársela una y otra vez, el soñador que arriesga en apuestas imposibles, el perpetuo encoñado e infiel profesional sin complejo de culpa, el escritor compulsivo que conoce la gloria y el fracaso, el que escribe con el corazón unas veces y otras por razones estrictamente alimenticias, el hombre de acción que nunca acaba de encontrar su lugar en el mundo". (Carlos Boyero, crítico de cine).*

## 9.- Diez ángeles tocan música celestial.

Uno de los hitos artísticos que han marcado el inicio del siglo XXI valenciano ha sido el hallazgo de los frescos renacentistas que estaban ocultos por la bóveda barroca del altar mayor de la catedral de *Valencia.* Encontrarlos fue toparse con la génesis de la pintura renacentista en *España.* Y es que tenemos que remontarnos al año 1472 en que el altar mayor de la catedral presentaba un aspecto ruinoso y negruzco por el incendio que se provocó con ocasión de la celebración de la fiesta del *Espíritu Santo* un 21 de mayo de 1469. Una paloma de plata que estaba suspendida de la bóveda simbolizaba con las ascuas que arrojaba el descenso del *Espíritu Santo.* Una de estas prendió los paños que resguardaban el retablo gótico y provocó un incendio imponente que destrozó este y los frescos medievales. Por entonces, *Rodrigo de Borja*, futuro papa *Alejandro VI*, había sido nombrado obispo de *Valencia* en el año 1458 pero, siendo también cardenal en *Italia*, pasaba mucho tiempo fuera de la sede valentina. En el año 1472 llegó *Rodrigo de Borja* a *Valencia* para participar en un sínodo y ofreció al cabildo catedralicio a los pintores *Francesco Pagano*, napolitano, y *Paolo de San Leocadio*, lombardo, para que pintasen al fresco las paredes y la bóveda de la capilla mayor de la catedral e introdujeran el vibrante arte que se estaba desarrollando en *Italia.* Para demostrar su destreza habían realizado una prueba pictórica en la sala capitular, elemento que se conserva hoy en el pasillo que lleva a la "*Capilla del Santo Cáliz*". Es fácil pensar que tal novedad estética generara suspicacias y que los rectores de la catedral no las tuvieran todas consigo.

De todos modos, el tiempo de ejecución de la obra, que se alargó durante seis años a pesar de que trabajaron en exclusiva en ella, no estuvo exenta de problemas. Primero, se toparon con la maledicencia de los pintores locales que no habían sido agraciados con el encargo y que criticaban un arte tan revolucionario. Tampoco las relaciones entre los dos pintores fueron fáciles ya que *Pagano*, mucho mayor que el joven de *San Leocadio*, era el encargado de cobrar y custodiar los honorarios que iban cobrando y casi nunca estuvieron de acuerdo en su distribución y plazos. Por último, el cabildo dudaba de que hubieran sido empleados en cantidad y calidad los materiales estipulados en el contrato ya que encontraban escaso el oro y el azul del lapislázuli, por lo que fueron obligados a subsanar esta circunstancia antes de completar el cobro de 3.000 ducados de oro que les reportaría esta obra.

Respecto a las figuras, uno no exagera al afirmar que el resultado final de los diez ángeles músicos que se representan se corresponden con creces con el encargo ya que los frescos deberían mostrar "*un trono de serafines de oro fino con ángeles en los entrepaños y con las crucerías pintadas con motivos florales y frutas*". Estos debieron rodear una clave de bóveda de madera donde se hallaba representada una *Asunción de la Virgen* donde el azul del cielo, repleto de estrellas doradas, es fastuoso, las diferentes poses de las manos al tocar los instrumentos musicales son sorprendentes y las grandiosas proporciones de los ángeles, que miden unos cuatro metros cada uno, hacen de esta obra un portento. Los instrumentos musicales están representados con tan gran detalle que no son sino un museo de la música renacentista en las alturas y el viento que hincha los vestidos de los ángeles parecen flotar sinuosos y mueven sutilmente sus cabelleras para crear una atmósfera luminosa y vibrante.

Entre las circunstancias que hicieron que ya en el siglo XVII se pensara en una nueva decoración para el altar mayor más acorde con los gustos barrocos de la época estaba que la pintura renacentista de los ángeles se había ennegrecido por el humo de las velas e incienso. Tampoco el prestigio de la familia *Borja* y, en concreto de *Alejandro VI*, estaba en su mejor momento y, como promotor de aquellas pinturas, tampoco serían criticados los que tomaran tal decisión. Por ello se sacrificaron nuestros frescos renacentistas ya que en el año 1674 el arzobispo *Luís Alonso de los Cameros*, deseando que luciera más el retablo de plata que adornaba el altar, pensó restaurar toda la capilla encargándose de la obra *Juan Pérez Castiel*, arquitecto de gran fama célebre por su creatividad. La duración de la nueva obra fue de casi ocho años y se dio por terminada el 28 de mayo de 1682. Para solucionar del modo más simple la vista de las pinturas de los ángeles en mal estado, *Perez Castiel* tuvo la feliz idea de ocultarlas con una cúpula de ladrillo y yeso situada a ochenta centímetros de la gótica original. Y decimos feliz porque, gracias a esa cámara de aire, las pinturas pudieron ser conservadas sin una merma notable. En cambio, la colocación de mármoles y adornos barrocos hizo desaparecer las pinturas del ábside.

El milagro en nuestro caso se produjo en los trabajos de restauración que llevaba a cabo el *Instituto Valenciano de Conservación y Restauración*, de la mano de *Cármen Pérez*, cuando el 22 de junio de 2004, a través del agujero que permitía una pieza móvil, se pudieron ver en un estado de conservación muy aceptable los diez ángeles músicos casi como una visión celestial. Los frescos del siglo XV que se creían irremediablemente perdidos revivieron así para dar otro momento de gloria a nuestro arte en *Valencia*. Aunque no falta quien afirma que se conocía de la existencia de estos y que fueron expresamente buscados. El dilema que se planteaba entonces era si mantener la bóveda barroca o desmontarla definitivamente para proceder a la restauración de las pinturas. Se impuso entonces consultar a diversas instituciones valencianas y especialistas de reconocido prestigio en distintas partes de *Europa* para que emitieran una opinión al respecto. Todos estos coincidieron en afirmar la gran importancia de las pinturas renacentistas y, como las dos bóvedas tenían un gran y valor histórico y artístico, se decidió finalmente desmontar la barroca de una forma ordenada permitiendo que fuese reversible si se decidiese revocar la decisión. Como curiosidad, los restauradores encontraron unos órganos sexuales masculinos en forma de *grafiti* al actuar sobre la cúpula, realizada por los ejecutores de los trabajos de ornamentación barroca en la creencia que "*dicha representación*" nunca saldría a la luz.

> *"Estas pinturas no son solamente una obra magnífica, sino que son una obra única, como el "Juicio final" de* **Miguel Ángel**, *"La rendición de Breda" de* **Velázquez,** *las "Majas" de* **Goya** *o el "Guernica" de* **Picasso**... *son obras que no admiten comparación y que su autores no repitieron más"*. *(Jaime Sancho, presidente de las Comisiones Diocesanas de Liturgia y del Patrimonio Histórico-Artístico del Arzobispado de Valencia y canónigo conservador de la Catedral Metropolitana de Valencia).*

## 10.- Un flamenco valenciano con perspectiva.

Una de las revoluciones que se produjeron en el mundo de la pintura de la Edad Media fue la nueva concepción que los flamencos dieron a su ejecución artística, estilo que rompía con los modos gótico-tardíos que hasta ese momento regían muchas representaciones pictóricas en la corona de *Aragón*. Su habilidad detallista impulsó a quienes asumieron los modos flamencos a descubrir de forma curiosa la perspectiva, a perfeccionar sobremanera la técnica del retrato al que dotaron de una profundidad psicológica desconocida hasta el momento y a reivindicar el paisaje como tema pictórico. En este estado de cosas emerge triunfante la figura del valenciano *Lluís Dalmau*. Este artista nació en un lugar y tiempo por concretar, en *Valencia* o alrededores a principios del siglo XV, aunque lo que sí parece cierto es que el año de su fallecimiento podría estar en torno al 1460. Pintor de finales del gótico, está considerado como el principal introductor del estilo flamenco en *España* y de la técnica del óleo. El fue por tanto el transmisor de esta corriente pictórica por todos los territorios de la antigua *Corona de Aragón*, cuyas relaciones e interacciones entre el arte propio y las corrientes flamencas que él trajo darán lugar a un arte muy singular.

Se sabe de *Dalmau* que estuvo al servicio de *Alfonso el Magnánimo* en su corte y que en el año 1431 el rey le mandó como pintor de cámara a *Flandes* para la contratación de tapiceros con vistas a organizar talleres de tapicería en *Valencia*. Se cree que el artista viajó por *Brujas, Gante* y *Bruselas* y fue allí donde el artista conoció e incluso trabajó en el taller del pintor *Jan Van Eyck* del que tomó las características que luego trajo a nuestras tierras. También se consideró la posibilidad de que hubiera llegado a tener relación con pintores flamencos documentados en *España* durante la primera mitad del siglo XV. Otra hipótesis que se baraja es la de que el encuentro con el maestro flamenco hubiera sido debido a la estancia de aquel en la península desempeñando labores diplomáticas. De la estancia de *Dalmau* en *Flandes* se desconoce su duración, pero se sabe que entre los años 1436 y 1438 residió en *Valencia*, aunque ya habría manifestado la intención de desplazarse a *Barcelona* para trabajar junto a su hermano. Respecto a las influencias recibidas en sus inicios, posiblemente comenzó en el taller de *Marçal de Sax* y su sucesor más probable fue *Joan Huguet*. En la obra donde mejor se aprecian los rasgos comentados, y una de sus escasas obras conservadas, es la magnífica tabla central del retablo de la "*Verge dels Consellers*" que hoy se halla en el *Museo Nacional de Arte de Cataluña*. Esta obra fue realizada ya en *Barcelona* en el año 1445 y se nos presenta como un compendio maravilloso de elementos de un estilo flamenco muy depurado que trata un tema religioso. Encargada por los consejeros del *Salón de Ciento* de *Barcelona* para el retablo de la Virgen de la capilla del Ayuntamiento de la ciudad, está considerada como una de las piezas en estilo gótico flamenco más importantes de las realizadas en *Cataluña* y lo fue de manos de un valenciano. No se sabe mucho más de la enigmática vida artística o del resto de los trabajos que pudo realizar, a excepción de un par de obras menores y la ejecución de la tabla central del retablo de *Sant Boi de Llobregat* (1448).

De las escasas obras que conocemos podemos aseverar que estas eran de una gran calidad, pero la llegada de artistas con más brío a los circuitos de la pintura catalana o incluso la minuciosidad de su trabajo que se traducía en plazos de entrega más largos pudo haber favorecido su progresivo distanciamiento de los grandes encargos del momento. Por eso se le menciona por última vez en un documento en el que aparece al servicio del rey *Juan II de Aragón* en el año de 1460, mismo año en que *Barcelona* fue afectada por una devastadora epidemia de peste. En la obra de la "*Verge dels Consellers*" aparece una galería de ángeles músicos prácticamente idénticos a los del "*Políptico de Gante*" de *Van Eyck* por lo que se puede asegurar que le conoció de forma profunda. Esta obra fue muy innovadora por su formato, por su ejecución técnica y porque en ella aparecen retratados los cinco "*consellers*" donantes a la misma escala que la Virgen, mostrando unos rostros de un realismo novedoso de gran naturalidad. Estos se acompañan de dos santos que llevan los elementos martiriales que les son propios. Una estructura gótica rodea a los personajes y les da sentido de perspectiva simétrica, descansando la Virgen en un suntuoso trono que sujetan unos leones. *Lluís Dalmau* firmó esta obra en la base del trono de la Virgen. Por todo lo dicho podemos afirmar que *Dalmau* fue el introductor de la pintura flamenca en tierras españolas y en la cuenca del *Mediterráneo*, superando los convencionalismos arcaicos del gótico internacional y valiéndose de la introducción del óleo como técnica novedosa. Se ha dicho que con él surge en *España,* por vez primera, un sentido propio del espacio, la perspectiva aérea, las gradaciones de la luz y del color que determinan los distintos volúmenes de las figuras.

> *"En Valencia el Siglo de Oro es el siglo XV y es en la época de los Reyes Católicos la ciudad española más penetrada en el ambiente renacentista" (Pierre Vilar, 1957).*

## 11.- El captor de una luz cegadora.

No deja de ser curioso que a través de nuestras tierras se introdujeran en *España* los movimientos pictóricos más importantes del gótico internacional y del Renacimiento. Aún lo es más que dos movimientos antagónicos como el "*Tenebrismo*" de *Ribera* y *Ribalta* y el "*Luminismo*" de *Sorolla* igualmente tuvieran su sede en nuestras tierras dejando patente esa contradicción en que los valencianos tan bien nos hemos movido a lo largo de la historia. *Joaquín Sorolla* fue el mejor pintor español de su tiempo y ha pasado a la historia de la pintura española como el gran maestro impresionista y artista gráfico de los inicios del siglo XX, así como uno de los más prolíficos, como su amigo *Mariano Benlliure*, con más de 2.200 obras catalogadas. En *España* no se le dio todo el reconocimiento que merecía y, como en otros casos, su universalidad y cosmopolitismo le otorgó en vida un reconocimiento mayor fuera de España que en su propio país. Hasta la llegada de *Picasso, Sorolla* fue el pintor que más éxito había tenido en *Estados Unidos* y, al menos en vida, pudo disfrutar de él.

Dice de él *Tomás Llorens*, experto en el artista valenciano y conservador jefe del *Museo Thyssen* entre los años 1991 y 2005, que una de sus aportaciones más importantes es que incorpora al arte español de finales del siglo XIX la gran corriente del naturalismo europea y "*no solo la incorporó sino que fue uno de los creadores con una personalidad más marcada y uno de los mejores pintores internacionales en ese momento... como todos los grandes pintores de la historia, el color en Sorolla es extraordinariamente personal, con una paleta inconfundible... lleva la tradición de la pintura al aire libre a su punto máximo...la vida es una fuente de disfrute y de gozo. Tiene un gran sentido de la belleza y un instinto estético extremadamente desarrollado. Esa sensibilidad es lo que llega a la gente y hace que sea un pintor tan popular*".

Ese carácter tan popular es lo que hizo que, siendo *Sorolla* es uno de los pintores preferidos por el público español, la exposición antológica que el *Museo del Prado* le dedicó en el año 2009 se convirtiera, con casi 460.000 visitantes, en una de las más exitosas de la pinacoteca después de la mítica que se hizo sobre *Velázquez*. Dicha exposición mostró por primera vez más de un centenar de pinturas de *Sorolla*, pintor de la luz y una de las figuras capitales de la historia del arte española. *Pedro García* en la revista *Tiempo* define así al artista: "*Joaquín Sorolla fue un creador compulsivo. Uno de esos temperamentos encadenados a una predisposición espiritual: pintar. Montar el caballete y las sábanas en plena arena y pintar. Darle la vuelta al menú de un restaurante y pintar. Sacar una tablilla de arcilla y un pincel del bolsillo y darle rienda suelta a la muñeca. Pintar, pintar y pintar. Nada más. Un jardín, una playa, un parque. Sin disfraces. Sin excusas. Sin tiempo que perder. Pintar el mar, la luz, el cuerpo de su mujer...*".

*Joaquín Sorolla y Bastida* nació en la *calle de las Mantas* de *Valencia* en el año 1863 dentro el seno de una familia humilde de quien muy pronto quedaría huérfano, por lo que marcharía a vivir con sus tíos. Demostró muy pronto sus cualidades en el dibujo en la *Escuela Normal Superior de la Provincia de Valencia* e ingresaría en la prestigiosa *Escuela de Bellas Artes de San Carlos* en el año 1879. Se casó en septiembre de 1888 con su inseparable *Clotilde*, hija del fotógrafo *Antonio García Pérez*, de quien había sido ayudante y con la que tuvo dos hijas y un hijo. Los tempranos éxitos nacionales de sus obras le llevaron a viajar por *París* y *Roma*, donde estuvo becado y donde tomó contacto con las tendencias europeas en boga en el momento. De regreso a *Valencia* en 1889, trasladó su casa al año siguiente a *Madrid*. En el año 1892 mostró interés por plasmar temas sociales y ello le llevó a conseguir distintos premios en ciudades como *San Luis* y *Chicago*. Pero sin duda lo que le iba a encumbrar a la fama mundial y a la posteridad pictórica van a ser sus resplandecientes imágenes del *Mediterráneo*, a las que dotó de una luz y un color como después no se han visto. Estas escenas más alegres y agradables, que ya carecen de connotaciones de denuncia social, le proporcionarán un prestigio imparable. Fue un enamorado de la pintura al aire libre, especializándose en pintar escenas de la huerta valenciana, sus paisajes, sus playas y escenas portuarias de la época.

No iba a tardar mucho en despegar su carrera internacional pues en su primera exposición individual, realizada en las galerías *George Petit* de *París* en el año 1906, el pintor impresionó con sus retratos y las ofertas empezaron a llegarle. Dos años más tarde, *Sorolla* contactó con alguien que iba a ser fundamental en su carrera, el norteamericano *Archer Milton Huntington*, que visitó la exposición de *Sorolla* de la galería *Grafton* de *Londres* y quiso adquirir varias obras para su *Hispanic Society of America* en *Nueva York*. Este personaje era un profundo amante de las tradiciones españolas y vio en *Sorolla* a la mano ejecutora que iba a proporcionarle estímulo para sus ambiciones culturales y de mecenazgo. En el año 1909, *Huntington* le invitaría a exponer en la *Hispanic Society* obteniendo un éxito sin paliativos. Ello llevó a que le hiciese el encargo más importante de su vida en forma de enormes lienzos que mostraran la esencia de cada una de las regiones de *España* y que iban a vestir las paredes de la biblioteca de la *Hispanic.* Es entonces cuando *Sorolla* ideó su "*Visión de España*" como catorce grandes paneles pintados al óleo sobre lienzo que captaran la psicología de gentes y tierras y para lo cual recorrió todo el país pintando entre los años 1911 y 1919. En un principio se planteó el realizar un único mural de setenta metros de longitud, desechándose al final esa posibilidad y eligiéndose el formato de paneles individuales de distintos tamaños. No abandonó mientras tanto su carrera expositiva y retratística y siguió trabajando en su casa taller de *Madrid* realizando obra diversa. En el año 1921, mientras pintaba un retrato en su jardín, sufrió su primer ataque de hemiplejia. Esta merma en sus capacidades le llevaría a fallecer un 10 de agosto de 1923.

El agradecimiento de *Valencia* al pintor se tradujo en que le nombró hijo predilecto y meritorio, le fue dado su nombre a una de las calles del centro financiero y la estación del AVE tiene su nombre. Todo ello de justicia para nuestro pintor más universal.

> *"Se dice que la claridad de la luz de Valencia es superior a la de otras ciudades de Al Andalus y es verdad , pues la atmósfera está siempre resplandeciente, sin que nada llegue a enturbiarla jamás". (Al Ayyubi, Poeta Arabe , S.XII.)*

## 12.- La luz que crea la oscuridad.

Entre los vaivenes en que los valencianos nos movemos, el arte ha dado a la historia pictórica española dos contrastes pioneros: La exaltación de la luz casi cegadora con el "L*uminismo*" de *Sorolla* y la sublimación de la oscuridad más sobrecogedora con *Ribera* y *Ribalta*. Casi como un aspecto más a destacar de nuestras luces y nuestras sombras personales. Porque el tránsito del siglo XVI al XVII es también el tránsito desde una concepción de la pintura de corte miguelangelesco en que se representaban con frecuencia desnudos en posturas intrincadas y rostros estilizados. Por ello se denominó a esta pintura tardorenacentista como "M*anierismo*" por emular los modos del gran *Miguel Angel*. Pero entonces surgió en *Italia* un fenómeno naturalista que triunfó en la Europa de la Contrarreforma y que humaniza a los personajes, incluso enfatiza sus defectos, y se basa en personajes populares. Su gran representante es el italiano *Caravaggio*, pintor que ensalzará el manejo del claroscuro en su movimiento "*tenebrista*" del primer barroco para acentuar el contraste entre zonas iluminadas y zonas sombrías.

Su espectacularidad consiste en el ritmo que le confieren luces casi diagonales que atraviesan de forma violenta una escena y que convierten a los personajes en protagonistas de un arte impactante que juega con las luces como antes nunca se hizo. Ese foco de luz se centra en el tema o personaje que se pretende ensalzar y se desprecian el resto de las partes del lienzo para sumergirlas en la oscuridad. Nada por tanto debe distraer la atención del espectador, al que ninguno de los detalles de la figura principal se le está permitido pasar por alto. Sus temas son religiosos en gran parte y eliminan el paisaje de las composiciones. A nivel general, el tránsito entre los dos siglos destaca por el recuerdo del brillante florecimiento español en lo artístico y literario en el conocido como *Siglo de Oro*. Dos pintores fundamentalmente van a ser la punta de lanza española de este movimiento del "*Tenebrismo*" como sus precursores y máximos exponentes teniendo su nexo umbilical indiscutible con *Valencia*: *Francisco Ribalta* y *José de Ribera*.

De *Francisco Ribalta* (1565-1628), aunque nacido en *Solsona,* ya en febrero del año 1599 consta su establecimiento en *Valencia*, por lo que la mayor parte de su carrera se desarrollaría en nuestra ciudad. *Ribalta* destacó por ser el introductor del tenebrismo en *España* y será en *Valencia* donde su estilo va a adquirir un tono muy personal y naturalista. Se afirma que su llegada a *Valencia* se produjo por su amistad con *Lope de Vega*, quien pudo transmitirle las necesidades de artistas que en aquel momento tenía el arzobispo y patriarca *Juan de Ribera*, ocupado como estaba en la decoración de su *Colegio del Corpus Christi*. Todas las referencias nos hablan de un hombre piadoso que se inscribió en la *Cofradía de la Virgen de los Desamparados*, hermandad que acompañaba hasta el *cementerio del Carraixet* a los que habían sido ajusticiados como reos mayormente ahorcados en el *plaza del Mercado* de *Valencia*. Como estamos ante uno de los pintores más destacados de la historia de la pintura española, poco después de su llegada a la ciudad tuvo la protección del arzobispo *Ribera*, ya que para él pintó algunos retratos de los que se conservan en el mencionado *Colegio del Patriarca*. De entre sus obras magistrales queremos destacar la del "*Abrazo de Cristo a San Bernardo*", pintura a la que el viajero *Antonio Ponz* calificó como la más valiosa de *Ribalta*, y su "*San Bruno*". Posteriormente, su estrella comenzará a apagarse por las circunstancias de la crisis derivada de la expulsión de los moriscos en el año 1609 y la muerte de su protector *San Juan de Ribera*. Finalmente, el artista fallecerá en *Valencia* el día 14 de enero de 1628, siendo enterrado, según testimonios contrastados, en la *iglesia parroquial de los Santos Juanes*. Como curiosidad diremos que durante un tiempo se tuvo a *Ribalta* como nacido en *Castellón* y por ello la ciudad le dio el nombre de su parque más importante y céntrico.

El setabense *José de Ribera* (1591-1652) fue llamado por los italianos como *Jusepe Ribera* o, más frecuentemente, *"el Españoleto"*, tanto por su origen como por su menuda estatura. Primero de los grandes pintores del *Siglo de Oro*, tras una breve estancia en *Valencia* en la que algún estudioso aventura que pudo haber aprendido al lado del maestro *Ribalta*, marchó a *Italia* en el año 1608. Toda su obra conocida se desarrollaría desde entonces en las ciudades de *Nápoles* y *Roma* tratando de captar una mayor clientela y por ello nunca regresará a nuestra ciudad. Es el máximo representante del tenebrismo después de *Caravaggio*, al que conoció en vida y del cual aprendió un naturalismo que se refleja en la utilización de tipos populares como modelos sin buscar en estos la belleza. Esos personajes populares a los que la naturaleza ha traído alguna desgracia quizás le interesaron tanto porque él mismo era de muy corta estatura y en esto pudo empatizar con ellos. Porque sólo desde la empatía se puede haber llegado a la perfección mostrando las irregularidades de la piel, los ángulos imposibles del rostro y las manos o la decrepitud tardía, en suma, de un cuerpo que envejece azotado por el minutero. Por eso se convirtió en el mejor continuador de *Caravaggio*. La historia no siempre le ha hecho justicia al definirle como un pintor de escenas truculentas, sangre gratuita y martirios prescindibles. Tanto es así que *Lord Byron* decía de *Ribera* que pintaba con la sangre de los santos por su intensidad en el trazo y por la truculencia de su desgarradas anatomías. Es muy lógico suponer que en todo ello influyeron las circunstancias negativas de su propia vida personal ya que sus últimos años traen la recuperación para su pintura de las sombras más estrictas. Una serie de contratiempos hicieron que desapareciera la estabilidad económica que le había dado su trabajo y moriría prácticamente arruinado.

Sólo voy a destacar por cuestiones de espacio la obra titulada "*La mujer barbuda*", que me parece un lienzo soberbio y singular y que se muestra como una de las obras más curiosas de la pintura europea de su tiempo. En ella hay tensión, ternura y aceptación del drama de la mujer hirsuta que asume con seriedad su destino. Otro hecho, legendario o no, que pudo marcar los últimos años de la vida del pintor fue el rapto de su hija por *Juan José de Austria*, enviado por la monarquía española para sofocar una rebelión en *Nápoles,* de la que se habría enamorado para llevarla a un convento en *Palermo*. Esto pudo llevar a *Ribera* a la locura. Por último, su localidad natal, *Xàtiva*, lo homenajea con una escultura de *Luis Gilabert*, de 1891, en la *plaza del Españoleto*, y *Valencia* con la magnífica de *Mariano Benlliure*, de 1888, de la *plaza de Teodoro Llorente*, siendo la misma escultura que antes transitó por la actual *plaza del Ayuntamiento* y la *plaza del Temple*.

*No tiene España, que envidiar, si llora*
*un Juanes, un Becerra, un Berruguete,*
*un Sánchez, un Felipe, pues ahora*
*tan iguales artífices promete:*
*Ribalta donde el arte se mejora*
*pincel octavo en los famosos siete.*
*(Lope de Vega, 1602)*

## 13.- Los ladrones de miel del Paleolítico.

Si existe una actividad humana que ha representado de forma esquemática y totémica sus quehaceres diarios esa ha sido la pintura rupestre. En nuestras tierras, *J. Poch* descubrió allá por el año 1920 un conjunto de tres cavidades rupestres enclavadas en el *Macizo del Caroig* junto al río *Escalona*, en el término municipal de *Bicorp*, a las que se denominó "*Cuevas de la Araña*". Pero, lo que hizo mundialmente famosas a este conjunto de cuevas fue las representaciones pictóricas de época prehistórica que contienen, siendo la escena de la recolección de la miel la aceptada como primera de estas características. De hecho, su importancia fue tal que sólo cuatro años después de su descubrimiento, en el año 1924, fue publicado su primer estudio en las memorias de la *Comisión de Investigaciones Paleontológicas y Prehistóricas* del *Museo de Ciencias Naturales* de *Madrid*.

Numerosos estudiosos han revisado este primer trabajo para obtener nuevos datos gracias a los modernos sistemas de documentación y datación, lo que sin duda ha contribuido a profundizar en el conocimiento del mundo del arte prehistórico y sus motivaciones. Pero el impulso definitivo para su conocimiento, protección y difusión lo dio la UNESCO al declararla como *Patrimonio de la Humanidad* desde Diciembre del año 1998.

El *Macizo del Caroig*, situado en el centro geográfico de la *Comunidad Valenciana*, posee una verdadera concentración de obras de arte prehistórico ya que sólo allí se localizan hasta treinta y seis yacimientos arqueológicos que abarcan a seis municipios: *Bicorp, Millares, Moixent, Quesa, Navarrés* y *Dos Aguas*. En este entorno está ubicada la *Cueva de la Araña*, en el conocido como *barranco de Hongares*. En realidad, las *Cuevas de la Araña* son dos oquedades que contienen las pinturas rupestres, aunque la mayor queda dividida en dos partes. En la primera se distinguen un arquero y un ciervo a la izquierda, un corzo a la derecha y, entre ambos arqueros, otra figura humana. En la segunda, la mayor y con mayor número de pinturas, se puede admirar la famosa escena de la recolección de la miel. Y en la tercera sobresale un gran toro junto a varias cabras.

Nos dice el gran arqueólogo y amigo *Enrique Gandía* que las pinturas de este abrigo son uno de los mejores conjuntos del arte rupestre levantino.

El arte rupestre levantino es la manifestación artística más interesante de la prehistoria valenciana y del arco mediterráneo ya que, a través de sus cuidadas escenas, se puede reconstruir con una cierta aproximación la estructura social y religiosa de sus autores. Uno de los principales problemas que se nos plantea es el de la cronología, ya que no hay un conocimiento exacto de cuándo surgió, pero los estudios más recientes le atribuyen un origen cercano al Epipaleolítico o comienzos del Neolítico. Las fechas que se proponen para su datación varían desde el 6.500 A.C. hasta el 3.500 A.C. En cuanto a temática y estilo, a diferencia del arte paleolítico, el arte levantino situó sus conjuntos artísticos en abrigos rocosos o en oquedades naturales al aire libre que se formaron en las sierras calizas y en las que emplearon el color rojo, el negro y blanco, que eran obtenidos de diferentes minerales. Y no los mezclaron, por lo que en sus pinturas no existe ni la bicromía, ni la policromía, ni la gradación de tonalidades. Otra novedad que incorporan es que las figuras humanas y animales, que son las protagonistas de sus obras, aparecen formando escenas de gran dinamismo. De entre su tipología, distinguimos las bélicas, con escenas de combate, desfiles y danzas guerreras; las que reproducen actividades relacionadas con la caza y las de la vida cotidiana, que se centran en la recolección de alimentos, en la organización jerárquica y en las danzas rituales. El hombre se pinta desnudo, con adornos en algunas partes de su cuerpo (cabeza, brazos, piernas y cintura) y sujetando el arco y las flechas. La figura femenina se representa con el tronco desnudo y con una falda acampanada que llega hasta la rodilla o los pies. Los animales también forman parte de las escenas, siendo los más comunes los caprinos, los cérvidos, los equinos y los bóvidos. En ocasiones aparecen sin la presencia del hombre como cazador, solos y en diversas actitudes: estáticos, en estado de alerta, caídos en una trampa, con el cuerpo lleno de flechas o incluso muertos.

No existe en estas representaciones una intención realista ya que les interesa captar el movimiento y para ello crean composiciones en diagonal. También utilizan la llamada "*perspectiva torcida*", que consiste en mostrar el cuerpo entero de perfil exceptuando algunas partes que se colocan en posición frontal. Reducen la representación a las líneas esenciales, es decir, a las características identificativas y a las actitudes, eliminando el resto de los detalles. Así, por ejemplo, el arco y la flecha permiten reconocer a un cazador o a un guerrero. Y el resultado final, como decimos, es que se consiguen escenas de gran dinamismo. En el caso concreto que nos ocupa, en las *Cuevas de la Araña,* destacan las escenas de danza, cacerías, representaciones animales como un gran toro, cabras y ciervos y elementos en zig-zag y antropomorfos, estos últimos dentro del estilo esquemático. Aunque la escena más conocida de todo el conjunto no es de caza, sino de las de recolección. Se trata de una escena que representa una figura humana provista de un cesto en el acto de recoger la miel de una colmena. Para esto se ha aprovechado una pequeña cavidad de la pared rocosa mientras las abejas, excepcionalmente grandes, revolotean a su alrededor. Esta es una escena, sin duda, impactante incluso para los ojos más expertos en el estudio del arte rupestre. Y una escena que no sólo representa a los recolectores sino también a los insectos, es decir, es una de las primeras representaciones de abejas de la historia. La escena incorpora dos figuras humanas, una en la parte superior que introduce la mano en la oquedad-nido de abejas mientras sostiene un recipiente con la otra mano; y una segunda figura en la parte inferior que sube por la escala llevando un recipiente a la espalda. Alrededor de la primera figura humana revolotean un enjambre de abejas. Como es frecuente en las pinturas prehistóricas, el tamaño de los insectos es desproporcionadamente grande respecto al de las figuras humanas, pero su realismo nos sobrecoge por el detalle y dinamismo. El hecho de que alguna de las figuras en apariencia presente rasgos femeninos nos da una buena pista de antecedentes de sociedades ya matriarcales en tiempos remotos. Esta escena representa la primera imagen de la recolección de miel y, por su expresividad y belleza, es el símbolo universal de la apicultura, siendo también conocida como "*Los ladrones de miel*".

Aunque esta no sea la única escena de recolección de miel pintada en el arte levantino ya que hay otras dos, una en la *Valltorta, Castellón*, y otra en *Alarcón, Teruel*, sí es la más antigua, conocida y explícitamente representada, además de ser una de las escenas de recolección de la miel más complejas y elaboradas que existen documentadas.

Así, podemos afirmar que la apicultura como oficio milenario imprescindible para nuestros ecosistemas naturales y agrarios tuvo su más alta y antigua representación pictórica de manos de nuestros ancestros.

*"¿He oído decir el nombre de Valencia? Deteneos y hablemos de ella, amigos , porque su recuerdo es como el frescor del agua sobre las entrañas ardientes. Deteneos con gusto para aplacar allí vuestra sed que la lluvia no tardará mucho en llegar. Pedid agua en el Yisr y en la Russafa, y seguro que lloverá en el Yisr y en la Russafa…". (Ibn Galib al Rusafi, Poeta árabe S.XII).*

# 14.- ¡ Devuélvanle ese Goya ¡

Si hay un escultor en el que concurre el tener un ingente, quizás el mayor, número de esculturas públicas, pero también privadas, el mayor número de honores conseguidos y premios reconocidos, obra dispersa por multitud de ciudades, polifacético por ejecutar obras de temáticas muy distintas y haber disfrutado en su longeva vida de las mieles del éxito, ese es *Mariano Benlliure*. Y eso no es impedimento para que multitud de expertos le consideren el mejor escultor español de nuestra historia. Pero parece que necesitemos un aura de misticismo romántico que envuelva al artista maldito, arrastrado en la indigencia y al margen de las modas artísticas de su tiempo, para sublimar al artista. Y en *Benlliure* no vamos a encontrar ni al atormentado ni al antisistema.

*Mariano Benlliure* es probablemente el mejor escultor figurativo de la historia de España y es considerado el último gran genio de la escultura realista del siglo XIX. Es difícil pasear por las calles de numerosas ciudades españolas sin toparse con alguna de sus obras, centradas especialmente en motivos religiosos y monumentos honoríficos de políticos, artistas y militares. En otros lugares se le define también como el último gran maestro del realismo decimonónico. Además fue un artista de prestigio universal, espléndido representante de la mirada mediterránea y el referente mundial de la escultura valenciana. Con su obra, especialmente repartida por *España* e *Iberoamérica*, reflejó la vida social y de los acontecimientos políticos de la segunda mitad del siglo XIX y primera del XX. No extraña por tanto que un billete de curso legal, en aquel caso de 500 pesetas, fuese emitido con su imagen en el año 1951.

*Mariano Benlliure y Gil* nació en la *calle Baja,* 16, de *Valencia* en el año 1862 en una familia de artistas, aunque de medios humildes. Su precocidad fue sorprendente, aunque no fue capaz de articular palabra hasta la edad de siete años, dificultad en la expresión que nunca le abandonaría. Su formación se desarrolló en *Valencia* y *Madrid*. Luego estudió en *París* con el pintor *Francisco Domingo Marqués*, para pasar en 1879 a *Roma* atraído por la enorme figura de un *Miguel Ángel* que le haría tomar la escultura como su dedicación principal, instalándose en 1887 definitivamente en *Madrid*. Sus sucesivos premios en las *Exposiciones Nacionales de Bellas Artes* le dieron gran renombre y le llevaron a ser uno de los artistas más influyentes de su época. Sus temas más recurrentes fueron los retratos y los monumentos conmemorativos, aunque igualmente desarrolló temas taurinos, religiosos y populares.

Como en un episodio de crónica rosa de la época, estuvo casado con la famosa *Lucrecia Arana*, y ellos fueron una de las parejas más populares del momento, gozando de un amplio reconocimiento en vida y de una situación económica muy saneada. Su íntima amistad con dos genios como *Sorolla* y *Blasco Ibáñez* dio a *Valencia* la tríada más memorable de nuestra historia artística. Fallecería finalmente en el año 1947 y sus restos descansan por su voluntad, junto con los de sus padres, en el cementerio del *Cabañal.*

De los múltiples cargos y condecoraciones que se le concedieron en vida destacamos a modo de ejemplo la de la *Legión de Honor de Francia*, la Medalla Especial del emperador *Francisco José*, la Medalla de Honor de la *Exposición Universal de París* de 1900, la Medalla de Oro en escultura del *Círculo Bellas Artes de Madrid*, presidente de la *Asociación de Escritores y Artistas Españoles*, director de la *Academia de España* en *Roma*, director general de *Bellas Artes* y director del *Museo de Arte Moderno de Madrid*, comendador de la orden de la corona italiana, *Gran Cruz de Alfonso X* de España, etc,...en suma, un currículum inacabable.

De entre las obras que en Valencia dejan memoria de su genio no podemos dejar de citar la del pintor *Ribera* de la *plaza Teodoro Llorente*, el monumento al *Marqués de Campo* en la *Gran Vía Marqués del Turia*, la de *Cervantes* de la *calle Guillem de Castro* o la magnífica sedente de *San Juan de Ribera* en el claustro del *Colegio del Patriarca*.

De entre las esculturas que se encuentran majestuosas fuera de nuestra ciudad citaré brevemente el monumento de *Isabel la Católica y Colón* en *Granada*, la figura de *Antonio Trueba* y la de *Diego López de Haro* en *Bilbao*, la de la reina *María Cristina*, la de *Emilio Castelar* y la de la reina *Bárbara de Braganza* en *Madrid*, la del *Duque de Rivas* en *Córdoba*, la del *General San Martín* en *Lima* o la del *General Simón Bolívar* en *Panamá*. No menos interesantes son sus esculturas ecuestres como la de *Alfonso XII* en el *Parque del Retiro* de *Madrid*, de la que el historiador y crítico de arte *Alfonso de Carlos* dice que es la mejor escultura ecuestre de un escultor español, la del *general Martínez Campos*, situada en el mismo lugar, o la del *general Primo de Rivera* en *Jerez de la Frontera*. Entre sus monumentos funerarios, siempre deslumbrantes, destacan los mausoleos de *Sagasta* y *Canalejas* en el *Panteón de los Hombres Ilustres*, en *Madrid,* o el del tenor *Gayarre* en el cementerio del *Roncal* en *Navarra.*

Respecto a la prolífica obra de *Benlliure*, el periódico *Corriere della Sera* de *Milán* ya decía en octubre de 1926: "*¿Cuántas estatuas ha traído al mundo don Mariano? Ni él mismo lo sabe. ¿Mil? ¿Dos mil? ¿Tres mil? ¡Quién lo sabe! Seguramente forman varios regimientos... toda una Humanidad de bronce y de mármol. Nunca las ha contado y menos puede recordarlas todas.*"

Quiero mencionar especialmente la íntima relación que la localidad alicantina de *Crevillent* inició en el año 1944 con el artista al encargarle un total de nueve obras religiosas para la Semana Santa. Siguiendo su estela, la familia *Magro* logró reunir en 1961 un total de ciento nueve obras que fueron el germen del actual museo. Hoy, se cuenta con trescientas treinta y una obras en unas instalaciones museísticas cercanas a los 1.000 m² de superficie.

De entre las anécdotas memorables destacamos que se le dedicó un barco con su nombre que naufragó en el año 1916 mientras hacía la ruta *Liverpool-Valencia* cargado de carbón. En aquel siniestro perdieron la vida sus cuarenta y cinco tripulantes, sembrando de dolor el barrio del *Cabañal.* También se ha suscitado una polémica con la estatuilla que representa a *Goya* y que entrega anualmente la *Academia de las Artes y Ciencias Cinematográficas de España* pues la familia *Benlliure* sostiene que es un plagio de la que se expone en el *Museo de Bellas Artes de Valencia.*

> *"La mayor excelencia de Benlliure fue el retrato. Como los grandes artistas del Renacimiento sabe captar en el modelo aquello que es constante, que constituye su expresión, el reflejo externo de su vida interior. El retrato, que obliga a ceñirse a lo natural, le permite ostentar la habilidad prodigiosa en el modelado. Es inútil citar ejemplos. En la lista innumerable de sus excelentes bustos y retratos, hasta los labrados en su extrema ancianidad, no se pueden señalar sino aciertos". J.Gallego, Semanario Cultural ABC, 1984.*

## 15.- Seis esculturas de un héroe de barro.

A pocos personajes de la historia como al *Cid*, *Valencia* les ha dado tanto como ellos nos quitaron. Y adelanto que este no es obviamente un personaje de mi devoción. Una gran avenida, una ruta histórica para ciclistas y senderistas, una gran estatua en una plaza principal... son regalos hechos a alguien que nos dio más dolor que gloria. A esto también contribuyó una literatura y séptimo arte que han coloreado con palabras y con sus lentes los aspectos más oscuros de un personaje con muchas más sombras que luces. Me baso para afirmarlo en que el asedio a la ciudad de *Valencia* en los meses previos a que el *Cid* la conquistara fue de las más implacables de la historia de *España*. Cuando ya no quedaban animales en la ciudad pues habían sido ingeridos por sus habitantes se pasó al canibalismo con los cadáveres, a la ingestión de cueros y, como consecuencia natural de aquel desastre, apareció la peste. Los jóvenes que intentaban salir de la ciudad eran vendidos como esclavos a los comerciantes que esperaban en los campamentos, mientras las mujeres eran violadas y vendidas y los hombres adultos eran quemados vivos frente a las murallas. Finalmente, el *Cid* entró en *Valencia* el 15 de junio del año 1094, falleciendo en la ciudad cinco años después. *Doña Jimena*, que fue su viuda y sucesora, defendió la ciudad hasta el año 1102 abandonándola al poder de los almorávides, eso sí, no sin antes haberla arrasado con el fuego en su huida. Este intervalo fue el único "cristiano" durante la dominación musulmana de *Valencia* desde mitad del siglo VIII hasta mitad del XIII. No se me olvida que es injusto juzgar la historia remota con los ojos del presente pero, en todo caso, el balance de lo dado por este personaje me parece poco legendario.

Y, como debo por disciplina y coherencia marcar un récord para justificar este capítulo, diré que la escultura ecuestre del *Cid* que tenemos en la *plaza de España*, junto con otras cinco idénticas obra de la escultora norteamericana *Anna Hyatt Huntington*, fueron en su momento las de mayor tamaño que jamás había hecho una mujer en la historia del arte. De hecho, hasta finales del siglo XX, el monumento al *Cid* estuvo considerado como la escultura más grande realizada por una mujer en Europa.

El monumento al *Cid Campeador* fue una estatua ecuestre realizada en bronce por la artista norteamericana *Anna Huntington*, esposa del acaudalado mecenas e hispanista *Archer Milton Huntington*. A *Anna Huntington* la encantaban las estatuas ecuestres y modeló no solo al *Cid*, sino al *Quijote* y a *Juana de Arco* en un caballo muy similar a este. El señor *Huntington* se había convertido tiempo atrás en un gran amante de la cultura española ya que había pasado parte de su juventud completando sus estudios en nuestro país y llegó a financiar una edición impresa del *Cantar de Mío Cid*. Movido por todos estos antecedentes, entre finales del siglo XIX y principios del XX, este filántropo americano se había instalado en *Sevilla*. En esos años, la artista realizó seis esculturas ecuestres del *Cid* en mármol y bronce, todas idénticas. Para modelar dicha escultura la artista estadounidense se inspiró en la escultura ecuestre romana de *Marco Aurelio* y en las renacentistas del *Condottiero Gattamelata* de *Donatello* y del *Condottiero Colleoni* de *Verrocchio*. La escultora presenta a un *Rodrigo Díaz de Vivar* en actitud marcial y briosa, montando un magnífico caballo de gran movimiento y con una vestimenta que se ajusta también al personaje histórico.

De estas seis esculturas idénticas, la primera de ellas fue regalada a la ciudad de *Sevilla* con motivo de la *Exposición Iberoamericana* de 1929. Otra de ellas ocupa un lugar privilegiado en *Audubon Terrace* en *Nueva York*. También en *Estados Unidos* hay otras dos, ambas en *California*, una en el *Museo de la Legión de Honor* de la ciudad de *San Francisco* y otra en *San Diego* en la *Biblioteca Hispano-Americana*. Ambas fueron también donaciones. Existe aún otra obra ecuestre de *Rodrigo Díaz* en *Buenos Aires*, ubicada en una plazoleta del barrio de "*Caballito*", que fue inaugurada el día 13 de octubre de 1935, día posterior al *Día de la Raza* cuyo heroísmo pretendía homenajear.

En la *Plaza de España* de nuestra ciudad tenemos la última de ellas y segunda estatua ecuestre de esta serie del *Cid* de nuestro país, también regalada por la escultora. Esta es especialmente majestuosa pues permanece sobre un alto pedestal de piedra a mayor altura que la de *Sevilla* a pesar de que fue una copia de esta realizada por *Juan de Ávalos* a instancias de la *Hispanic Society*. Quizás por este motivo le dedicaron a la señora *Huntington* un salón del *Palacio del Marqués de Dos Aguas* para albergar su obra escultórica. Llegó la estatua a *Valencia* el 3 de marzo de 1964 para culminar las tentativas anteriores de personajes egregios como *Joaquín Sorolla*, el maestro *José Serrano* y *Teodoro Llorente* de tener un recuerdo monumental de *Valencia* al caudillo castellano. En la inscripción de su peana bajo el escudo de *Valencia* podemos leer: "A / RUY DIAZ / DE VIVAR / * VIVAR 1043 + 1099". En la parte izquierda: "RODRIGO SIT / DIEGUEÇ, DIT / CAMPEADOR. / SEGUR SENYOR / RENTRES VIXQUE / L'ESPILL. JAUME ROIG. 1460". En la parte derecha: "TODO EL BIEN QUE YO HE, TODO LO TENGO DELANT / CON AFAN GANE A VALENÇIA E ELA POR HEREDAD / AL MENOS DE MUERT NO LA PUODO DEXAR / GRADO AL CRIADOR E A SANTA MARIA MADRE / MIS FIJAS E MI MUGIER QUE, LAS TENGO ACA / CANTAR DEL MIO CID".

Como curiosidad diremos que en la película "*Ciudadano Kane*" de *Orson Welles* se puede ver la estatua del *Cid* embalada al inicio de la película como si la llevaran al *Palacio de Xanadú*.

*"Ojos Bellidos / catan a todas partes / miran Valencia / cómo yaze la ciudad ...". (Cantar de Mio Cid, Anónimo,1200).*

## 16.- Un alabastro para el litigio.

Puede causar sorpresa en el paseante despistado encontrar un busto escultórico del ciudadano *Damiá Forment* en una callejuela de su mismo nombre en el *barrio del Carmen* de *Valencia.* Pero pocos artistas con más merecimientos que él para tener ese honor pues fue el introductor del renacimiento escultórico en *España*, abandonando por tanto las formas góticas arcaicas anteriores, y uno de los escultores más afamados de la Corona de Aragón.

Nacido en *Valencia* en el año 1480, fue hijo de *Pablo Forment*, que también era escultor, y de *Beatriz Ferrer*, estirpe que tenía su domicilio familiar en la *calle de San Vicente.* Casado en la ciudad en el año 1499 con *Jerónima Alberola*, tuvo cuatro hijas llamadas *Ursula, Magdalena, Isabel* y *Esperanza.* Hay quien dice que adquirió parte de su formación en *Italia*, pero el desaparecido retablo de *San Eloy* que realiza en el año 1509 junto a su hermano para el gremio de plateros que tenían su capilla en la *iglesia de Santa Catalina*, su primera obra, se ejecutó en *Valencia*, aunque en nuestra ciudad no tuviera mucha suerte ya que surgieron las primeras desavenencias entre el artista y el comitente de la obra. Además, aquí predominaba la pintura sobre la escultura y eso hizo que pensara muy pronto en cambiar de aires. A pesar de eso, en el *Museo de Bellas Artes de Valencia* aún podemos encontrar el retablo pictórico del año 1500 procedente del antiguo *convento de la Puridad*, que se encargó a la familia *Forment* y ejecutaron su padre, *Pablo,* su hermano, *Onofre*, y el propio *Damián.* Incluso anterior fue el retablo mayor de la *colegiata de Gandía* del año 1409 que realizó también en el taller familiar. También le pesó como una losa el estar en un segundo plano a la sombra del taller familiar y por eso en el año 1509 se trasladó a *Zaragoza* para, ya en el año 1515, haber finalizado su primera obra independiente. De grandes dimensiones e iniciada años antes, el retablo del altar mayor de la *iglesia del Pilar de Zaragoza*, que se mantuvo cuando se convirtió en basílica, fue trazado en estilo gótico y realizado en alabastro. En esta obra ya comienzan a aparecer algunas figuras plenamente renacentistas que muestran gran elegancia. No era extraño que en algunas obras los autores dejaran para la posteridad sus propias imágenes y en el sotobanco del retablo están representadas las efigies de *Damián* y su esposa *Jerónima.* En el año 1511 comenzó el retablo de la *catedral de Huesca*, donde ejecutó escenas de la Pasión y que comparte características de estilo con el retablo anterior. Sin embargo, en este quien aparece esculpida es su hija Úrsula junto a él mismo, también en el sotobanco del retablo.

En el año 1527 trabajó en alabastro el retablo del monasterio cisterciense de *Poblet*, obra con una estructura arquitectónica que abandona claramente el gótico para crear unos relieves y esculturas más solemnes. Esta fue otra obra polémica ya que los monjes no estuvieron de acuerdo ni con el desarrollo ni con el resultado de los trabajos. Adujeron estos mala calidad del alabastro, incorrectas medidas del retablo y falta de cumplimiento en los plazos de entrega por las prolongadas ausencias del maestro durante las obras. Esto motivó que se quedara sin liquidar el último pago, originándose un larguísimo pleito que se inició en 1535 y se prolongó hasta 1570 después de fallecido el autor. Y es que el taller de *Forment* ya era un taller estrella y funcionaba como una empresa mercantil al uso. Se daba la circunstancia de que el volumen de los distintos trabajos que se asumían y los distintos oficios que intervenían en estos mermaban en muchas ocasiones el control y calidad que sobre la obra se tenía y entonces surgían los pleitos. En muchas ocasiones era el propio taller en que lo ejecutaba y el autor sólo realizaba las esculturas más visibles. Aún así, este retablo restaurado es la obra renacentista más importante que tiene el *monasterio de Poblet*.

No hay que desdeñar tampoco el papel que *Forment* asumió de maestro de escultores que tenían procedencias muy diversas. Por ello, su influencia rebasó con creces los territorios de la antigua *Corona de Aragón* y pasó incluso a *Castilla*. Su última obra conocida fue el retablo del altar mayor de la *catedral de Santo Domingo de la Calzada*, obra que se encontraba prácticamente acabada cuando falleció en el año 1540 y donde está sepultado.

Respecto al busto de bronce que hemos mencionado y que adorna la calle de nuestra ciudad, vemos a *Damiá Forment* con un aspecto joven y con un capelo propio de la época que le cubre la cabeza. Sostiene entre sus manos una maqueta de un retablo y un cincel alusivo a su profesión y a su obra. La obra va firmada por *Roberto Rubio*, escultor catalán nacido en el último cuarto del siglo XIX en *Barcelona* y que falleció en *Valencia* en el año 1962. Este realizaría el original en piedra sobre el año 1950 y lo donaría a la *Real Academia de Bellas Artes de San Carlos* de la que era académico de número. El busto está tomado del mencionado autorretrato del maestro que dejó plasmado en un medallón en el retablo mayor de la *catedral de Huesca*.

Este se alza sobre un alto pedestal en cuyo frontal aparece una inscripción bajo el escudo de la ciudad que dice: *Valencia / al seu escultor / Damià Forment / (1480-1540) / capdavanter / del renaixement a Espanya / Any 2003.*

> *"Este fue a mi entender uno de los mayores escultores que tuvo España en aquella edad de la resurrección de las bellas artes. Cualquiera que mire con inteligencia y reflexión la obra referida, conocerá esta verdad" (Antonio Ponz, "Viaje de España", 1788, tomo XV, carta primera, 48).*

## 17.- Un santo de bronce se rasga las vestiduras.

La *calle de San Vicente Mártir* es quizás la vía urbana más importante de *Valencia*, lo que sería una *calle Mayor* en cualquier otra ciudad. De entre los edificios que la ocupan tiene un lugar muy destacado la *iglesia de San Martín Obispo y San Antonio Abad*. Y esta iglesia no la concebiríamos sin el conjunto escultórico que ocupa la hornacina de la puerta de su fachada principal. Porque en el año 1495 se instaló en la hornacina de la portada principal una de las obras escultóricas más reconocibles de nuestra ciudad y que representaba a *San Martín* en la escena en la que rasga su capa para darle una pieza a un mendigo que simboliza a Cristo. Y durante muchos años nos hemos acostumbrado a ver esta hornacina vacía pues el conjunto se cedió en momentos puntuales para determinadas exposiciones, para ser preservado de la destrucción en nuestro conflicto bélico civil o para ser objeto de limpieza y restauración. En su origen, la iglesia debió haber sido construida en estilo gótico ya que fue una de las diez mezquitas que se convirtieron en iglesias con la conquista cristiana.

Cuenta el historiador del arte *Fernando Pingarrón Esaín Seco* en "*El grupo ecuestre de San Martín en la parroquia valenciana de su nombre*" que *Vicente Peñarroja*, militar y caballero de la *Orden de Santiago* cuya familia estuvo muy vinculada al templo pues se cuidaban de una de sus capillas laterales, se ofreció a donar de su propio peculio un conjunto escultórico que se ubicara en la portada de la iglesia para su ornamentación. Por ello no ha faltado quien se ha preguntado cómo era posible que una puerta ojival como debió ser la de aquella primera iglesia gótica pudiera acoger de forma digna un conjunto tan grande y pesado como este. Debió producir por tanto un efecto extraño pues era una de las pocas puertas ojivales europeas que acogía en el tímpano de su frontón una obra así y hoy el rosetón que tenía, uno de los mayores góticos junto con el de los *Santos Juanes* de *Valencia*, se halla cegado aunque se adivinen trazas de lo que fue.

Poco sabemos respecto al autor de esta obra, aunque el erudito albaidense *Elías Tormo*, crítico literario y de arte, jurista, historiador, arqueólogo, doctor en Derecho y Filosofía y Letras, catedrático de Derecho Natural, de Teoría Literaria y de Historia del Arte, rector en la *Universidad Central de Madrid* y académico de la *Real Academia Española de la Historia*, nada más y nada menos, expresaba su certeza de que podía atribuirse al escultor de *Bruselas Pierre van Beckere* por similitud con otras obras. Se puede sólo determinar con certeza que pertenece a la escuela flamenca pues la obra se compone de cuarenta piezas de bronce que, debidamente ensambladas, dan el magnífico aspecto que podemos hoy contemplar, en contraposición a las de la escuela italiana que solían utilizar un solo molde. También se ha pensado por sus dimensiones que pudo estar destinado a un pedestal bajo y exento que permitiera recorrer visualmente sus detalles y no a un lugar elevado con el que pierde en nitidez y elegancia. Por eso podemos consolarnos con una contemplación a corta distancia de la réplica cerámica que existe en el *Museo González Martí*. Su autor fue *José Martínez Solaz* entre los años 1958 y 1961 y sus distintas piezas se hicieron con molde para ser cubiertas de barniz negro.

Finalmente, lo que podemos afirmar con seguridad es que en el año 1494 salió de los *Países Bajos* con destino a *Valencia* el mejor conjunto escultórico ecuestre realizado en bronce de la escuela flamenca con caracteres de transición del Gótico al Renacimiento. En la escena se representa al santo obispo de *Tours* cuando era soldado junto a un mendigo en la puerta de *Amiens* que representa a Cristo y con el que comparte una capa que está rasgando. El mercader *Domingo Pere Andreu* fue quién medió en tal compra ya que las relaciones comerciales de *Valencia* con *Flandes* en el siglo XV eran muy frecuentes y también muchos viajeros pasaron por estas tierras con lo que un encargo así tenía su sentido.

Al llegar la pieza a *Valencia* su donante ya había fallecido y es por esto por lo que se hicieron cargo de ella sus hermanos *Bernardo, Francisco* y *Jaime Peñarroja* que fueron quienes la entregaron a la iglesia en cumplimiento del deseo de su fallecido hermano en acta documentada un 31 de mayo de 1495. Las características estilísticas de la figura del santo son puramente flamencas en su atuendo cortesano del siglo XV, con su birrete de plumas, y se acompaña por otro que sujeta su espada. El caballo es la pieza más destacable y en su cincha muestra dos detalles como son el símbolo nobiliario del donante y un dragón cuyo cuerpo se enrosca sobre sí mismo. La fecha de realización de la obra se muestra en la montura igualmente. La figura del mendigo muestra los rasgos clásicos del rostro de Cristo, barbado y con halo de santidad. Respecto a la actual portada barroca que desde mitad del siglo XVIII cobija estas figuras dice *Pingarrón* que fue obra de los canteros *Juan Bautista Ribes* y *Tomás Miner*, teniendo alguna intervención en su traza *Francisco Vergara, el Mayor*. Afortunadamente, pudo salvarse de la masiva destrucción de obras de arte durante la contienda civil ya que fue incautada y trasladada al ayuntamiento junto con otras obras procedentes de otros lugares. Esto evitó su fundición y provisionalmente se expuso en una sala del *Museo Histórico Municipal* hasta que regresó a su lugar una vez pasada la contienda. Por tanto, cuando pasemos de nuevo por delante de nuestro protagonista pensaremos que es el mejor y más importante conjunto escultórico flamenco que tenemos en *España*, broncíneo y ecuestre, con una monumentalidad única en su género.

> *"Todas las calles de Valencia son largas y bonitas, excepto las de los alrededores de la Pescadería, cerca de la cual está la calle de la Platería. Sin embargo, es este el barrio con mayor número de mercaderes, algunos de los cuales son franceses. Los mercaderes de Valencia son ricos, debido principalmente al tráfico de la seda con los países extranjeros". (A.Jouvin).*

# 18.- Modelando la posteridad.

Desde tiempos inmemoriales, *Valencia* fue considerada como sede artística en las diversas disciplinas, en las que se formaron y destacaron los renombrados académicos, junto a excelsos grabadores, pintores y escultores, laureados con las más altas distinciones, no sólo en las reconocidas como artes mayores (arquitectura, pintura y escultura), sino también las especialidades menores, así conocidas de forma despectiva por estar integradas en el entorno artesanal. Y no hay nadie que nos hable mejor de ello que el experto amigo *Juan Bautista Tormos Capilla*, investigador y profesor que derrocha pasión y conciencia. El que fuera catedrático de Historia del Arte, *Felipe María Garín Ortíz de Taranco*, afirma que, entre los siglos XVII y XVIII "*el Reino de Valencia es en aquellos tiempos, sobre todo, tierra de pintores, y aún de arquitectos, o de obras hechas por ellos, sean o no oriundos de aquí, más que de escultores*".

En efecto, desde la denominada "*Reconquista*" de estos territorios, la mayoría de los encargos en estatuaria, tanto pública como privada, fueron realizados por numerosos escultores llegados de otras latitudes, por lo general desde la cercana *Cataluña.* Hay que remontarse al siglo XVII, para reconocer al primer escultor relevante de origen valenciano, *Juan Muñoz*, discípulo en *Madrid* del gran maestro barroco *Gregorio Fernández.* Ya en el siglo XVIII, conocido como "*el siglo de las luces*", nos encontramos con nombres ilustres como los valencianos *Ignacio Vergara Gimeno, José Puchol Rubio*, *José Esteve Bonet*, *José Ginés Marín*, *José Piquer Duart y Francisco Bellver Collazos,* entre otros distinguidos maestros, pues muchos de ellos se decantaron por la temática religiosa ante el masivo encargo de tallas en madera policromada.

Ya en el período histórico conocido como la "*Restauración*" brillaron artistas plásticos como *José Aixa Iñigo*, *Mariano García Mas, Emilio Calandín Calandín*, *Vicente Bañuls Aracil*, *José Viciano Martí* , *Lino Esparza Abad*, *Eugenio Carbonell Mir y Juan Dorado Brisa* que también prefirieron la escultura de signo figurativo de temática religiosa, aunque no tuvieran mayor resonancia más allá de los límites geográficos valencianos. Pero es durante el siglo XIX cuando *Valencia* se incorporó al culmen del arte internacional con la figura arrolladora de *Mariano Benlliure Gil.* Su reconocimiento universal fue de tal calado, que en la *Exposición Nacional de Bellas Artes* de 1895, se le concedió la Medalla de Honor en la sección de escultura, al haber conseguido con anterioridad, dos primeras medallas de oro. No olvidamos en este mismo contexto no hay a su coetáneo y gran amigo, el también valenciano *Joaquín Sorolla y Bastida*, figura indiscutible de la pintura, que también ganaría dos primeras medallas y *Medalla de Honor*, en los años 1892, 1895 y 1901, respectivamente. Con *Benlliure* tenemos un artista completo y sobresaliente que cultivó por igual la orfebrería, la talla en madera, el modelado en barro, la fundición, la cerámica y demás materiales conformadores de una plástica creativa y genial. Su estilo "preciosista" fundamentó toda una escuela, plena de discípulos y seguidores. Otros grandes fueron en su momento, los *Ignacio Pinazo Martínez, José Capuz Mamano, Juan Adsuara Ramos, José Ortells López.*

Pero el tema fundamental que nos ocupa es el relevante papel que jugaron los artistas valencianos en las artes plásticas en las diferentes secciones de pintura, escultura y arquitectura, que se fueron convocando en las sucesivas ediciones de las conocidas *Exposiciones Nacionales de Bellas Artes* celebradas en *España*. Dichas convocatorias cobraron vigor entre los años 1856 y 1968, año de su finalización. En la sección escultórica es necesario resaltar la presencia continuada y el éxito alcanzado por los artistas valencianos, los más premiados del siglo XX al ejercer con mérito su oficio y técnica del dibujo y modelados previos al proceso escultórico resuelta bien en madera vista o policromada. El amigo y erudito en escultura e imaginería religiosa de la posguerra española, *Antonio Bonet Salamanca,* afirma que estas *Exposiciones Nacionales de Bellas Artes* eran en los años finales del siglo XIX el único cauce para el sostenimiento económico de algunos de los artistas y Valencia logró destacar ya que los artistas valencianos que practicaron la escultura, lograron no menos de ocho primeras medallas en una treintena de años (1915-1948). Toda aquella extraordinaria generación de artistas valencianos de la plástica tenían un importante nexo en común ya que pertenecían a la denominada "*Escuela de Escultura Valenciana*", en *Madrid* conocida como la *"mosca"* del Mediterráneo, que poseía una gran calidad y compartía un lugar determinado de estudio en la *Escuela de Artes y Oficios* y la *Superior de Bellas Artes de San Carlos de Valencia.*

Los escultores valencianos galardonados en las *Exposiciones Nacionales de Bellas Artes* celebradas en *España* (1856-1968) con la *Primera Medalla* o *Medalla de Honor* fueron *Mariano Benlliure Gil, José Capuz Mamano,*

*Vicente Navarro y Romero, José Ortells López, Julio Vicent Mengual, Juan Adsuara Ramos, Luis Marco Pérez, Vicente Beltrán Grimalt, Carmelo Vicent Suria, Ramón Mateo Montesinos, Ignacio Pinazo Martínez* y *Benjamín Mustieles Navarro.* También es de justicia destacar el extraordinario e irrepetible conjunto de artistas de la gubia y el cincel que se alzaron con segundas y terceras medallas nacionales, así como las diferentes *menciones de honor* y las medallas conseguidas al mérito artístico ganadas por artistas valencianos como fueron *Emilio Calandín Calandín, Vicente Bañuls Aracil, Roberto Ridaura Gosálvez, Francisco Marco Díaz-Pintado, Julio Benlloch Casares, Salvador Octavio Vicent Cortina, José Azpeitia Ureña, Rafael Grafía Jornet, José Díes López, Ignacio Bayarri Lluch, Francisco Serra Andrés, José María Rausell Sanchís*, y un largo etcétera. Todos ellos se convirtieron en protagonistas de excepción del proceso imaginero y renovador originado a partir de la destrucción y el expolio del fondo patrimonial heredado y desaparecido durante el trienio bélico comprendido entre los años de 1936 y 1939.

Para finalizar este capítulo en homenaje a nuestros escultores galardonados me gustaría añadir que, aunque las *Exposiciones Nacionales de Bellas Artes* dejaran de celebrarse a partir de 1968, es leal reconocer que fueron muchos los artistas valencianos que con anterioridad y, sobre todo, en períodos posteriores, continuaron cosechando distintos triunfos para nuestra tierra.

> *"Mariano Benlliure es un artista completo y sobresaliente que cultivó encomiásticamente y por igual, la orfebrería, la talla en madera, el modelado en barro, la fundición, la cerámica y demás materiales conformadores de una plástica creativa y genial. De hecho, su estilo escultórico "preciosista" y su personalísimo quehacer dejaron huella y fundamentaron toda una escuela, plena de discípulos y seguidores". Juan Bautista Tormos Capilla, Profesor.*

## 19.- Fuegos de artificio sobre la almunia árabe.

Uno de los periodos más enigmáticos y desconocidos de nuestra historia es la de los cinco siglos de dominación musulmana (S.VIII-S. XIII) que *Valencia* (*Balansiya*) vivió y que nos han dejado un legado intangible en muchos casos pero que está cosido al aroma de esta ciudad. Cinco siglos que nos parecen tan lejanos en el tiempo y en nuestra visión occidental de las cosas que nos hace perder la perspectiva de la historia de la ciudad el no tenerlos presentes.

Un geógrafo de la talla de *Al Udri* nos dice que *Balansiya*, con la perfección de sus murallas del siglo XI, era la plaza más fuerte de todo *Al Andalus* y añadía que "*la muralla era la obra defensiva más perfecta de toda la España musulmana*". Que lo dijera *Al Udri* no es un tema menor. A este respecto dice *Luis Molina* en "*Las dos versiones de la Geografía de al- 'Udri*" que "*el almeriense no era un mero recopilador de leyendas y milagros, era, ante todo, un serio y documentado geógrafo que, tomando como base la obra de Abmad al-Razi, la enriquecía grandemente con aportaciones personales de indudable valor histórico y geográfico. La Geografía de al-'Udri es, en nuestra opinión, la mejor obra de su género escrita sobre al-Andalus; mejora y completa la de al- Rázi y supera ampliamente las de dos afamados geógrafos como al-Bakri y al-Idris*". También *José Angel Tapia*, cronista oficial de *Almería*, lugar natal de *Al Udri*, refiriéndose a su método afirma que "*es la forma más empírica de concebir la geografía descriptiva, de la que el Udri parece ser el maestro y el Bakri y el Idrisí, los discípulos.*"

Las murallas árabes de *Balansiya* van indisolublemente unidas a la figura de *Abd al-Aziz ibn Amir* (1021-1061), durante cuyo reinado fueron construidas para proteger a la población y a aquellos que llegaban de otros lugares de *Al-Ándalus*. Este caudillo era nieto de *Almanzor* y había huido de *Córdoba* tras la caída de su califato para convertirse, como dice *Vicente Coscollá* en "*La Valencia Musulmana*", en el primer rey de *Valencia* de toda su historia. Nosotros añadimos que lo sería con permiso del visigodo *Hermenegildo*, como vemos en otro capítulo de este libro. *Valencia* se convirtió entonces en capital de la taifa de *Valencia* y, por lo tanto, experimentó un importante crecimiento urbanístico. En una política expansionista llegó a anexionar la taifa de *Almería*, que incluía *Murcia*, a la de *Valencia*, aunque fuera perdida poco después. Estas murallas contaban con siete puertas y se construyeron con una anchura media de 2,25 metros en tapial de hormigón siendo rellenadas con piedras de pequeño tamaño. Tenía torres de planta semicircular que se colocaban aproximadamente cada veintiséis metros y de los que afortunadamente conservamos algunas. El foso que tenían solía anegarse con agua y la muralla se protegía con una antemuralla o barbacana almenada para evitar la excavación de túneles si se quería conquistar la ciudad. La solidez de este recinto permitió contener durante meses el despiadado sitio al que el *Cid* sometió a la ciudad y el asedio de *Jaime I*. La muralla árabe y la muralla cristiana posterior coexistirían hasta el siglo XIV. Además numerosas torres vigía circundaban a la ciudad.

El rey musulmán proporcionó por tanto a *Balansiya* el mayor periodo de esplendor cultural, paz política y prosperidad económica que se recuerdan. Una estable convivencia entre judíos, cristianos y musulmanes y productos como la cerámica y la seda se convirtieron en los motores de su bonanza. Así, nos hablan los cronistas de que "*los sarracenos de Balansiya se distinguían, aparte de por su elegante aspecto y natural nobleza, por su despreocupación y tendencia a la ociosidad. El alimento era barato pues abundaban las frutas y los productos del campo; los musulmanes valencianos ricos disponían en sus casas de todos los enseres de lujo y de placer, y adquirían cualquier novedad exótica que apareciera*".

Desde el punto de vista económico, las tierras de la región valenciana habían sido hasta el siglo XI rurales, sin centros urbanos importantes. Ya con la taifa de *Valencia* se consolidaron los sistemas de regadío de la región, las tierras de secano se convirtieron en regadíos merced al sabio aprovechamiento del agua y la demanda de productos de lujo por la clase dominante en los reinos de taifas impulsó la actividad artesanal y el comercio. Las zonas extramuros comenzaron a poblarse enormemente para convertirse en unos arrabales que llegaron a superar en población a la propia ciudad. Proliferaron entonces los palacios, cuyo alcázar es ocupado hoy por el *Palacio arzobispal*, las mezquitas, la mayor hoy es la catedral, los mercados, las escuelas, los baños y jardines y los alrededores de *Valencia* se llenaron de quintas de recreo. Tratados sobre medicina, filosofía, arquitectura, astronomía, agricultura o matemáticas emergieron del saber y manos diestras en crear belleza, crearon una literatura notabilísima.

Otra gran gloria arquitectónica de este periodo se plasmó en la construcción de la "*almunia*" (palacio real en árabe) ya que era costumbre de los soberanos árabes tener lugares de recreo fuera de la ciudad y, sobre él, el rey *Pedro el Ceremonioso* construyó en el siglo XIV el desaparecido *Palacio del Real* de *Valencia*, cuyos restos estarían en el actual *Jardín de Viveros*. El arabista *Henri Pérès* en su libro "*Esplendor de al-Àndalus*", habla de "*la belleza y grandiosidad del palacio, que comprendía un gran jardín plantado de árboles frutales y flores y un río que lo atravesaba, y en el centro se encontraba el palacio, con pabellones ricamente decorados, que se abrían al jardín*". En suma, un pasado árabe de gran esplendor nos precedió y miles de vocablos de origen árabe siguen en nuestra forma de comunicarnos sorprendiéndose de los fuegos de artificio que el gran *Abd Al Aziz* disparaba desde su almunia.

*"En la ciudad de Valencia conviven musulmanes, gente noble de mi pueblo, junto a cristianos y judíos. Espero que sepáis gobernarlos para que continúen viviendo en la misma armonía y para que trabajen esta noble tierra conjuntamente. Aquí, durante mi reinado, salían procesiones de Semana Santa y los cristianos profesaban su religión con toda libertad, ya que nuestro Corán reconoce a Cristo y a la Virgen. Espero que vos concedáis el mismo trato a los musulmanes de Valencia." (Parlamento del Rey Zayán a Jaime I al entregarle la ciudad en 1238).*

*"Sus puertas se abrían sobre un jardín que cruzaba un torrente brillante como la hoja de una espada y que semejaba una serpiente huidiza. Aquel pabellón , rodeado de árboles frondosos, parecía la perla de una recién casada". (Ibn Jaqan , Poeta árabe , describe la almunia de Valencia, anterior Palacio Real, S.XI).*

## 20.- Un buen sustituto del Prado.

Ha sido propósito de este trabajo dar datos numérica o temporalmente objetivos para establecer la novedad de las aportaciones valencianas a la humanidad. Pero no me resisto al hablar de las *Torres de Serranos* o *Puerta de Serranos* de introducir un elemento quizás más personal al decir que este edificio es el más bello ejemplo peninsular de la arquitectura militar defensiva de estilo gótico del siglo XIV. Y, a pesar de ello, no creo estar forzando la verdad pues cuando se cruza el *Puente de Serranos* uno se encuentra con una entrada magnífica que nos recibe como la declaración de intenciones más contundente.

Esta es parte de la antigua muralla medieval cristiana que rodeó la ciudad desde que fue levantada por el rey *Pedro el Ceremonioso* entre los años 1356 y 1370. *Valencia* tuvo otras murallas antes de esta ya que hubo un recinto defensivo romano y, posteriormente, otro árabe. La muralla cristiana tenía una longitud de cuatro kilómetros e incluía cuatro grandes puertas (*portals grans*), que eran las de *Serranos*, orientada al norte; la del *Mar*, al este; la de *San Vicente*, al sur; y la de *Quart*, al oeste. A estas puertas mayores se añadían otras menores (*portals xics*), que fueron ocho en un principio: de los *Judíos* (*Jueus*), de *Ruzafa* (*Russafa*), *de los Inocentes* o *de Torrente* (*Torrent*), *del Cojo* o *de las Dieciséis Llaves* (*del Coixo o de les Setze Claus*), de los *Tintes* (*Tints*), *Portal Nuevo* o *de San José* (*Portal Nou*), *Portal de la Trinidad* (*Trinitat*) y *Puerta del Real.*

Este conjunto tuvo su punto y final con su derribo definitivo en el año 1865 por orden del entonces gobernador civil *Cirilo Amorós*, que puso como pretexto el dar trabajo a los obreros en paro que llenaban la ciudad a consecuencia de la crisis de la industria textil de la seda. Esta medida contó con la contundente oposición del ejército, el cual se atribuía la propiedad de las mismas. Afortunadamente, la excepción a esta demolición controlada fueron las *Torres de Serranos y Quart* que, en aquel momento y felizmente, estaban realizando funciones de prisión y por eso se salvaron de la piqueta.

Por sus características y estética más bien diríamos que sobrepasa su función inicial para convertirse en un verdadero arco de triunfo que daba la más noble de las bienvenidas a los viajeros procedentes de la zona de la *Serranía*, comúnmente denominados "*los serranos*". Y fue el fin de la guerra con *Castilla* y de las revueltas de la "*Unión*" cuando el *Consejo General de la Ciudad* encargó a la *Fábrica de Muros y Valladares* (*Fábrica de Murs e Valls*), la construcción de una grandiosa puerta que expresara el orgullo por el poder económico y social de que gozaba la ciudad y fuera símbolo indudable de su pujanza por la magnificencia de su construcción. El arquitecto escogido para tal empresa fue *Pere Balaguer*, "*mestre pedrapiquer*", que se inspiró para su proyecto en la *Puerta Real* del *monasterio de Poblet*, aunque superara a aquella en proporciones y suntuosidad y a la que dotó de un foso defensivo. Construida entre los años 1392 y 1398, sus treinta y tres metros de altura son formados en planta por dos torres poligonales simétricas que se rematan por almenas y que se unen por un cuerpo central formado por dos alturas y terraza. La planta poligonal de las torres responde a una necesidad funcional defensiva y, al mismo tiempo, a una tradición constructiva en los edificios góticos meridionales pues los ángulos obtusos de sus torres tenían la ventaja en relación a los ángulos rectos de ser menos vulnerables a los proyectiles y al ariete. La puerta de acceso a la ciudad que se encuentra en el cuerpo central y que une ambas torres es un gran arco dovelado de medio punto ligeramente apuntado que aloja una gran puerta de madera que cuenta con cerraduras de hierro con representaciones del escudo de la ciudad. Estas torres se convertirán en el siglo XV en la puerta principal de entrada a la ciudad como entrada majestuosa de embajadores y reyes, por lo que se situó en ella un lugar de cobro de peaje para las mercancías que entraban y salían de la ciudad. Aún así, el *portal de San Vicente* era la que mayor tránsito soportaba.

Las torres están desprotegidas por su parte interior en una especie de arquitectura abierta para no dar opción al enemigo de hacerse fuertes en las mismas y hacía de balcón y mirador hacia el interior de la ciudad para dar realce a las entradas de personajes importantes. El antiguo ayuntamiento o *Casa de la Ciutat*, que se hallaba en los actuales jardincillos aledaños al *Palau de la Generalitat*, sufrió un pavoroso incendio el 15 de febrero de 1856 y este hecho obligó a trasladar en julio de ese año a los nobles y caballeros presos a otras dependencias entre las que estaban las *Torres de Serranos*. Desde ese momento, su utilización como prisión fue ininterrumpida hasta el año 1888. Las malas condiciones de insalubridad que allí se respiraban provocó que el día 23 de marzo de 1888 se iniciara el traslado de los presos desde las cárceles de las *Torres de Serranos* y *Quart* al antiguo *convento de San Agustín*, convertido ya entonces en prisión correccional. Este hecho sirvió para que se acometiera un proceso de restauración del monumental edificio en el que se derribaron las construcciones auxiliares realizadas para albergar las cárceles y se rehizo el paso de ronda para convertirlo en sede del *Archivo Histórico Municipal* y adquirir su aspecto actual. En el trágico periodo de la Guerra Civil se habilitaron como depósito de fondos pictóricos procedentes del *Museo del Prado* y desde ellas se anuncia cada año el comienzo de la fiesta de las *Fallas* con la tradicional "*crida*" a los valencianos.

> *"La entrada a Valencia por la Puerta del Real da una espléndida idea de la ciudad a la que se llega por una alameda muy hermosa. Casi todas las ciudades españolas dan este nombre a su principal paseo. La de Valencia tiene árboles de tronco alto, naranjos, granados y palmeras, y al final cuatro hermosas columnas." (J.Peyron, viajero francés, 1772).*

## 21.- El patriarca de Antioquía os vigila sereno.

En un paseo minucioso por la arquitectura de *Valencia* vamos a encontrar magníficos claustros. El del *Estudi General*, los de *San Miguel y de los Reyes*, los del *convento del Carmen*, el del seminario de la *calle Trinitarios* o el de las *Escuelas Pías* rivalizan en belleza con los mejores que uno pueda contemplar. Pero uno de ellos, el del *Colegio del Patriarca*, ha sido calificado por *Fernando Benito Doménech*, director desde el año 1996 hasta el 2010 del *Museo de Bellas Artes de Valencia* y catedrático de Historia del Arte de la *Universidad Politécnica de Valencia*, en su obra "*Museo del Patriarca*", como "*el patio claustral de elegante trazado para muchos tenido como el más bello del Renacimiento español*". Esta afirmación no es menor si viene del considerado como uno de los máximos eruditos que ha dado nuestra investigación artística.

El *Colegio del Corpus Christi* o *del Patriarca* fue fundado por *San Juan de Ribera* para formar sacerdotes, uno de los personajes más decisivos de nuestra historia que fue arzobispo y virrey de *Valencia* y patriarca de *Antioquía*. Construido entre los años 1586 y 1615, del edificio destaca sobremanera la capilla, singular en la medida en que dispone de un esquema novedoso en lo que respecta a la planta y el alzado y no tiene puerta abierta a la calle ya que en origen se trataba de una capilla privativa del Colegio y no tenía culto al público. Todas las paredes interiores de la iglesia y de las capillas están decoradas con magníficas pinturas murales al fresco del genovés *Bartolomé Matarana*. En su altar mayor contemplamos la impresionante Última Cena de *Ribalta*, mientras su sacristía tiene una de las mejores colecciones de reliquias de nuestro país. Un fantástico museo con obras del *Greco, Joan de Joanes, Sariñena* o *Ribalta* y una no menos valiosa *Capilla de la Purísima* complementan un conjunto que es orgullo de los valencianos.

Pero nuestro claustro se presenta como uno de los más antiguos, bellos y puros patios renacentistas de *España*, con una doble galería de arcos sobre columnas traídas desde *Génova* al que los zócalos de azulejos le dan un toque local. Construido por *Guillén del Rey* en el año 1599, cuenta con columnas dóricas y jónicas de mármol de *Carrara*. Su centro es presidido por la majestuosa estatua sedente de *San Juan de Ribera*, realizada por el gran *Mariano Benlliure* en *Roma* en el año 1896.

Anteriormente a esta hubo una fuente de mármol realizada en el año 1603 por los canteros *Bartolomé Abril* y *Juan Bautista Semería.* En su centro existió con anterioridad una curiosa figura de época romana denominada "*La Palletera*" que representaba a un magistrado romano del siglo V A.C. sujetando un papiro. Como a esta figura le faltaba la cabeza, se le colocó una femenina pensando que se trataba de una dama por sus ropajes. Esta fue hallada durante las excavaciones que se realizaron en su subsuelo al construir el Colegio y fue puesta en el claustro por indicación del propio *San Juan de Ribera*. Actualmente se encuentra en dependencias del Colegio. Cuando comenzó la construcción del claustro, una parte importante de las edificaciones del Colegio se encontraban muy avanzadas.

Alguien dijo que no puede darse mayor acierto en el ordenamiento armónico total del claustro encaminado a la belleza del conjunto con el triunfo sereno y apacible de la regularidad y la simetría. Este tiene una base rectangular que alinea una serie de veintiséis arcos de medio punto en cada una de las galerías de los pisos inferior y superior. El *patriarca* facilitó al arquitecto las columnas de mármol blanco que había adquirido a los *Duques de Pastrana, Príncipes de Eboli*, que habían traído de *Génova* para construirse un gran palacio en *Madrid*. Tras desistir del proyecto, fueron enterradas en los puertos de *Alicante* y *Cartagena* y adquiridas después para esta obra. El claustro inferior se organiza con arcos de medio punto que descansan sobre treinta columnas dóricas, mientras que el claustro superior lo hace sobre otras treinta columnas jónicas rodeadas de una balaustrada. En cada uno de los ángulos del claustro inferior existen unos grandes armarios cerrados realizados en madera que encierran un lienzo cada uno de ellos. Sobre el frontal del armario podemos leer la divisa del patriarca "*Tibi post haec, fili mi, ultra quid faciam*". *¿qué más puedo hacer por tí, hijo mío*". Un experto como *F. Chueca Goitia* describió el claustro en su trabajo "*Arquitectura del siglo XVI*" como "*la obra escuetamente clásica más considerable, por sus intrínsecas bellezas arquitectónicas, de toda Valencia*" .

Existe un hecho para muchos desconocido y es que el *Colegio del Patriarca* se salvó de la destrucción masiva de patrimonio religioso en *Valencia* durante la Guerra Civil e incluso fue receptora de obras de otros lugares que iban a ser destruidas. No cabe duda que fue definitiva la "*protección*" que le dio la *Universidad de Valencia*, cuyos responsables se jugaron el tipo para evitar agresiones a las personas y el patrimonio del Colegio en los momentos más violentos de la contienda. Especial mención merece el rector republicano *José Puche*, prestigioso médico y científico, que fue rector de la universidad desde 1936 a 1938 y ocupó el cargo de *Director General de Sanidad*. Este dirigió la palabra a la multitud alborotada en el patio del Colegio para evitar su destrucción y alegó que este había prestado servicios a la Universidad tras el incendio que se registró y por el inmenso valor artístico que custodiaba. Por ello los asaltantes se retiraron tras recibir la promesa de que el Colegio sería confiscado por la organización revolucionaria de estudiantes. Para evitar peligros, las puertas del edificio y de la capilla advertían: "*Confiscado por la Universidad Literaria. Este edificio es del pueblo. Respetadlo*", llevando este rótulo la firma del rector y el sello de la Universidad. Una guardia de milicianos junto con dos bedeles de la institución protegieron en aquel momento el edificio. Algo parecido sucedió con la *Ermita de Santa Lucía* de nuestra ciudad. En esos días el Colegio dio también protección a los cuadros del *Museo del Prado* que iban a ser destruidos en los bombardeos nacionales sobre *Madrid* junto con las *Torres de Serranos* que también los cobijaron.

> *"Todas las casas de Valencia eran palacios y atribuían a la ciudad el calificativo de la bella". (J.Peyron , viajero francés, 1772).*

## 22.- ¿Cómo?... si no hay agua...

Sabemos que la riada del año 1957 marcó un antes y un después en la fisonomía de *Valencia*. La ciudad, cansada ya de que sus avenidas anegaran sus calles y barrios, decidió prescindir de una vez por todas de este peligro y encauzó su curso por otra trayectoria más hacia el Sur para eliminar para siempre esa contingencia devastadora y, como consecuencia, quedarse sin rio. Este hecho sin precedentes provocó que Valencia sea la ciudad sin rio con mayor número de puentes. Este comentario fue hecho por el escritor valenciano **Ferrán Torrent** en el programa televisivo "*El Faro de Alejandría*" presentado por **Fernando Sánchez Dragó**. Esta curiosidad marca otro record memorable y que pasamos a desgranar a continuación. La obra de hacer un nuevo cauce finalizó a finales de los años ochenta del siglo XX. Este antiguo cauce que atraviesa la ciudad, ya olvidado del rio que lo generó, posibilitó un sinfín de actividades que en forma de jardines, zonas deportivas y multiusos le han convertido en el revulsivo que la ciudad necesitaba. Algunos de los puentes que sobre su cauce existieron sufrieron percances por las aguas embravecidas que los hicieron desaparecer o cambiar tanto su aspecto que se convirtieron en irreconocibles. La relación cronológica de la "*ciudad de los diecinueve puentes*" es esta:

-*Puente de la Trinidad*: Es el más antiguo de la ciudad pues fue construido en piedra entre el 1401 y el 1407 y reedificado en el siglo XVI tras la riada de 1517. Este puente de estilo gótico estuvo adornado desde el año 1722 con unas esculturas bajo casilicios del mártir mozárabe *Bernardo* y sus hermanas mártires *María* y *Gracia*. Tras ser dañados en la Guerra de la Independencia, en el año 1942 se reemplazaron por las de *San Luis Bertrán*, realizada en 1693, y la de *Santo Tomas de Villanueva*, realizada en 1694, por el escultor italiano *Jacobo Antonio Ponzanelli*. Estas esculturas originalmente estuvieron situadas en el *Puente de San José*, pero en el año 1906 fueron retiradas de allí. Este puente recibe su nombre por su cercanía al *monasterio de la Trinidad*.

-*Puente de Serranos*: Llamado *de Serranos* por encontrarse en este lugar la puerta por la que entraban los viajeros procedentes del interior de la comarca de *los Serranos*. Fue construido entre los años 1518 y 1550. Tenía dos casilicios, uno de ellos era el llamado de la *Santa Cruz* y fue colocado en 1538. Representaba la cruz patriarcal de la cercana *iglesia de San Bartolomé*. El otro casilicio fue colocado en 1670 representando a *San Pedro Nolasco* y cuatro pequeñas figuras de *San Pedro Pascual, fray Gilabert Jofré*, doña *Teresa Gil de Vidaurre* y, en el centro, la de *Nuestra Señora de la Merced*, ambos desaparecidos. En el año 2.012 se convirtió en peatonal totalmente.

-*Puente de San José*: La primera mención de la existencia del puente data del año 1486 que debió ser entonces de madera, mientras que su realización en piedra está fechada entre 1604 y 1608. Tenía, como hemos dicho, sendas esculturas de *San Luis Bertrán* y *Santo Tomás de Villanueva*. Las mismas fueron retiradas en 1906 y hoy hay colocada una escultura de *San José*, obra de *Octavio Vicent* que representa a *San José* como carpintero y a un niño que golpea una gubia. El puente ha sido conocido también como *Puente Nuevo*, de la *Zaidía* o de *Santa Cruz*, aunque estos nombres han pasado ya a la historia. Construido frente al *convento de San José,* que todavía se conserva, y del antiguo *Portal de San José,* derruido en 1868, de ellos toma su nombre.

-*Puente del Real*: Este puente canalizaba el tráfico entre el puerto y la ciudad y daba paso al cercano *Palacio del Real*. El actual *Puente del Real* comenzó a construirse en piedra hacia 1595 y se adorna con dos casilicios, uno a cada lado, dedicados a *San Vicente Ferrer* y a *San Vicente Mártir*. Las esculturas fueron obra de *Vicent Leonart Esteve* e instaladas en el año 1603. En 1936, durante la Guerra Civil, las estatuas son destruidas y, entre 1945 y 1946, fueron repuestas al realizar *Carmelo Vicent Suria* una nueva escultura de *San Vicente Ferrer* e *Ignacio Pinazo Martínez* la de *San Vicente Mártir*. Este es el puente más ornamental ya que su objetivo era conducir al *Palacio del Real* y tuvo que ser reconstruido y ampliado a partir de 1966 tras la riada de 1957.

-*Puente del Mar*: Fue construido entre 1592 y 1596 con piedra sillar tras ser destruido el anterior puente de madera o mampostería por una riada del *Turia* en 1589. Recibe el nombre de *Puente del Mar* por ser este el camino natural hacia el *Grao* o puerto, de donde procedían muchas mercancías que llegaban a la ciudad de *Valencia* por mar. En 1943 el escultor *José Ortells López* talló para él una imagen de *San Pascual Bailón*, mientras que *Vicente Navarro Romero* esculpió la nueva imagen de la *Virgen de los Desamparados*, ambas bajo casilicios.

A partir de aquí pasaron más de trescientos años para que *Valencia* inaugurara nuevos puentes sobre las aguas del *Turia*. Y es que *Valencia* derribó su muralla en la segunda mitad del siglo XIX y, con el ensanche, se crearon nuevas necesidades urbanas para el tráfico rodado. Estos fueron los siguientes:

-*Puente de Aragón*: Une la actual *Gran Vía Marqués del Turia* con la *plaza de Zaragoza*. Recibe su nombre por la antigua estación de ferrocarril hoy desaparecida que se encontraba en las cercanías y que cubría la línea hacia *Aragón*, conocida popularmente como la "*Churra*". La construcción del puente se remonta a 1927 aunque se terminó en 1933. Recuerda el perfil de algunos puentes parisinos sobre el *Sena* y tiene cuatro esculturas alegóricas labradas en piedra en 1933 que representan a la *Fama* o *Sabiduría*, al *Labrador*, al *Pescador* y a la *Mujer valenciana*.

-*Puente de Astilleros*: Desde 1929 une el puerto y la *Comandancia de Marina* con el barrio de *Nazaret*. Está construido en hormigón armado y piedra artificial.

-*Puente de Campanar*: Inaugurado en 1937, une la *avenida de Pérez Galdós* con la *avenida del Maestro Rodrigo*. En principio servía de unión entre la ciudad y el poblado de *Campanar* que, aunque unido a *Valencia*, entonces quedaba todavía alejado del interior de la ciudad.

-*Puente de Ademuz*: Originalmente llevaba el nombre de "*Puente de las Glorias Valencianas*", pero lo perdió en favor de su actual nombre. Fue construido en 1958 para facilitar la entrada en la ciudad desde las comarcas de *Ademuz* y los *Serranos*.

-*Puente del Angel Custodio*: Está situado entre la *avenida de Peris y Valero* y la *avenida de Eduardo Boscá*. Sus farolas de hierro fundido recuerdan las del carácter parisino del siglo XIX. Construido en los años cuarenta, resultó gravemente dañado durante la riada de 1.957. Fue restaurado y ampliado en 1967.

En la tercera y última etapa de la democracia surgieron estos puentes:

-*Puente 9 d´Octubre*: Conecta la *avenida de Pio Baroja* y el *paseo de la Pechina*. Construido en la década de los ochenta por *Santiago Calatrava*, destaca por las cuatro esculturas abstractas que adornan sus entradas. A cada lado del puente dos esculturas sobre altos pedestales que parecen, vistas de espaldas, águilas con las alas desplegadas.

-*Puente de las Artes*: Fue construido a finales de 1990 por el arquitecto británico *Sir Norman Foster*. Destacan del mismo sus dos calzadas sujetas por un soporte central que hace las veces de gran candelabro del que emergen sus altas y monumentales farolas blancas.

-*Puente de la Exposición*: Nació en 1909 con motivo de la celebración de la *Exposición Regional Valenciana* de 1909. Se trataba de un bello puente que fue destruido por la riada de 1957. Entre 1991 y 1995 fue sustituido por el actual puente, obra de *Santiago Calatrava* y que es conocido como el "*de la peineta*".

-*Puente del Reino*: Enlaza la *avenida del Antic Regne de Valencia* con la *Avenida de Francia*. También se le llama "*Puente de Francia*". Construido a finales de 1.999, tiene una longitud de 220 metros y es el más largo de la ciudad. Llaman la atención cuatro figuras que son llamadas "*los guardianes del puente*" y que son cuatro esculturas realizadas en bronce de tradición gótica que representan al ángel caído con cabeza de felino.

-*Puente de Monteolivete*: Este puente combina en realidad dos estructuras perfectamente diferenciadas. Las láminas de agua que lo rodean y su posición en el centro del conjunto de la *Ciudad de las Artes y las Ciencias* acentúan su rotunda estética arquitectónica.

-*Puente del Azud d´Or*: Comunica la *avenida de Francia* con la *Autovía del Saler* y se sitúa entre el *Museo Príncipe Felipe* y el *Parque Oceanográfico*. Puente realizado por el arquitecto valenciano *Santiago Calatrava*, fue inaugurado en el año 2008. De 180 metros de longitud, 39 metros de ancho y un mástil curvado de 125,62 metros de altura, es la estructura más alta de la ciudad de *Valencia*.

-*Puente de las Flores*: Mientras se construía el nuevo *Puente de la Exposición* o "*de la peineta*", nació este puente que recibe el nombre "*de las flores*" porque siempre tiene flores en su estructura. El puente fue inaugurado en Diciembre del año 2.002 y conecta la *Plaza de América* con la *Alameda*.

-*Pont de Fusta*: Construido entre 2010 y 2012, conecta la antigua *Estación del Pont de Fusta* con la *calle Pintor López* y la *calle Conde de Trénor*. Sustituyó a la tradicional pasarela de madera que aquí hubo.

*"Un valenciano: Iremos a pasar este día viendo los cinco puentes sobre el río Guadalaviar. Caballero San Gervasio: ¿Cinco puentes? Los habréis*

*construido en espera del río. Un valenciano: No os burléis. Ese río que os parece tan débil, tan tranquilo, tiene algunas veces cóleras terribles. Hércules no lo vencería tan fácilmente como al río Aqueloyo".*

## 23.- Siete matrimonios nos sonríen.

La catedral de *Valencia* es quizás el edificio más visitado de los que tiene la ciudad. Amalgama de distintas etapas constructivas, recoge mejor que ninguno los distintos estilos que se impusieron en cada época de la historia para crear un conjunto reconocible como una unidad. Sus puertas no podían ser menos, espacio de ingreso al recinto sagrado, ya que asumen en su identidad esta herencia diversa que nos provoca de pronto la curiosidad de saber su origen. Cada una de nuestras puertas respiran un aire distinto; la de la *Almoina* es una deliciosa puerta románica, la gótica de la puerta *"de los Apóstoles"* se abre a la plaza más entrañable de *Valencia* y es sede de las sesiones públicas del *Tribunal de las Aguas* y, finalmente, la puerta barroca "*de los hierros*" de la *plaza de Zaragoza* se apoya reverente sobre nuestra *Torre del Miguelete*. Una de estas puertas, la de la *Almoina* o *del Palau*, contribuye a nuestra *Valencia* de récord al presentarnos esculpido el primer retrato colectivo verdadero de los promotores de un edificio monumental. Heredera de la puerta románica de *San Miguel de Foces* en *Ibieca,* con la que comparte canteros, es la más bella de su tiempo pues en otros lugares las formas góticas ya se habían impuesto y los canteros procedentes de *Huesca* que la hicieron, recuperaron o siguieron realizando arte en 1262 en esta ya entonces arcaica forma constructiva. *Jaime Sancho*, canónigo conservador de la catedral, afirma que es "*la más hermosa y detallada de la época*".

Parece por tanto que los mismos canteros que trabajaron en *Foces* y *Valencia* fueron llamados por el mismo *Eiximeno de Foces*, *Intendente General del Reino de Valencia* desde 1258. Es curioso que nuestra puerta románica, única de este estilo en *Valencia* junto a las dos de *San Vicente de la Roqueta*, se inscriba en una fachada que es notoriamente gótica. Respecto a su denominación, la "*almoina*" era una institución caritativa que se creó en el año 1288 por el obispo *Ramón Despont* para dar socorro y limosna a los menesterosos y cuya casa se encontraba en las cercanías. El nombre de puerta *"del Palau"* se le daba por su cercanía al *Palacio arzobispal*.

La puerta forma parte de un cuerpo saliente formado por seis arquivoltas de medio punto que están profusamente decoradas con motivos geométricos, vegetales y de otro tipo, muy variados y ornamentales. Primitivamente, la puerta tenía un parteluz que dividía dos arcos de entrada y que tuvo que quitarse en el año 1599 para evitar las aglomeraciones que se producían en procesiones y actos festivos. También tuvo dos bancos a cada lado para facilitar que los canónigos pudiesen descabalgar fácilmente cuando venían al templo. En el lado de la izquierda, los capiteles de las seis columnas nos muestran doce escenas bíblicas del *Génesis*, dos por columna, mientras que los de la derecha nos muestran doce escenas bíblicas del É*xodo*.

Ciñéndonos al elemento que convierte esta puerta en claramente única, diremos que la decoración de canecillos que figura sobre la puerta nos muestra según *Joaquín Bérchez, catedrático de Historia del Arte* de la *Universidad de Valencia* el primer retrato colectivo humano desde la antigüedad clásica, incidiendo en detalle en las diferencias de gestos y facciones y apareciendo sus respectivos nombres a su lado, pudiendo con anterioridad encontrarse el retrato de un individuo o grupo pero totalmente desprovistos de naturalismo, "despersonalizados" y sometidos a la uniformidad de un modelo. A estas cabezas, como en otros casos, se les adjudicó un mito repoblador diciendo que eran los siete matrimonios que se formaron con la repoblación de la ciudad tras la conquista jaimina del año 1238. Paralela a esta, cuenta la "*leyenda de las trescientas doncellas*" que *Jaime I* prometió a sus soldados antes de emprender la toma de la ciudad de *Valencia* que los primeros en entrar merecerían el honor de repoblar la ciudad con mujeres traídas de sus pueblos de origen y a las que otorgaría tierras y posesiones. Vaya, todo un "efecto llamada". Fueron tres leridanos sobre los que recayó tal honor y así se hizo venir a trescientas doncellas leridanas. Se contrajeron inmediatamente siete matrimonios cuyas cabezas y nombres pasaron a la posteridad esculpidos en piedra en la puerta *de la Almoina* de la catedral. Otra versión dice que fueron los primeros matrimonios en entrar en *Valencia* con *Jaime I* y que pudieron traer a trescientas doncellas de *Lérida* para que contrajesen matrimonio con los nuevos colonos.

La realidad de estas figuras es mucho menos poética y representan a los donantes o benefactores de la catedral que ayudaron a financiar la construcción de esta puerta. Como en otros casos, su donación les supuso la inmortalidad a los ojos de los ciudadanos de generaciones futuras. Las abreviaturas de sus nombres aparecen inscritos en unas cartelas entre ellos y los que se los han atribuido se basan en una suposición de los nombres que eran más comunes en su lugar de origen: *Pedro* y *María, Guillém* y

*Bartolomea, Ramón* y *Dolça, Domingo* y *Ramona, Francisco* y *Ramona, Bernardo* y *Floreta, Bertrán* y *Berenguela*.

La fisonomía de todas estas figuras es diversa y este es el principal motivo para sustentar que es el retrato real de sus donantes. Pero hay quien duda de esto por el hecho de que determinados detalles de cada figura se alternen, como que a un hombre barbado sucede uno no barbado y las mujeres alternen en sus cabezas tocados y coronas. Esta curiosidad no debe desvirtuar en opinión de *Florentino Nevado*, responsable de los *Amigos del Románico de Valencia y Baleares*, el otro hecho que se le antoja más relevante y que esta sería una ordenación de personajes siguiendo un criterio para darle homogeneidad al conjunto. Propongo, para que estas palabras no caigan en saco roto, que nos apostemos con unos prismáticos en la más antigua de las puertas de nuestra ciudad, que tomemos la distancia adecuada y disfrutemos de los detalles que cada rostro nos muestra. Las sorpresas vendrán de inmediato. Si no lo hacemos así, le estaremos haciendo un flaco favor a quienes se perpetuaron de este modo en nuestra seo.

> *"La catedral ocupa un rango distinguido entre los monumentos de Valencia, aunque sus proporciones no son bellas ni regulares, pero es, sin contradicción, la iglesia más magnífica por los dorados, los jaspes preciosos y las pilastras de estuco"*. (*Peyron, Viajero francés, 1780).*

## 24.- La cotorra chismorrea sobre la cúpula.

Refiriéndose al *Mercado Central* de *Valencia*, escuché una denominación que me encantó y con la que no puedo estar más de acuerdo: "*La catedral de los mercados*". Pocos lugares como este son verdaderos palacios del comercio minorista por su entorno arquitectónico excepcional, por su historia ancestral y por cada una de las vivencias que el lugar históricamente más comercial de la ciudad tuvo. Este aún sobrevuela en espíritu por cada uno de los rincones de este mágico triángulo equilátero formado por la *Lonja*, los *Santos Juanes* y el *Mercado*. Todo ello hace que fuera distinguido oficialmente por la empresa estatal *Mercasa* en el año 2011 como el mejor mercado de *España*. Pero es que además es uno de los mercados cubiertos más grandes de *Europa* y, en especial, de los que comercian con producto fresco. Su exquisita arquitectura modernista le convierte igualmente, junto a la *Lonja* y la *Ciudad de las Ciencias*, en el edificio de *Valencia* más visitado por los turistas, habiéndose convertido por su actividad en el motor del centro de la ciudad. Es también el primero de *Europa* que se informatizó para la venta de productos a domicilio, hecho sucedido en octubre de 1996.

Si nos remontamos a los orígenes del actual mercado tendremos que recordar el zoco de los musulmanes que se hallaba extramuros de la muralla árabe y muy cerca de la *Puerta de la Alcaicería*. Este también era conocido como el "*arrabal de la Boatella*" y era el verdadero centro neurálgico del comercio de *Balansiya*. La desecación de la isla fluvial que había originado un brazo secundario del rio *Turia* originó aquí desde la época de los romanos una rambla o pedregal en el que de antiguo se comerciaba con mercaderías. Por eso, la actual rotulación de "*plaza del Mercado*" tuvo anteriormente la conocida como "*Valle del Mercado*" a mediados del S.XIII. Es *Jaime el Conquistador* el que en el año 1261 concede un privilegio para que en esta zona se celebre un mercado semanal que tenía lugar los jueves y que, con *Pedro el Ceremonioso*, se convertirá en diario ya en el año 1356. La nueva muralla cristiana hará que el mercado al aire libre quede intramuros, siendo este ya permanente pero consistiendo en unos tenderetes rudimentarios que se montaban y desmontaban por la mañana y por la noche y por cestos de mimbre o esparto que mostraban los productos de la huerta. Zonas delimitadas para los vendedores de carbón, de ramilletes, caballerías de labranza, salazones, objetos de madera, paja para las caballerías... todo ello era un puzzle perfectamente encajado para el mayor centro comercial a cielo abierto de la Edad Media. A esto añadiré que la plaza más importante de *Valencia*, como puede verse en el plano del *padre Tosca*, debía alojar los espectáculos más concurridos y por esto era el lugar de las justas, de los espectáculos taurinos y también el lugar de las ejecuciones públicas, luctuoso emplazamiento de la horca fija que luego se convirtió en desmontable.

Un hecho bastante desconocido es que el lugar que ahora ocupa el *Mercado Central* lo fue de antiguo por el *convento de las Magdalenas* hasta que en el año 1838 la desamortización de *Mendizábal* hace que sea derruido y se construya en su solar el conocido como "*Mercado Nuevo*" o "*de los Pórticos*". Este, que era un recinto descubierto al aire libre con un pequeño pórtico de entrada, tuvo una vida muy corta desde su inauguración en el año 1839 ya que sus capacidades se vieron pronto desbordadas por la creciente demanda compradora de las clases emergentes de la ciudad. Con esta nueva necesidad se proyectó en el año 1914 por los arquitectos *Alejandro Soler March* (1873-1949) y *Francisco Guardia Vial* (1880-1940), un nuevo "*Mercat Central*" cuyas obras concluyeron en el año 1928 ya bajo la dirección de *Enrique Viedma* y Ángel Romaní. Estas fueron inauguradas por el rey *Alfonso XIII* el 23 de enero de 1928 y es así como nació el *Mercado Central de Valencia*, nuestro edificio más emblemático de estilo modernista. Como curiosidad, uno de los actos de su celebración fue una gran comida en la que jóvenes de la burguesía valenciana sirvieron a más de dos mil menesterosos de la ciudad.

Este queda sin duda como el edificio más representativo de los primeros años del siglo XX en una ciudad rodeada de unas huertas que se resisten con uñas y dientes a no seguir siendo nuestro vivero natural más verde. El edificio tiene una superficie de 8.160 metros cuadrados con una planta poligonal irregular de catorce lados que dividen un espacio, por un lado, para pescadería, y otro para productos hortofrutícolas y salazones. Esta planta, un tanto irregular, tuvo que adaptarse a la morfología de su solar y sus cubiertas se resuelven con planos inclinados en distintas perspectivas que nos pueden dar la impresión incluso de algún tipo de arquitectura industrial. Bellísimas son las dos cúpulas que la coronan, siendo la mayor de treinta metros de altura y teniendo otra de menor tamaño en la zona de la pescadería. Vidrieras con los colores de la bandera valenciana, metal, piedra, cerámicas y una atmósfera mágica complementan un lugar verdaderamente único. Dos entrañables veletas sobre sus cúpulas alojan un delfín y una cotorra sobre una corona real que representa los chismorreos y los tiras y aflojas que en un mercado suelen reproducir compradores y vendedores en una de las prácticas más ancestrales de los seres humanos. Igualmente bellas me parecen las cortas columnas de la fachada principal, las fuentes interiores y el sótano que se recuperó para parking tras la última restauración ya en el siglo XXI con su magnífico aspecto de ladrillo visto. Hoy, los casi trescientos puestos que todos los días abren su negocio en el *Mercado Central* lo convierten en una arteria viva y dinámica con su actividad incesante ya que sólo en trabajadores directos se acercan a unos mil quinientos. Nos viene de maravilla este capítulo para mencionar igualmente otros notables mercados de *Valencia* como son los de *Colón,* que es nuestro *Covent Garden* en versión modernista, el de *Mosén Sorell, Ruzafa* o el *Cabañal,* muestras palpables del vigor del comercio de proximidad también en nuestros barrios.

> "*Tanto da; los que gustan de berzas, llámenla Bercería, y los que de frutas, Frutería. ¡Qué mercado tan grande! ¡Qué buen orden y distribución de vendedores y mercaderías¡ ¡Qué olor el de estas frutas¡ ¿Qué variedad, cuánta hermosura y qué gran aseo. No hay huertos iguales a los que abastecen esta ciudad, ni diligencia que iguale a la del Almotacén y sus ministros para que nadie engañe al comprador...". Luis Vives, Diálogos.*

# 25.- Como en el Coliseo de Roma.

Más allá de la opinión personal que cada cual tenga sobre la tauromaquia, actividad que genera siempre posturas enconadas, su reflejo arquitectónico sobre *Valencia* ha dado a la ciudad una de las joyas más queridas de nuestro entorno urbano. Esto ha propiciado que, en un lugar privilegiado, emerja un coso de proporciones brutales. Porque la "*Plaza de Toros* de *Valencia*" y su estética neoclásica tiene similitudes más que evidentes con ejemplos sobresalientes de la arquitectura civil romana como son el "*Coliseo*" o "*Anfiteatro Flavio*" en *Roma* o el "*Anfiteatro de Nimes*" en *Francia*. Fue construida entre los años 1850 y 1860 por el arquitecto valenciano *Sebastián Monleón Estellés* valiéndose de la fuerza manual de brigadas de presidiarios en el solar en que se proyectó una plaza anterior. Pero el origen más remoto de la plaza de toros en este entorno se remonta al año 1788 cuando se construyó en este lugar una plaza de madera que fue destruida por los valencianos durante la *Guerra de la Independencia* y la madera reutilizada como elemento defensivos de la ciudad. Se trata en cuanto a su morfología de un cuerpo poligonal de cuarenta y ocho lados, con más de diecisiete metros de altura y cincuenta y dos de diámetro del ruedo con un perímetro de 298 metros. Con estas dimensiones la hacen una de las plazas más grandes de *España*, llamando la atención exteriormente por los trescientos ochenta y cuatro arcos que la circundan ordenados en cuatro hiladas. También es de las más antiguas de primera categoría tras la de *Sevilla* y *Zaragoza* y, de estas, la que ha mantenido invariable desde más antiguo su aspecto exterior.

Desde el año 1625 el *Hospital General* tenía los derechos sobre los espectáculos de toros y en el año 1739 el rey *Felipe V* confirmó el privilegio con carácter perpetuo, ya que el anterior era de periodicidad temporal. En el año 1849, al hacerse cargo la *Diputación Provincial* del *Hospital General* y de sus bienes, se convirtió en heredera de este derecho. No es infrecuente esta titularidad ya que hemos visto a lo largo de la historia que determinadas instituciones benéficas o asistenciales eran legatarias de legados o privilegios reales para el cumplimiento de sus fines y el *Hospital* también obtuvo ingresos de la actividad teatral que se desarrollaba en los corrales de la actual *calle Comedias*. Este *Hospital General* tuvo como antecedente el primer hospital psiquiátrico que hubo en el mundo, el "*Hospital dels Folls, Ignoscens e Orats*" del mercedario *padre Jofré* y al que dedicamos un capítulo en este libro.

La ubicación de la plaza fue la del antiguo *camino de Ruzafa*, extramuros de la muralla cristiana, siendo una estampa popular la de contemplar una playa de vías ferroviarias que pasaban junto a ella cuando la cabecera de la estación de trenes se hallaba en la actual *Plaza del Ayuntamiento*. Durante las obras de su construcción, el estamento militar opuso ciertas resistencias ya que argumentaba que la plaza de toros se encontraba en terreno militar al estar muy cerca de la muralla y no haber sido aún estas demolidas, amén de que un edificio más alto que las murallas era un peligro para la integridad defensiva de la ciudad. La *Junta del Hospital* alegó entonces de forma inteligente que la plaza de toros podía convertirse en un punto de observación en caso de ataque enemigo. Además, la valla que la cercaba y el lugar de venta de entradas de su intersección también fueron posteriormente eliminados para dejar la plaza exenta en la parte recayente a la *calle Xátiva*. Esta primera cerca que tuvo la *Plaza de Toros* era completamente de tapial, sustituyéndose en el año 1926 por otra con base de ladrillo y cuerpo de barrotes de hierro. Esta segunda cerca fue retirada en la reforma del año 1967, dejando el espacio exterior de la plaza con su actual configuración.

Pero su récord más notorio respecto a su aforo y capacidad y otros abundantes datos nos los proporciona el amigo *Juan Antonio Diez Arnal*, incansable investigador y autor de la web histórica más visitada de nuestras tierras, al decir que, en el momento de su construcción, era la que más espectadores albergaba. Y es que en el proyecto original de la plaza de toros de 1850 se establecía un aforo de "*veinte mil almas*", como así lo expresa la memoria, y ya en el año 1851, ante la falta de presupuesto, las obras quedaron paralizadas cuando tan solo se habían construido tres gradas, optándose por construir el resto en madera. En el año 1857, el arquitecto *Monleón* realiza una modificación de su proyecto original reduciendo el aforo a catorce mil localidades. En el año 1859 se celebró la primera corrida en la nueva plaza de toros, aunque la inauguración oficial se realizó en el año 1861, dando un aforo definitivo de 16.851 localidades a la terminación de las obras. Aún así, esta era una cantidad enorme para la época. La primera noticia documentada de este aforo aparece en la "*Guía Urbana de Valencia antigua y moderna*" del *Marqués de Cruilles* de 1876 que dice literalmente: "*En este circo hay local numerado y acomodado para 16.851 espectadores repartidos en los asientos de diferentes clases que contienen y al desahogo de sus entradas, escaleras y corredores, facilitando el acceso a cada uno evita la aglomeración y tumulto que tan deplorables consecuencias acarrea en estos espectáculos*". Por la cercanía de la fecha de construcción y de escritura de esta guía, queda bastante acreditado que el aforo real de la plaza de toros fuera este.

Pero, abundando aún más, en el capítulo de *Asunción Alejos Morán* del libro de *Felipe María Garín Ortiz de Taranco* "*Catálogo Monumental de la Ciudad de Valencia*", editado por la *Caja de Ahorros de Valencia* en 1983, también se cuantifica el aforo de la plaza de toros en 16.851 espectadores, aforo que se mantiene hasta la reforma del año 1967. En el libro "*La Plaza de Valencia*", obra de *Ricard Triviño* y editado por la *Diputación de Valencia* en el año 2003, el arquitecto *Alberto Peñín* escribe un capítulo titulado: "*La plaza: Arquitectura y Ciudad*". En él literalmente dice: "*Monleón reduce la capacidad de la plaza ... , reduce finalmente el diámetro exterior del edificio a 108 metros, acorta crujías exteriores ...*". Si con las reducciones citadas tenemos un monumento de estas características, si se hubiera ejecutado el previsto hubiera sido aún más colosal. Su aforo actual es de 10.500 localidades en consonancia con las disposiciones en materia de seguridad tras una reforma realizada en el año 2010, lejos de las que llegó a tener en su momento más álgido. Añadimos que un incendio provocado por unos vagabundos que se habían refugiado en el coso en el año 1946 destruyó las gradas y otros elementos, sustituyéndose de inmediato los muchos elementos dañados. El incendio ocurrió un 21 de septiembre de 1946, pero ello no implicó ninguna reforma estructural ni cambio de aforo, limitándose a restituir lo dañado y poco más.

No quiero dejar pasar la ocasión de mencionar que, al finalizar la Guerra Civil, la plaza de toros fue usada durante unos pocos meses como campo de concentración para presos republicanos antes de ser liberados o enviados a alguna prisión. Además, el arquitecto *Monleón* renunció a sus honorarios por este trabajo pidiendo que el dinero fuera entregado a los pobres del *Hospital*. Por eso homenajeo desde aquí a los que devuelven a su tierra parte de lo que su tierra les ha dado a ellos. Por todas las circunstancias mencionadas, nuestro particular coliseo es un elemento clave sin el cual no entenderíamos las vistas cenitales de *Valencia*.

> *"Al entrar en la plaza de toros quedamos deslumbrados ante un espectáculo de los que nunca se olvidan aunque se haya visto una sola vez. Ima-*

*gínense diez o quince mil hombres magníficamente vestidos, iluminados por un sol espléndido y moviéndose como un inmenso hormiguero. Los varios colores de aquel mosaico humano destacaban sobre el azul intenso del cielo valenciano". (Charles Davillier, arqueólogo francés, 1862).*

## 26.- Casa famosa soy en quince años construida.

Ningún edificio es tan emocionante en su contemplación como el de la *Lonja de la Seda* de *Valencia* o *Lonja de los Mercaderes*. Aceptado comúnmente como el edificio del gótico civil más bello de *Europa*, siendo designado *Monumento Nacional* en el año 1931, es el único valenciano al que la UNESCO declaró como *Patrimonio de la Humanidad* por ser "*ejemplo totalmente excepcional de un edificio secular en estilo gótico tardío que ilustra de manera espléndida el poder y la riqueza de una de las grandes ciudades mercantiles del Mediterráneo*". Este verdadero templo del comercio se construyó igualmente para atraer a los comerciantes en tiempos en que la conquista de *América* iba a trasladar el foco del comercio del *Mediterráneo* al *Atlántico.*

El nombre de "*lonja*" proviene de la voz italiana "*loggia*", que significa pórtico, ya que bajo los pórticos de iglesias y edificios públicos se reunían los mercaderes para realizar sus transacciones a resguardo de las inclemencias del tiempo. Desde antes del año 1341 existió la conocida como *Lonja del Aceite,* siendo este un edificio abierto por uno o más lados y sustentado por arcos o columnas que se encontraba en la *plaza del Doctor Collado.* Como este local se volvió insuficiente, se acordó por el *Consell General de la Ciutat* construir una Lonja "*molt bella, magnífica y sumptuosa, la cual fora honor e ornament daquesta insigne ciutat*". Para ello se demolieron veinticinco casas en cuyo solar el arquitecto *Pere Compte*, "*mestre pedrapiquer molt sabut en l'art de la pedra*", junto con otros canteros, iba a sellar su ingreso en la posteridad. El edificio, cumbre del gótico mediterráneo, fue construido entre los años 1482 y 1548 y su nombre iba a perpetuar del hecho que el comercio de la seda fue durante tres siglos la industria más potente de la ciudad. Su construcción tiene un evidente aspecto de fortaleza por sus gruesos muros y sus almenas y tan gran trabajo hizo que a su maestro de obras se le nombrara "*alcaide perpetuo*" de tan grandiosa obra, mérito debido a su pericia y sabiduría. Si nos colocamos frente a la puerta principal recayente a la *Plaza del Mercado*, podemos distinguir cuatro partes, siendo tres visibles desde este punto. La sala de contratación o salón columnario, la torre, la sala del "*Consulado del Mar*" y el patio de los naranjos ocupan un solar rectangular de más de dos mil metros cuadrados de superficie.

La llamada *Sala de Contratación* o *Salón Columnario* es el cuerpo principal de un edificio que aspiró y consiguió superar en belleza y magnificencia a la *Lonja de Mallorca,* obra de *Guillem Sagrera* de 1426. Esta es una gran sala dividida en tres naves que simbolizan la representación del paraíso en el que las columnas serían los árboles y las bóvedas representarían una cúpula celeste que estaba pintada de azul con estrellas, mientras las claves y los nervios se pintaron de verde, pan de oro y rojo. Esta policromía desapareció en el siglo XIX y en sus claves de bóveda aparecen figuras de santos representativos de los gremios valencianos de la época junto con otros motivos.

La torre, de planta cuadrangular, aloja un calabozo en el cual eran introducidos los ladrones de seda y los mercaderes quebrados, morosos o desleales hasta que venían a hacerse cargo de ellos las autoridades. A esta se accede por una escalera de caracol sin eje central con ciento cuarenta y dos peldaños que es un verdadero alarde arquitectónico. La planta baja era la capilla que se dedicaba a la *Virgen de la Misericordia.*

El *Pabellón del Consulado* o "*Consolat del Mar*" albergó en su planta baja rectangular el tribunal del mismo nombre, hoy diáfano, que fue el primer tribunal mercantil que se fundó en España para dirimir cuestiones marítimas y comerciales. Al salón principal o "*Cámara del Consulado*", también llamada "*Cámara Dorada*" o "*Salón Dorado*", se accede en su primera planta través de una amplia escalera de piedra que da al jardín. En ella destaca el excepcional artesonado dorado y policromado con relieves que representan escenas de diversa naturaleza procedentes de la desaparecida *Casa de la Ciutat* que estaba situada en los actuales jardines del *Palau de la Generalitat.*

El patio de los naranjos es un espacio tranquilo y relajante con vegetación en forma de naranjos y cipreses y con una fuente central en forma de estrella de ocho puntas. A su alrededor hay bancos de piedra para poder contemplar tanta belleza.

Tanto el exterior como el interior del conjunto es un monumento a la iconografía y el simbolismo. Sus portadas, escudos, gárgolas y medallones renacentistas son un canto exterior al mejor arte. El tímpano de la puerta principal del edificio, conocido como "*portal de los pecados*", es presidido por una bella talla de la Virgen con el Niño que, curiosamente, incurre en un error iconográfico ya que representa a la Virgen María en el misterio de la *Anunciación*, por lo que no debería tener la figura del Niño Jesús en brazos.

También llama la atención bajo ella una escena de brujería en el capitel del parteluz de la puerta principal y escenas infernales en las jambas y arquivoltas. Otras dos puertas, una lateral, y otra trasera que muestra sobre ella una figura de *Cristo Rey* portando una bola del mundo, cetro y corona, completan sus entradas.

Cuarenta medallones, que se agrupan por parejas a razón de dos medallones por ventana, representan héroes mitológicos y personajes históricos a modo de "*casa de la fama*" renacentista. Cuatro escudos en las cuatro esquinas del conjunto representan heráldicamente a la Ciudad y al Reino. El elemento exterior más conocido son las veintiocho gárgolas góticas que rodean el perímetro superior del edificio y que representan figuras de monstruos con rasgos humanos y en actitudes groseras aludiendo a vicios o virtudes. A su función de recoger aguas pluviales de las cubiertas del edificio suman una función didáctica al satanizar las pasiones más bajas del ser humano.

Tan emblemático edificio tuvo otros usos puntuales en su historia pues llegó a servir de depósito de trigo en tiempos de escasez de grano, cuartel militar tras la *Guerra de Sucesión* y el jardín fue usado como cocina para la tropa, improvisado hospital en momentos de peste durante el siglo XIX, comercio de filatelia y numismática, exposición del *Ninot* en tiempos de *Fallas* y, en tiempos del gobierno de la República, lugar de celebración de reuniones de las Cortes Españolas.

No puedo pasar de tema sin recoger las palabras que rodean la sala de contratación y que son la verdadera declaración de intenciones ideológica del conjunto por lo que, hoy más que nunca, resumen el espíritu de su construcción:

*Inclita domus sum, annis aedificate quindecim gustate et videte concives quoniam bona est negociacio que non agit dolum in lingua quae iurat proximo et non decepit quae pecuniam non dedit ad usuram eius mercatores sic de gens diviciis redundabit et tandem vita fruetur eterna. (Casa famosa soy, en quince años construida. Compatricios, comprobad y ved que bueno es el comercio que no lleva el fraude en la palabra, que jura al prójimo y no le falta, que no da su dinero con usura. El mercader que así haga rebosará de riquezas y después gozará de la vida eterna).*

" *Están construyendo en Valencia un magnífico edificio al que llaman Lonja donde se reúnen los mercaderes y tratan de sus negocios. Es un edi-*

*ficio alto hecho de piedra tallada y con magníficas columnas. Será mucho más noble y más hermosa que la de Barcelona". (Munzer, viajero alemán en 1494).*

*"Molt bella e magnifica e sumptuosa, que sia honor e ornament d´aquesta insigne ciutat, e los mercaders de la cual e altres havents voluntat de comerciar, tinguen afectió per exercitar-se en l´art mercantivol e fer naus, e que en resultará grandisim benefici". (Jurats de la ciutat sobre la Llotja de Valencia).*

## 27.- Una estufa para las plantas.

Nos ha visitado la botánica en este trabajo cuando hablamos de que el primer jardín botánico universitario que hubo en *España* lo tuvo *Valencia* en el año 1567 para el aprendizaje de los alumnos de medicina. La evolución de los distintos jardines fue variando de localización, extensión e incluso finalidad hasta que llegamos al año 1802 en que el rector *Vicente Blasco* le encargó a *Francisco Gil* la ubicación de la última versión del *Jardín Botánico* en el *Huerto de Tramoyeres*. Este huerto se hallaba en el exterior del límite amurallado de *Valencia*, pues las murallas no habían sido aún derribadas, cerca de las *Torres de Quart*. La ventaja que tenía este huerto es que podía ser regado "*a manta*" por las aguas de la *Acequia de Rovella*. *Antonio José Cavanilles*, ilustrado valenciano, humanista, botánico y naturalista, asesoró al rector y se implicó sólidamente en el proyecto. Durante parte de su vida había recorrido distintas zonas de la *península ibérica* recogiendo y clasificando la flora local y descubriendo nuevas especies.

En el año 1801 fue nombrado director del *Real Jardín Botánico de Madrid*, cargo que ocuparía hasta su fallecimiento. Así, durante un periodo de dos años iban a trasladarse plantas desde la *Alameda*, se acondicionaron las instalaciones y se adquirió material para la docencia. Finalmente en el año 1806, lo inauguró el nuevo director del *Jardín Botánico*, *Vicente Alfonso Lorente*, natural de *Jarafuel*, aunque se frenó su actividad por la invasión francesa y por una condena a muerte por parte de las tropas napoleónicas. Hay que decir que, como otros catedráticos, había sido nombrado capitán del *Batallón de Estudiantes* que combatieron a los franceses y fue por ello detenido y encarcelado. Un golpe de fortuna casual le salvó de la ejecución ya que se alojó en su casa, situada en el número cuatro de la *calle Portal de Valldigna*, un médico del ejército francés llamado *León Dufour* que era gran aficionado a la botánica y que, al ver todos los fondos que había en su domicilio, puso su influencia y medios para obtener su libertad.

No fue hasta el periodo en que *José Pizcueta Donday* fue director del *Botánico* (1829-1863) cuando este alcanzaría el máximo esplendor de su historia pues se incrementó la colección de plantas, se construyeron instalaciones para su cultivo y se modernizó la *Escuela Botánica*. Pero su gran aportación pionera fue la propuesta de construir, por vez primera en *España*, una gran estufa tropical de hierro y vidrio como ya existían en otras capitales europeas, para lo que pidió ayuda al *Ministerio de Fomento* de este modo "*... el Jardín Botánico de esta Universidad Literaria, por el número de plantas que contiene, por su lozana vegetación, puede ya competir con los primeros de Europa. Entre otras muchas de gran rareza y valor posee cien árboles exóticos que no caben en nuestras pequeñas estufas...*". Y es que en aquel momento las plantas de invernadero se cultivaban en maceta y se sacaban al exterior en verano para regresar al invernadero en invierno. Cuando *Pizcueta* fue nombrado rector de la universidad el proyecto tomó nuevos bríos y se asignó su ejecución al arquitecto *Sebastián Monleón Estellés* quien, tras buscar constantemente la mejor solución, encargó a una empresa bilbaína la estructura metálica y a una de *La Coruña* el vidrio. El encaje de la estructura fue hecha por el cerrajero valenciano *Francisco Seytre,* que la concluyó en el año 1862.

Este invernadero tropical fue un verdadero alarde arquitectónico y técnico en la *España* de mediados del siglo XIX y fue punta de lanza en un momento en el que el hierro comenzaba a usarse como material de construcción. Aunque fue costosa tanto económica como tecnológicamente, sus números no decepcionaron pues medía veinticuatro metros de longitud, más de ocho metros de luz y nueve metros de altura, con una cubierta acristalada de 465 metros cuadrados, orientada a mediodía, que componía un cuarto de circunferencia desde el suelo hasta un muro vertical y generaba además un espacio adosado a él. Sus dimensiones podían dar acogida a ciertos vegetales que llegaban a crecer más de cinco metros y no tenían cabida por este motivo en las otras estufas.

Con la dirección de *Eduardo Boscá* se acometió la implantación de otro elemento notable del jardín como es el umbráculo. Un umbráculo es una cubierta que deja pasar el aire y se usa para hacer sombra y proteger las plantas de la fuerza del sol. Este fue inaugurado en el año 1900 y cubre una superficie de veintiocho metros de largo por veinte de ancho, estando formado por una estructura de hierro que reposa sobre pilastras de ladrillo. Ya a finales de siglo, las clases de Botánica dejaron de impartirse aquí y pasaron a darse en el flamante edificio de *La Nau,* antigua sede de la *Universidad de Valencia.*

No serían los inicios del siglo XX el mejor periodo para el *Botánico* pues sufrió un largo periodo de abandono y padeció directamente los acontecimientos históricos derivados de las guerras coloniales, la Guerra Civil, la posguerra y una riada del 1957 que fue especialmente devastadora para la colección. Llegados al año 1987, la *Universidad de Valencia* inició un proceso de restauración completo que concluyó exitosamente en el año 2000. Actualmente, el jardín dedica su investigación al conocimiento de la diversidad vegetal, la conservación de las especies raras, endémicas o amenazadas de la flora mediterránea y la conservación de los hábitats naturales, siendo uno de los de mayor prestigio de Europa. El principal sistema de acceso a nuevas plantas es mediante un sistema de libre intercambio de semillas con el resto de jardines del mundo. Además, tiene una continua actividad educativa y cultural liderada por las áreas de didáctica y de cultura y comunicación. Uno de los grandes atractivos del *Botánico* actual es su gran colección de palmeras adultas, que es una de las mayores de Europa. Además, cuenta con varios invernaderos y el herbario de la universidad con más de 200.000 especies distintas. También se han reiniciado las actividades docentes con las clases prácticas de *Botánica* de la *Facultad de Ciencias* y, posteriormente, se añadieron las de Biológicas y Farmacia. En suma, este es un lugar fantástico de nuestra ciudad que bien merece una mirada retrospectiva por la especial significación y prestigio que ha dado a nuestra tierra.

*"Valencia es nombrada como el jardín de España y muy justamente podría serlo de Europa". Twiss, 1775.*

## 28.- Un huerto de hierbas para la medicina.

La botánica ha dado a la historia de la medicina una nueva dimensión ya que los remedios curativos han generado fármacos de gran efectividad y que se basaban en el saber más ancestral de los pueblos. La utilización de las hierbas y las plantas para atenuar dolores y curar enfermedades se remonta a la noche de los tiempos pero, en cambio, no hace tanto que ese conocimiento y disciplina tuvo carácter universitario. La *Universidad de Valencia* fue la pionera en elevar esta sabiduría a categoría docente y práctica y fue la primera en implantar una "*cátedra de herbes*", "*vespres*" o "*simples*", dedicada a los medicamentos simples, plantas curativas y productos curativos de origen animal y mineral. En sus primeros años estaría fuertemente vinculada a los estudios de medicina y, en concreto, a la "*cadira de Anatomía*", siendo ambas disciplinas las que dieron fundamento al gran prestigio que tuvo la *Facultad de Medicina* de *Valencia* durante los siglos XVI y XVII. Esta adquirió carácter estable cuando se ocupó de ella en el año 1545 el humanista *Pedro Jaime Esteve*, cuya obra "*Diccionario de las yerbas y plantas medicinales que se hallan en el Reino de Valencia*" fue una de las primeras que recoge la aspiración europea de comenzar a catalogar las floras regionales. En esta obra se recogen unos ciento veinte nombres vulgares en castellano y valenciano de especies con expresión de su utilidad terapéutica, origen y otros datos.

Entre los años 1567 y 1583 ocupó la cátedra *Juan Plaza* (1520-1603), científico que se había formado como médico en la misma universidad. En este tiempo se fundó un jardín botánico "universitario" u "*hort medicinal*" en el entorno de la *calle de Alboraya* que es considerado el primero de *España* y de los primeros de *Europa* de este tipo. Algunos piensan que el primer jardín botánico de *España* "no universitario" fue el de *Aranjuez,* del año 1555, y unos años antes ya aparecen en las universidades italianas los primeros huertos de *Europa* con plantas medicinales en *Pisa* en 1543 y en *Padua*.

En un acuerdo de 16 de mayo de 1567, los Jurados otorgaron a *Juan Plaza* dicha cátedra y le encargaron que creara un huerto para explicar las plantas medicinales a sus alumnos. Además, le dieron la posibilidad de que no sólo los alumnos, sino también médicos y boticarios, pudieran asistir a las herborizaciones con el catedrático. También se le encomendaba la implantación de dicho jardín botánico y se le encarga del control de los establecimientos de Farmacia;

*"Tots los magnifichs Jurats de la insigne ciutat de Valencia Racional aduocats subsindich e pere de escaros notari en loch del scriua de la sala aiustats en la cambra de consell secret proueheixen que la cathedra de simples se done al magnifich joan plaza doctor en medicina ab cinquanta liures de dita moneda de aiuda de costa cascun any ab que haja de seguir lorde que per los magnifichs Jurats se li donara en lo legir E aixi mateix ab que haja de eixir per temps de trenta dies fora la present ciutat per les muntanyes e altres parts en lo temps e vegades que li parexerá pera mostrar als estudiants é compte ab hun ort en lo qual se planten les erbes que adaquell parexeran necessaries donanli loch opportu hon se fasa dit ort e ortola que tinga carrech de cultivar aquell e porte compte de les botigues de apothecaris E que dure per temps de dos anys donant per vacua la cathedra que de present lig. Ts Felip de la torre é jaume plasa verguers dels magnifichs jurats habitadors de Valencia".*

Tampoco aquí faltan las incógnitas pues el erudito *Francesc Martí Grajales* (1862-1920), investigador que revisó exhaustivamente la documentación municipal de la que se dispone al respecto, aseguró que no se volvió a tratar sobre dicho jardín en los años posteriores a 1567 lo que le hace pensar que el proyecto de jardín botánico fue abandonado, mientras que ordenaban a *Plaza* continuar con las herborizaciones en los lugares de costumbre. Sin embargo, autores como *Mariano Peset* y *Javier Palao* coinciden en afirmar que dicho huerto sí que existió. Durante su magisterio, *Plaza* entabló una estrecha relación científica con el más famoso botánico de su época, *Charles de l'Escluse*, conocido como *Clusius*, que incluyó en su obra las plantas de mayor interés que *Juan Plaza* había recogido y dibujado en sus herborizaciones por tierras valencianas. Existe un retrato de *Juan Plaza* que se realizó en el taller de *Juan Ribalta,* pionero en *España* del "*Tenebrismo*", para la galería de celebridades valencianas del antiguo *monasterio de la Murta* de *Alzira* y que hoy se encuentra en nuestro *Museo de Bellas Artes*.

A *Plaza* le sucedió en la cátedra en 1584 uno de sus discípulos, *Jaime Honorato Pomar*, (1550-1606). Durante los quince años que desempeñó la docencia, las excursiones didácticas para herborizar se desarrollaron y ampliaron. El prestigio que alcanzó *Pomar* lo puso en relación con *Felipe II* como consejero y muchas de las plantas y árboles que se llevaron a *Aranjuez* y otros jardines reales procedían de *Valencia*. Sin embargo, parece que ya desde que *Juan Plaza* fuera nombrado catedrático de "*herbes*", el envío de vegetales y de algunos animales a *Madrid*, procedentes en gran parte de la *Albufera*, fue frecuente. *Pomar* desempeñó entonces desde *Valencia* su puesto de consejero del rey, aunque en abril de 1598 se trasladó a *Madrid* para ocupar el cargo de "*simplicista regio*". El historiador *Gaspar Escolano* dice que el rey "*mandó instituir en su Palacio Real una nueva plaza de su médico herbolario, por no haber en toda España cátedra de yerbas y florecer tanto en sola Valencia, por los grandes herbolarios y catedráticos suyos Pedro Jaime Esteve, Collado, Plaza y el dicho Pomar*". *Pomar* estuvo en la corte real hasta su muerte en el año 1606. La cátedra de "*herbes*" y el *Jardín Botánico* de *Valencia* continuaron su actividad de forma muy digna a lo largo de la siguiente centuria.

Sería *Gaspar Pons*, catedrático de Simples entre 1623 y 1635, el que conseguirá la fundación y puesta en marcha de un jardín botánico a partir del año 1633 en el huerto del *Hospital de San Lázaro* de la *calle Sagunto* y que desarrollaría el catedrático de Hierbas *Melchor de Villena*. Este tuvo una finalidad exclusivamente sanitaria y desapareció en la primera mitad del siglo XVIII. Por si esto fuera poco, en el año 1684 otro catedrático de Hierbas, *Gaudenci Senach*, recibió el encargo real de formar otro campo. Esta vez se adquirió una casa en la *parroquia de San Lorenzo* para dar clases y se arrendó el huerto contigüo. Por tanto, *Valencia* se enorgullece de haber elevado la botánica a categoría de disciplina universitaria y de haber tenido, con mucha probabilidad y a pesar de las controversias, el primer jardín botánico universitario español para las prácticas docentes.

> *"Aquesta terra beneita es digna de llaor que dins un any mateix dará tres eplets , un aplés l´altre , co es, ferratja, arrós e forment; la qual cosa creu que no faça terra del mon". (Francesc de Eiximenis , Elogio a la Ciudad y el Reino de Valencia).*

## 29.- Una muralla para el agua.

Existe una obra fluvial en *Valencia* que vino determinada por la necesidad de proteger a la ciudad de las continuas avenidas que el rio *Turia* lanzó históricamente sobre ella y la convierte en la mayor defensa fluvial de *España* y de las mayores de *Europa*. Y es que a lo largo de más de trece kilómetros, aproximadamente siete en cada margen del rio, los pretiles se convirtieron en una verdadera muralla histórica construida como un primer cinturón protector contra las aguas caprichosas de un, en apariencia, inofensivo rio *Turia*. Este ya contaba con sus puentes pero, conforme iba creciendo la ciudad, más zonas de esta se veían necesitadas de la protección de esta barrera pétrea que diera la tranquilidad a sus habitantes de que sólo una crecida monumental iba a poner en peligro sus vidas y haciendas. El primer tramo, que se concluyó a finales del siglo XVI, era el que abarcaba el frente entre los puentes *de la Trinidad* y *del Real*. Con posterioridad, se alargó hacia el *Puente del Mar* cubriendo el *Plá del Remei* y le seguiría el tramo entre *Mislata* y el *Puente de la Trinidad* entre los años 1606 y 1674. Desde el año 1729 se fue progresivamente ampliando hasta la ermita de *Monteolivete*.

En la parte izquierda del rio la construcción fue notablemente más lenta pues protegía los arrabales exteriores de la muralla y desde 1591 se alargaron desde el *Puente de San José* hasta 1789 en que se llegó al *Puente del Mar*. Desde el año 1.321, fecha en que se inicia la contabilidad macabra de las riadas del *Turia*, se pueden señalar hasta cuarenta y ocho avenidas. Pero si tuviéramos que identificar las más truculentas pondríamos nuestro dedo acusador en la del año 1.517 en plena ebullición agermanada. Esta fue tan grave que los rectores de la ciudad comunicaron al emperador *Carlos I* que la ciudad se había quedado sin puentes y totalmente inundada por los efectos del rio y sus acequias. Es entonces cuando se creó la *Junta de Murs y Valls* para encargarse de la realización de obras públicas, la reparación de las murallas, los fosos, las márgenes del río, así como el cobro de determinados impuestos. Esta institución se financiaba mediante donaciones de los ciudadanos, herencias y otras aportaciones públicas y privadas. Posteriormente se complementaría con un impuesto que abonaban los residentes en la ciudad y alquerías del entorno. Pero, como en el año 1.589 la tragedia se repitió, llegamos a la creación de la llamada "*Fábrica Nova del Riu*", los conocidos como "pretiles", que marcaron una primera solución estable. Aunque de carácter sobrio y nada dados a florituras, de severidad casi herreriana como reflejo del ideal artístico imperante en la época, estos pretiles nos lanzan algún guiño furtivo en forma de pechinas, rampas, bancos de piedra para el descanso, escalinatas y casilicios, sobre todo en el pretil derecho del río. La rapidez con que fueron construidas se explica por el sistema de destajo con que se contrataron las obras y que en dos siglos consiguieron encauzar el río exitosamente. El pretil es de construcción variada, predominando los sillares con bolas en las zonas centrales que son más vistosas, más nobles o antiguas. Otras veces es de mampostería, con o sin bolas, cuya distribución es a veces irregular y, muy pocas veces, de cemento, con pasamanos de este material.

Pero la riada del 14 de octubre 1957, de infausta memoria para tantos afectados y supervivientes, cambió para siempre el escenario en el que vive nuestra ciudad e hizo desbordar el rio a la altura de las *Torres de Serranos* inundando la ribera y alrededores y causando al menos ochenta y un muertos y daños materiales incalculables. Curiosamente, la zona que rodea a la catedral quedó libre de las aguas por hallarse en una zona más elevada, contrastando con los cuatro metros de altura que alcanzó su nivel junto a las *Torres de Serranos* en la *calle de las Rocas.* Este fue el detonante para que el Estado definitivamente decidiese atajar este histórico problema y programase la desviación del curso del rio por el sur de la ciudad llamándose por ello esta iniciativa "*Plan Sur de Valencia*" y alejarlo del entorno urbano. Pero no creamos que la reacción de ayuda solidaria a *Valencia* fue inmediata ya que el entonces alcalde de la ciudad, *Tomás Trénor Azcárraga*, ante la demora inicial de las ayudas, tuvo un sonado enfrentamiento con el *general Franco* que acabó con la destitución de aquél. Es por ello por lo que la ciudad le debe eterno agradecimiento y estima al noble edil. No cayó en saco roto tal reivindicación pues aquella denuncia pública aceleró el plan de ayudas para la reconstrucción de la ciudad y desembocó en aquellos sellos de correos de veinticinco céntimos que debían adjuntarse en todo franqueo postal y que tenían como destino las obras del *Plan Sur.*

Hablamos en varias ocasiones del privilegio que es para nuestra ciudad que la atraviese una columna vertebral que una vez fue un rio y se convirtió, tras un desastre humano y material, en un abanico de posibilidades para convertirse en una ciudad mejor. Nunca diremos en este caso aquello de que "no hay mal que por bien no venga", aunque todas las posibilidades que dio el antiguo cauce han sido una verdadera óperación de cirugía estética a cielo abierto para una ciudad con sus pulmones hiperventilando armónicamente. Hoy esta es una ciudad distinta, bulliciosa, luminosa, colorista y regada por la actividad que genera un cauce desecado que un día fue una amenaza meteorológica y mañana será una estampa en la que muchos niños de hoy ignorarán qué hubo allí una vez si no se lo contamos. En suma, unos pretiles que en pleno siglo XXI ya no contienen las avenidas de las aguas sino que contemplan absortos actividades deportivas, musicales, espectáculos de ocio y a un sinfín de valencianos que deben conocer su historia.

> *"Estos son sus altos muros,/ y aqueste el Turia que al mar/ le paga en agua de azahar/ tributo en cristales puros". (Lope de Vega).*
>
> *"Hacen estos paredones dos admirables efectos de fortificación, el uno contra las avenidas del río, y el otro de una nueva muralla, para contra ejército de enemigos, en caso que quisiesen batir la ciudad y no sólo para fortificación, pero para belleza, como está dicho son estos paredones los que notablemente la suben de punto". (Escolano, Cronista de Valencia, "Décadas").*

# 30.- El ferrocarril minero se despierta como Vía Verde.

Uno más de los itinerarios ciclistas que podemos recorrer en la *Comunidad Valenciana* los que no concebimos la vida sin pedalear es el trayecto entre *Ojos Negros*, en *Teruel*, y *Sagunto*. Este se convertiría en el trazado de ferrocarril minero más largo de Europa en el momento en que se implantó, sólo superado años después tras la unión de varias líneas que formarían el trazado de "*El Hullero*" que con 335 km, unía las minas de *La Robla* (*León*) con las industrias siderúrgicas de *Bilbao*.

Y es que un 7 de agosto de 1900, *Ramón de la Sota y Llano* y su socio *Eduardo Aznar de la Sota* acuerdan en la localidad de *Ojos Negros* con su propietario, *Cosme Echevarrieta*, el arrendamiento de las minas de la *Sierra Menera* por el término de sesenta años prorrogables para explotar unas abundantes reservas de mineral de hierro estimadas en cien millones de toneladas. Aunque se trataba de una cuenca minera interior, desde finales del siglo XIX el aumento de la demanda de hierro y el aumento del precio del mineral dejaban ya un margen económico para poder invertirlo en su transporte hasta los centros de producción siderúrgica. Para llevar a cabo esta empresa se constituyó en *Bilbao* el 3 de septiembre de 1900 una sociedad por acciones de la que *Sota y Aznar* fueron los gerentes y que se denominó "*Compañía Minera de Sierra Menera*".

Vuelve a documentarnos el amigo y técnico en Turismo *José Ángel Planillo Portolés* al decirnos que en el propio acto de constitución de la compañía ya se debatió la viabilidad del proyecto por el problema que suponía el transportar por ferrocarril el mineral de hierro hasta el puerto marítimo más próximo. Tras muchos estudios y deliberaciones, el 16 de marzo de 1901 se tomó la controvertida decisión de construir un ferrocarril desde *Ojos Negros* hasta *Sagunto*, ciudad en cuya costa se construiría un embarcadero con una siderurgia, la "*Compañía Siderúrgica del Mediterráneo*", que supondría el germen del actual núcleo urbano de *Puerto de Sagunto*. Por el camino quedaron otras alternativas por su elevado coste, como su traslado a *Bilbao* por ferrocarril o el utilizar el trazado casi paralelo de la *Compañía del Ferrocarril Central de Aragón* que unía *Valencia* con *Zaragoza*, pues los precios y horarios que ofrecían los propietarios del *Tren Central de Aragón* hacían poco rentable su explotación. Así pues, tras la concesión estatal de la licencia el 11 de julio de 1903, la compañía minera iniciaba en 1904 la construcción de un ferrocarril propio de doscientos cuatro kilómetros de longitud, de ancho métrico, de uso privado y no apto para el transporte de viajeros. El presupuesto destinado a tal fin era de veinticinco millones de pesetas, de los que cuatro se destinaban para el embarcadero y el resto para la construcción del ferrocarril. En ella se emplearían los mismos sistemas de construcción de los ferrocarriles de vía ancha: grandes obras de infraestructura incluidos puentes y túneles de piedra, peso del carril y longitud de ancho de las traviesas como en los trazados de ancho ibérico, numerosas estaciones y casillas guardabarreras de modelo normalizado y un gran parque de locomotoras pionero en el transporte ferroviario y de gran potencia. El hecho de construir este largo trazado con vía estrecha, casi setenta centímetros menor que su vecino del *Central de Aragón*, representaba diferentes ventajas para la compañía minera pues esta carecía de ayudas estatales. Por un lado, resultaba más económica de construir por la menor superficie de explanación necesaria o anchura de puentes y túneles; por el otro, el ahorro en longitud era notable al no estar sujeto a pasar cerca de los municipios favoreciéndose así la elección del mejor paso, sobre todo en los puertos.

Sin embargo, las obras y el presupuesto no se ajustaron a lo previsto y el primer tren no circuló hasta el 27 de julio de 1907. Las dificultades que puso su competidor, el *Central de Aragón*, y el carácter polvoriento de las principales reservas de mineral, que encarecía su transporte al obligar a su aglomeración, fueron algunos de los primeros inconvenientes que comenzaron a lastrar, ya desde el principio, a esta compañía. A estos cabe añadir que su vida útil siempre estuvo condicionada por el nivel de actividad de su cuenca minera y, al existir un aumento constante en la producción especialmente tras la puesta en funcionamiento de la planta siderúrgica de *Sagunto*, la demanda de transporte creció de tal forma que el ferrocarril se convirtió en un auténtico cuello de botella que estrangulaba sus posibilidades de expansión. Estas carencias se hicieron más manifiestas a finales de los años sesenta cuando la compañía ya no pudo hacer frente al incremento del tráfico de mineral necesario para el abastecimiento de los *Altos Hornos* y comienza el declive del ferrocarril que, en un desesperado intento por salvarse, aumentaría en seis vagones cada uno de sus viajes. Pero las cuentas no cuadraban y surgió la obligación de duplicar su capacidad o cerrar la línea. Y se optó por la segunda opción. Es entonces cuando se iniciarían los contactos con RENFE para traspasar a esta empresa el transporte de hierro, la cual aprovecharía algunos tramos del trazado de *Sierra Menera* en los dos extremos de la línea para el tráfico de sus trenes de vía ancha. El acuerdo se firmaría un 17 de mayo de 1971, iniciándose entonces los trabajos de reconversión de la vía métrica en vía de ancho ibérico en el tramo entre las minas de *Montiel-Ojos Negros* y la estación de *Santa Eulalia* y el tramo final de cinco kilómetros desde *Gilet* hasta el embarcadero de *Puerto de Sagunto.*

Entretanto, el último tren minero circuló por la vía un 30 de julio de 1972, iniciándose a continuación el desmantelamiento de su trazado, vías, estaciones, casillas y canteras, las cuales correrían distintas suertes. También se procedió a la venta de su parque y material móvil aún válido, que fue reutilizado por otros ferrocarriles de vía estrecha nacionales. Se ponía así fin a sesenta y seis años de historia. Eso sí, la actividad de la compañía y el transporte de ferrocarril todavía perduraría catorce años más durante los cuales se superó con creces la cantidad de toneladas transportadas, hasta que el 29 de diciembre de 1986 sería definitivamente paralizado el transporte ferroviario del mineral de hierro. A partir de entonces comenzaría el abandono de las minas y sus instalaciones que, con el paso del tiempo, se han ido deteriorando. La excepción son los últimos tres kilómetros de vía anteriores a la estación de *Santa Eulalia*, que siguen utilizándose en la actualidad para abastecer a una cementera ubicada justo al lado del trazado ferroviario.

La situación de abandono y destrucción se fue acentuando en el viejo trazado minero hasta que en el año 2000 se comenzaba un proceso de reconversión del mismo para su uso como "*Vía Verde*" por la *Consellería de Obras Públicas, Urbanisme i Transports* de la *Generalitat Valenciana*. El uso del término está legalmente restringido a los itinerarios que discurren sobre antiguas infraestructuras ferroviarias ya en desuso. El trazado valenciano de la *Vía Verde de Ojos Negros*, entre *Barracas* y *Algimia de Alfara*, de unos setenta kilómetros de longitud, fue inaugurado el 12 de mayo del 2002. A este hay que sumar los noventa y dos kilómetros que en el año 2008 finalizó el *Gobierno de Aragón* entre las localidades de *Santa Eulalia* y *Barracas*, convirtiéndose desde aquel momento en la *Vía Verde* más larga de *Europa* y, posiblemente, del mundo. Su trazado es un camino abierto a todo tipo de usuarios, senderistas y ciclistas, que desciende suavemente, como corresponde al trazado de un ferrocarril, entre grandes extensiones de tierras de cultivo, bosques y municipios, por una zona de pavimento para bicicletas y otra de zahorra para el senderismo. Este respeta el kilometraje original del ferrocarril minero, estando los túneles bien iluminados, los viaductos, puentes y puntos más peligrosos se han protegido con barandillas, los cruces con caminos y carreteras se han protegido y señalizado y se ha dispuesto un área de descanso cada seis kilómetros con información de los servicios que ofrecen los pueblos próximos.

No puedo sino animar a las gentes que interactúan con el paisaje para que recorran los distintos caminos que nos rodean; el *Camino de San Vicente Mártir*, la *Ruta del Santo Grial*, la *Vía Augusta*, el *Camino del Cid* o los distintos *Caminos de Santiago* que nos atraviesan, cualquier sendero interior o de montaña, de huerta o de costa, se convierte en excusa de primer orden para dejar nuestras huellas en unos caminos que no lo son si no hay alguien que los recorre, los conoce, los defiende, habla de ellos y piensa en la trascendencia que para nuestra tierra tuvieron.

> *"Después de la llanura de Almansa se abre un oasis delicioso, una tierra bendita de Dios, un verdadero paraíso terrenal: el Reino de Valencia". (Edmundo d´Amicis).*

## 31.- Labradores contra la modernidad del vapor.

El mundo ferroviario también ha dejado hitos en nuestras tierras muy dignos de resaltar. Porque la primera estación que se construyó en la ciudad de *Valencia* fue la tercera en construirse en toda *España* y su edificio de viajeros es el más antiguo de los que se mantienen en pie en la actualidad en nuestro país. Construida entre los años 1851 y 1852 bajo el diseño del proyecto del año 1847 de los ingenieros *James Beatty* y *J.Shepherd*, tuvo su origen en el primer proyecto de la línea de ferrocarriles que uniría el *Grao de Valencia* con *Xàtiva* y que formaría a su vez parte de la línea *Almansa-Valencia-Tarragona* que además enlazaba con *Madrid* y esta ciudad con el puerto de *Valencia*.

Estos ingenieros pertenecían a la *Sociedad de los Ferrocarriles de Madrid-Valencia*, de capital inglés, sociedad que era la concesionaria de todas las obras, incluyendo los edificios de las estaciones, hasta que en el año 1850 el *Marqués de Campo* compró los derechos de la línea de ferrocarril del *Mar a Xátiva* y, dos años después, constituyó la *Sociedad de Ferrocarriles del Grao a Xátiva* para establecer el primer ferrocarril valenciano. La inauguración oficial tuvo lugar el 21 de marzo de 1852 y fue tal la expectación que se creó que balcones, ventanas y terrazas se abarrotaron de gente y una multitud invadió los alrededores de la estación para ver aquellas máquinas del progreso. Como curiosidad, los vagones que eran llevados por la locomotora número uno, llamada "*la Valenciana*", pronto adquirieron fama ya que sus 75 km/h de velocidad punta espantaban por su velocidad a marineros y agricultores que las veían circular por sus explotaciones.

Y decimos que es la estación más antigua que se mantiene en pie con su edificio de viajeros pues la primera fue inaugurada en el año 1848 con la línea *Barcelona-Mataró* y la segunda fue la de *Madrid-Aranjuez* de 1851, instalaciones de las que no nos queda ningún resto. Los ingenieros de la sociedad de capital inglés de los *Ferrocarriles de Madrid-Valencia* (*Madrid and Valencia Railway Company*) quisieron hacer un edificio sencillo, sobrio, económico y de estilo funcional para ahorrar gastos. Para ello, se contrató al ingeniero *Domingo Cardenal* como director de la obra y edificaron un pequeño recinto de unos 475 metros cuadrados, rectangular, de una sola planta y de unas dimensiones de 34,30 x 13,90 metros que permaneció en servicio hasta el año 2005, aunque ya como estación de mercancías, y que nos sigue recordando el origen del ferrocarril en la provincia. Edificio de corte clasicista romántico, en el entablamento y pilastras predomina el orden dórico. Su ubicación es privilegiada ya que tiene frente a él al flamante puerto de *Valencia*, mirando directamente al tinglado número cuatro.

En el año 2003 la estación fue incluida en el *Plan Nacional de Patrimonio Industrial del Ministerio de Cultura* y se proyectó ubicar en ella un *Museo del Ferrocarril*. Al tratarse de un edificio protegido y catalogado por su valor patrimonial, el planeamiento urbanístico dejó la estación dentro de una rotonda que es el lugar que ahora ocupa. El material con el que se construyó es el ladrillo, aunque este se encuentre tapado en la actualidad en todo el edificio. La parte de la fachada se compone de cinco puertas, más grandes las laterales y central, y seis ventanales, teniendo en la fachada lateral cuatro ventanas.

Existe una cierta semejanza arquitectónica, a pesar de la diferencia de tamaño, entre la *Estación del Grao* y la *Estación de Valencia* desaparecida en el año 1920 que estuvo en la antigua *calle del Sagrario de San Francisco,* hoy *plaza del Ayuntamiento*, tanto por ser el mismo arquitecto el que las proyectó como en la distribución interior del vestíbulo y salas de espera. El tren, que recorría ambas estaciones en la línea del *Grao*, enfilaba la actual a*venida Antic Regne* en una gran recta que lo llevaba hasta la zona portuaria. Hay que destacar que los trenes de cercanías que llegaban hasta *Xátiva* eran de los del tipo "*coche imperial*", por ser de dos pisos y ser los únicos de esta clase que han circulado en *España*. Fueron doce coches con una capacidad para ciento trece viajeros.

*Inmaculada Aguilar Civera* en "*Arte y técnica en la arquitectura ferroviaria: La Estación del Grao, testimonio de los inicios del ferrocarril*", como capítulo incluido en la obra "*150 años del Ferrocarril en la Comunidad Valenciana*", resalta la íntima conexión de la estación del *Grao,* que durante siglos fue un pueblo independiente de *Valencia,* con el puerto decimonónico. Y es que ambos núcleos tenían un objetivo común como era el transporte de mercancías y el trasvase de un medio marítimo a uno terrestre favorecía enormemente sus posibilidades porque iba a estrechar sobremanera la vinculación comercial entre *Valencia* y *Madrid*. Por ello, en la estación se tuvo muy en cuenta una clara separación entre el servicio de viajeros y el de mercancías, destinando a este último gran parte de una playa de vías de las cuales muchas llegaban justo hasta los muelles del puerto.

No puedo dejar pasar la ocasión de mencionar que, para muchos, la actual *Estación del Norte* de *Valencia* es la más bella de *España* y, sin duda, una de las más representativas de la arquitectura civil valenciana. Esta es una estación terminal de carácter monumental que mezcla distintos estilos que abarcan el estilo modernista, el racionalista o el gótico perpendicular inglés. Fue inaugurada en el año 1917 y su arquitecto, *Demetrio Ribes*, nos dejó una obra deslumbrante que fue catalogada en el año 1983 como *Bien de Interés Cultural.* Su magnífica fachada combina magistralmente motivos vegetales, naranjas y flores de azahar y se inspira en la agricultura valenciana. Otras referencias a la ciudad como la repetición de su escudo o el remate de las marquesinas contribuyen a integrar varias artes en un monumento verdaderamente único.

> *"Por eso no debe maravillarnos que los forasteros establecidos en Valencia, atraídos tanto por la belleza de la ciudad como por la gentileza de los ciudadanos, no piensen ya jamás en su propio país". (Bartolomeo de Rogatis, viajero veneciano, 1674).*

## 32.- Decenas de cúpulas azules nos contemplan.

En el año 1392 *Francesc de Eiximenis* escribe al rey *Martín el Humano* criticando el apoyo que daba a la Orden de los Cartujos ya que en el año 1386 había propiciado la fundación de la *cartuja de Valldecrist* en *Altura,* ya que era de sobra conocida su simpatía por la austeridad de esta orden, y pidiendo la fundación un convento franciscano en nuestras tierras. La esposa de *Martín el Humano*, *María de Luna*, atendió la petición e inició una acción de patronazgo religioso escribiendo a su pariente, el papa, en Mayo de 1402 para solicitarle permiso para fundar un convento de frailes que siguieran "al pie de la letra" la regla de *San Francisco.* En consecuencia, el 21 de Octubre de 1404 se funda en *Gilet* el *Real monasterio de Santo Espíritu del Monte,* que fue el primer convento franciscano de estricta observancia fundado en *España*. Este acogería a trece frailes y su ubicación en lugar apartado perseguía aislarlo de la influencia corruptora de las ciudades de su tiempo. Su labor fundadora perseguía perpetuar la memoria regia de *María de Luna* y concretar la aspiración reformadora de una orden que se había alejado de los postulados del santo de *Asís*. Tras muchas vicisitudes históricas, actualmente se halla instalado un museo en su edificio, aunque fundamentalmente es un lugar de estudio y oración.

Esto me da pie a hablar del remoto y magnífico pasado conventual que tuvieron nuestras tierras. Porque *Valencia* fue en proporción, en los siglos XVII y XVIII, una de las ciudades españolas con más conventos, monasterios e iglesias parroquiales y por ello fue bautizada como la "*ciudad de las mil torres*". Se contabilizaban en el siglo XVIII catorce parroquias, cuarenta y dos conventos y un número ingente de capillas. Es por eso por lo que *Sanchis Guarner* en su obra "*La ciudad de Valencia*" habla de nuestra ciudad como una más de las ciudades conventuales típicas de la *España* de los *Austrias* y, según el geógrafo *Houston*, "*las fundaciones eclesiásticas ocupaban una sexta parte del área urbana intramuros*". Otro dato que nos asombra es que de cada ocho varones uno era clérigo. Varias circunstancias afectaron a estos cenobios para hacer desaparecer a muchos de ellos, pero las principales fueron la desamortización de los bienes eclesiásticos de *Mendizábal*, la invasión napoleónica y nuestra contienda civil.

Como un rápido catálogo, diré que de aquel ingente patrimonio monástico seguimos disfrutando con otros usos del *convento del Carmen*, sede museística, el m*onasterio de San Miguel y de los Reyes,* sede de la *Biblioteca Valenciana*, el de la *Trinidad*, cuya abadesa fue *Sor Isabel de Villena*, el *convento del Pilar*, el de *Santa Mónica*, *Santa Úrsula* y el *convento de San Agustín*, de los que nos quedan sus iglesias, el de *San Felipe Neri*, actual *iglesia de Santo Tomás* y el *monasterio de San Vicente de la Roqueta*, cuyo anexo es la *parroquia de Cristo Rey*. El *convento de la Corona* fue cedido a la *Casa de la Beneficencia* y alberga ahora el *Museo de Prehistoria* y el *convento del Temple*, que en la actualidad es la sede de la *Delegación del Gobierno* en *Valencia,* también conserva su iglesia. El *convento de la Encarnación* se sitúa en el antiguo *Portal del Coixo*, el del *Corpus Christi* frente al antiguo *Portal dels Tints*, el de *San José y Santa Teresa* estuvo junto al antiguo *Portal de San José* y de él nos queda su edificio en estado de abandono. El antiguo *convento de Santo Domingo* de los Dominicos de la *Plaza de Tetuán* es actualmente la sede de la *Capitanía General* y de él subsiste su claustro y una capilla que hoy es *iglesia de San Vicente Ferrer*. Por último, el *Museo de Bellas Artes* se aloja en lo que fue el *convento de San Pio V*.

De entre los conventos que desaparecieron destacamos el *convento de San Francisco*, cuya demolición dio lugar a la actual *plaza del Ayuntamiento*. También se perdieron el *convento de San Fulgencio*, junto al *Portal de Ruzafa*, el de *Santa Clara*, el de la *Presentación,* los *conventos de Santa María Magdalena*, que estaba en el actual *Mercado Central,* y el de la *Merced,* cuyo derribo generó la plaza del mismo nombre. Los hacendados que adquirieron los conventos justificaban los derribos de sus adquisiciones monásticas tras la desamortización para construir fábricas o para otros usos pero la venta de los materiales de derribo fue recurrente y, finalmente, los solares fueron un pingüe negocio. De la demolición del *convento de la Puridad* surgieron las calles del *Moro Zeit*, la de la *Conquista* y la del *Rey Don Jaime*. El *convento del Remedio*, situado junto a la *Puerta del Mar*, era un problema por su ubicación estratégica y este fue el mismo argumento dado para el derribo del *Palacio del Real*. Otros de ellos fueron el *convento de Jerusalén*, junto a la *Estación del Norte*, el *convento de Belén*, junto a la antigua *Puerta de Torrent* o *dels inocents*, el de los *Capuchinos* de la *calle de Alboraya* y el de *San Sebastián* extramuros. El *convento de los Trinitarios* da actualmente nombre a una calle junto al *Temple*. En el lugar que hoy ocupa el *Teatro Olympia* existió el *convento de San Gregorio* para mujeres arrepentidas. Esta institución acogía a aquellas mujeres que, habiendo tenido un pasado relacionado con la prostitución, se encomendaban a una nueva vida. Respecto al *Real Monasterio de Santa Catalina de Siena*, que destacaba por su grandiosidad, se vendió para ser derribado e instalarse allí el actual *Corte Inglés* de la *calle del Pintor Sorolla*. En cambio, la iglesia se trasladó piedra a piedra en su antigua configuración al barrio de *Orriols*. Otros monasterios muy cercanos fueron los de *San Cristóbal*, que sería demolido en el año 1869 y, en su lugar, el solar sería ocupado por una manzana de edificios con fachadas recayentes a la *calle de la Paz* y del *Mar* y el de *Santa Tecla*, lugar donde nació el *Beato Nicolás Factor*. El *convento del Socorro* es hoy el *Colegio de Jesús y María* y también desaparecieron los de la *Zaidía* y el de San *Felipe* que estaba junto a las *Torres de Quart*.

También la provincia de *Valencia* dio otros cenobios magníficos y se nos ocurren las *cartujas de Porta Coeli* en *Serra* y la del *Ara Christi* en el *Puig*, el *Real Monasterio de Santa María del Puig*, el *Monasterio de Sant Jeroni de Cotalba* en *Alfahuir*, El de la *Murta* en *Alzira,* el de *Santa María de la Valldigna* en *Simat*, el del *Corpus Christi* en *Llutxent*, el de *Aigues Vives* en *Carcaixent,* el *Mont Sant* de *Xátiva* y tantos otros, … Por todo eso se me antoja difícil e injusto echar una mirada retrospectiva a nuestro pasado sin fijarnos en la importancia que nuestra arquitectura religiosa tuvo y en el legado que nos dejó.

*"Se espera naturalmente en una ciudad como Valencia encontrar muchos conventos; los hay en efecto numerosos pues se cuentan al menos cuarenta y cuatro y además se cuentan diez iglesias" (Townsend, Viajero inglés, 1786).*

*" Valence a les clochers de ses trois-cents églises". (Victor Hugo, Novelista francés, S.XIX).*

## 33.- Un jardín de recorrido interminable.

Hemos estado hablando del antiguo cauce del rio *Turia* para desarrollar los capítulos que hacen referencia a *Valencia* como la ciudad con mayor número de puentes sin rio y los pretiles como la mayor defensa fluvial de *España*. Pero aún nuestro viejo cauce nos proporciona otro dato glorioso. La ubicación de los *Jardines del Turia* sobre el antiguo lecho del río lo convierten en el jardín más largo de *España* con sus doce kilómetros lineales de longitud desde *Mislata* hasta el puerto, abarcando una anchura media de unos 160 metros, y será el de mayor superficie con unas 167 hectáreas cuando se complete su trazado. Dijimos que la riada del año 1957 cambió para siempre el futuro de nuestra ciudad y la desecación de su antiguo cauce y su recanalización por el sur fue la oportunidad histórica que se nos dio de llenar de un contenido amable esa columna vertebral creativa que nos atraviesa y creo que se ha aprobado con buena nota. Menos mal que aquel proyecto del año 1970 de convertir el viejo cauce en una gran carretera no se llegó a materializar pues hubiese sido una catástrofe urbana en comparación con lo que hoy tenemos.

Algunos expertos consideraban que esa era la decisión más racional pues llevar el tráfico a un nivel como el del cauce semienterrado, bastante inferior a la cota de superficie viaria, y convertir en jardines el espacio que hoy ocupan las vías rápidas de circulación para que estuviesen lo más cerca posible de las viviendas era lo óptimo en aquel caso. Las consecuencias acústicas de que una "autopista" atravesara el alma de la ciudad hubiesen sido insufribles. Finalmente, esta reconvertida arteria verde se mutó progresivamente en jardín público, terreno fértil abonado para que los mejores diseñadores, urbanistas y paisajistas desarrollaran su creatividad en este campo de pruebas incomparable. Ello lo ha convertido en el jardín más paseado, pedaleado, contemplado, disfrutado y vivido de *Valencia* y en uno de los más visitados de *España* con una afluencia anual de más de tres millones de visitantes.

Fue en el año 1986 cuando se inauguró el primero de sus tramos y fue el que se hallaba junto a otro de nuestros jardines emblemáticos, los *Jardines del Real* o de los *Viveros*. Hoy sus límites lo marcan la *Ciudad de las Artes y las Ciencias*, con su previsible y proyectada ampliación hasta el puerto, y un *Bioparc* que se encuentra ya lindante con *Mislata*. De los distintos profesionales que intervinieron en el diseño de sus varios tramos *Ricardo Bofill* se encargó de la zona próxima al *Palau de la Música*, cubriéndolo de forma natural con naranjos y palmeras. El equipo "*Vetges Tú - Mediterrania*" intervino en el que va desde el *Puente 9 d'Octubre* y el *Puente de Campanar*, donde destaca la "*Casa del Agua*", mayor edificio del jardín y que fue retén de Policía, la plaza porticada, el mirador y el río chino. En este lugar se combinan acequias, canales, estanques y pequeñas cataratas, incluyendo instalaciones deportivas y algunas fuentes. La *Consellería de Agricultura* diseñó el tramo conocido como el "*Bosque Urbano*", espacio comprendido entre *Nuevo Centro* y la zona deportiva de *Serranos* que reúne una amplia representación de las principales especies de árboles y arbustos de la *Comunidad Valenciana*, especialmente pinos. Incluye además instalaciones deportivas. Posteriormente, se realizó el conocido como *Jardín de Gulliver*. En esta atracción los niños se convierten en los liliputienses del famoso cuento infantil recorriendo como hormigas los toboganes que forman el cuerpo del *Capitán Gulliver* que está allí atrapado. Junto al *Puente de la Peineta* se desarrolló una zona arbolada para ubicar ferias y exposiciones.

Debemos mencionar también el *Parque de Cabecera,* que se erige como un gran lago central navegable que marca el inicio del propio jardín y junto al que se ubican dos lugares igual de emblemáticos como son el zoológico y el *Bioparc*. Yendo más allá, en distancia y trascendencia, nuestro gran jardín urbano tiene la virtud de integrar como piezas de un puzzle arquitectónico, natural y paisajístico, el conjunto monumental que más turistas visitan cada año en España, la *Ciudad de las Artes y las Ciencias*, que incluye su *Hemisféric* y el *Parque Oceanográfico*. Su tramo recupera el estrecho cauce central del *Turia*, adornado con numerosa vegetación herbácea, mostrando de forma pausada esculturas al aire libre y una singular rosaleda de 3.200 metros cuadrados repleta de variedades aromáticas.

Más recientemente leí una propuesta interesante del arquitecto *Alberto Peñín* que proponía salvar en algunos puntos ese compartimento estanco en que se han convertido los *jardines del Turia* para integrarlos en una cota de superficie única y estable que permitiese no tener que "*bajar*" hasta él. Así, habría una continuidad visual y de acceso a los jardines en algunos puntos que lo convertirían si cabe en más accesible. Esta dificultad de acceso que hemos mencionado se acentuó históricamente pues su lecho se excavaba recurrentemente con el fin de darle la mayor dimensión posible para soportar sus avenidas y se intentaba que los ojos de sus puentes estuvieran lo más elevados posibles para aumentar su capacidad de desagüe. Por ello se la relaciona con un tipo de geografía "artificial" que se solventaría abriendo el mismo en algunos puntos a la ciudad, restituyendo allí sus cotas primigenias y comunicando suavemente sus márgenes. Después de todo lo dicho, resulta más que claro que *Valencia* no se entendería sin nuestro *Central Park* urbano, lugar de ocio, deporte, cultura, fiesta y espectáculos, también de récord.

> *"Valencia es el más bello jardín del mundo. Las granadas , las naranjas, los limoneros forman allí las empalizadas de las carreteras. Las más bellas y las más claras aguas del mundo les sirven de canales". (Cardenal de Retz, 1654).*

## 34.- Un muelle bajo las bombas de la Guerra Civil.

No por repetido hasta la saciedad es menos cierto que una de las asignaturas pendientes de nuestra ciudad ha sido su contumaz tendencia a vivir a espaldas de un *Mar Mediterráneo* que nos trajo prosperidad y al que la ciudad no correspondió como debía. Por ello, sus poblados marítimos quedaron hasta tiempos próximos pasto de la degradación, en muchos casos como satélites de un centro histórico que quedaba demasiado lejos como para que este fuera un problema notorio. Y cuando la ciudad decidió revertir esta situación, surgieron problemas y conflictos para que la ciudadanía consensuara un modelo único de acercarse al mar que aún hoy arrastramos. Y es que, como decimos, la prosperidad que supone para *Valencia* que su puerto, principal de nuestras empresas mercantiles, sea la que tiene mayor tráfico de contenedores de mercancías de *España* y del *Mediterráneo* y sea el quinto de *Europa* es incalculable, aventajando aún a los de *Algeciras* y *Barcelona*.

Orográficamente, la línea de costa de *Valencia* carecía de cualquier abrigo natural que lo protegiera, hecho que dificultaba el tráfico comercial que recibía, aunque constan actividades de este tipo desde el siglo VI A.C. El embarcadero que es presumible que existiera en la actual zona portuaria antes de la conquista de *Valencia* por *Jaime I* en el año 1238 sirvió para que este recibiese la ayuda necesaria y estableciese allí un campamento al que llamó *Grau*. Con la construcción de un muro que animó a que la gente se estableciese allí surgió lo que posteriormente se conocería como *Vilanova del Grao*.

Ya en el año 1321 los astilleros valencianos llegaron a tener gran prestigio con la llamada *Draçana del Senyor Rei*, es decir, las "*Atarazanas*" o "*Astillero real*" y es en ellas donde se construirían parte de las naves que *Roger de Lauria* iba a comandar para la *Corona de Aragón*. Otro astillero mucho más modesto y artesanal estaría situado en el entorno de la *calle de las Barcas* mientras los trabajadores del mar habitaron el antiguo *barrio de Pescadores,* entorno que hoy es uno de los lugares más comerciales y centro financiero de nuestra ciudad. Hay que destacar que el núcleo urbano de *Valencia* estaba establecido junto al río *Turia* a unos tres kilómetros de la costa y contaba en el siglo XIV con una perfecta comunicación fluvial con el mar por lo que las aguas del río eran en cierto modo navegables hasta las murallas de *Valencia*.

Pero las primeras obras que tenemos documentadas para facilitar el atraque de naos en el puerto fueron realizadas en el año 1483 por *Antoni Joan* gracias al privilegio otorgado por el rey *Fernando el Católico* para construir un puente de madera en la playa del *Grao* que arrancara en tierra firme y llegara hasta dentro del mar.

En el siglo XVI ya era muy evidente que las prestaciones que una ciudad como *Valencia* podía dar en el ámbito marítimo no se veían satisfechas con la infraestructura existente, siendo que las pequeñas y medianas embarcaciones que llegaban a la ciudad durante el siglo XVI portaban productos de los puertos de origen y de los puertos intermedios y navegaban siguiendo la línea de costa para mayor seguridad. La existencia del fenómeno de la piratería y el establecimiento de contactos con el máximo número de puertos posibles hacía que sólo los barcos pequeños pudieran hacer continuas escalas. Sólo los grandes barcos de la época, ya fueran cargados de trigo procedente normalmente de *Sicilia*, o con pesca, originarios de *Castilla* y *Portugal*, podían transportar directamente a *Valencia* su carga sin tener que comerciar con esta en los puertos intermedios del trayecto.

Como parecía que las capacidades del puerto durante el siglo XVII siempre eran inferiores a sus necesidades y las actividades de carga y descarga se hacían en condiciones a menudo penosas, los *Jurados* establecieron medidas para fomentar el comercio marítimo ordenando renovar las antiguas atarazanas y pensaron en habilitar como puerto la desembocadura del río *Turia*. La decisión final fue la construcción de un nuevo embarcadero de piedra, aunque el grueso de las descargas en el puerto se realizara sobre la playa varando directamente las embarcaciones en la orilla. Sólo las naves mayores solían utilizar el embarcadero. Con una acertada visión de lo que iban a traer los tiempos, el *Consejo de la Ciudad* encargó en el año 1685, el proyecto de un nuevo muelle de piedra que iba a abandonar la tradición de realizar infraestructuras menores. Así, en el 1786, se gestionó con el *Ministro de Indias* la autorización para comerciar con *América* desde el *Grao*. Esta proposición fue aprobada en el año 1791 y serían estas nuevas necesidades del comercio con ultramar las que acelerarían las primeras importantes reformas del puerto. Tenemos datos que indican que ya en el año 1850 tuvo lugar la primera exportación de naranjas con destino a *Liverpool*, actividad que iba a marcar una tendencia imparable como motor del *boom* económico valenciano, con lo que era patente de nuevo la necesidad de obras de acondicionamiento.

En el año 1880 la *Ley de Puertos* dio carta blanca para la constitución de la "*Junta del Puerto de Valencia*", organismo que desde entonces planificó y realizó todas las obras del puerto. En este momento se programan las obras de los diques exteriores y son adquiridos toda clase de elementos de trabajo, dando comienzo a la colocación de unos bloques que darían la configuración definitiva y homogénea a los muelles de *Levante* y *Poniente*. Además, desde 1910 y bajo la dirección del ingeniero *José M.ª Fuster*, se ejecutó la construcción de los conocidos como "*tinglados*", almacenes decorados con cerámica modernista y que fueron parte activa de los distintos comercios que se crearon con motivo de la *America´s Cup*, rodeándose el puerto con una verja de cierre y se procedió a instalar alumbrado en los muelles. Durante la Guerra Civil, *Valencia* quedó en zona republicana por lo que el puerto se convirtió en blanco de las bombas por su situación estratégica como receptor de material de guerra. Por este motivo, el propio puerto, los muelles y sus edificios, sufrieron grandes daños, así como unos pavimentos y vías férreas que precisaron de una reconstrucción costosa.

En suma, los valencianos podemos sentirnos orgullosos de unas instalaciones portuarias que son el motor económico de una ciudad ya abierta al *Mediterráneo* y cuya actividad comercial debe ser una acicate para su recuperación por cuanto es la primera empresa de la *Comunidad Valenciana* en volumen de facturación, primera en tráfico de contenedores y ocupa un lugar de privilegio entre los grandes puertos del mundo.

> *"la creación de este Puerto totalmente artificial, partiendo de una playa sin calado y sin abrigo de ninguna especie, hasta conseguir la bella realidad de un puerto, si no perfecto, sí de magníficas condiciones de calado y amplitud, lo hacen uno de los mejores del litoral".(L.DICENTA, Puerto de Valencia. Memoria sobre su historia, progreso y desarrollo, 1949).*

## 35.- Unos baños cercanos al circo.

La civilización romana fue tan decisiva para nuestra ciudad porque es comúnmente aceptado que durante su dominio se produjo la fundación de "*Valentia*" en el año 138 A.C. por soldados veteranos que regresaban de sofocar las escaramuzas levantiscas de aquel guerrillero lusitano llamado *Viriato*. Asistimos entonces a la elevación de unas primeras construcciones que van a dar sentido a su vida urbana como eran el foro, la basílica, el circo, el "*ninfeum*" o unas murallas de las cuales sólo nos queda un pequeño rastro visible tras una vidriera de la *calle Avellanas*. También a ambos lados de la *Vía Augusta,* principal vía de comunicaciones de la *Hispania* romana, que felizmente atravesaba nuestra ciudad, se construyeron dos edificios poco después de su fundación relacionados con el agua. Al este, un santuario con funciones curativas dedicado al culto del agua que contaba con un gran pozo y un estanque descubierto para rituales se vinculaba al culto del dios *Asclepios*. Este pozo estaría cubierto con una bóveda a modo de gruta, a la cual se accedía mediante una escalera. Pero, al oeste de la *Vía*, existieron unas termas o baños públicos que son un testimonio excepcional de las primeras termas romanas al ser las más antiguas de *Hispania*, de las más singulares por sus características y de las escasas que se conocen datadas en el siglo II A.C. Estas termas son el elemento urbano más representativo de la primera *Valentia* y uno de los principales atractivos del "*Centre Arqueològic de l'Almoina*" ya que es el edificio mejor conservado de lo que fue la primera ciudad y se conserva dentro del solar museizado.

Explican los especialistas *Carmen Marín Jordá* y *Albert Ribera i Lacomba* en su obra "*Las termas romanas de l´Almoina*" que a estas termas se accedía desde su vestíbulo hasta el "*apoditerium*" o vestuario, zona que usualmente estaba dotada de nichos abiertos en las paredes para guardar sus vestiduras. Las entradas de las sucesivas estancias eran estrechas y carecían de ventanas para evitar la pérdida de calor, lo que creaba un ambiente de penumbra que sólo era paliada por alguna lucerna. Una vez despojado de sus ropajes, el bañista pasaba al "*tepidarium*" o sala templada donde, acomodado en el banco, templaba la temperatura de su cuerpo y lo friccionaba con óleos y ungüentos. Ya en la sala caliente o "*caldarium*", existía una bañera o "*alveus*", que se surtía del agua de un depósito caldeada mediante un horno situado en una habitación anexa que se llamaba "*praefurnium*" donde los esclavos alimentaban continuamente el fuego para mantener la temperatura constante. En el *caldarium* se alcanzaba una temperatura cercana a los 55° y allí se quitaban la suciedad y los aceites y ungüentos previamente aplicados frotándose el cuerpo con el "*strigilis*" o raspador de metal. Estas estancias, de uso público, estaban pavimentadas con losetas cerámicas en forma de escama y, una vez terminado el baño caliente, los bañistas volverían al *tepidarium*. Al finalizar la jornada, se evacuaba la bañera dejando caer el agua directamente al suelo, por lo que esta limpiaba el local al deslizarse por la pendiente hacia el vestíbulo para que una canalización la vertiera en la misma calle.

El uso de las termas conllevaba la separación de sexos, por lo que se reservaban días y horas determinados para hombres y mujeres. El hábito de acudir a las termas, que en su origen fue una medida saludable de higiene, llegó a convertirse en un elemento primordial de la vida pública y, como tal, estas acabarían ganando en suntuosidad, comodidades y lujo. Nuestro edificio se encontraba en pleno centro de la ciudad romana, entre las dos calles principales, el *cardus* y el *decumanus*, y estaba rodeado en al menos tres de sus lados por otras construcciones públicas. En la posterior fase paleocristiana y visigoda el lugar se reconvirtió en un baptisterio que estuvo en pie hasta los inicios del periodo islámico en que se ubicaron dos norias y una gran alberca. Por esta tradición acuática del lugar, puede suponerse que existieron emanaciones naturales de agua en esta área y esto explicaría la presencia de todos estos edificios hidráulicos que mantuvieron este uso exclusivamente durante más de mil años. Finalmente, hay que decir que la destrucción de las termas fue consecuencia de las guerras civiles que destruyeron la ciudad en la primavera del año 75 A.C., siendo su repentino abandono lo que explica su buen estado de conservación.

Como decíamos, estas termas también son únicas en cuanto a sus características pues se alejan del resto de los baños romanos en que no usan pisos y paredes huecos para calentar las habitaciones con aire caliente, carecen del *frigidarium* o sala fría, del *laconicum* o sauna, de la *palestra* o patio central donde se podría hacer ejercicio y de las piscinas o los suelos de mosaicos de teselas. En cambio, elementos relevantes de las termas republicanas de *Valentia* como los bancos exentos en medio del *caldarium* y del *tepidarium*, los pavimentos de losetas cerámicas, las puertas angostas, las estancias de simple planta rectangular o el desagüe del *alveus* por encima del pavimento ya no aparecen en las termas clásicas del imperio romano. Estas características sólo las encontramos en los edificios construidos por sus mismas fechas, como son los de *Frege-llae* y *Musarna* en la actual *Italia* y el de *Cabrera de Mar*. A partir del imperio de *Augusto*, ya entrados en el primer siglo de nuestra era, las termas se convertirán en un edificio muy común en las ciudades del imperio y *Valentia* conocerá dos que se situaron en la actual *plaza de la Reina* y en la *calle del Salvador*.

No quiero acabar esta mención del glorioso pasado termal de la ciudad sin invitar a visitar los restos que nos quedan de los *Baños del Almirante*, del *Balneario de las Arenas* o del *Balneario de la Alameda* que, desde el siglo XIX, es el único balneario urbano de *España* con aguas termales, recordando igualmente los topónimos existentes de las calles *Bany dels Pavesos* y *Bany*.

> *"Paregué als romans pagar a Valencia /la molta llealtá e lo grans estragos /que havia tengut per fer resistencia / als cartaginesos e a sa gran potencia." (Trobes de Jaume Febrer. 1670).*

## 36.- Carriles mineros hacia el Grao.

Ya hemos dejado constancia en este trabajo de que *Valencia* fue pionera en *España* en la reimplantación moderna de los tranvías como transporte ecológico y difusor de una antigua tradición valenciana. Y resulta que nuestros padres aún recuerdan en algunas avenidas de nuestra ciudad unas planchas metálicas planas de unos 20 cm de anchura y un borde lateral para evitar el desvio del vehículo, en forma de raíles de vías férreas que se trazaron en la piel de nuestra ciudad como verdaderas arterias sanguíneas para propiciar una forma de transporte única en el mundo en aquel momento. Cuenta en un artículo el periodista *Esteban Gonzalo* que en la *avenida del Puerto*, en su "*ronda de Tránsitos*" formada por las *avenidas de Peris y Valero, Giorgeta, Pérez Galdós, Primado Reig, Peset Aleixandre y Cardenal Benlloch*, en el *paseo de las Moreras*, en la también *avenida de Jacinto Benavente* y en los puentes de *Aragón, Ángel Custodio* y *Campanar*, se instalaron dos anchos raíles de acero paralelos sobre los que circulaban los carros tirados por animales para el transporte de mercancías. Estos conseguían a través de esos raíles mayor velocidad y menor necesidad de caballerías que sobre el pavimento común, consiguiendo además que este no dañara a sus ruedas ni las ruedas dañaran los adoquines.

Nos encontramos con que *Valencia* fue la única ciudad española, y creemos del mundo, que, entre los años 1889 y 1972, tuvo incrustadas en el pavimento del citado viario urbano estas peculiares vías férreas llamadas popularmente "*llantas*" y oficialmente "*rails*", que hicieron más económicos los transportes que iban o venían hacia el puerto. De esta parte de nuestra memoria hoy sólo nos quedan dos cortos tramos "museizados" en un jardincillo de la *calle Gorgos*.

Otras ciudades como *Alicante* y *Madrid* tuvieron en mente emular esta exitosa manera de transportar mercancías, pero las dificultades urbanísticas y viarias, su coste y problemas de consensos políticos, hicieron que aquello no pasara de una bella intención. Este proyecto pionero a nivel mundial tuvo continuidad en *Chicago* y algunas otras ciudades europeas. Manifiesta *Francisco Pons* en su magnífico blog "*Caminos de Ferro*", complementado con las referencias del gran libro de *Enrique Goñi* "*Los carros en Valencia: Sus caminos de hierro*", que el problema de conservación de caminos y carreteras del término y, en concreto, los del antiguo *camino del Grao*, hoy *avenida del Puerto*, dio lugar a una solución imaginativa que cambiaría con el tiempo la fisonomía de la ciudad. El tránsito de dichos carros cargados de mercancías desde el *Grao* a *Valencia* o viceversa destrozaba el firme y, junto al efecto del clima, el sol y la lluvia, acababa provocando grietas que generaban continuas reclamaciones e inversiones para su reposición. Estas reclamaciones solían proceder del *Gremio de Carreteros* ya que sus miembros estaban obligados a pagar un peaje o "*portazgo*" para circular en sus cinco kilómetros y medio de recorrido. Sus quejas por las deficiencias en la infraestructura hicieron que el ayuntamiento pensase en adoquinarlo e incluso entarugarlo, no cubriendo toda su extensión de madera sino creando unos raíles de madera sobre los que circularían los carros.

Y aquí aparece en nuestra historia el proyecto del ayudante de Obras Públicas del Ayuntamiento de Valencia, *Casimiro Messeguer,* que ideó un sistema que conjugaba un viejo sistema minero con las nuevas tecnologías tranviarias. Teniendo en cuenta que los carros marchaban siempre por los carriles que encontraban abiertos, pensó en la instalación de unos carriles de acero en los que no se pudiesen originar baches por su uso ya que tendrían un desgaste igual en todo su trazado y crearían por su uso continuado un carril artificial muy homogéneo y de muchos años de duración. El camino tenía a su derecha e izquierda dos carriles para que los carros cargados pudieran circular en sentidos contrarios y que dejaban en su zona central un amplio espacio para carros descargados y coches de caballos que no hacían tanto daño al firme. Cuando el proyecto fue aprobado en Junio de 1889 se estudió su viabilidad económica y la compañía *Demerbé y Cía.* de *Jemappes, Bélgica*, fue la adjudicataria de la provisión del material y *Rafael Valls David* sería quien la ejecutaría.

El resultado de la instalación fue excelente y se consiguieron importantes ahorros en el mantenimiento y fluidez del transporte de mercancías. Su impacto fue tal que, cuando se planificó la futura *Valencia* y su ensanche en el año 1907, se incluyó una ronda perimetral basada en este sistema de transporte. La idea original de *Casimiro Messeguer* de finales del siglo XIX al guiar los carros por carriles metálicos no fue ni siquiera modernizada, por lo que el mismo sistema se instaló en las nuevas avenidas conocidas como "*ronda de tránsitos*". En los cruces de las calles de entrada con la citada "ronda" se instalaba una caseta del fielato de consumeros que tenía como misión el cobro de impuestos por la entrada de las mercancías transportadas. Esta caseta era de similares características a las de los guardabarreras ferroviarios y contaba con una báscula para la comprobación del pesaje y un abrevadero para el necesario avituallamiento de las caballerías. Aún instalada en la memoria de nuestros mayores, nuestros caminos de hierro para carros fueron otra brillante aportación del progreso valenciano a la humanidad.

*"Las calles de Valencia que no están pavimentadas presentan una extrema pulcritud. La basura que retiran con mucha frecuencia de la ciudad sirve de abono para la huerta que por todas partes circunda". (Bourgoing, 1797).*

# 37.- Llantos y olvido bajo la tierra.

Una guerra civil es la mayor tragedia que puede sufrir una sociedad. Hermanos contra hermanos, alumnos contra profesores, vecinos que delatan en un ritual sangriento a sus propios vecinos simbolizan el fracaso con mayúsculas de conflictos que se resuelven con la peor barbarie. La nuestra, la de 1936, nos ofrece un dato difícil de olvidar y que recoge *Francesco Cossiga*, presidente emérito de la república de *Italia*, en el prólogo del libro de *Toni Strubell*, "*El moment de dir prou*", al referirse a las fosas comunes del cementerio de *Valencia* como "*las más grandes de la historia europea del siglo XX*". *Empar Salvador*, presidenta del "*Forum per la Memoria del País Valencià*", dice que han sido cinco las fosas descubiertas en el *Cementerio General de Valencia* y una en el cementerio civil y que estas ocupan una superficie de 41.020 metros cuadrados, dando "*descanso*" a más de 24.500 víctimas causadas por el bando nacional. Y es que estas fosas hasta tienen nombre. La de "*los enterramientos masivos clandestinos*" es la más grande documentada en toda *Europa* hasta la fecha, la de "*las movilizaciones*", la de "*los muertos de la Rambleta*", la de "*las personas mayores y de los niños y de las niñas*", la de "*la desolación*" y la de "*los desaparecidos y desaparecidas*" complementan su serie.

Este antecedente luctuoso no debe empañar el magnífico presente artístico que rodea al conjunto arquitectónico en que se enclava. Nos cuenta el experto *Rafael Solaz* que el "*Cementerio General de Valencia*" fue construido en el año 1807 tomando como referente el *Père Lachaise* de *París* tras las medidas higienistas que motivaron la desaparición de los cementerios parroquiales que se hallaban dentro del centro urbano de las ciudades. Con el paso del tiempo, en este camposanto se fueron enterrando multitud de personajes ilustres que formaron parte de la historia de *Valencia* en sus últimos doscientos años. Por ello se convirtió en un brillante continente de obras de arte en las que intervinieron los mejores arquitectos, escultores y artesanos valencianos. Así, a través de los panteones podemos apreciar diferentes estilos que conservan todavía el carácter romántico del siglo XIX en la transición hacia el Modernismo del siglo XX. Recordemos que hay ciento tres panteones construidos en el siglo XIX y un número parecido en el siglo XX. Si a esto le añadimos la cantidad de nichos con artísticos relieves y otros motivos ornamentales, resulta un conjunto arquitectónico-artístico de primera magnitud.

El que ha sido denominado como "*Museo del Silencio*" recorre lugares como el característico "*Patio de las Columnas*", espacio formado por ciento setenta robustas columnas dóricas que puede considerarse la última obra de la etapa neoclásica en la ciudad y donde se hallan enterrados numerosos personajes ilustres. En su parte central destaca el túmulo por las víctimas del cólera, monumento conocido como la "*Cruz del Cólera*", que se alzó tras haber padecido la ciudad la epidemia del año 1885 y que recuerda otras pestes producidas en el último tercio del siglo XIX. En ese año murieron por este motivo alrededor de cinco mil personas y por ello el *Ayuntamiento de Valencia* aprobó la construcción de un mausoleo que fue realizado en el año 1891.

A través de esta artística sección se accede al antiguo cementerio civil, donde se encuentran los restos del novelista *Blasco Ibáñez,* que conserva un aire entrañable por una abundante vegetación que lo convierte en un auténtico jardín apacible. Este fue inaugurado como cementerio independiente el 19 de agosto de 1892 y se aprecian en él varias sepulturas de fallecidos extranjeros y algunas tumbas de hebreos con la característica *estrella de David* esculpida sobre las lápidas. Tumbas memorables dignas de ser visitadas se suceden a nuestro paso como son la del cantante *Nino Bravo*, la del filántropo *José Rodrigo Botet*, la del pintor *Joaquín Sorolla*, la del escritor *Vicente Blasco Ibáñez*, la del compositor *Maximiliano Thous*, la del torero *Manuel Granero Valls*, la de *Felix Pizcueta*, la de la cantante *Lucrecia Bori*, la tumba de *Amparo Meliá*, esposa del fundador del socialismo español *Pablo Iglesias*, o la del pintor valenciano *Genaro Lahuerta*.

Entre las muchas anécdotas que ofrece el cementerio destaca la del ya famoso nicho 1501 que esconde toda una historia de amor de hace más de cien años, la de la señora que dijo haber comprado ya su nicho prefiriendo que no fuera en la parte baja "*por ser de mucha humedad y ser malo para sus huesos*", la del entierro de un mejicano con un grupo musical de mariachis, o el féretro de un gitano al que se le colocó un teléfono móvil para establecer "*comunicación directa*" con el fallecido. En el conocido como el panteón de los *Fabrilo* se dice que es el mausoleo donde yacen el mayor número de toreros que exista en ninguno otro lugar de *España*.

En el recorrido llama igualmente la atención la cantidad de árboles, plantas y flores que convierten el cementerio en un importante jardín, casi como un toque de vida en un lugar de recuerdos. De hecho, sin esta espléndida vegetación, las propias esculturas y los panteones no resaltarían tanto su belleza. Y es que, antes de estallar el conflicto civil, el *cementerio general* mantenía el carácter de un bello jardín del que un periodista coetáneo dijo: *"El cementerio de Valencia es el más estupendo jardín de cuantos existen de la ciudad…"*. Así, el verde de los árboles junto con el blanco grisáceo de las figuras y las construcciones mezcladas con las piedras nobles, los ladrillos, el hierro o el bronce, se funden para ofrecer un conjunto armonioso.

Otro hecho relevante de récord en nuestros camposantos lo encontramos en la existencia de una ingente simbología masónica en algunas de las cuatrocientas treinta y cinco tumbas del cementerio *de Buñol*, de las que más de cuarenta pertenecen a maestros masones. Estas inscripciones hacen verdaderamente único a este cementerio a nivel continental ya que durante la dictadura continuaron enterrándose masones que grababan su simbología en las lápidas de sus sepulturas a pesar de la tremenda persecución que el régimen franquista desarrolló contra este grupo.

> *"El poble de Valencia / no deu estar parat. / Valencians, defensem la Nostra terra / contra lladres , botxins i tirans¡ /Ajuntem-nos que ja ha aplegat l'hora/ de ser lliures i ser valencians¡¡". (Asamblea Regionalista de 1907).*

# 38.- Unas "minervas" sabias y trabajadoras.

Que *Valencia* fue la cuna de la primera imprenta literaria de *España* y que la difusión del papel de *Xátiva* propició también que nuestra lengua tuviese un *Siglo de Oro* de la literatura en el siglo XV son realidades aceptadas. Pero otro hecho relacionado con este convierte nuestra exclusividad en un hecho de un impacto aún mayor. Las artes gráficas, la imprenta, tienen en el *Real monasterio de Santa María del Puig* su primer museo dedicado en *España* y, según fuentes de la institución, el segundo del mundo tras el de *Maguncia* que fue la cuna mundial de la imprenta. Es el *Museu de la Impremta i de les Arts Gràfiques.* Hasta hace poco fue el único en *España,* pero recientemente se instaló uno en *Madrid* denominado *Imprenta Municipal - Artes del libro.*

Nuestro museo se inauguró en el año 1985, pero entre los años 2007 y 2008 se remodeló y amplió su superficie original para alcanzar los actuales mil ochocientos metros cuadrados que lo ampliaron en unos mil quinientos metros cuadrados para repartirse en seis salas tematizadas. El recorrido histórico que sigue el museo comienza en la denominada "*Sala Gutenberg*", área que muestra de forma fidedigna un taller de imprenta del siglo XV y la verdadera joya del museo que es una réplica exacta de la prensa de *Gutenberg.* Junto a ella, varios facsímiles de obras como "*Obres e trobes en lahors de la Verge María*", impreso por *Lambert Palmart* en 1474, "*Furs e ordinacions del Regne de Valencia*", impreso por *Lambert Palmart* el 4 de Abril de 1482, del "*Llibre del Consolat de Mar*" en 1484 o el "*Tirant lo Blanch*" en 1490, todos ellos editados en *Valencia*, o de la "*Biblia de cuarenta y dos línea*s", que hizo el propio *Gutenberg* en 1454, nos dan una idea de cómo se imprimía en aquella época. Asimismo, la exposición se acompaña de un documental sobre los orígenes de la escritura y su evolución y también se puede observar la evolución técnica de las prensas, desde las de madera a las metálicas (*Stanhope* del año 1805 e *Imperial* del 1828).

La segunda sala es donde se exponen las máquinas denominadas *Minerva*, que fueron los antecedentes de las máquinas de imprimir portátiles, manuales o de pedales, y las últimas con motor. Estas fueron las verdaderas impresoras del siglo XIX ya que triunfaron en su época y que algún nostálgico de otros tiempos aún utiliza. A continuación encontramos la tercera sala, denominada "*Historia de la imprenta*". Debemos tener en cuenta que durante varios siglos el sistema de impresión varió muy poco, de modo que no veremos los modernos sistemas mecánicos hasta principios del siglo XIX. Aquí se muestra en grandes paneles su historia junto a la exhibición de las propias máquinas, desde las *Minervas* tipográficas, las *Boston* de tintaje de plato o cilíndrico, pasando por las plano cilíndricas, hasta llegar a las máquinas automáticas. De estas podemos ver una pieza única en una *Heidelberg* numerada con el 1763 de las 180.000 que se llegaron a fabricar en todo el mundo.

En la siguiente sala, la de las "*Artes gráficas*", los paneles recorren la evolución de la tipografía, los tipos de letra más conocidos junto a los tipógrafos que los inventaron y se muestran máquinas que presenciaron todo el proceso de fundición español desde los principios del siglo XIX hasta la actualidad. Ésta es una de las secciones más completas con las que cuenta el museo. Así, hay fundidoras de tipo *Linotype, Morisava, Diatex*, y otras máquinas intermedias hasta llegar al ordenador. Con el avance vertiginoso de las tecnologías seguro que veremos a no mucho tardar al ordenador clásico como otro monstruo del pasado. Con ello se cubre toda la evolución del texto y de la tipografía a través de más de quinientos años. Seguidamente nos ilustramos sobre la fotocomposición y la litografía observando elementos tan curiosos como moldes de tipografía con sus cajetines, litografías procedentes de piedras similares a las utilizadas por su inventor *Aloys Senefelder*, planchas de zinc, una colección de sesenta y ocho facsímiles grabados a mano de relieves y viejas guillotinas de papel hasta llegar a las innovaciones fotomecánicas del *Offset*. Esta constituye una visión muy global del desarrollo tecnológico en el mundo de la imprenta.

A continuación, la sala de "*Artes Impresas*" se centra en los acabados de la xilografía, el grabado y encuadernación de los libros, además de un gran espacio dedicado a los incunables impresos en nuestro país como libros impresos con anterioridad al año 1500. En la parte dedicada al grabado paseamos visualmente por sus herramientas indispensables como punzones, torniquetes, compases, buriles, y planchas xilográficas, así como la obra final de grabados utilizando las técnicas del aguafuerte y de la punta seca. Se ha reservado un merecido espacio al grabador valenciano *Ernest Furió*, cuya familia donó una cantidad importante de su obra hace unos años. En lo que respecta a los libros, podemos disfrutar de sesenta y tres importantes incunables impresos por *Ricardo Vicent* como son el "*Missale Valentinum*" de *Rosenbach*, impreso por *Johannes Hamman* en *Venecia* en

1492, la "*Tragicomedia de Calixto y Melibea y de la vieja puta Celestina*" de *Fernando de Rojas*, impreso por *Joan Joffre* en *Valencia* en 1514, el "*Liber Chronicarum*" de *Hartmannus Schedel*, impreso por *Antón Koberger* en *Nüremberg*, en 1493, "*Silenos de Alcibíades*" de *Erasmo de Rotterdam*, impreso por *Jorge Costilla* en *Valencia* en 1529, y otros.

Finalmente, terminaremos en la sala de "*Difusión*", espacio en el que se incluye una muestra de serigrafías contemporáneas de artistas tan conocidos como *Joaquín Michavila, Andreu Alfaro, Antoni Tàpies, Saura, Eduardo Arroyo, Anzo, Ràfols Casamada* o *M.Hernández Mompó*. Aún más curiosa es la furgoneta original que la tradicional *Papelería Vila* de *Valencia* utilizó como vehículo de reparto y que data del año 1902. En el espacio dedicado a la prensa propiamente valenciana, se pueden encontrar diarios del siglo XIX y la maquinaria que los editaba, por ejemplo las rotocilíndricas fundadoras de periódicos o una de las que utilizaba la *Papelería Vila* y que data del año 1888.

Respecto al edificio que acoge el museo sólo podemos decir que pocos como el *Monasterio de Santa María del Puig* para darle el empaque que merece la colección. Este histórico edificio fue fundado por voluntad del rey *Jaume I el Conquistador* en el año 1240 para la Orden Mercedaria. Su relevancia histórica viene por el hecho de que en el año 1237 se libró en este lugar la batalla definitiva para la conquista de *Valencia* a los árabes, la "*Batalla del Puig*". La imagen de la *Virgen del Puig* sería considerada desde entonces y durante siglos como la patrona del *Reino de Valencia*.

> *"La ciudad de Valencia pasó de los tiempos medios a los modernos sobre una ola de riqueza que hacían de Valencia digna rival de las ciudades renacentistas italianas". Sevillano.*

## 39.- A pesar del Kaiser y del British Museum.

Casi todos los valencianos de una cierta edad conservamos en la memoria las visitas escolares que hicimos al *Museo Paleontológico* de *Valencia* para observar con ojos atónitos los esqueletos de aquellos grandes dinosaurios que nos llevaban en un viaje al pasado. El *Almudín*, magnífico edificio que lo albergaba, se construyó a principios del siglo XIV sobre un alcázar musulmán para regular, almacenar y vender un trigo que era tan necesario entonces como ahora. Cuando dejó de tener esa función de almacén, pasó a dedicarse a *Museo Municipal*, siendo sede del *Museo Paleontológico* desde julio de 1908 hasta el año 1991. Posteriormente, el edificio, uno de los más singulares y con pinturas más bellas que representan a los patrones de los gremios relacionados con el grano, fue restaurado para albergar exposiciones temporales.

El *Museo Paleontológico*, al tiempo de inaugurarse en el edificio del *Almudín*, se constituyó con una colección de mamíferos sudamericanos llegada a *Valencia* en el año 1889 como donación del ingeniero *José Rodrigo Botet*. *Margarita Belinchón*, doctora en Biología por la *Universidad de Valencia*, especialista en mamíferos fòsiles y directora del *Museo de Ciencias Naturales de Valencia*, afirma que esta es la mejor muestra de fósiles de *América del Sur* de toda *Europa* y convirtió al de *Valencia* en el primer museo de Paleontología en toda *Europa*. Y es que en otras ciudades españolas y europeas había colecciones de fósiles pero estas formaban parte de museos geológicos o de historia natural. En parecido sentido se manifiesta *Miquel de Renzi*, catedrático de Paleontología de la *Universidad de Valencia*, en el libro "*Crónicas de fósiles. Las colecciones paleontológicas del Museo de Ciencias Naturales de Valencia*". Además, es el museo más visitado de entre los de titularidad municipal en la ciudad y organiza exposiciones temporales y ciclos de conferencias en los que se combina rigor y amenidad.

Nuestro prohombre, *José Rodrigo Botet* (*Manises,*1842-*Madrid*,1915), nacido de familia de alfareros, cursó bachillerato en *Valencia* y ya en el año 1856 tuvo con su familia en la *plaza Redonda* de *Valencia* una tienda de cerámica y loza. Pronto quedó patente su capacidad empresarial pues trabajaba en la tienda y estudiaba al mismo tiempo. Tras una serie de problemas políticos y empresariales misteriosos en los que se le involucró, marchó a *Argentina*, tierra donde todo estaba por hacer y en la que iba a desarrollar al máximo todas sus capacidades para consolidarse como un hombre de éxito. Allí estudió ingeniería en la *Universidad de Buenos Aires* y colaboró en la planificación y fundación de la ciudad de *La Plata*. Posteriormente, se trasladó a *Brasil* donde trabajó en las obras hidráulicas del *Tieté* para proporcionar energía eléctrica a la ciudad de *Sao Paulo* y, ya de vuelta en *Argentina*, su empresa construyó el canal y puerto bonaerense de *La Campana*.

Estas grandes obras arquitectónicas supusieron para *Rodrigo Botet* un notable enriquecimiento personal, pero esto no le impidió ahondar en su sensibilidad de coleccionista pues sus intereses paleontológicos le llevaron a establecer contacto con el emigrante catalán y profesor de ciencias *Enrique de Carles*, cuya colección obtenida en sus prospecciones en la cuenca del *Rio de la Plata* entre los años 1880 y 1888 sería vendida a *Botet*. Esta sería complementada posteriormente con otras adquisiciones. Por tanto, esta colección paleontològica de fósiles de mamíferos sudamericanos del pleistoceno y cuaternario es la colección más numerosa y variada de estos fósiles en *Europa*. Entre ellos destacaba el megaterio, un peludo antecesor de los osos actuales de casi ocho metros de altura que fue el animal más espectacular que el estudioso valenciano reconstruyó. Pero, junto a él, reunió al menos tres gliptodontes, pacíficos habitantes de los pantanos argentinos como armadillos acorazados de una tonelada de peso y tres metros de longitud.

Con esta colección de fósiles vino *Enrique de Carles* a *Valencia* teniendo como propósito colaborar en la organización de la colección que *Botet* donaba a la ciudad pero, tras una corta estancia, volvió a *Argentina* en Junio del año 1890 debido al brote de cólera que aquí hubo. Ya en el año 1891, el Ayuntamiento dispuso una comisión entre cuyos miembros destacaba *Eduardo Boscá Casanoves*, *jardinero mayor* del *Jardín Botánico de la Universidad de Valencia* y futuro catedrático de Historia Natural, que asumió la dirección de los trabajos relacionados con la colección en cuanto a montaje y catalogación de piezas. Hay que resaltar que esta fue adquirida por *Botet* no sin dificultades pues mostraron un gran interés en ella el *Museo de Copenhagen*, el káiser *Guillermo II*, que ofreció cuarenta millones de marcos alemanes por ella, y el *Museo Británico,* que pujó por un sólo ejemplar de la colección hasta 14.000 libras esterlinas. Es por eso por lo que *Botet* tuvo que mejorar dichas ofertas. Otras características también hacen única a esta colección como el haber sido obtenida por un único recolector, pertenecer todos los huesos que forman los esqueletos al mismo ejemplar, característica poco habitual en otras colecciones paleontológicas donde era una práctica común completar esqueletos con piezas de distintos ejemplares, y estar representadas todas las especies de macromamíferos fósiles que *Charles Darwin* descubrió en *América* durante el histórico viaje del *Beagle*.

Pero la colección no dispuso de un lugar estable en sus inicios y se sabe que estuvo depositada sucesivamente en lugares como el *Museo de Ciencias Naturales* de la Universidad, en el *convento de San Gregorio* y en el local municipal de la *calle Ruzafa, 62*, hasta que, el 21 de mayo de 1896, la alcaldía ordena que se traslade provisionalmente al *Hospital de San Pablo* donde se realizaron las labores de catalogación y montaje. El hecho de tratarse de una instalación provisional y no estar aún totalmente finalizada no fue impedimento para que no pudiera visitarse por numerosas personalidades y científicos que acudieron a examinarla por su interés y, con motivo de los actos del *IV Centenario de la Universidad de Valencia*, en octubre del año 1902 se abrió al público. Las instalaciones del *Hospital de San Pablo* resultaron pronto insuficientes por lo que el consistorio pensó en la construcción de un palacio municipal de ciencias naturales que podría estar situado junto a los *Jardines del Real* en el entorno de las *montañitas de Elío*. La idea no fructificó inicialmente y el 22 de julio de 1908 quedó trasladada a un edificio del *Almudín* que, aunque no era el lugar perfecto, sí que reunía por su localización unas características que permitían una mejora en cuanto a su difusión y aprovechamiento didáctico.

El primer director del *Museo Paleontológico* fue *Eduardo Boscá Casanoves* entre los años 1900 y 1924, sucediéndole tras su muerte durante algún tiempo su hijo *Antimo Boscá Seytre*, catedrático en el *Instituto Luis Vives*, y, posteriormente en el año 1925, *Francisco Beltrán Bigorra* hasta el 27 de abril de 1962, fecha de su fallecimiento. El fue el que finalizó en el año 1928 el montaje completo del esqueleto del *Megatherium americanum*. En el año 1964 su director fue *Manuel Martel San Gil*, catedrático de Geología de la *Universidad de Valencia*. Durante el periodo de la Guerra Civil, y con el fin de preservar la colección, esta se trasladó a los sótanos del *Banco de Aragón*, que entonces estaba en el "*Edificio de la Equitativa*" en la entonces *Plaza de Emilio Castelar*, 18, siendo posteriormente devuelta al *Almudín* en el mes de mayo del año 1939. Tras noventa y seis años en el recinto del *Almudín*, las condiciones arquitectónicas del edificio requerían de una restauración para consolidarlo por lo que se decidió el traslado de la colección a la *Sala de Exposiciones del Ayuntamiento* en los bajos de la casa consistorial, quedando inaugurada el 1 de julio de 1991 sin saber aún si se trataría de un local definitivo.

Con el fin de establecer definitivamente la colección paleontológica en un local adecuado, se rehabilitó el antiguo restaurante de los *Jardines de Real* y se estableció el denominado "*Museo de Ciencias Naturales*" que fue abierto al público el 18 de mayo de 1999. En este museo quedó emplazada una colección donada por *Botet* que comparte espacio con otras áreas expositivas referentes a la malacología, ecosistemas valencianos y las contribuciones valencianas a las ciencias naturales basadas en la colección del gran catedrático *López Piñero*. También hay una representación de la paleontología de otras partes del mundo y, especialmente, de la paleontología valenciana y europea que contextualiza la evolución de sus faunas y floras. Se han conseguido otras importantes donaciones como la colección *Peñalver* de invertebrados fósiles, especialmente de insectos procedentes de diversos lugares. En noviembre del año 2011 finalizó la remodelación del museo para albergar en su totalidad la colección de *Rodrigo Botet*.

Siendo de justicia, la ciudad de *Valencia* dedicó en el año 1904 una plaza a *Rodrigo Botet* (antigua *plaza de San Jorge*), así como financió el traslado de su cuerpo desde Madrid donde fue inhumado cuando falleció, mientras patrocinaba la construcción de un panteón donde quedaron representadas algunas imágenes paleontológicas con las que se agradecía su aportación a la ciudad. Pero esto no nos puede hacer olvidar que, alguien que sentó en su mesa a presidentes de repúblicas americanas y que fue un gran filantrópo que colaboraba en multitud de obras sociales, falleció, como otros grandes hombres, arruinado y en la miseria el día 3 de julio de 1915 dejando en *América* descendientes directos de su noble estirpe.

> *"La Valencia a la que voy es la mía, la que llevo en el fondo del alma desde 1890". (Azorín, "Valencia", 1941).*

## 40.- Un edificio que se salvó gracias a los invasores.

Es una obviedad decir que la falta de afluencia a nuestros museos tapa una realidad no menos grave que es la de la ignorancia en cuanto a su calidad y obras. El *Museo de Bellas Artes* de *Valencia* es un ejemplo palmario de esto pues asoma a nuestra ciudad con un récord bien notorio. Nos debemos remontar al día 5 de octubre de 1839 para tener noticia de la instalación en el *convento del Carmen Calzado* de *Valencia* del *Museo Provincial de Bellas Artes*. El excepcional contenido de aquel museo, que contaba con 2446 pinturas, ciento trece grabados, cuarenta y cinco esculturas, seis retablos y otros objetos artísticos, provenía de dos orígenes principalmente; por un lado, la *Real Academia de Nobles Artes de San Carlos* y, por otro, del patrimonio desamortizado a las comunidades religiosas en las sucesivas órdenes del ministro Álvarez Mendizábal desde los años 1835 a 1837. La *Academia de San Carlos* tuvo su germen en la efímera academia que crearon a mediados del siglo XVIII los hermanos *Vergara* con la intención de organizar la enseñanza de las artes plásticas. En el año 1768 *Carlos III* refrendaba los estatutos de la *Real Academia*, institución que se instalaba por concesión del *Ayuntamiento de Valencia* en el edificio de la Universidad. En salones amontonados a modo de gabinetes, la academia disponía la colección de piezas que iba ordenando para la formación de sus alumnos y por tanto era accesible únicamente a un público minoritario.

La apertura de esa colección al pueblo surge a partir del suceso de la caída de una pieza de artillería en la universidad durante el asedio francés de *Valencia* del año 1812. El mariscal *Suchet*, entonces gobernante de la ciudad, comunicó a los responsables de la *Real Academia* su disposición a proteger las artes y les propuso crear un museo con las obras que había requisado a los conventos dentro del pensamiento ilustrado de la época. La academia, conocedora del tesoro artístico que guardaban los institutos religiosos valencianos y teniendo el propósito de formar a sus alumnos con las creaciones del pasado para evitar su expatriación como botín de guerra, accedió a la propuesta y fue recibiendo en las salas de la universidad los lienzos procedentes de los diferentes conventos. Se llegó pronto a la situación de no poder exponer las obras por falta de espacio pero el restablecimiento del gobierno español al año siguiente hizo que se tuvieran que devolver los bienes sustraídos a los religiosos, situación que se revertiría unos veinte años después con los decretos desamortizadores comentados. La *Academia de San Carlos* recibió en este momento una avalancha de material que almacenó en las dependencias del *Temple*. Este sería el origen del grueso de los fondos del museo ya que a resultas de una ley del gobierno nacional se daría titularidad estatal al *Museo de Bellas Artes de Valencia*.

Designado el *convento del Carmen* en el año 1837 como instalación definitiva del *Museo Provincial* pese a considerarlo aún pequeño, se trasladó allí la colección. Era tal la masificación de efectos, que entre los años 1885 y 1892 se tuvo que reformar el museo y tabicar las arcadas del claustro gótico para darles cabida, ocupando incluso el espacio del jardín para albergar nuevas salas. Por ello, nuevas obras de ampliación irán acondicionando otras dependencias. El museo sufrió durante la guerra civil su desmontaje y traslado de parte de sus fondos al *Museo del Prado* para su salvaguarda, siendo recuperados tras finalizar la contienda. Pero los daños en las instalaciones del *Carmen* incitaron al *Ministerio de Educación* a decretar en el año 1939 el traslado definitivo al *Colegio Seminario de San Pío V*.

Pero lo que más nos interesa destacar del *Museo de Bellas Artes de Valencia,* y es lo que le hace acreedor del mayor mérito a nivel nacional, es su excepcional colección de pintura gótica sobre tabla sólo seguida por la del MNAC barcelonés. Aparte de esto, se la considera la segunda pinacoteca en importancia de España tras el *Museo del Prado*. Nos dice el amigo *Florentino Nevado*, responsable de los *Amigos del Románico de Valencia y las Islas Baleares* que, "*si la colección ya era sobresaliente desde la incorporación de los fondos conventuales tanto por su número como por su calidad, la serie de primitivos valencianos de los siglos XIV y XV la elevó sobremanera*". Esta colección se compone de retablos o fragmentos de pintores regionales o foráneos que desarrollaron la parte más brillante de su obra en el antiguo *Reino de Valencia* y tuvieron como técnica empleada mayoritariamente el temple, aunque la obra más tardía ya va asimilando el óleo. Tanto por estilo como por procedimiento, se distinguen dos momentos: el gótico internacional, por un lado, y el flamenco, por otro, pudiéndose afirmar que a partir del año 1400 los talleres valencianos producen obras de una calidad comparable a las más bellas y refinadas de *Europa*.

Las primeras tablas por cronología son las de *Llorenç Saragossà* provenientes de *San Juan del Mercado*, con escenas de la vida de *San Lucas*, pintor de quien se expone también una "*Resurrección de Cristo*". El estilo más preciosista del minucioso italiano *Gherardo Starnina* con su magnífico "*Retablo de fray Bonifacio Ferrer*" o "*de los Sacramentos*" (1398) introduce a geniales artistas como *Miquel Alcanyís* con su "*Retablo de la Santa Cruz*", *Gonçal Peris Sarrià* con su "*tabla de la Verónica*" y "*la Anunciación*", "*Retablo de San Martín, Santa Úrsula y San Antón*", *Pere Nicolau* con su "*Retablo de los Siete Gozos de la Virgen*" y "*escenas de la vida de Santo Domingo de Guzmán*", *Jaume Mateu*, sobrino del anterior, con su "*Retablo de San Miguel Arcángel*", *Antoni Peris* con el "*Retablo de la Virgen de la Leche*" o el *Maestro de Albocàsser*. Con la influencia flamenca de la segunda mitad del siglo XV del entorno de *Van Eyck*, el museo guarda una "*Anunciación*" de *Jaume Baçó "Jacomart"*, del cordobés *Bartolomé Bermejo* tenemos una "*Virgen de la Leche*", del *Maestro de Perea* y del *Maestro de Altura* una "*Santa Catalina de Alejandría*". Sobre todos ellos despunta por la humanidad de sus figuras y la modernidad de huir del tradicional fondo aúreo del estilo internacional, la figura de *Joan Reixach* con obras como "*San Jaime y San Gil Abad*", el "*Tránsito de la Virgen*", una predela con escenas de la Pasión de Cristo, profetas del guardapolvos de un retablo de la *Cartuja de Portaceli* y evangelistas de la predela de un retablo del *Hospital de los Inocentes*.

Formando igualmente parte de la colección del *Museo San Pío V* pero de autores no valencianos encontramos la "*Virgen de la Leche*" de *Pedro Berruguete*; el "*Tríptico de la Pasión*" del taller de *El Bosco*; una "*Virgen Anunciada con Santa Isabel y San Juanito en el reverso*", de un discípulo de *Van der Goes*; una tabla italiana con la "*Coronación de la Virgen y los santos Pedro y Pablo*"; una "*Virgen con el Niño entronizada y Ángeles*", del taller de *Blasco de Grañén*; una predela y sotobanco de *Domingo Ram* y una "*Virgen de las Fiebres*" del italiano *Pinturicchio*. Por último, incluyéndose en el gótico pero dotados de un estilo particular que lleva a clasificarles como protorrenacentistas, trabajan en *Valencia* unos artistas que incluyen en sus obras elementos italianos y flamencos como son *Rodrigo de Osona* y su hijo *Francisco, Nicolás Falcó* con su "*Retablo del convento de la Puridad*" y *Vicente Macip* en su estilo anterior al descubrimiento de la pintura de los *Hernandos* del entorno leonardesco. Por tanto, esta es una muestra de una amplia colección que hace del *Museo de Bellas Artes San Pío V de Valencia* una muestra de referencia internacional en pintura gótica sobre tabla y la más rica de las pinacotecas españolas en este arte.

*"Al Reino fértil y hermoso de Valencia igualmente españoles y franceses cometieron tantas tiranías, robos, extorsiones e injusticias, que pudiéramos formar un libro entero de las vejaciones que Valencia padeció; porque a los vencidos no se les permitía ni aún el alivio de la queja". (Marqués de San Felipe. S.XVIII).*

## 41.- La ciencia es un juego de niños.

Hemos dicho reiteradamente que la *Ciudad de las Artes y las Ciencias*, con los distintos elementos que lo componen, es el pasaporte de *Valencia* hacia la modernidad y garantía de un turismo que interactúa con su entorno. Buena prueba de ello es que durante el año 2011 el conjunto integrado por el *Oceanográfico*, el *Palau de les Arts* y el *Museo de Ciencias "Príncipe Felipe"*, alcanzó la marca absoluta histórica en recepción de visitantes de cualquier conjunto arquitectónico de *España* ya que 3.700.000 personas visitaron el complejo salido de la imaginación del arquitecto *Santiago Calatrava*. Es cierto que en los años siguientes no se pudo mantener esa afluencia, pero ahí queda ese récord. El que ahora nos ocupa es el *Museo de las Ciencias "Príncipe Felipe"* que, con sus 42.000 metros cuadrados de superficie construidos, de los cuales 26.000 metros cuadrados son expositivos, es el museo científico más grande de *España* en superficie total. En el año 2010 celebró su décimo aniversario con más de veinticinco millones de visitantes acumulados y 160 exposiciones diferentes desde su inauguración.

El *Museo de las Ciencias "Príncipe Felipe"* fue inaugurado el 13 de noviembre del año 2000, siendo reconocido en el mundo por la geometría del edificio, su estructura, los materiales que lo conforman y la presencia continua de la naturaleza en él. Porque, además de sus datos de superficie pisable, veinte mil metros cuadrados de superficie acristalada con más de cuatro mil cristales que son rodeados por una superficie de 13.500 metros cuadrados de láminas de agua hacen de este entorno un marco incomparable. Sus dimensiones también son enormes; 220 metros de largo, ochenta metros de ancho y cincuenta y cinco metros de altura, con 58.000 metros cúbicos de hormigón y 14.000 toneladas de acero empleados en su construcción.

Su presencia desde el exterior es especialmente cautivadora por sus proporciones grandiosas y por sus modernas formas orgánicas que albergan multitud de actividades e iniciativas relacionadas con la evolución de la vida y la divulgación científica y tecnológica. Este tamaño permite albergar diversas actividades al mismo tiempo en un edificio en el que la arquitectura, la ingeniería y el arte establecen una estrecha relación. Por eso puede afirmarse que el propio edificio es parte del tesoro museístico del conjunto. Su objetivo de interactividad hace que experimentar con los diferentes fenómenos físicos y naturales y contemplar y tocar los logros científicos sea una realidad en este espacio. Junto al extenso material expositivo, el museo también promueve la difusión de actividades como conferencias, publicaciones, cursos y otro tipo de actos.

Lo primero que sorprende es encontrarse en la entrada con el "*Arco telefónico sin hilos*" y comprobar que, si dos personas se colocan en cada lado del arco que está junto a la entrada principal, pueden hablar y escucharse sin gritar ni utilizar aparato electrónico alguno. El edificio se distribuye en tres plantas más la de la entrada que es donde se encuentra la denominada "*Calle Menor*". Es aquí donde se ubican los principales servicios de atención al público como taquillas, restauración, tiendas, etc,... así como el acceso del *Auditorio Santiago Grisolía* y del *Salón Arquerías* para la celebración de todo tipo de congresos y actos. La *Calle Menor* es de libre acceso al público y muestra diversas exposiciones a lo largo del año.

En la primera planta del museo el público encuentra talleres y exposiciones de ciencia interactiva donde puede experimentar con divertidos módulos como son el "*Exploratorium*", que reproduce alguno de los fenómenos naturales y explica sus principios, "*Amueblando el hábitat de la mano de la naturaleza*", que reproduce los distintos usos y beneficios que para el hombre ha tenido el uso de la madera o "l'Espai dels Xiquets", en el que los niños experimentan con los sentidos, el agua y los animales. Desde la primera planta se accede a la "*Calle Mayor*", donde se encuentra una representación artística del ADN simbolizada por una escultura de quince metros de altura. A continuación, encontramos el *Péndulo de Foucault* que, con sus treinta y cuatro metros de longitud, es uno de los más largos del mundo. Su peso es de ciento setenta kilogramos y con él se puede comprobar cómo la Tierra gira sobre su eje. El módulo del cambio climático reúne una serie de paneles gráficos, módulos interactivos, audiovisuales y objetos que muestran a los visitantes diversos aspectos relacionados con sus causas y consecuencias. Otras áreas dignas de mención son la llamada "*Escuela de cadetes*", recinto con forma de nave espacial para escuchar las enseñanzas de un robot parlante que dirige la exposición y el "*Teatro de la electricidad*", que es una dinámica clase de física muy divertida.

La planta segunda está dedicada a la exposición "*El Legado de la Ciencia*" como un recorrido cronológico apoyado en audiovisuales que muestra la vida e investigaciones de tres destacados premios Nobel como son *Santiago Ramón y Cajal, Severo Ochoa* y *Jean Dausset.* También acoge una muestra dedicada al científico valenciano *Santiago Grisolía.*

La tercera planta del museo recorre el llamado "*Bosque de Cromosomas*", que ocupa más de 2.600 metros cuadrados dedicados al mayor hito de la ciencia moderna como es la secuenciación del ADN humano. Esta es una representación a gran escala de los veintitrés pares de cromosomas de la especie humana que se desarrollan en 46 cabinas individuales mediante módulos interactivos relacionados con los genes concretos de cada uno y con su funcionamiento. Además, una cancha de fútbol evalúa nuestra forma física y la gran exposición sobre cómics «*Marvel*" muestra grandes figuras de cartón-piedra representando a los héroes y villanos de esa mítica colección. Entre otras exposiciones interactivas, en esta planta se encuentra además "*Gravedad Cero*", realizada en colaboración con la *Agencia Espacial Europea*, que es un lugar en que da la impresión de estar flotando en el aire gracias a un lugar con sus cuatro paredes hechas de espejo, además de su suelo y techo del mismo material. En la pared del fondo van pasando unas imágenes de hermosos paisajes en vista aérea que se reflejan en todos los lugares de la habitación acompañados de una relajante música y de una inevitable sensación de vértigo causada por el juego de los espejos. También la "*Academia del Espacio*" recrea la simulación de tres etapas en la preparación del lanzamiento espacial por la *Estación Espacial Internacional.* Por último, una exposición sobre el *Valencia C.F* nos muestra todo tipo de objetos relacionados con los jugadores más míticos del equipo y sus títulos.

*"La ciudad de Valencia aparece al fondo de una llanura y, como todas las casas de los alrededores producen la impresión de formar parte de ella, se creería al contemplarla que es la ciudad más grande del mundo". (Laborde, viajero en 1806).*

## 42.- Delfines que danzan en el aire.

De entre las construcciones que complementan la antigüedad con la modernidad arquitectónica y lúdica en *Valencia* sin duda el *Oceanográfic* de la *Ciudad de las Artes y las Ciencias* es de las que aporta mayor visibilidad. Porque este parque se concibió como el mayor acuario de *Europa* al aire libre y es el tercero del mundo con una extensión de 110.000 m2 y un volumen de cuarenta y dos millones de litros que son el equivalente a quince piscinas olímpicas. En él se representan los principales ecosistemas marinos y oceánicos del planeta en una arquitectura vanguardista aclamada por los principales especialistas. Cada uno de los edificios que lo componen se identifica con cada uno de los principales ambientes acuáticos: *Mediterráneo, Humedales, Mares Templados y Tropicales, Océanos, Antártico, Ártico, Islas* y *Mar Rojo*. Además, el complejo lo completa el *Delfinario*, con veinticinco millones de litros de agua y una profundidad de diez metros y medio, el restaurante submarino y el edificio de acceso, que destacan por las espectaculares cubiertas diseñadas póstumamente por el arquitecto *Félix Candela* y los ingenieros *Alberto Domingo* y *Fernando Sánchez* que representan una figura parabólica similar a un nenúfar. Circunstancias como la ausencia de barreras visuales en sus elementos, su orientación educativa para el visitante y la grandiosidad de los acuarios o los túneles submarinos, entre los que se halla uno de más de setenta metros de longitud, hacen de este entorno una gran oportunidad de acercamiento al mundo marino y una grata experiencia de modernidad en la ciudad.

Este fue inaugurado el 12 de diciembre del año 2002 y, desde sus inicios, ya fue un rotundo éxito de asistencia de público pues más de quince millones de personas lo han visitado y valiosas opiniones científicas lo han encumbrado como imagen de marca de la ciudad. Y es que a lo largo del recorrido por las diferentes instalaciones se toma contacto con el comportamiento y la forma de vida de los más de cuarenta y cinco mil ejemplares de quinientas especies diferentes que lo ocupan, entre las que encontramos delfines, morsas, leones marinos, focas, pingüinos, tortugas, tiburones, medusas, estrellas, corales, erizos, y un largo etcétera,… Por otro lado, numerosas actividades divulgativas, ciclos de conferencias, exposiciones de temáticas diversas, congresos y cursos y proyectos de investigación acentúan la vocación de recuperación de fauna y flora protegida de una entidad de gran dinamismo y alejada de los conceptos museísticos más tradicionales.

Por zonas, podemos decir que el entorno ártico se representa en un gigantesco *igloo* de doce metros de altura dividido en dos niveles que exhibe uno de los animales más emblemáticos del parque como son las morsas, siendo el segundo centro de Europa que mantiene a ejemplares de este tipo. En una segunda área, las belugas se presentan como los únicos ejemplares que en la actualidad se encuentran en un recinto zoológico en *Europa*.

Los ecosistemas marinos mediterráneos se definen en un total de nueve acuarios que representan las *Praderas de Posidonia*, el ambiente portuario, la rompiente, la piscina de contacto, el mesolitoral, el infralitoral, el coralígeno, los cefalópodos (sepias y pulpos) y los invertebrados.

Los ecosistemas oceánicos se presentan en una torre de estructura doble que reproducen dos archipiélagos característicos: en su extremo oriental, una visión submarina de la isla de *El Hierro*, del archipiélago canario, y, en el occidental, una reproducción del fondo marino de las *Islas Bermudas*. Entre ambas torres existe un túnel acrílico transparente de treinta metros de longitud que nos permite una completa visión submarina de la fauna característica en mar abierto. Así, puede vivirse un momento muy intenso al poderse observar tiburones y rayas, así como peces oceánicos de gran tamaño. Otras especies destacables son el tiburón toro, el tiburón gris, el pez obispo, el águila marina, el pez sierra, la musola y el pez luna. Uno de los elementos más conocidos del parque es el delfinario, el más grande de *Europa* con un graderío con capacidad para más de dos mil personas. Su piscina de exhibición, con una superficie equivalente a dos piscinas olímpicas y una profundidad de once metros, es el lugar donde los delfines muestran sus habilidades e interactúan con sus cuidadores. La instalación cuenta además con otras cuatro piscinas para las funciones de entrenamiento, reproducción y cuidados médicos.

El conjunto dedicado a los mares templados, que se extienden desde el *Ecuador* a las latitudes cercanas a los círculos polares, ocupan la mayoría de océanos y en el *Oceanogràfic* presenta las siguientes exhibiciones: Área de las focas, los bosques de *Kelp*, que representa la costa californiana y el de la península de *Izú*, situada en *Japón* y que muestra al cangrejo araña gigante como una especie que alcanza un tamaño adulto de más de cuatro metros de longitud y un peso de entre dieciséis a veinte kilogramos. Los pingüinos *Humbolt* y la "guardería de Aves" custodian huevos puestos por aves del

*Oceanogràfic* y que se han considerado en riesgo debido al abandono de sus progenitores ante la amenaza de un depredador o porque las inclemencias climatológicas así lo aconsejan. En el área del *azul profundo* se representan los ecosistemas de profundidad en los que nos encontraremos con aguas frías y escasa luz y en los que destacan los peces piña. Otros tres acuarios nos muestran algunos de los más curiosos animales que habitan los océanos como son los caballitos, los dragones y las medusas. A través de un túnel de setenta metros de longitud llamado el "*pasaje*", se simula un viaje submarino atravesando el *Océano Atlántico* desde las latitudes templadas hasta las tropicales. Especies como la dorada o el pez guitarra habitan este ecosistema. La *sala tropical* recibe también el nombre de *sala oval* por su forma ovalada. Su techo simula la quilla de un barco visto desde el interior del agua y en él dos acuarios panorámicos reproducen los arrecifes de coral del *Indopacífico* y el *Caribe*. Por último, la tortuga de *Aldabra* se nos presenta como la segunda tortuga más grande del mundo pudiendo alcanzar longitudes superiores a 120 cm. y llegando a pesar 250 kg. En suma, esta es una gran atracción que coloca a *Valencia* en la vanguardia del estudio y exhibición de los ecosistemas marinos.

*"La ciudad de Valencia está situada en una llanura deliciosa en una región muy fértil y muy caliente". (Claude de Bronseval. "Peregrinatio Hispanica".1532).*

## 43.- Dos gigantes de piedra son nuestros ríos.

La biblioteca del *Museo Nacional de Cerámica "González Martí"*, abierta al público generalista, es efectivamente la principal biblioteca de España en el ámbito de la cerámica y las artes suntuarias y decorativas, contando con más de treinta mil volúmenes en sus estanterías. Esta biblioteca tiene su origen en los fondos personales de *Manuel González Martí*, coleccionista, estudioso y fundador del museo. En el año 1947, con la donación al Estado español de sus colecciones, se integraron en el museo tanto su biblioteca de consulta como su archivo. Dispone además de fondos de otro tipo en el campo de la historia del arte, la literatura, la historia o la museología entre otros. Los fondos bibliográficos se fueron incrementando en el tiempo con donaciones sucesivas, entre las que destaca la de la biblioteca de *Mario Blasco*, hijo de *Vicente Blasco Ibáñez*, en el año 1963. En el año 1967 el coleccionista *Agustín Arrojo* donó al museo tanto sus colecciones de grabados y *ex libris* como la gran biblioteca que había reunido, especializada esta en arte y bibliofilia y que incluye un fondo antiguo que abarca desde los siglos XVI al XIX. Antes de la remodelación de la actualmente moderna biblioteca su aspecto era bastante sombrío y presenciaba el paso por ella de estudiantes de arte, historia, arqueología, restauradores o museólogos.

Pero sin duda el magnífico edificio que lo alberga, el conocido como *Palacio del Marqués de Dos Aguas*, representa del modo más brillante la esplendorosa *Valencia* barroca. Declarado *Monumento Histórico Artístico* en el año 1941, se alza sobre la antigua casa de los *Rabassa de Perellós*, familia que ostentó el marquesado de *Dos Aguas* desde el año 1740. Para dignificar ese título, la casa gótica solariega del siglo XV de los nuevos titulares sufrió a mediados del siglo XVIII una radical reforma promovida por *Ginés Rabassa de Perellós y Lanuza* como muestra de su poder y linaje. Este monumental edificio va a destacar desde entonces por la originalidad y riqueza artística de sus fachadas y de su espléndido interior para ser considerado en *Valencia* durante siglos como un alarde de nobleza y opulencia. El edificio se organiza alrededor de un patio y de varias torres en las esquinas, siendo los ejecutores de sus elementos rococó tres enormes artistas como fueron *Hipólito Rovira* en pintura, *Ignacio Vergara* en escultura y *Luis Domingo* en su decoración. Inicialmente, las fachadas fueron pintadas al fresco pero este tipo de decoración acabaría por desaparecer para dar paso a las que hoy conocemos. Su fachada principal muestra de la forma más vigorosa los dos ríos más caudalosos de la *Comunidad Valenciana*, el *Turia* y el *Júcar*, representados por dos grandes figuras humanas desnudas. Bajo ellas, dos cántaros derraman agua en alusión al título de los marqueses de *Dos Aguas*, todo ello observado desde una hornacina por una imagen móvil de la *Virgen del Rosario* que presidía las celebraciones del salón principal del palacio al poder rotar sobre su eje. Además, tres especies de animales distintas aparecen en la fachada y pongo como reto al lector su búsqueda en la contemplación de sus elementos. Cuenta la leyenda que el artista *Hipólito Rovira* llegó a perder la cabeza por estar enamorado de la inalcanzable hija de los marqueses.

La inauguración del edificio resultante de la última reforma fue celebrada con un gran baile palaciego al que acudieron muchas personalidades de *Valencia* y *Madrid* un viernes 17 de mayo de 1867. Ya en el año 1924, *Guillermo de Casanova Vallés*, viudo de la *Marquesa de Dos Aguas, Rosalía Dasí Moreno*, se hizo con la propiedad del palacio, pero no con la del título, y procedió a cerrarlo para quedar este en un estado grave de abandono y regresar su propietario a *Cataluña* de donde era natural. En el año 1941 este es afortunadamente declarado *Monumento Histórico Artístico Nacional* para evitar el avanzado estado de ruina en que se encontraba. Poco después, un 7 de Febrero de 1947, *Manuel González Martí* y su esposa *Amelia Cuñat Monleón* donaron al Estado español su magnífica colección de cerámica, quedando instalada esta de forma provisional en casa de los donantes pero, en el año 1949, el Estado, a iniciativa de estos, compró el palacio para instalar en el mismo el recién creado *Museo Nacional de Cerámica*. Este es posiblemente el museo que cuenta con los fondos cerámicos más importantes y numerosos de nuestro país.

Como vemos, el "*arte menor*" de la cerámica en nuestras tierras no es tal ya que es un arte mayor sin paliativos que ha rescatado del deterioro implacable a uno de nuestros edificios más emblemáticos. Pero también ha dado a la historiografía cerámica tesoros procedentes de los talleres de *Valencia*, de los de *Alcora* o de las prestigiosas cerámicas medievales de *Manises* y *Paterna*. Entre todas ellas destaca la producción de nuestra cerámica más reconocible como es la del "*socarrat*", término que designa a las placas de barro cocido con temas muy diversos cubiertas con una base blanca y decoradas generalmente en rojo y negro para ser colocadas entre vigas, en techos y aleros de edificios. Especial importancia tiene la exhibición del escudo real de la *Real Fábrica del Azulejo*, institución que se instaló en la *calle de las Barcas* de *Valencia* en el año 1795 como muestra del buen hacer de nuestros artistas.

Y, como consecuencia del esplendor de nuestra cerámica artística, hoy podemos constatar cómo la *Comunidad Valenciana* es la primera región española exportadora de productos cerámicos o azulejos destinados a la construcción y que participa con un 86% de la exportación total española. A pesar de que la caída de este sector y sus excesos han sido uno de los causantes de nuestro declive económico, la *Comunidad Valenciana* es la primera región exportadora de materiales de construcción ya que concentró la mitad del total exportado por *España* en el año 2013. En suma, tradición, arte y modernidad en una amalgama de utilidades para el barro hecho arte.

*"Mas sobre tot es la bellesa de la obra de Manises, daurada o maestrivolment pintada, que ja tot lo mon ha enamorat en tant que lo Papa e los cardenals e los princeps del mon per especial gracia la requeren , e estan maravellats que de terra se puixa fer obra aixi de Excel.lent e noble". (Francesc de Eiximenis , Elogio a la Ciudad y el Reino de Valencia, S.XIV).*

*" Se podría decir que en Valencia hay tantos palacios como casas, la mayor parte de los cuales están construidos con grandes piedras. Valencia es morada de muchos aristócratas que se sienten atraídos por las maravillas que en ella se contienen". (A.Jouvin, viajero francés, S.XVII).*

# 44.- Tres siglos de rallye musical.

Es difícil comprender la idiosincrasia de Valencia sin el arte musical. Como consecuencia, el mayor número de bandas musicales españolas son valencianas e integrantes valencianos se reparten por las mejores instituciones musicales del mundo. Este hecho de récord propició que se pensara en implantar un certamen que reuniera a las mejores formaciones bandísticas del mundo. Por tanto, el "Certamen de Bandas de Música Ciudad de Valencia" nació a punto de finalizar el siglo XIX por lo que sus más de cien años de historia han recorrido con paso firme tres siglos musicales para consolidar el certamen de este tipo más importante en el mundo.

Fue en el año 1886 cuando el entonces alcalde de la ciudad, Manuel Sapiña Rico, con el apoyo entusiasta de quien entonces ocupaba la Concejalía de Fiestas, José Soriano Plassent, decidieron crear un "Concurso Musical" destinado en principio sólo a las bandas valencianas. Este germen inicial seguro que no preveían que se iba a convertir con el paso de los años en el certamen bandístico más importante de cuantos se celebran en el mundo y es organizado por el Ayuntamiento de Valencia.

Esta formulación inicial fue introduciendo novedades dirigidas a potenciar y mantener la competencia entre las bandas participantes, lo que supone una de las claves de su éxito. En su fase inicial, en el año 1888, el concurso distinguía entre bandas civiles y militares y su premio se dotaba con la entonces sobresaliente cantidad de 1.200 pesetas. Pero ya en el año 1895 se decide crear una sección dentro del certamen reservada a agrupaciones bandísticas extranjeras y, en el año 1902, el Ayuntamiento de Valencia organizó dos nuevas secciones, una de carácter regional y otra nacional, con lo que la especialización por el origen de las bandas se convirtió en troncal en el certamen. Esta internacionalización del concurso iría variando con el paso de los años para hacer que las bandas extranjeras compitieran en igualdad con el resto de sociedades musicales valencianas y españolas. La gran asistencia de público ha sido históricamente otra de las constantes a lo largo de la historia y ya las crónicas de la prensa de los años veinte reflejaban de forma notoria esta circunstancia.

Tras un periodo de dudas motivadas por nuestra contienda civil, en la década de los cuarenta se vive una nueva etapa de brillo del certamen pues en el año 1944 aumenta la dotación de los premios en metálico y esto incrementó el número de las bandas participantes. No es de extrañar que ya en la edición de 1949 fueran más de mil los músicos que hicieron arte sobre la arena de la Plaza de Toros de Valencia, lugar de celebración tradicional de este. Tras un paréntesis de varios años, en el año 1977 las bandas extranjeras volvieron a concursar en el certamen y, desde entonces, el Certamen de Valencia forma parte los eventos internacionales de tipo musical más importantes en nuestro calendario veraniego. También en cuanto a su imagen corporativa el certamen ha ido evolucionando ya que, aunque en los primeros años el certamen se incardinaba en las actividades de la Feria de Julio, el concurso fue también evolucionando en su propio cartel anunciador, siendo desde entonces realizado por los más prestigiosos artistas valencianos.

El "Certamen Internacional de Bandas de Música Ciudad de Valencia" no sólo ha difundido la música de banda como particularidad musical sino que ha elevado y consolidado la figura de los más relevantes músicos valencianos y los compositores de mayor renombre. Será en el año 1997 cuando surja la idea de encargar a los mejores compositores del momento, tanto valencianos como españoles e internacionales, la composición de obras obligadas que serán estrenadas específicamente durante el certamen y que, con posterioridad, pasarán a formar parte del repertorio musical estable de nuestras bandas.

En cuanto al contenido musical, este consiste en la interpretación por cada banda de dos obras, una obligada y otra que será de libre elección aunque, previamente al concurso oficial, cada banda interpretará un pasodoble que no será puntuable, duración del cual se limita a un máximo de cuatro minutos. En los últimos tiempos han sido alrededor de una veintena las bandas que, tras la celebración de un sorteo, se clasificaban entre las inscritas para la fase final en su celebración del Palau de la Música. En suma, Valencia ha elevado la música de arte a fiesta y de fiesta a competición, con lo que también es punta de lanza y referencia en la popularización de esta.

*"Valencia ofrece por doquier recuerdos de la dominación morisca. Las calles son muy estrechas y sinuosas para evitar que penetren los rayos del sol; la multitud de torres donde se izan las palmeras , los frecuentes sones de la dulzaina morisca , y hasta la misma forma de vestir de los labradores de la huerta completan la ilusión de una ciudad árabe" (Gautier , viajero francés S.XIX.).*

## 45.- Donde las filarmónicas se pasean por las calles.

No hay nadie que entienda a las tierras valencianas sin la música que le es consustancial. La percusión, el viento y la cuerda están grabados a fuego en el carácter de sus habitantes. Porque no hay música sin fiesta ni fiesta sin música con mayúsculas. Y, como ejecutores de esta partitura callejera interminable, se erigen solemnes las bandas de música, que en la *Comunidad Valenciana* son uno de sus más importantes patrimonios culturales, como un legado que la atraviesa de lado a lado. Estas son las encargadas de acercar de forma sonora y sin sigilo, con barroquismo premeditado, la cultura y la tradición musical a todos los pueblos de nuestras tierras. Por tanto, la música es parte importante de nuestra cultura porque no hay pueblo de la *Comunidad Valenciana* que se precie que no tenga, al menos, una banda de música. La fiesta de las Fallas encumbra aún más su color festivo ya que dan el toque de color y alegría acompañando todos los actos de las comisiones falleras y son parte fundamental de las fiestas de nuestros pueblos.

Es aquí donde emerge con luz propia la "*Banda Primitiva de Llíria*", conocida también como el "*Clarín*", que, según fuentes de la propia banda, es la banda de música civil más antigua de *España*. Fue fundada por un monje franciscano llamado *fray Antonio Albarracín Enguídanos*, "*el pare Antoni*", que la estableció en el año 1819 como un grupo de música de viento. Sus éxitos internacionales han sido tan sonados y su trayectoria tan exitosa, que sólo echando un vistazo a los directores de talla mundial que la han dirigido es suficiente para testar su importancia: *Sergiu Celibidache, Odón Alonso, Jan Molenaar, Luis Cobos, Manuel Galduf, Jan Cober* o *R. Frühbeck de Burgos*, son sólo algunas de las glorias musicales que han llevado su batuta. Además, en su casi bicentenaria trayectoria, ha actuado invitada en países como *Francia, Bélgica, Alemania*, las ciudades americanas de *Nueva York* y *Los Angeles* o las chinas de *Pekín* y *Shangai.* Sus vitrinas igualmente se hallan repletas de éxitos en concursos y certámenes nacionales e internacionales por sus más de tres mil conciertos ofrecidos durante el siglo XX, teniendo el honor de ser la única formación musical que ha ganado certámenes en tres siglos distintos. Por eso puede afirmarse, y así la sociedad lo reconoce, que *Llíria* es la "*Ciutat de la Música*" por antonomasia ya que, de sus aproximadamente veinticinco mil habitantes, tres mil tocan algún instrumento y mil se preparan para hacerlo. La rivalidad y antagonismo secular existente entre las dos bandas del pueblo, la del *Clarín* y la *Unió Musical*, que fue una escisión de aquella en el año 1903, alcanza de forma contundente a barrios, familias y personas.

A nivel social y organizativo, la *Federación de Sociedades Musicales de la Comunidad Valenciana (FSMCV)* es una asociación sin ánimo de lucro que nació en el año 1968 y que agrupa, según sus fuentes, a quinientas cuarenta y tres sociedades musicales y sus escuelas de música, totalizando estas más del cincuenta por ciento de las existentes en *España*. 40.000 músicos, 60.000 alumnos y más de 200.000 socios completan sus cifras de récord. Las sociedades musicales, que se encuentran presentes en el noventa por ciento de los municipios de las tres provincias valencianas de más de doscientos habitantes, desarrollan una labor social, cultural y educativa única en el mundo y se constituyen en el principal agente cultural de la *Comunidad Valenciana*, según la *Universidad de Valencia*.

El entrañable *Vicente Ruiz Monrabal*, que fue presidente de la *Federación de Sociedades Musicales de la Comunidad Valenciana* entre los años 1973 y 1976, presidente de la *Confederación Española de Sociedades Musicales* y cronista oficial de Sedaví, manifiesta en la obra "*Historia de las Sociedades Musicales de la Comunidad Valenciana: les Bandes de Música i la seua Federació*" que "*en el año 1991 existían en España más de ochocientas bandas civiles y veintiseis militares. Entre ellas, la Comunidad Valenciana representaba el 40% de totalidad de las bandas españolas. Tres años más tarde, en 1993, había en la misma comunidad autónoma más de cuatrocientas cuarenta sociedades musicales. Por lo tanto, no es de extrañar que en las bandas y orquestas de Madrid, la lengua materna del 60% de sus componentes sea el valenciano*".

Abunda en esta línea *Salvador Seguí Pérez*, catedrático de Solfeo y Teoría de la Música en el *Conservatorio Superior de Valencia*, compositor del *Cuerpo Nacional de Directores de Bandas Civiles*, investigador del folklore valenciano, crítico y filòsofo, en "*El mundo de las bandas de Música*" como parte de "*Historia de la música de la Comunidad Valenciana*", editada por *Levante-EMV*, cuando dice que "*el fervor bandístico valenciano no tiene paralelo en las restantes regiones españolas que, si bien cuentan con bandas de música populares, no son estas tan abundantes ni se proyectan con la misma intencionalidad artística... de esa intencionalidad artística se genera por ejemplo la mayor productividad profesional del Conservatorio de Valencia de entre todos los conservatorios españoles. También el que el sesenta por ciento de los componentes de la Joven Orquesta Nacional de España proceda de la Comunidad Valenciana o el que todas las agrupaciones musicales profesionales españolas reúnan una colonia de valencianos entre sus integrantes".*

> *"La música es el arte supremo para el valenciano del campo. No hay pueblo sin banda de música. [...] Son bandas con timbales e instrumentos de cuerda, a semejanza de las alemanas y francesas. Encargan el instrumental a Viena y a Munich, y no pasa maestro por Valencia al que no se hagan proposiciones para que se quede de director en algún pueblo. El labriego, mientras trabaja en el campo, solfea de memoria pensando en la academia de la noche". (Vicente Blasco Ibáñez. Alma valenciana. 1907).*

# 46.- El genio que ensombreció a Mozart.

Que la música es una de los elementos ideológicos y artísticos que conforman nuestra tierra es indudable y ha quedado dicho. Lo que, como consecuencia natural, debería habernos llevado a tener músicos de renombre mundial no se ha producido en toda su extensión pues los *Chapí, Rodrigo* o *Serrano*, autor del himno regional más bello de *España*, no llegaron a alcanzar tal merecimiento. Pero, alejándonos en el tiempo, nos dice el estudioso *Leonardo J. Waisman*, investigador del *Consejo Nacional de Investigaciones Científicas y Técnicas de Argentina* del músico valenciano *Vicente Martín y Soler* que "*alrededor de 1790, el compositor más querido por el gran público europeo era un español. Aunque Haydn, Mozart y Beethoven estaban vivos y en plena producción, el predilecto de la mayoría de los oyentes era el valenciano Vicente Martín y Soler. Esto se verificaba especialmente en la ciudad en que tanto Vicente como los tres grandes maestros del clasicismo residían: Viena, pero también era cierto en los grandes centros operísticos de Italia, Inglaterra, Alemania y Francia*". Llamado popularmente "*Martini lo Spagnuolo*" o "*el Mozart valenciano*", nació en *Valencia* un dos de mayo de 1754. Sirvió como infantillo de coro de la catedral entre los años 1760 y 1764 ya que su padre fue cantante tenor de esta.

Su primera ópera fue" *Il Tutore Burlato*", que se representó en italiano en el año 1775 en "*La Granja de San Ildefonso*" de *Madrid*, ciudad a la que se había trasladado para dedicarse por entero a la música y donde se casó con *Oliva Masini*. Esta primera obra le dio la protección del *príncipe de Asturias Don Carlos de Borbón*, luego *Carlos IV*, y fue nombrado su maestro de capilla, por lo que se le facilitó una pensión para trasladarse a *Nápoles*, que era el lugar soñado de todo compositor de óperas de la época. El insólito "*Concierto de los Cañones*", obra de 1778, fue una composición orquestal que le dio justa fama ya que introdujo como novedad que en ella intervenían diversos cañones auténticos disparados por el rey y su familia, por lo que consiguió el privilegio de abrir el siguiente carnaval con una nueva ópera. En *Turín* estrenaría la ópera *Andrómaca*, obra que alcanzó la entonces imposible cantidad de veintidós representaciones consecutivas, hecho que hizo que su fama ya estuviera plenamente asentada en los teatros italianos y hubiese llegado hasta centroeuropa.

Su salto a *Viena* se produjo en el otoño de 1785 cuando la esposa del embajador español en la corte austriaca le invitó ya que estaba segura de su éxito por el fervor que el público profesaba por la ópera bufa o cómica de corte italiano. Uno de sus valedores allí fue *Lorenzo da Ponte*, quién le dio la letra para muchas de sus composiciones y compartió con *Mozart* el cargo de compositor de la corte. La admiración que *Amadeus* sentía por *Vicente* se debió entre otras razones a que ya en el año 1789 fuera de largo el autor más representado en el emblemático *Burgtheater*. El fulminante éxito de la más famosa de sus obras, la ópera "*Una cosa rara: belleza ed onestá*", ya que se llegó a reponer hasta en cincuenta y cinco ocasiones en pocos años, fue uno de sus mayores éxitos y parte de su melodía fue incluida por *Mozart* en su *Don Giovanni*. En la obra de *Martín y Soler* aparece una melodía que es considerada como la "*madre*" del vals y, refiriéndose a su amistad con *Mozart*, escribe *Vicente Blasco Ibáñez* en su obra titulada "*Oriente*" lo siguiente: "*Su dulce debilidad sólo halla apoyo y consuelo en su amigo Vicente Martín, un músico procedente de Valencia, autor de óperas olvidadas y que figura en la historia de la música contemporánea como el inventor del vals*". Con posterioridad, su "*L'arbore di Diana*" recibió en cinco años ochenta y tres representaciones en el mismo teatro y ello la convirtió en una de las óperas en italiano más representadas de la época. Desde las casas burguesas, las melodías del compositor valenciano pasaban a la calle para ser apropiadas por cocheros y floristas y eran parte del repertorio de los organillos de mendigos ciegos.

Con el cambio de aires de la corte vienesa, en el año 1788 aceptó la oferta de *Catalina II* para ser compositor de la corte en *San Petersburgo*. Tras una breve incursión en *Londres* donde estuvo entre los años 1793 y 1796 representando con éxito la ópera "*La capricciosa corretta*", pero también otras que no lo tuvieron tanto, finalizó su aventura inglesa. Así, regresó a *San Petersburgo*, donde se dedicó casi en exclusiva a la enseñanza en el conservatorio de *Smolna*, lugar de donde salieron grandes compositores, falleciendo allí casi en el olvido a causa de una gripe el 30 de enero de 1806 bajo el halo de mujeriego impenitente. Su tumba se halla en el *monasterio de San Alejandro Nevski*, junto a las de otros dos monstruos de la música como *Glinka* y *Tchaikovski*. En su lápida funeraria sus amigos ordenaron inscribir lo siguiente: "*Admirado en las principales ciudades y cortes de Europa, tanto por su talento como por sus bellas y nobles cualidades morales*". Otra cita que explica la confusa relación que hubo entre *Mozart* y *Martín y Soler* es el comentario que presuntamente Amadeus hizo sobre *Martín y Soler* tras el éxito de "*Una cosa rara*". Esta es recogida por *Roschlitz*, amigo músico, en sus memorias: "*Hay muchas cosas realmente bellas en lo que hace pero, de aquí a diez años, nadie hablará de él*". Para desmontar esta premonición, en el año 2006 se celebró en *Valencia* un congreso internacional dedicado a la figura de *Martín y Soler* bajo la dirección científica de *Dorothea Link* y *Leonardo Waisman*.

*"si quisiéramos definir la bella ciudad en pocas palabras, diríamos que Valencia es la ciudad de las flores, de la seda y de la poesía". Azorín.*

## 47.- Doscientos siete escalones hasta el cielo.

No cabe duda de que no entenderíamos la ciudad de *Valencia* sin la torre más característica que posee y que es su tarjeta de presentación. Este es para muchos el campanario más hermoso y monumental del antiguo *Reino de Valencia* que, por sus proporciones, puede codearse con las más bellas torres catedralicias. La torre del campanario de la catedral de *Valencia*, conocida por el nombre de *Torre del Miguelete* o *Torre del Micalet*, tuvo en el momento de su construcción funciones de vigilancia y defensa desde finales del S.XIV hasta principios del XV. Teniendo forma de prisma octogonal y un acentuado carácter gótico levantino, dos siglos más tarde se le añadió la espadaña que la culmina con sesenta y cuatro metros de altura. De cincuenta y un metros de altura en su base, tiene doscientos siete escalones que son un alarde de pulmones para los que la hemos "*escalado*". Inicialmente, la torre estuvo aislada, pero se acabó integrando en el conjunto de la catedral al ampliarse la nave central y hacerse la puerta barroca. Fue conocida durante muchos siglos como "*Nuevo Campanar de la Catedral*" ya que existía otro, conocido como "*Campanar Viejo*", que era una torre de estética románica que se ubicaba en la c*alle de la Barchilla* y que desapareció. Si miramos la torre desde el exterior veremos un primer cuerpo macizo al que sigue otro que hacía las funciones de prisión de la catedral. En el tercero, reconocible por sus ventanales, se hallaba la casa del campanero y en el piso superior encontramos la magnífica sala de campanas que se abre al exterior con ocho ventanales.

Y decimos magnífico porque la *catedral de Valencia* tiene el conjunto más numeroso de campanas góticas de *España*. Esto nos dice *Francesc Llop i Bayo*, doctor en Antropología Social, conservador de las campanas de *Valencia* y responsable del *Gremi de Campaners*, que añade que además cuenta con la segunda más antigua de *España* que es la *Santa Catalina*, fechada en el año 1305, y que también es la más antigua de la *Corona de Aragón*. La primera es la conocida como *Bamba*, de la *Catedral de Oviedo*, que data del año 1219. Hizo además la catalogación de todas las campanas catedralicias de *España* por encargo del *Ministerio de Cultura*. Desde la campanología, se entiende por campanas góticas aquellas cuyas inscripciones están redactadas con letra gótica. Esto sería una expresión cultural y religiosa europea que comprendería una cronología entre los siglos XIV y XV y, además, aquellas campanas que no superaran el siglo XVI. Además la lengua utilizada es casi siempre el latín.

Veremos por tanto que en la espadaña de nuestro campanario están las dos campanas del reloj: la "*de los cuartos*" y el "*Micalet*", que también es la campana más grande de la antigua *Corona de Aragón* y que data del año 1539. En la sala de las campanas hay once y esto se ha mantenido invariable desde la construcción del edificio. Ya en tiempos medievales se las conocía como "*els cinc senys i les sis morlanes*" o "*las cinco grandes y los seis tiples*", que son las utilizadas en señales extraordinarias. La más antigua es, como hemos dicho, la *Catalina*, del 1305, y le siguen *Úrsula, Bárbara, Pablo* y *Narciso,* siendo la última instalada la *Violante* en el año 1735. Las grandes son *Jaime*, *María, Vicente, Andrés* y *Manuel,* está última del año 1621. En el año 1940 se alteró el conjunto original de once campanas con el añadido de *Eloy,* campana procedente de la *iglesia de Santa Catalina*. Los neófitos nos sorprendemos de que, en la mayoría de los casos, las campanas tengan nombres de santos o de personas. En cuanto a su método de funcionamiento podemos decir que están automatizadas la *de los cuartos* y el *Micalet* para el reloj; *Bárbara,* para los toques de coro diarios, así como *Manuel* para el toque de cerrar las murallas y *María* para las oraciones. El tipo de toques que se realizan con estas campanas estuvo plasmado desde sus orígenes en un documento llamado "*consueta*" o costumbres de los usos litúrgicos de la catedral, adaptándose estos a lo largo de los siglos a las diferentes vicisitudes populares y religiosas de la ciudad y de la catedral. Los toques que no están mecanizados, los manuales, son ejecutados por los *Campaneros de la Catedral de Valencia* basándose en una "*Consueta Nova*", actualización de la *Consueta de Herrera* del año 1705. Este modo de voltear las campanas con cuerdas recupera de forma entrañable los usos tradicionales y las técnicas antiguas y los valencianos debemos a los campaneros de la catedral su magnífico estado de conservación.

Quiero mencionar aquí que la conocida como "*novia del Micalet*", la torre de la cercana *iglesia de Santa Catalina,* es considerada por muchos uno de los campanarios barrocos más bellos de *España*.

> *"Casi todas las parroquias y conventos de Valencia tienen altísimas torres para las campanas. Ningún reino de España tiene tantos ni tan encumbrados como este". (Antonio Ponz , viajero, S.XVIII).*

## 48.- Ni Trento pudo con la "magrana".

Quien haya asistido a una representación del *Misteri d'Elx*, o "*la Festa*", se habrá sumergido en una representación teatral que es uno de los tesoros inmateriales más notables de las tierras valencianas. No en vano, el hecho de que sea la única obra en su género que ha sido representada sin interrupción hasta la actualidad, siendo la única excepción a la prohibición del *Concilio de Trento* de representar obras teatrales en el interior de las iglesias, la convierten en excepcional. Por otro lado, su declaración como *Monumento Nacional* en el año 1931 por un gobierno republicano y su catalogación en el año 2001 como primera obra española del *Patrimonio Oral e Inmaterial de la Humanidad* por la UNESCO han hecho merecida justicia a su valor cultural.

Este es un drama musical sagrado de origen medieval que representa la muerte, asunción y coronación de la *Virgen María* a través de una serie de escenas. Su contenido se basa en los relatos tradicionales que se transmitieron de manera oral en los primeros años del cristianismo y que fueron recogidos en los denominados *evangelios apócrifos* y otros relatos como el de *Santiago de la Vorágine*. Estos recogen pasajes de la vida y muerte de Jesucristo y la Virgen que no aparecen en los cuatro evangelios canónicos. Dividido en dos actos, el "*misteri*" se escenifica todos los 14 y 15 de agosto en el interior de la *Basílica de Santa María* de *Elche* para celebrar la festividad de la *Virgen de la Asunción*. A los ensayos de los días 11, 12 y 13 de agosto, sigue la representación oficial del día 14 en que se pone en escena la primera parte, denominada la "*Vespra*", y la segunda parte, la "*Festa*", se representa el día 15.

En la jornada del día 14, la "*Vespra*", la *Virgen María*, acompañada por *María Salomé*, *María Iacobe* y algunos ángeles, hace su entrada por la puerta principal de la *Basílica de Santa María y* va ascendiendo por la rampa que la comunica con el escenario que se levanta en el crucero. La cúpula de la iglesia, cubierta con una lona pintada que simula el cielo para las representaciones del Misterio, presencia cómo un ángel desciende de un artilugio en forma de granada llamado "*magrana*" y le entrega a *María* una palma dorada para que sea llevada en su funeral al anunciarle su próxima muerte. A continuación, entran en el templo los apóstoles, excepto *Santo*

*Tomás*, para asistirla en su trance. Tras la muerte de *María*, el niño que la representa es sustituido por la imagen de la *Virgen de la Asunción* y un nuevo objeto aéreo desciende lentamente para recoger el alma de la Virgen.

La segunda jornada, la "*Festa*" del día 15, se inicia con un grupo de judíos que quiere impedir el entierro de la Virgen. Tras un enfrentamiento con los apóstoles, uno de los judíos intenta tocar el cuerpo de la Virgen y queda paralizado. Ante este milagro, los judíos se convierten y son bautizados por *San Pedro* con la palma dorada para recuperar la movilidad. Estos se unen a los apóstoles en el entierro de la Virgen en forma de solemne procesión sobre el escenario para depositarla en un foso en el centro del escenario que representa su sepultura. La "*magrana*" desciende entonces de nuevo para unir el alma de *María* a su cuerpo y llevarla a los cielos en su *Asunción*. En este momento, aparece *Santo Tomás* que se disculpa por su tardanza al venir de predicar en la *India*. De nuevo el cielo se abre y aparece otro artilugio aéreo que ocupa la *Santísima Trinidad* que simboliza el momento en que Dios deposita en la frente de la Virgen una corona imperial. El canto del "*Gloria Patri*", junto con los aplausos de los asistentes, pone final a la representación. Otros actos como la procesión nocturna, que siguen centenares de participantes con cirios, la procesión de la mañana o la procesión fúnebre de la tarde por las calles de *Elx* completan los actos tradicionales en las calles de la ciudad vieja.

En sus comienzos, la representación estuvo organizada por algunas familias de la nobleza local y ya en el año 1609 el *Consejo de la Villa* tomó el acuerdo de hacerse cargo de la organización y financiación de la *Festa*. Es en el primer tercio del siglo XVII cuando el obispado de *Orihuela*, siguiendo las directrices de *Trento*, intentó prohibir la representación por hacerse en el interior de una iglesia. Las autoridades ilicitanas, recurriendo a la *Real Audiencia de Valencia*, consiguieron en el año 1632 que el papa *Urbano VIII* concediera una bula en la que se otorgaba un privilegio para la representación del *Misterio de Elche* en el templo de *Santa María* a perpetuidad.

En su estructura, el texto del "*Misteri*", con excepción de algunos versos en latín, está escrito en valenciano antiguo. El texto, de autor desconocido y que se contiene en un cuaderno llamado "*consueta*", es corto ya que está formado sólo por 139 versos en la primera parte y 119 en la segunda. Los versos son también cortos en su extensión y tienen una versificación muy sencilla. En su inicio no todo el texto es cantado, pero progresivamente se va ampliando la música hasta que alcanza todo el texto. La música es una mezcla perfectamente conseguida de estilos de diferentes épocas desde el siglo XV como la Edad Media, el Renacimiento y el Barroco. Todos los personajes, femeninos o masculinos, son representados por varones para ser fieles al origen litúrgico-medieval de la obra que prohibía expresamente la aparición de mujeres en este tipo de representaciones. Como estas se diseñaron didácticamente para enseñar a la gente los preceptos religiosos, fueron interpretadas por sacerdotes y acólitos cuando la misa había terminado. Hoy son más de trescientos los voluntarios que participan cada año como actores, cantantes, directores de escena, tramoyistas, costureras o intendentes con preparativos que duran muchos meses.

El gran escenario del *Misterio de Elche* es la *Basílica de Santa María*, un templo barroco cuya construcción se inició en el año 1673 bajo la dirección del arquitecto *Francesc Verde*. Esta se levantó sobre el solar que ocuparon otros edificios religiosos anteriores dedicados a *Santa María en su Tránsito*, la anterior mezquita musulmana que fue consagrada al culto cristiano por Jaime I tras la conquista de 1265 como una iglesia de estilo gótico (1334-1492) y otra posterior de estilo renacentista.

> *"Es increíble el número de pinturas que sólo de paso he visto en varias iglesias...porque Valencia es grande y lo es el número de iglesias que tiene". (Ponz, 1774).*

## 49.- Concebida sin mancha.

El tema más espinoso en la historia de la Teología ha sido el del dogma de la *Inmaculada Concepción de María* ya que la creencia no sólo de una concepción virginal de *Jesús* en el seno de *María* sino de la misma concepción de la Virgen en el vientre de *Ana* sin pecado original, defendida por los "*inmaculistas*", ha sido debatida a lo largo de los siglos y por muchos no aceptada, los "*maculistas*". Además, fue uno de los caballos de batalla de la reforma protestante de *Lutero*. Aunque desde antiguo había sido asumida por una parte importante de la Iglesia, su proclamación formal se hizo por el papa *Pío IX* el 8 de diciembre de 1854 con su bula "*Ineffabilis Deus*", que llegaba tras la presión histórica de la monarquía española por el reconocimiento oficial de este privilegio mariano. Este llegó a convertirse en un asunto de orden público, donde se sucedían desde el siglo XII los enfrentamientos entre aquellos que defendían que la *Virgen María* estaba exenta del pecado original y los que creían que esto no tenía fundamento. Tal polémica estaba instalada no sólo en las aulas universitarias y en los púlpitos en las iglesias, sino que provocaba incidentes sangrientos en las calles que eran alentados por las distintas órdenes religiosas que se alineaban en uno u otro bando. Entre ellos, los franciscanos fueron fervientes inmaculistas, pero también destacaron desde el clero y la literatura figuras como *San Pedro Pascual, San Vicente Ferrer* y *San Luis Bertrán*, aunque los dominicos fuesen maculistas, *Francesc de Eiximenis, San Juan de Ribera*, el *Beato Nicolás Factor, Santo Tomás de Villanueva, Sor Isabel de Villena, Jaume Roig* o *Roig de Corella*.

Dice el investigador *Cortés Peña* en su obra "*Religión y Política durante el Antiguo Régimen*" que las universidades europeas fueron firmes defensoras de la devoción a la *Inmaculada Concepción*. La primera en proclamarlo en *Europa* fue la *Universidad de Colonia* en el año 1449 y a esta le seguirían la *Sorbona* de *París* en el año 1497, la de *Maguncia* en 1500 y la de *Viena* en 1501. Nuestra ciudad, pionera también en tantas cuestiones teológicas, propició que la *Universidad de Valencia* fuera la primera en hacerlo en *España* en el año 1530. Propio de nuestra Universidad era el juramento que, desde el siglo XVI, profesores y alumnos hacían en favor de la doctrina de la *Inmaculada* decretándose asimismo que "*de hoy en adelante no se pudiesse graduar alguno doctor en la Universidad sin que primero jurasse*". Para *Emilio Callado Estela*, en "*Justas, votos y fundaciones. Valencia y la Inmaculada en la primera época moderna*", quedaría de este modo vetado el ingreso en las aulas valencianas a los sospechosos de defender la opinión contraria y esta sería garantía para impedir nuevos excesos. La fórmula concreta del juramento sería esta:

"*Ego N iuro, quod quatenus per Sanctam Sedem Apostolicam licebit; tenebo, tuebor, defendam, praedicabo atque docebo Beatissimam Virginem Dei Genitricem Mariam, praeveniente Spiritu Santi gratia, absque ulla peccati originalis labe fuisse conceptam, et ab ipsa praeservatam immunem in primo instanti animationis; atque in hoc sensu festum Conceptionis eius ab Ecclesia, solemni ritu colli et celebrari*".

*Nuestra Señora de la Sapiencia*, patrona de la *Universidad de Valencia*, apareció durante siglos en su escudo y sujetaba en su mano un ramo florido como símbolo de su *Inmaculada Concepción*. Igualmente, el *Seminario Metropolitano* y la *Real Maestranza* la tomaron como patrona, siendo que la fundación del *Colegio de Abogados* de la ciudad en el año 1762 establecía un juramento para defender su dogma y fundaba una Hermandad para protegerlo.

El rey Felipe III, a instancias del cardenal valenciano de la curia vaticana Gaspar *de Borja, Duque de Gandia*, que se había formado bajo la influencia del también inmaculista patriarca *San Juan de Ribera* en su palacio arzobispal, obtuvo el 12 septiembre de 1617 del *Tribunal del Santo Oficio* un decreto ordenando silenciar a los maculistas. El papa *Gregorio XV* en el año 1622 publicó el decreto «*Sanctissimus*», que confirmaba esa prohibición y autorizaba a los inmaculistas a difundir la suya. Se cree que nuestra ciudad fue la primera en tener noticia de este decreto gracias al hermano del cardenal de la curia y canónigo de nuestra catedral *Baltasar de Borja* y, por ello, pudo haberla celebrado antes que ninguna otra. Con motivo de esta, el claustro universitario de *Valencia* ratificó su voto inmaculista, que de nuevo reiteró cuando *Alejandro VII* publicó la constitución "*Solicitudo omnium Ecclesiarum*" en el año 1661. Propio también de nuestra tradición es el saludo del "*Ave María Purísima, sin pecado concebida*".

Los inmaculistas valencianos dieron muestras de su convicción también desde la literatura con la celebración de justas poéticas, siendo *Valencia* el primer lugar donde esto se dio. La de 1474 fue el origen de la edición de las "*Obres e trobes en lahors de la Verge Maria*", considerado el primer libro literario impreso en *España* y dedicado a su *Inmaculada Concepción*. Como este era un concurso literario, los jueces adoptaron, visto que los participantes en ella eran escritores muy afamados, una solución sin precedentes al otorgar el premio a la propia Virgen, ya que consideraron que la inspiración de tales obras se debía a la gracia proveniente de ella.

> *"E es la mellor terra e la pus bella del món. Que jo he estat a Valencia bé tres anys o pus , quan vos me gitás de vostra terra. E no ha vui dejús Deu tan delitós llogar com es la ciutat de Valencia e tot aquell Regne". (Llibre dels Feyts o Crónica de Jaime I, que reproduce el parlamento de Blasco de Alagón .S.XIII).*

## 50.- Un emperador te protege.

La importancia destacada que *Valencia* tuvo en la fundación de establecimientos de carácter benéfico y social hoy queda fuera de toda duda. Si añadimos que la más antigua del mundo se fundó aquí entonces las dudas ya desaparecen por completo y las ansias de conocer el por qué nos obligan. El antecedente remoto de la institución que vamos a estudiar es la de una congregación de doncellas seglares que fundó en el año 1170 el venerable *Lamberto de Begues*, presbítero de *Lieja,* que era conocida por el apelativo de este y llamada por ello de las "*Beguinas*". Su influencia se extendió por Europa Central y Francia pero también llegó hasta España cuando el caballero *Ramón Guillén Catalá*, donó una casa situada en la *calle de San Vicente,* frente a lo que entonces fue el *convento de San Agustín*, para destinarse a hospital de los ermitaños que se encargaban en la ciudad de distintas ermitas y que, por causas de vejez o enfermedad, allí residían al cuidado de unos hombres de penitencia llamados "*beguines*". En septiembre del año 1410, *San Vicente Ferrer* propició que los *beguines* ingresaran en la Orden los Dominicos y, como las calles de *Valencia* estaban repletas de niños moriscos abandonados y huérfanos errantes que se acogían a la caridad de los cristianos, el santo estableció que los *beguines* los tuvieran como objetivo de su labor asistencial.

Este *Colegio del Santo Niño Perdido* que fundaron fue, por tanto, el germen de la fundación del *Colegio de los Niños Huérfanos de San Vicente Ferrer* en el entonces conocido como "*Hospital de Santa María*", lugar donde se les procuraba educación y se les enseñaba un oficio acorde con sus capacidades. De acuerdo con la mentalidad de la época, a las niñas se les educaba para la llevanza de una casa y para ser esposas. En las famosas prédicas de *San Vicente Ferrer* se incluían casi como guión necesario la mención al cuidado especial que la ciudad debía tener hacia la niñez huérfana y abandonada que condujo como causa-efecto a la fundación del primer establecimiento conocido para la atención específica de los niños errantes. Como en el año 1498 el número de huérfanos en las calles de *Valencia* era ya algo notorio y descontrolado, se convirtieron tanto la *Casa Natalicia de San Vicente Ferrer* como el *Convento de Santo Domingo* en sedes complementarias de una institución que por aquel entonces ya se conocía como "*Colegio de Huérfanos de San Vicente Ferrer*" u "*Ospital dels Orfens de Sanct Vicent Ferrer*".

En el año 1540 los *Beguines* decaen en su labor pues diversos hechos les afectan hasta su casi total desaparición y por ello algunos caballeros se hacen cargo de la institución fundando una cofradía llamada "*de los huérfanos de San Vicente Ferrer*" o del "*Bienaventurado San Vicente Ferrer*". Los monarcas *Carlos I* y *Felipe II* habían promovido insistentemente la cristianización de los moriscos en su casa de *Valencia* con escaso éxito y por ello *Felipe III* continuó con ese empeño. Pero en el año 1609 tuvo lugar la expulsión definitiva de los moriscos y, por ello, la *Casa del Emperador,* que se creó para albergar y educar a los hijos de los moriscos convertidos, quedó sin residentes. Esa fue la ocasión propicia para que se pidiera la donación al colegio del edificio correspondiente a este antiguo "*Colegio Imperial Nuestra Señora de la Misericordia para hijos de moriscos*", también conocido como "*colegio dels morets*", petición a la que accedió *Felipe IV*, pasando a vivir los niños huérfanos perpetuamente en la *Casa Imperial*, así llamada por haberla fundado *Carlos I*. Este hecho se tradujo en la consiguiente aprobación papal y la bula del año 1624 del papa *Urbano VIII*. Con el patriarca *San Juan de Ribera* en el año 1626 el acogimiento se amplió a cualquier clase de huérfano, morisco o no, con el traslado desde la *calle de San Vicente* a la casa de la entonces denominada *calle Sagasta* en el colegio imperial mencionado. Los escolares se encontraban allí bajo la tutoría de un maestro y una mujer conocida con el nombre de "*madre de los niños*" que era un referente parecido de las figuras del padre y la madre y que les adiestraba en la lectura y escritura y el aprendizaje de un oficio.

La enseñanza en lectura y escritura a las niñas no comenzó hasta el siglo XVIII, fecha muy temprana que no debe escandalizarnos según aquella mentalidad si la comparamos con que el resto de las instituciones públicas no la ejecutaron hasta bien entrado el siglo XIX. En este siglo, los únicos ingresos que tenía el colegio eran unas limosnas cuya petición realizaban los mismos huérfanos en iglesias, mercados y otras casas y que eran supervisadas por un responsable del colegio para evitar engaños. Es por eso por lo que a los limosneros se les daba un documento que acreditaba su condición de alumno del *Colegio Imperial* y la autorización para pedir limosna en un lugar concreto. Por eso no era extraño verles con unos pequeños cepillos de madera que colgaban de una correa en sus túnicas y donde se depositaban las que recibían en metálico.

Existía un límite de edad de veinte años en la que los huérfanos podían permanecer en la institución y, a partir de esta edad, los jóvenes debían salir del colegio y ganarse la vida por su cuenta. Llegados al año 1968, el edificio del colegio se hundió parcialmente y se edificó otro, de nueva planta, a catorce kilómetros de distancia en el término municipal de *San Antonio de Benagéber* donde, en amplios pabellones y espacios ajardinados, se acoge en la actualidad "*als xiquets de Sant Vicent*".

Hoy nos queda memoria de los hechos relatados en la zona más comercial del centro de nuestra ciudad ya que en la *plaza de los Niños de San Vicente* se erigió el 18 de mayo del año 2010 una escultura que representa al santo en recuerdo de aquel edificio desaparecido ya que su solar lo ocupa hoy el centro comercial de la *calle Lauria* esquina con la *calle Colón*. La estatua realizada en bronce, de 1,70 metros de altura y setecientos cincuenta kilos de peso, está inspirada en el logotipo del colegio, y presenta en un estilo moderno a *San Vicente* arropando en su manto a dos niños. El diseño del logotipo es de *Rosario Mas Millet*, mientras que su adaptación del mismo para la estatua es de la firma *Piró Orfebres*. El escultor de la obra es *Octavio Llorens Llavata* y, como hemos dicho, en su leyenda se hace constar que es la "*Entidad benéfico social más antigua del mundo*" que persiste hasta hoy, orgullo por tanto de todos los valencianos que amamos esta tierra.

> *"Ha volgut nostre Senyor Deu que Poble valenciá sia poble especial e elet entre los altres de tota Espanya. Car com sia vengut e eixit, per la major partida , de Catalunya , e li sia al costat , emperó no es nomena poble catalá , ans per especial privilegi ha propi nom e es nomena poble valenciá".( Francesc de Eiximenis , Carta a los Jurados , 1385).*

## 51.- Un mercedario acariciando el alma.

El tratamiento sanitario digno a las personas con problemas mentales y su consideración como seres plenos de derechos no ha sido una conquista asumida de lleno hasta el Renacimiento. Un religioso mercedario valenciano nacido en el mismo año que *San Vicente Ferrer,* esto es en el año 1350, llamado *Joan Gilabert Jofré* y conocido como "*padre Jofré*", fundó en *Valencia* en el año 1409 un hospicio u hospital para enfermos mentales denominado "*dels folls, ignoscens e orats*". Este tenía como fin recoger de las calles a los pobres dementes y expósitos, siendo el primer asilo de atención mental que se instituyó en el mundo. Con posterioridad, el hospital sería llamado de los "*Santos Inocentes*" por acogerse a esta advocación, siendo por tanto el germen del primer tratamiento médico hospitalizado que hubo en el mundo con las técnicas propias de su época y que se convirtió con el tiempo en el actual *Hospital General Universitario.*

Con formación jurídica obtenida en *Lérida*, el *padre Jofré* se incorporó a la Orden Mercedaria en el *Monasterio de Santa María del Puig* para estudiar Teología y ordenarse presbítero. Su actividad predicadora le llevaría a acompañar a *San Vicente Ferrer* por tierras de *Valencia, Aragón, Castilla, Cataluña* y *Portugal*, haciendo de la redención y asistencia a los cristianos cautivos que habían sido apresados en las incursiones berberiscas a las costas valencianas parte de su vida. El conocimiento que tuvo allí de la atención que los árabes dispensaban a los enfermos mentales desencadenó un hecho que se iba a convertir en crucial. Y es que un 24 de febrero de 1409, cuando el *padre Jofré* se dirigía a predicar en la *Catedral de Valencia*, presenció cómo un grupo de jóvenes se ensañaban con un demente agrediéndolo en la calle. El hecho le causó tal impacto que convenció desde el púlpito a once valencianos dirigidos por *Lorenzo Salom* de la necesidad urgente de crear una institución benéfica que acogiera a esos enfermos mentales y epilépticos y les diera tratamientos dignos, pues se tenía la creencia supersticiosa popular de que estos estaban endemoniados y, por tanto, debían permanecer atados, encadenados, enjaulados o directamente ser abandonados, agredidos, exorcizados o eliminados. Este fraile mercedario no sólo se preocupó a lo largo de su vida de atender a los enfermos mentales sino que también dedicó atención a la protección de mujeres por medio de un patronato que reformaba prostitutas y atendía a niños abandonados, organizando igualmente una hospedería en el *Monasterio de Santa María del Puig* para atender a los peregrinos carentes de recursos.

Pero lo revolucionario para su tiempo es que el *padre Jofré* quiso evitar a toda costa que los enfermos estuvieran ociosos y para ello adiestraba a los hombres en trabajos manuales, labores de la huerta, juegos y distracciones, mientras que las mujeres hacían hilados, bordados y bolillos, siendo común para ellos los ejercicios, las dietas adecuadas, la higiene, el tratamiento médico y la terapia rehabilitadora. Por eso estas instalaciones se convirtieron en un ejemplo para el mundo en el modo de atender y cuidar a los enfermos. En cuanto a la medicación que se daba a los pacientes mentales con anterioridad a su obra, estaba influenciada por la superstición y la ignorancia de sanadores y curanderos sin ninguna base científica. Los medios de curación utilizados en el hospital del *padre Jofré* eran los establecidos en las escuelas médicas para curar con rigor como eran las sangrías o método de extracción de la propia sangre para curar dolencias, los vomitivos, los purgantes, los baños calientes seguidos de duchas frías o las ventosas en la cabeza.

Estos medios supusieron un gran avance en su momento y, aunque rudimentarios, eran vanguardistas en su tiempo pues supieron conjugar la atención humanitaria con una caridad cristiana que protegía a los enfermos de los malos tratos con que la crueldad humana castigaba a estas gentes. Porque si de lo que se trataba era de poner a disposición de los más necesitados un edificio dedicado en exclusiva al aspecto curativo de los enfermos, con dependencias grandes y limpias, con lugares de descanso y recreo, bien ventilado y digno, el del *padre Jofré* de *Valencia* fue insuperable. Características como la posibilidad de los enfermos de entrar y salir libremente del hospicio sin restricción a sus movimientos por cadenas ni ataduras, la formación en trabajos artesanales que les servían para obtener ingresos y la absoluta dedicación de sus cuidadores y médicos fueron parte del éxito de este hito sin precedentes en la historia de la medicina asistencial.

Finalmente, en el año 1417 *San Vicente Ferrer* predijo al *padre Jofré* la proximidad de su muerte por lo que decidió regresar a su monasterio de *El Puig*. Al poco de regresar, fallecerá y su cuerpo será expuesto en una urna transparente en la sacristía de este hasta el año 1936. Hoy sus restos descansan en un sepulcro de piedra que se halla en una capilla de la iglesia del monasterio.

No podemos acabar este artículo sin mencionar el texto de un documento que obra en el *Archivo de la Diputación de Valencia* que da cuenta de la decisiva intervención de la prédica del *padre Jofré* en la fundación del *Hospital* y, cuya traducción del valenciano al castellano, dice así: "*En la presente ciudad hay mucha obra pía y de gran caridad y sustentación; pero aún falta una, que es de gran necesidad, cual es un "hospital" o casa donde los pobres inocentes y furiosos sean acogidos. Porque muchos pobres inocentes y furiosos van por esta ciudad, los cuales pasan grandes desaires de hambre, frío e injurias. Por tal, como por su inocencia y furor no saben ganar ni pedir lo que han de menester para sustentación de su vida, por lo que duermen por las calles y perecen de hambre y de frío, muchas personas malvadas, no teniendo a Dios ante los ojos de su conciencia, les hacen muchas injurias y daño, y señaladamente allá donde les encuentran dormidos los vejan y matan a algunos y a algunas mujeres avergüenzan. Asimismo, los pobres furiosos hacen daño a muchas personas que van por la ciudad. Estas cosas son notorias a toda la ciudad, por lo que sería santa cosa y obra muy santa que en la ciudad de Valencia fuese hecha una habitación u "hospital" en que semejantes locos e inocentes estuviesen de tal manera que no fuesen por la ciudad ni pudiesen hacer daño ni les fuese hecho*".

"*la cuna de la Psiquiatría estuvo en España, donde se construyeron los primeros edificios convenientes y adecuados para hospitalizar a dementes*" (Alexander y Selesnick, 1970).

"*No fue Pinel sino que fueron los psiquiatras españoles en Valencia en 1409 los primeros en retirar las cadenas e instituir el tratamiento moral. Se utilizaron el ejercicio, juegos, trabajo, entretenimiento, dieta e higiene*" (Schmitz, 1884-1885).

"*Uno de los éxitos que pertenece exclusivamente a los españoles es el tratamiento moral para combatir las afecciones mentales y el establecimiento en el siglo XV de edificios confortables y adecuados para la admisión de esta clase de infortunados*" (Hernández Morejón, 1842).

"*El hospital de Valencia fue el primero en quitar las cadenas a los locos y en instituir un tratamiento moral, con ejercicios, juegos, ocupaciones, entretenimientos, dieta e higiene*". (Bassoe, 1944).

## 52.- Arrio murió después de muerto.

Las siguientes líneas sostienen la posibilidad de que *Valencia* pudiera haber sido el primer reino católico de la península o, más exactamente, el primero no arriano, y que en esto hubiera podido influir la comunidad de seguidores que *San Vicente Mártir* tenía en este territorio. Y es que el **arrianismo** era un conjunto de doctrinas cristianas defendidas por *Arrio*, sacerdote de *Alejandría*. Este negaba la naturaleza divina de *Jesús de Nazaret* y lo vinculaba con una criatura independiente de la divinidad. Cuando la Iglesia hubo aceptado como dogma la *Santísima Trinidad*, esto es que la divinidad se componía de tres personas indisociables como son Padre, Hijo y Espíritu Santo, el arrianismo fue condenado como una herejía. Este no era un asunto menor ya que la naturaleza de *Jesús* fue un problema doctrinal y teológico muy complejo en los primeros siglos del cristianismo. Ya en estos balbuceos iniciales del cristianismo era un asunto a resolver el vínculo del Hijo y de Dios en lo que se conoció como *"disputas cristológicas"*. Finalmente, en el *Concilio de Nicea* del año 325 y en el *Concilio de Constantinopla* del año 381 se determinó la naturaleza triple de la divinidad.

Corría el año 568 y *España* estaba reinada por *Liuva I*, rey godo hermano de *Leovigildo*, al que nombró su sucesor en el trono para cuando aquel falleciera. *Leovigildo*, que profesaba el culto arriano, se había casado con la católica *Teodosia* y esta le dio como hijos a *Hermenegildo* y *Recaredo*. Se da la circunstancia de que *Teodosia* era hermana a su vez de los santos *Fulgencio, Leandro, Isidoro y Florentina*. Cuando *Liuva I* muere en el año 572 ocupó el trono un *Leovigildo* que se había casado con *Gosiunda* tras la muerte de *Teodosia*. *Leovigildo* consiguió que en su tiempo el reino godo de *España* tuviera uno de los periodos de mayor esplendor político y cultural pero la intolerancia religiosa no acompañó a ese periodo de florecimiento. *Gosiunda* era una ferviente arriana pero propició que *Hermenegildo* se casara con *Ingunda*, que era una princesa real e hija de los reyes godos católicos *Sigiberto y Brunichilda*, por lo que el joven *Hermenegildo* se convirtió al catolicismo. *Leovigildo* quiso adjudicar el gobierno de *Córdoba* a *Recaredo* y el de *Sevilla* a *Hermenegildo*, pero la conversión mencionada irritó sobremanera a *Leovigildo* y *Gosiunda* hasta el punto de que llegaron a apresar a su hijo y a todos los que le acompañaban en su séquito. Por ello *Hermenegildo* fue encarcelado en *Sevilla,* donde se le presionó para que renunciara a su fe y, pasando después por otra prisión en *Córdoba*, fue desterrado a *Valencia*. En *Valencia* existía entonces una comunidad católica pujante que había crecido al calor del martirio que allí sufrió *Vicente.* Estos cristianos valencianos que eran enemigos de la fe arriana liberaron a *Hermenegildo* de su cautiverio en el año 583 y le nombraron primer rey católico de *Valencia,* aunque su reino abarcase solo la ciudad y algunos pueblos cercanos. Esto es sostenido por la numismática y por estudiosos como *Alonso Morgado y Francisco Diago*. Al conocer *Leovigildo* que había sido privado de la corona real en nuestro territorio organizó un poderoso ejército para marchar personalmente contra *Valencia* y recuperarla pues le pareció de extrema gravedad ese hecho. En su trayecto este ejército arremetió contra el *Monasterio de San Martín* que se hallaba entre *Cartagena* y *Sagunto* y que había sido abandonado, permaneciendo en él sólo su anciano abad. Algún autor cree que este es el famoso monasterio servitano y cuyo abad pudo ser *San Donato*.

Así, cuando *Hermenegildo* tuvo conocimiento de la inminente llegada de *Leovigildo* salió a su encuentro en el camino de *Sagunto* para que no llegase a entrar en la ciudad y le hizo expresa petición de que fuesen respetadas las vidas y los bienes de los valencianos que habían luchado por él. Por eso, y para evitar que de nuevo los valencianos se sublevasen contra él y liberaran a *Hermenegildo*, mandó que se le condujera a una angosta y oscura prisión en *Tarragona*. Así lo relata el papa *San Gregorio* cuando dice que el *ministro Sisberto* le quitó la vida cortando con un hacha su cabeza al cumplir la orden de *Leovigildo* por negarse a recibir la comunión de un obispo arriano en el año 586. Pero todo esto provocó el año siguiente que *Leovigildo* reconociese sus errores y levantase el destierro a que años antes había castigado a los obispos *Fulgencio y Leandro*, tíos del rey mártir de *Valencia*, y renunciara al arrianismo. Esta semilla fue asumida por su hijo *Recaredo* y su mujer *Badda* en el año 589 y convocaron el *Concilio de Toledo* en la *Iglesia de Santa María* para abjurar definitivamente del arrianismo y para proclamar católico el reino godo de *España*. En los años siguientes este tuvo un florecimiento cultural muy superior al del resto de los reinos germánicos y se produjo la equiparación social de los godos y los hispanos. Con sus salvedades, críticas posibles y matizaciones, aquí dejamos esta historia que el estudioso valenciano *Vidal Valle Ortí* solía defender.

*"Valencia es una hermosa ciudad muy grande y muy poblada... Dicen que convendría mejor que Madrid para la residencia de los reyes de España, siendo igualmente el centro de su monarquía". (Anónimo , 1765).*

## 53.- Un "ditet" para poner paz en el mundo.

No hay ningún personaje en la historia valenciana tan controvertido como *San Vicente Ferrer*, con tanta trascendencia política y religiosa, santo más importante de su tiempo y la personalidad más relevante y conocida de *Valencia* en su historia. Nacido en *Valencia* un 23 de enero de 1350, fue el predicador más contundente que vieron sus tiempos, llamado por ello el "Ángel del Apocalipsis" al anunciar la llegada del fin del mundo y el anticristo y convertido por sus méritos en el patrón principal de la *Comunidad Valenciana*. Su denominación popular de "*Sant Vicent el del ditet*" le es atribuida por los milagros realizados alzando su dedo índice y su postura predicadora con este gesto.

Nació en el seno de una familia acomodada pues su padre era notario y todos los años se celebra en un desfile los hitos de su bautizo en la *iglesia de San Esteban* con los notables personajes que asistieron a él convertidos en "*bultos*" o muñecos de cartón. Estudió en *Valencia* y en febrero de 1367 ya había tomado el hábito en el *convento de los Predicadores*, conocido como *de los dominicos*. Su gran ciencia hizo que fuera enviado por sus superiores a estudiar y dar clases en *Lérida, Barcelona* y *Toulouse*. Su vida caritativa se plasmó en la fundación del primer orfanato del mundo, conocido como *Colegio de Niños Huérfanos de San Vicente Ferrer*. Su gran prestigio pronto estuvo consolidado y se encontró que en el S.XIV la trayectoria del papado había quedado en entredicho al trasladarse su sede desde *Roma* a *Aviñón* y discutirse la legalidad de la elección de algunos papas que provocaron un cisma. La *Europa* cristiana quedaba dividida así entre los que obedecían a *Roma* y los que lo hacían a *Avignon*. En 1394 había sido elegido papa de *Avignon Pedro de Luna, Benedicto XIII*, conocido como el *Papa Luna*, al que en un principio y durante años apoyó *San Vicente Ferrer* pero, el 6 de enero de 1416, *Vicente Ferrer* leyó en *Perpiñán* un documento por el que la *Corona de Aragón* dejaba de obedecer a *Avignon*. En el año 1417 *Martín V* sería elegido como Papa de toda la cristiandad y el *papa Luna* se retiró a *Peñíscola* tras los intentos de *Ferrer* y el futuro papa *Calixto III, Alfonso de Borja,* en *Morella* de que renunciase a su papado.

No podemos asegurar que no haya en alguna otra ciudad tantas conmemoraciones populares dedicadas a un santo, pero los altares donde los niños representan en *Valencia* y otros pueblos escenas de su vida y milagros son numerosos y su asistencia multitudinaria. Ayunaba, dormía en el suelo y la itinerante labor predicadora de nuestro santo también marca un hito difícil de igualar. No es difícil imaginar cómo, subido en un asno, era seguido por multitudes que lo acompañaban, incluidos un llamativo séquito de flagelantes que azotaban sus espaldas para expiar sus pecados. Sus prédicas, que duraban horas en campo abierto, eran seguidas con escenas de éxtasis y locura colectiva por miles de enfervorecidos devotos. Estas predicaciones no cesaron desde que tuviera una célebre visión en *Aviñón* en octubre del año 1398 en la que *Cristo, San Francisco* y *Santo Domingo de Guzmán* le instaban a recorrer predicando tantos lugares como pudiera. Multitud de ermitas y altares se reproducen en toda Europa para conmemorar los milagros realizados por el santo o para acoger sus reliquias. Tampoco era extraño ver cómo la gente se abalanzaba para tocarlo o quedarse con pedazos de su hábito por lo que se desplazaba rodeado de un grupo de hombres que lo protegían.

El siguiente acontecimiento político en el que intervino fue su decisiva participación en el *Compromiso de Caspe*, lugar donde en el año 1412 se resolvió nombrar como rey de *Aragón* a *Fernando de Antequera*, de la dinastía *Trastamara* y procedente de *Castilla,* como sucesor de *Martín el Humano* y que había muerto sin descendencia. En él fue descartado el otro candidato que era el catalán *Conde de Urgel.* Su prestigio y peso moral en emitir el voto influyeron sin duda en que el resto de compromisarios replicaran su decisión. Algunas crónicas relatan que los partidarios del *Conde de Urgel* trataron posteriormente de asesinar a *Vicente* en tierras de *Lérida.*

Mucho se ha hablado, creo sin fundamento, de la escena en que *San Vicente* se saca el polvo de las alpargatas cuando abandona la ciudad de *Valencia* para recriminar el carácter de la gente de su pueblo. Además, varios retablos cerámicos en la ciudad rememoran hechos de su vida de los que destaco tres que me parecen especialmente singulares. En la Catedral, uno representa la pacificación de la familia de los *Centelles* y *Vilaraguts*, en la *iglesia de Santa Mónica* se muestra a *Eiximenis* acusando de vanidad a *San Vicente* por su entrada bajo palio en la ciudad y en la *Iglesia de San Nicolás* profetiza a *Alfonso de Borja*, posterior *Calixto III*, que iba a ser Papa y que este a su vez le canonizaría. Otra acusación al santo es la de ser un furibundo enemigo de judíos y musulmanes, de ser en sus predicaciones el instigador de las agresiones e impulsor del pogromo del año 1391 en que se invadió el barrio judío de *Valencia.* Consecuencia de aquello fue que una gran cantidad de judíos se convirtieron falsamente al cristianismo, originándose a partir de entonces una importante comunidad de cristianos nuevos. Parece probado que *San Vicente* no estuvo en *Valencia* en aquellos días y, si bien instaba a la conversión de estos grupos, su eliminación parece una afirmación exagerada.

Se habla de que más de ochocientos sesenta prodigios o milagros constaban en su proceso de canonización, tanto en vida como después de morir. También su don de lenguas hacía que, predicando en valenciano, los distintos lugares de *Europa* donde predicó le entendieran. Murió en *Vannes, Francia*, el 5 de abril de 1419. Se ha intentado infructuosamente en reiteradas ocasiones que sus restos regresaran a *Valencia* y existe un testamento en el que el santo se lamenta de fallecer tan lejos de su tierra. Fue finalmente canonizado por *Calixto III* el 3 de junio de 1455 cumpliéndose así su premonición.

> *"Tenga V.M .por el negocio más importante de su monarquía el hacerse Rey de España; quiero decir, Señor, que no se contente V.M. con ser Rey de Portugal, Rey de Aragón, de Valencia, Conde de Barcelona, sino que trabaje y procure, con consejo maduro y secreto, por reducir estos reinos de que se compone España, al estilo y leyes de Castilla, sin ninguna diferencia, que si V.M. lo alcanza, será el príncipe más poderoso del mundo" (Mensaje del Conde Duque de Olivares a Felipe IV, 1625).*

## 54.- La rueda es el amuleto del héroe.

Si decimos que existe un antes y un después en la aparición de *Valencia* en el mapa de la historia este se debe al acontecimiento del martirio en nuestras tierras de *Vincentius Hispanus*, el *San Vicente Mártir* patrón de la ciudad. En la última de las persecuciones contra los cristianos por los emperadores romanos, la de *Diocleciano* del año 304, *Vicente* y el obispo *Valero* son llevados, caminando, por los soldados desde *Caesaraugusta (Zaragoza)* hasta *Valentia (Valencia)* para ser juzgados aquí o que renunciaran a su fe cristiana cansados por las penalidades del camino. Ya en *Valentia*, *Valero* es desterrado por su avanzada edad y a *Vicente* se le aplican todos los tormentos que la ley romana preveía para los traidores al imperio. Suplicios como la catasta, el ecúleo, las raederas o las brasas incandescentes convirtieron a *Vicente* en un héroe que llevó al lugar donde sufrió su martirio a ocupar un lugar en la historia. Como aconteció que aquella primitiva cristiandad ansiosa de visitar los lugares donde los mártires vertieron su sangre había encontrado permisividad en el año 313 con el edicto de libertad religiosa de *Constantino*, *Valentia*, aquel diminuto lugar en la *Via Augusta*, se convirtió en centro de aquellas peregrinaciones para visitar aquel lugar santo.

*Valentia* había sido el escenario donde el principal y más famoso mártir de la cristiandad había dado su ejemplo y, tras un primer enterramiento en las cercanías de *Sucro (Cullera)*, el cuerpo de *Vicente* ocupó en el entorno de la *Roqueta* el lugar más visitado por los peregrinos antiguos. Esto lo constata *Antonio Durán Gudiol* en su artículo *"Los santos altoaragoneses"* donde recoge que el fenómeno de las peregrinaciones para visitar los restos del santo fuera algo más que habitual, hecho consolidado durante siglos y anterior a las peregrinaciones medievales a *Santiago de Compostela*. Esta circunstancia es reforzada en una carta que es mandada por el *Monje Hermán*, el cual fue más tarde *Abad de Saint Martín de Tournai*, y va dirigida al *Abad Anselmo*, que en el año 1145 fue consagrado *Obispo de Tournai*, y a su hermano *Gualter* y de la cuál existe una copia en la *Biblioteca Real Alberto I de Bruselas*. Esta carta además se encuentra como anexo en el *Códice de Bruselas* 9119 que relata de forma muy extensa la *Pasión de San Vicente*.

*"A Dom Anselmo por la gracia de Dios Abad de Saint Vincent de Laon y al dulcísimo Dom Gualter, el hermano Hermán, siervo de ambos, sed eternamente glorificados con Cristo. Os prometí que mandaría las pasiones de algunos mártires según las encontré en Zaragoza, ciudad de la que fue Arcediano vuestro patrono San Vicente. Dios me concedió la dicha durante mi estancia en esta urbe de cantar misa en el altar del Santo. Me hospedó caritativamente en su casa el arcediano Guillermo, hermano del Obispo zaragozano Bernardo, nacido en Narbona y varón que se parece mucho a vos, Dom Gualter. Familiarmente hablando con dicho arcediano le comuniqué mi deseo de ir a Valencia donde descansa el cuerpo de San Vicente y le rogué me aconsejara. Parecido deseo tenía él pero no se atrevía a emprender el viaje por miedo a los gentiles. Acto seguido mandó llamar a dos monjes mozárabes de San Vicente que casualmente moraban en Zaragoza a los cuales, después de saludarles con el ósculo de la paz, pregunté sobre su procedencia y me contestaron que eran monjes de San Vicente de Cuervo. Les pregunté dónde se hallaba este lugar y me dijeron que cerca de Valencia hay una Abadía construida en honor de San Vicente y cuyo cuerpo se halla recóndito debajo del altar mayor. Su nombre se debe a que allí hay dos cuervos que conducen a los peregrinos a San Vicente y sin la ayuda de esas aves nadie podría llegar al monasterio ya que la iglesia está edificada cerca de la orilla y todas las noches sale del mar un viento tal que remueve la arena hasta borrar toda senda. Es un viento tan fuerte que si hoy sorprendiera a un ejército de diez mil hombres mañana no se hallaría rastro ni siquiera de uno solo. Y dos cuervos permanecen siempre sobre los tejados del templo en espera de los peregrinos hacia los cuales se dirigen para enseñarles el camino revoloteando delante de ellos. Se dice que son descendientes de aquel cuervo que defendió de las bestias el cuerpo de San Vicente cuando este fue tirado por orden de Daciano. También me dijeron que puede haber hasta cuarenta monjes en su cenobio, que tenían abad y que seguían la regla de San Benito. Cuando les pregunté para probarles si comían carne me contestaron que no de cuadrúpedos porque lo prohíbe San Benito, pero que carne de aves comían pocas veces porque tenían más abundancia de peces ya que todos los días sus pescadores se hacen a la mar de donde vuelven siempre con tantos peces como hermanos y huéspedes se hallan en el monasterio. Son unos peces grandes, tanto que cada hermano queda saturado con comer uno solo. Hace más de treinta años que viven en el cenobio de San Vicente y jamás faltaron ni sobraron pescados para comer. También les pregunté en cuantas jornadas se podría llegar a Valencia y me contestaron que en seis podría llegar quien no tuviera miedo a los paganos y emprendiera el camino recto, pero que nadie se atrevía a ir por él. Les manifesté mi deseo ardiente de poder orar ante el*

*sepulcro de tan glorioso Santo y me aconsejaron ir primero a Sant Yago y juntarme con los mercaderes para, después de pagar el acostumbrado tributo, obtener salvoconducto y poder caminar seguro. Me dijeron que necesitaría por lo menos cinco semanas y que no podría juntarme con ellos para regresar a su monasterio porque el Rey Señor Alfonso después de conquistar Zaragoza sitió a los paganos de Valencia con poco éxito. Aquellos, creídos que el Rey les había hecho la guerra por consejo y ruego de los monjes, invadieron al filo de la medianoche el monasterio y, tras destruir su hacienda, les expulsaron a todos y a su Abad el primero. El Rey les trajo a sus tierras y les colocó a pares en diversas casas. Después de oír todo, desesperé de emprender el camino de Valencia. El arcediano me llevó un día a cierta iglesia llamada de "las Santas Masas" en la cual descansan los despojos de más de cuarenta mil mártires ante cuyos sepulcros me arrodillé e invadió mi pecho una dulzura tal que no pude retener las lágrimas. Después escribí la pasión de estos mártires en este mismo cuaternión para que sirviera de edificación a todos."*

*El Rey Alfonso fue hijo del Rey Sancho, engendrado por la tía materna del Señor Bartolomé, Obispo de Laón. Salud.*

*Pablo C. Díaz*, en su obra "*El Peregrino en la ciudad: Expresionismo religioso en la Hispania tardoantigua*" dice que sobre las tumbas de los mártires se edificaron iglesias. Nuestro santo fue uno de los que sus reliquias se distribuyeron más ampliamente con lo que su culto creció en multitud de lugares, sobre todo en *España*, *Portugal, Francia* e *Italia* en que se han llegado a contabilizar más de ochocientos templos en su honor. Muchos autores coinciden pues en que *San Vicente* fue el más celebrado y difundido de los mártires hispanos. El novelista *Gabriel Castelló*, autor de "*Devotio*", obra en la que se recoge el periplo de *San Vicente*, enlaza con esa idea y manifiesta que, por ser *Valentia* el teatro de sus tormentos, se convirtió al lugar en centro de peregrinación del primitivo cristianismo, por lo que contó con eso a su favor frente a otras ciudades como *Saguntum* a la hora de convertirse en capital de provincia. Si andamos con los ojos bien abiertos, nuestra ciudad nos muestra muchas de las huellas que el patrón ha dejado en nuestra arquitectura o imaginería. Casilicios, esculturas, imágenes en pináculos, rotulaciones callejeras, cárceles, reliquias, retablos cerámicos, etc,... Por ello nuestra ruta vicentina urbana debiera estar en la mente de todos los valencianos siendo ineludible visitar la *iglesia de Santa Mónica*, la catedral, la basílica, las dos cárceles de *San Vicente*, la propia calle de su nombre, las dos iglesias dedicadas en la *plaza de España* y en *Ruzafa* y, al final, el conjunto de *San Vicente de la Roqueta* para vivir en primera persona cómo nuestra ciudad lo homenajea. Esta última sigue siendo una de las asignaturas pendientes de la arquitectura de nuestra ciudad y no nos cansaremos de recordar que la gestión del alcalde de *Valencia* de mediados de los setenta del pasado siglo, *Miguel Ramón Izquierdo,* hizo que hoy podamos seguir contemplando el conjunto íntegro y su claustro no haya perecido pasto de los edificios impersonales que en esa época se hicieron en nuestra ciudad. Y, replicando nuestro patronazgo, otras dos grandes capitales europeas como *Lisboa* y *Berna* nos acompañan en la aventura.

> *"La terra on Adam primerament habitá quan estec gitat de paradís terrenal, ço es Ebron, ne la terra de promissió, ne patria que lo mon sia per gran nom que haja, no abunda en tanta fruita estranya ne en arbres fragants e preciosos com aquesta". (Francesc de Eiximenis).*

## 55.- La prenda divina por una conquista.

Algo no ha hecho bien *Valencia* a la hora de que su nombre no vaya ligado casi como apellido natural a la reliquia más importante de la cristiandad. Si nos fijamos en el ejemplo de la Sabana Santa o "*Sindone*", es difícil no finalizar su mención conjugándola con la ciudad que la acoge refiriéndonos a ella como "*Sábana Santa de Turín*". En cambio eso no sucede con *Valencia*. Por eso no es exagerado pensar que también en esto nuestra política de comunicación ha fallado. Referirnos al "*Santo Cáliz de Valencia*" sería en este caso muy justo y daría relumbrón a la ciudad que lo acoge.

*Jorge Manuel Rodríguez Almenar*, profesor de Derecho Civil de la *Universidad de Valencia* y presidente del *Centro Español de Sindonología*, nos manifiesta que una tradición consolidada afirma que esta copa fue la utilizada por Cristo con sus apóstoles durante la Última Cena. Y es que, por sus características, bien pudo ser la copa de bendición de una familia acomodada, copa que se usaba como elemento singular durante la Pascua judía. En su estructura observamos dos elementos diferenciados como son una copa tallada en piedra de calcedonia, ágata o cornalina oriental, de siete centímetros de altura y nueve y medio de diámetro, procedente de un taller oriental helenístico romano, que el investigador *Antonio Beltrán* fechó entre el siglo IV A.C. y el primer siglo de nuestra era, y un pie de orfebrería con asas y piedras preciosas que es el relicario que se añadió en siglos posteriores para resaltar la pieza principal.

La tradición afirma que este cáliz habría sido llevado por *San Pedro* a Roma. Teniendo en cuenta que quien le acompaña a *Roma* es *Juan Marcos*, en cuya casa según el *Libro de los Hechos de los Apóstoles* los cristianos se reunían en Pascua, esto es el *Cenáculo*, no es extraño que *Juan Marcos,* como propietario del cáliz, se trasladara con ella y con *Pedro* a la capital del imperio. Los sucesores de *Pedro* conservaron así y celebraron la misa con este cáliz, como acredita el canon romano, hasta el papado de *San Sixto II*. Durante el pontificado de este Papa se desató una feroz persecución contra los cristianos ordenada por el emperador *Valeriano* y, el diácono *San Lorenzo*, encargado de la liturgia, habría enviado el Cáliz en el siglo III a casa de sus padres en *Osca* (Huesca), custodiado por el soldado *Precelio*, para salvarlo de la destrucción. Durante la invasión musulmana, a partir del año 713, el Cáliz iría pasando por diversos lugares aragoneses recónditos que marcarían, según la tradición oral, la "*Ruta del Santo Cáliz*": una cueva en *Yesa, San Pedro de Siresa, San Adrián de Sásabe, San Pedro de Bailio* y otros lugares. El magnífico *monasterio de San Juan de la Peña* fue el último lugar donde se acogió el Cáliz pues un documento de fines del S.XI nos refiere allí la estancia en un arca de marfil de una preciosa copa de piedra. Desde allí, tres sedes reales verían el paso del cáliz, primero, el *Palacio Real de la Aljafería* de *Zaragoza* en el año 1399 donde fue llevado por el rey de *Aragón Martí I "el Humano"* y, posteriormente hasta su fallecimiento en el año 1410, en el *Real* de *Barcelona*. El año 1424 el Rey *Alfonso V "el Magnánimo"* llevó el relicario real a la capilla del *Palacio del Real de Valencia*. En el año 1437 la reliquia fue entregada al cabildo catedralicio en garantía de un préstamo de 40.000 ducados de oro que sirvieron para financiar sus conquistas en las islas italianas del *Mediterráneo*. Como quiera que este préstamo nunca fue devuelto, dicha reliquia quedó en propiedad de la catedral.

Un grave percance sucedió un 3 de abril de 1744 cuando el canónigo de la catedral *Vicente Frígola*, al ir a sacar una sagrada forma del Santo Cáliz, hizo resbalar la copa partiéndose esta en varios pedazos. Esta fue reparada de inmediato pero el canónigo quedó tan afectado por el percance que murió en el plazo de quince días. Durante los siglos siguientes la copa fue guardada en el relicario de la catedral, saliendo únicamente durante la invasión napoleónica en dirección a *Alicante, Ibiza* y *Palma de Mallorca* para preservarlo de la apropiación o destrucción masiva de tesoros artísticos de aquella época por los franceses. Es en el año 1916 cuando encontró su ubicación definitiva en la antigua *Sala Capitular* de la catedral de *Valencia* en la que se había acondicionado a modo de retablo la impresionante puerta tardogótica del coro. Esa sala será denominada desde entonces "*Capilla del Santo Cáliz*".

De la peripecia que sufrió el *Santo Cáliz* durante la Guerra Civil española hay para una novela completa. El 21 de Julio de 1936, pocas horas antes de que se saqueara y quemara la catedral, el *Santo Cáliz* fue sacado del templo envuelto en papel de seda y disimulado entre un periódico. Fue entonces cuando un canónigo entregó el objeto a *María Sabina Suey*, que era persona de su confianza, para ser escondido en el domicilio de esta señora sito en la cercana *calle Avellanas*. Aquí aconteció un episodio memorable pues, según el testimonio de los familiares de *Sabina Suey*, alertado un grupo de anarquistas de que en esta casa podría ocultarse la santa reliquia, realizaron un registro exhaustivo. Afortunadamente, quien condujo ese registro fue *José Pellicer*, que era una persona con un elevado nivel cultural y sensibilidad. En la habitación de *Sabina* abrió un armario y descubrió en su fondo la reliquia, por lo que de inmediato lo cerró al ser consciente del valor de esta e instó a sus compañeros a abandonar la casa. Alertada *Sabina* del peligro que corría el objeto, la copa pasó a la población de *Carlet*, donde permaneció emparedada en la casa de unos familiares de la señorita *Suey* hasta el 30 de marzo de 1939, fecha en que se instaló provisionalmente en la *Lonja* antes de volver a la catedral.

Los prejuicios han hecho que haya gente que dude de la autenticidad del cáliz de *Valencia*, aunque no exista ningún argumento histórico en contra. A esto también ha ayudado la existencia de otros posibles candidatos sin ningún apoyo histórico que se disputarían con el de *Valencia* el honor de haber sido utilizado durante la Última Cena. Para aclarar estas cuestiones, se convocó y reunió en Valencia durante los días 7, 8 y 9 de Noviembre del año 2008 el *I Congreso Internacional sobre el Santo Cáliz: "Valencia, la ciudad del Santo Grial"*. En dicho congreso, los más prestigiosos estudiosos e investigadores disiparon muchas de las dudas que se habían generado sobre este tema. De entre las conclusiones a las que llegaron, cabe destacar estas tres: que la tradición que relaciona el *Santo Cáliz* de *Valencia* con la Última Cena es coherente desde el punto de vista lógico e histórico, que ninguna otra pieza reúne las mínimas características que le conviertan en alternativa real del *Santo Cáliz de Valencia* y que no hay ningún elemento histórico, formal o material que permita negar la posibilidad de que nuestra copa pudiera estar en la *Judea* del tiempo de *Jesús* en la celebración de una Pascua judía.

Todo esto debiera llevar a que los trámites para la solicitud ante la UNESCO del Santo Cáliz como *Patrimonio de la Humanidad* siguiesen un camino más fluido que el de otros casos conocidos que duermen el sueño de los justos.

> *"Nunca tampoco vimos otra ciudad como Valencia en la que todas las iglesias están tan delicadamente adornadas con ornamentos de altares y retablos dorados como esta". (Munzer, viajero alemán en 1494).*

## 56.- La leyenda negra de los nuestros.

Una familia valenciana de orígenes rurales consiguió, en menos de cincuenta años, dar dos papas a la Iglesia, emparentar con cuatro familias reales, engendrar después un santo y convertirse en la familia más poderosa del *Renacimiento.* Los *Borja*, con los que mi abuela compartía apellido, nombre de la localidad aragonesa de su origen, familia de los que reivindico su nombre original en contra de italianizar de forma falsa su apellido como *Borgia* por decisión del propio *Alejandro VI,* han sufrido la peor de las leyendas negras. Ninguna familia ha sufrido un vapuleo tan contundente en sus logros y sus fracasos, en sus pactos y sus intrigas, hasta llegar a vinculárseles con la mismísima estirpe del diablo. Porque incurrir en el error de juzgar la historia remota con los ojos del presente es algo que hacemos con contumacia. Cinco personajes nos dan cuenta de su importancia histórica:

1.- *Alfonso de Borja, Calixto III*, (1378-1458) es el primer personaje que dará a la historia esta familia que procedía de la localidad aragonesa de *Borja* y que llegaron a territorios de *Xátiva*, hoy de *Canals*, con la conquista de *Jaime I.* Su ascenso social comienza cuando el rey *Alfonso V, "el Magnánimo"*, lo hace consejero suyo por sus conocimientos de derecho canónico y civil, culminados de forma brillante con la exitosa negociación con *San Vicente Ferrer* y el *Papa Luna* que pusieron fin al *Cisma de Occidente.* Esto hizo que "*el Magnánimo*" pusiera todo su empeño en que alcanzase el obispado y posterior papado, durante el cual se obsesionó en detener el avance de los turcos pues ya habían ocupado *Constantinopla.* No menos cruento fue su enfrentamiento posterior con el monarca que le había promovido al papado por la investidura que este hizo del reino de *Nápoles*, el cual había reivindicado el Papa como dominio pontificio. Con la muerte del rey, *Calixto III* negará la investidura al príncipe *Ferrante*, hijo bastardo del *Magnánimo*, y sólo la muerte del papa salvará el trono de *Ferrante.*

2.-Su sobrino, *Rodrigo de Borja*, (1432-1503) se trasladó pronto a *Italia* desde *Xátiva* para ser nombrado cardenal por su tío y, en el año 1458, obispo de *Valencia.* En 1457 ya era vicecanciller de la Iglesia, habiendo sido confirmado por cinco papas distintos y, por tanto, fue un personaje de gran jerarquía tiempo antes de ser investido en el año 1492 con la dignidad papal con el nombre de *Alejandro VI.* Tuvo justa fama de ser un buen administrador y no menos justa de sucumbir de forma pertinaz a los placeres carnales viviendo un erotismo muy evidente. Fruto de ello fueron dos hijas y cuatro hijos reconocidos, *Pedro Luis, Girolama, Giovanni, César, Lucrecia* y *Giofe*, hijos los cuatro últimos de *Vanozza di Catanei* a la que trató como su esposa legítima. Como otros muchos papas, estuvo en contra del celibato de los religiosos y se dice que muchos cardenales le votaron en el cónclave para recibir recompensas por la cuantiosa fortuna que amasó en su periodo de vicecanciller. Fue un papa tan popular que su elección se celebró con euforia por las calles de *Roma* y adoptó su nombre por *Alejandro el Magno*, pero lo cierto es que, con él, el nepotismo y la distribución de los bienes materiales y cargos entre sus familiares alcanzó su máxima expresión. Gran mecenas, apadrinó a artistas de la talla de *Leonardo, Miguel Angel, Tiziano* o *el Bosco* y construyó numerosos edificios dentro y fuera de *Roma*. Por otro lado, concedió a *Fernando el Católico* el dominio de todos los bienes de sus campañas en las *Indias* en detrimento de bulas anteriores que favorecían a *Portugal*.

Para financiar su gobierno y sus guerras no dudó en vender cargos eclesiásticos, apoderarse de las propiedades de los cardenales difuntos o conceder dispensas y divorcios como negocio. En agosto del año 1503 falleció de malaria, aunque corrió el rumor de que había sido envenenado por el papa *Pio III*, que le sucedió, y también una leyenda cuenta que se pudo ver cómo el diablo se llevaba su alma hasta el infierno. Lo cierto es que los romanos se alegraron de su muerte casi más que de su elección. *Iacopo da Voltera* le describía así: " *un hombre dotado de un intelecto capaz de cualquier cosa y gran sentido común; ávido argumentador, de naturaleza astuta y con una maravillosa habilidad resolviendo diligencias*".

3.-*Alejandro VI* hizo arzobispo de *Valencia* a su hijo *César* en el año 1492 y cardenal un año después sin haber sido ni siquiera sacerdote. *Alejandro VI* admitió públicamente que *César* era su hijo ilegítimo para que fuera anulada su dignidad cardenalicia y pudiera dedicarse a la guerra y la política y recuperar así los estados pontificios. Tras la muerte de *Alejandro VI* en el año 1503, *César* huyó a la localidad navarra de *Viana* y murió combatiendo en el año 1507 junto a su cuñado, el rey *Juan III de Albret*. *Maquiavelo*, quien se basó en su figura para escribir "*El Príncipe*", escribió sobre él: "*Es un Señor espléndido y magnífico y tan audaz que cualquier empresa por difícil que sea la maneja como si fuera sencilla. Par ganar gloria y dominios se roba a sí mismo su reposo, y no conoce ni el peligro ni la fatiga. Llega antes que sus propósitos hayan sido comprendidos. Se hace querer entre sus soldados, eligiendo para ello a los mejores de toda Italia. Estas cosas son las que le han hecho victorioso y formidable, junto a la ayuda perpetua de la buena suerte".*

4.-*Lucrecia* fue a un convento para recibir una completa educación. Casada por arreglos matrimoniales, *César* asesinó por reyertas personales al segundo marido de *Lucrecia, Don Alfonso, Duque de Bisceglie.* Su leyenda negra hizo que se la conociera como "*la hija del papa, esposa y nuera*" por sus presuntas relaciones con su padre y hermano. En los últimos años de su vida se dedicó a educar a sus hijos y continuó con la labor de mecenazgo artístico de su padre, dedicándose también a obras caritativas. En junio de 1519 moría *Lucrecia* a los treinta y nueve años de edad como consecuencia de su séptimo parto.

5.-Como contrapunto, la familia *Borja* dio un santo, *Francisco de Borja.* Nacido en *Gandía*, fue un niño piadoso que pronto quiso ser monje pero fue enviado por su familia a la corte del emperador. En el año 1539 *Carlos I* lo nombró por su confianza en él *Virrey de Cataluña*, honor que sumó al de *Duque de Gandía.* Al fallecer su esposa *Leonor* en marzo de 1546, *Francisco* decidió ingresar en la *Compañía de Jesús* tras renunciar a sus títulos. A pesar de que se le ofreció el título de cardenal, lo rechazó para llevar una vida de predicador itinerante. En el año 1554 se convirtió en *Comisario General* de los jesuitas en *España* y, en 1565, fue *Padre General* de la Orden fundada por *San Ignacio de Loyola.*

Recomiendo por último una visita a *Gandía* para contemplar las magníficas esculturas que representan a esta familia y que, como piezas de ajedrez urbano, vigilan sus calles recordando su pasado esplendor.

> *"Pocos personajes antiguos han padecido una tan sistemática y duradera deformación de su realidad histórica, como la que ha soportado la familia Borja, y especialmente Alejandro VI y sus más célebres vástagos, César y Lucrecia". (Jordi Savall i Bernadet. Musicólogo).*

## 57.- Una Custodia sacada a las calles.

Del carácter festivo del pueblo valenciano, capaz de convertir las fiestas en obras de arte, casi todo se ha escrito. Entre todas, la fiesta religiosa del *Corpus Christi*, que tiene sus raíces clavadas en el mundo medieval, ha sido considerada históricamente como la fiesta grande de la ciudad. Pero sólo en *Valencia* nos encontramos con una serie de singularidades en la celebración de esta fiesta que la hacen única en el mundo.

Pero vayamos a los inicios. Esta fiesta fue instituida por el papa *Urbano IV* en el año 1263 por medio de una bula que se denominó *Transiturus hoc mundo*, hecho que hizo que se extendiera rápidamente por toda la cristiandad. En sus inicios se celebró dentro de las paredes de los templos con procesiones que recorrían capillas, claustros y atrios para dar solemnidad a su culto. No podemos asegurar que la procesión del *Corpus* de *Valencia* fuera la primera que se celebrara de forma urbana fuera de las paredes de un templo, aunque no faltan expertos que así lo afirman. Así, el erudito de *Algemesí* padre *Vicente Castell Maiques* en el libro de *Baltasar Bueno, "La Festa del Corpus"*, afirma que fue de las primeras y que, cuando todas las procesiones del *Corpus* eran claustrales, el obispo de Valencia *Hugo de Fenollet* promovió un 4 de junio del año 1355 una procesión que transitara las calles de la localidad. En esto fue apoyado por el Cabildo catedralicio, los Jurados de la Ciudad, el Justicia y los prohombres de *Valencia*. En ella, el Santísimo Sacramento fue acompañado por autoridades y clérigos de la ciudad. Sólo un año después, metidos de lleno en la conocida como "*Guerra de los Pedros*" entre *Pedro el Ceremonioso de Aragón* y *Pedro I de Castilla*, *Valencia* fue sitiada y se suspendió dicha procesión, decidiéndose desde entonces que cada año se celebrara en una parroquia distinta. Como decimos, otras fuentes aseguran que anteriormente pudo haber alguna celebración urbana en varias localidades catalanas. En otras localidades de gran tradición como *Toledo* habrá que esperar hasta el año 1418 para conocer por primera vez la procesión eucarística por sus calles. Los primeros datos sobre la celebración del *Corpus Christi* en la ciudad de *Sevilla* se remontan al año 1426, y ya a partir del siglo XVI se convertirá en la principal fiesta hispalense. Lo que sí podemos afirmar, como hace *Francisco J.Flores*

*Arroyuelo* en su obra "*Fiestas de Pueblo*", es que la procesión del *Corpus* que a principios del siglo XX tenía mayor antigüedad era la de *Valencia*, respetando el modo en que se venía celebrando desde tiempos remotos.

Es en el año 1372 cuando se produce un resurgimiento de la fiesta en la que la música de la época, las danzas que hoy perduran y la participación de los gremios con sus banderas van a dar gran solemnidad al acto. La invitación del "*Capellà de les Roques*" a las autoridades y vecinos de la ciudad para que asistan a la procesión data ya del año 1516 y a este se denomina "*Cavalcada del Convit*" *(Cabalgata del Convite).* Es singular que, antes de la deslumbrante procesión, desfilan por el mismo recorrido que luego hará esta y acompañadas por música las conocidas como "*Rocas*". Estas son unos carros triunfales donde antaño se representaban misterios bíblicos que alojan distintas figuras y que son arrastrados por caballos enjaezados con lujo al estilo valenciano, siendo conducidos por huertanos o "*llauradors*" ataviados con el clásico blusón negro. Estas representaciones o "*misteris*" datarían de los siglos XV y XVI y hoy se realizan en tablados destinados al efecto. Durante el resto del año las *Rocas* se guardan en una nave de gran altura llamada "*Casa de las Rocas*" en que pueden ser visitadas.

La desamortización de *Mendizábal* de 1836 y la supresión de muchas comunidades religiosas que participaban en la procesión supuso un decaimiento de su vistosidad y participación. La Segunda República confinó su celebración al interior de las iglesias y hoy se puede decir que se han recuperado los personajes que fueron desapareciendo con el paso de los tiempos.

En la fiesta del *Corpus de Valencia* se pueden distinguir claramente tres partes:

1. "*Traslado de las Rocas*" manualmente hasta las *Alameditas de Serranos* y posteriormente ante la fachada de la Basílica.

2. "*Procesión de la mañana o Cabalgata del Convite*" donde volvemos a encontrar variedad de personajes singulares.

3. "*Procesión de la tarde o Procesión del Corpus*".

Respecto a las *Rocas,* podríamos datar su invención en el año 1413 en el momento en que la ciudad quiso agasajar a su nuevo rey, *Fernando I de Antequera*, elegido en *Caspe,* en su primera visita a *Valencia.* Históricamente, algunas rocas han ido desapareciendo aunque se sabe la motivación y dedicación que tuvieron. Las once rocas existentes en la actualidad tienen estructura de barco antiguo y son estas:

-La de *San Miguel* (1528) representa la eliminación de la fe musulmana de nuestra ciudad y el restablecimiento de la fe católica.

-La roca *Diablera* (1542) recuerda la época en que *Valencia* se hallaba dominada por los musulmanes.

-La de la *Fe* (1542) por la que el invicto rey don *Jaime I de Aragón* entró en *Valencia* restableciendo en su capital y reino la religión católica.

-La de la *Purísima* (1542) representa hallarse *Valencia* en situación de reconocer el misterio de la pura concepción de la Virgen, del que siempre fue entusiasta defensora.

-La de *San Vicente Ferrer* (1665) representa al santo con la espada flamígera levantada en actitud de defensa y protección, con alas y con el escudo de la ciudad.

-La de la *Santísima Trinidad* (1674) representa la creencia del pueblo valenciano en este misterio.

-La roca *Valencia* (1855) conmemora el *IV Centenario de la Canonización de San Vicente Ferrer.*

-La de la *Fama* (1899) es una personificación de la voz pública, voz pregonera en este caso de las glorias valencianas.

-La del *Patriarca San Juan de Ribera* (1961) fue realizada con motivo de la canonización de *San Juan de Ribera.*

-La de la *Mare de Déu dels Desamparats* (1995) fue realizada con motivo de la conmemoración del *V Centenario de la Advocación "Mare de Deu dels Desamparats"* por concesión del rey *Fernando el Católico.*

-La del *Santo Cáliz* (2001) conmemora la presencia de la más importante reliquia de la cristiandad en nuestra catedral.

Por último, quiero resaltar las particularidades que hacen de nuestra procesión única en su género:

1.- Es la única procesión de *España* donde aparecen personajes del Antiguo y Nuevo Testamento, contraviniendo así la bula papal que lo prohibía.

2.- El orden de la procesión es opuesto al del resto de procesiones del *Corpus*. Sólo en *Valencia* la custodia sale al final de la procesión.

3.- La procesión del *Corpus* de *Valencia* se celebra por la tarde desde el año 1.506 para que pudieran asistir a esta los *Reyes Católicos* y sólo en contadas ocasiones se ha vulnerado esta tradición.

4.- Es la única procesión donde aparece la figura de los "*Cirialots*", que son hombres de más de dos metros de altura y gran peso ataviados con barbas y túnicas blancas que portan cirios de gran tamaño. Representan a los veinticuatro ancianos que según el *Apocalipsis de San Juan* dan culto al trono de Dios.

5.-Es el único lugar donde se celebra la *Cabalgata del Convite* como anuncio de la procesión.

6.- Es la festividad del *Corpus* más antigua que se ha mantenido invariable en el tiempo.

> *"E per aquestes mateixes raons es digna cosa que la ciutat qui es cap de tot aquest regne , haja nom Valencia , que aitant vol dir ciutat de valor e ciutat que per Excel.lencia val e ha valgut e valdrá ab la ajuda de Nostre Senyor Deus fins a la fí del mon". (Francesc de Eiximenis , Carta a los Jurados , 1385).*

# 58.- El alimento de los huérfanos.

Ha quedado visto que, con distintas instituciones, *Valencia* fue pionera en labores asistenciales que procuraban una vida mejor para amplios colectivos desfavorecidos. En el caso de los conocidos como "*Consultorios de Niños de Pecho y Gota de Leche*", su fundación se remonta al siglo XIX en *Francia* y son varias las personas y los momentos claves para su impulso. La primera consulta de maternidad que se conoce es la del *Hospital de la Caridad* de *París*, abierta en el año 1892 por el francés *Pierre Budin*. A su vez, el *Dr. Variot*, profesor de Pediatría del *Hospital de Niños de París* y encargado del *Dispensario de niños pobres de Belleville*, creó una consulta para lactantes en la que se atendía a madres que no podían amamantar a sus hijos, ofreciéndoles como alternativa la lactancia artificial. Su bella denominación de "*Gota de Leche*" es sacada de una poesía del poeta romántico *Alfred de Musset* en el siglo XIX.

Se tiene por cierto que la llegada a *España* del primer *Consultorio de Niños de Pecho y Gota de Leche* fue propiciado por *Rafael Ulecia y Cardona* un 22 de enero de 1904 en *Madrid*. Para ello, viajó hasta *París* y *Belleville* para conocer de cerca el consultorio y el dispensario, consultando cómo se "*maternizaba*" la leche de vaca por medio de una desnatadora, centrifugadora y esterilizadora para darla a los niños que no podían ser amamantados por sus madres. Tiempo antes, el doctor *Francisco Vidal Soares* atendía desde el año 1890 en *Barcelona* un consultorio gratuito para niños de pecho a los que dispensaba leche esterilizada, harina, verduras y pan a los menores de trece años.

Pero todos estos antecedentes son ampliamente superados por lo que sucedió en la ciudad de *Valencia* en el año 1885. El doctor *José Sanchis Bergón*, médico municipal y persona de gran prestigio que años más tarde sería nombrado alcalde de la ciudad, fundó el 28 de junio de 1885 el *Asilo de San Eugenio* para lactantes huérfanos de fallecidos por la epidemia de cólera. Junto a *Baltasar Settier* y *Luis Matton*, consiguieron reunir una serie de donativos en metálico y especie para comprar camas y útiles que ubicaron en un primer local proporcionado por *Settier* en la *Vuelta del Ruiseñor*, 46 de *Valencia*, muy cerca del *puente de la Trinidad*. Esta casa de recreo situada junto al *Llano del Real*, estaba destinada a alojar y atender a huérfanos menores de cinco años. Cumplida esta edad, si no eran reclamados por sus familias o adoptados, pasaban a otra institución de caridad. De ellos, los recién nacidos contaban con un servicio de nodrizas que, fuera del centro, los atendían amamantándolos durante el periodo de lactancia. No debemos confundir a los niños que eran recogidos en las inclusas, que eran de procedencia desconocida, de los que quedaron huérfanos a causa de la defunción de sus progenitores y que eran los que atendía este asilo. La primera niña huérfana recogida en el asilo lo fue el 28 de junio de 1885 y se llamaba *María del Remedio Sánchez Peris*, hija de los fallecidos por cólera *Torcuato Sánchez* y *María Peris*. Por tanto, esta institución proporcionaba las mismas atenciones a lactantes que la *Gota de Leche*, aunque no tenía ese nombre y siempre se hacía gratuitamente.

El mismo *Sanchis Bergón* crearía en el año 1906 la *Asociación Valenciana de Caridad* como albergue de necesitados y que es aún hoy la gran referencia caritativa de nuestra ciudad, impulsando igualmente en el año 1920 la creación de la *Federación de Colegios Médicos de España* y de la que sería elegido presidente. Esta institución de beneficencia privada fue desde sus inicios regida por las *Hijas de la Caridad de San Vicente de Paúl*, superando siempre las grandes dificultades económicas que se les fueron presentando. Durante la Segunda República española, el asilo fue amenazado varias veces por los milicianos pero la gente del *barrio de Sagunto* siempre las defendía ante los que las perturbaban. Tal injusticia se debía a que las hermanas tenían hasta quinientos veintidós niños acogidos entre internos y externos. Además, los vecinos argumentaban que las *Hijas de la Caridad* estaban al margen de toda inclinación u opinión política y que lo suyo era el trabajo de cada día supliendo a las madres de aquellos niños abandonados. A partir de julio de 1936 arreció el acoso con registros en la casa, interrogatorios interminables y acusaciones falsas, que terminarían con la expulsión de las hermanas, el día 25 de Julio, y la apropiación del edificio y enseres de la fundación.

No debe confundirse el *Asilo de San Eugenio* con el *Asilo de Lactancia* que fundara en 1873 en *Valencia* el rey *Amadeo de Saboya* para el cuidado de los hijos lactantes de las mujeres trabajadoras de la *Fábrica de Tabacos*. Su primera ubicación estuvo cercana a los jardines de la *Glorieta* frente a la actual *Audiencia* y era conocido popularmente como *Gota de Leche*. Por la falta de espacio de los locales, la *Sociedad de Tabacos* encargó la construcción de una nueva *Fábrica de Tabacos* en la actual *calle Amadeo de*

*Saboya* y se construyó el nuevo asilo como hoy lo conocemos a espaldas del *Palacio Municipal de la Exposición.*

> *"Valencia es un lugar de gran belleza y su fama ha llegado a Oriente y Occidente. Si te dicen que cuando falta el agua es afligida por el hambre y las enfermedades y la ciudad entera se convierte en un recinto de miseria y desolación, diles pese a todo que Valencia es un jardín" (Ali Ben Hariq. S.XII y XIII).*

## 59.- Un seminario talismán contra la peste.

Entre los hechos curiosos de nuestra *Valencia* eclesiástica destaca que aquí se estableció el primer colegio con tintes de seminario tal y como hoy conocemos estas instituciones. Así, *Santo Tomás de Villanueva*, religioso agustino y arzobispo de *Valencia* entre 1544 y 1555, fundó el 21 de noviembre de 1550 el "*Colegio Mayor de la Presentación de la Bienaventurada Virgen en el Templo*", considerado comúnmente el único seminario diocesano para la formación de sacerdotes que se instituyó con anterioridad al *Concilio de Trento*. Tal y como prescribe el Art.4 de las *Constituciones Fundacionales del Santo*; "*que en él se instituyan aquellos que quieran recibir el Orden del Presbiterado*" primando en sus colegiales la pureza de vida y la honestidad de costumbres al brillo de la sabiduría, subsistiendo todavía en la actualidad como seminario en la *calle del Pintor Sorolla*. También en ellas se manifiesta que "*Declaramos que nuestro propósito ha sido fundar este colegio para estudiantes pobres, quienes formados e instruidos en él con suma pureza y santidad puedan llegar al sagrado orden del presbiterado y, una vez hubieren salido del colegio, sean en esta nuestra diócesis valentina celosos sacerdotes que lleven las almas a Dios con su predicación, su saber y su ejemplo.*"

*Carlos Martínez Herrer*, profesor de la *Universidad Católica San Vicente Mártir*, señala en su trabajo "*SANTO TOMÁS DE VILLANUEVA O.S.A. Y LOS COLEGIOS JESUITAS DE VALENCIA Y GANDÍA*" que existió una íntima vinculación de patronazgo de *Santo Tomás de Villanueva* con la entonces incipiente *Compañía de Jesús* y que los colegios de esta orden de *Valencia* y *Gandía* fueron incluso anteriores a la creación de la institución tomasiana. Es por ello por lo que afirma que este conocía las iniciativas pioneras que los jesuitas desarrollaban y que bien pudieron ser la experiencia piloto que llevaron a establecer las disposiciones trentinas en cuestión de promoción de la formación de sacerdotes. No debe sorprendernos que se diga por tanto que los jesuitas fueran los grandes promotores de dicha formación sacerdotal después del *Concilio de Trento*.

*Santo Tomás de Villanueva* había sido estudiante y maestro de Artes y Teología en *Alcalá de Henares*. Como su intención fue la de profesar en el *Convento de San Agustín* de *Salamanca,* rehusó una cátedra de filosofía *natural* en la universidad. Es por eso por lo que su conocimiento de la vida de los "*colegios*" o "*colegios mayores*" antes de llegar a *Valencia* debió ser muy profundo. Prosigue *Carlos Martínez* diciendo que: "*Desde la Baja Edad Media hasta fines del siglo XVIII, especialmente en las universidades españolas, un colegio mayor era una institución que impartía formación universitaria de grados mayores (licenciatura y doctorado) y daba alojamiento a los estudiantes. Los colegios mayores funcionaban con una gran autonomía; los profesores iban a dar clases en ellos, aunque luego los colegiales debían rendir examen en la Universidad. Los propios colegiales regían su Colegio en los aspectos administrativos y económicos y nombraban rector de entre ellos. Los estudiantes de los colegios más renombrados presumían durante toda su vida de haber pertenecido a ellos. Este es el régimen que, mutatis mutandi, se contiene en las Constituciones del Colegio Mayor de la Presentación*". Observamos aquí igualmente el caso de estudiantes pobres cuya formación era costeada por algún miembro adinerado y de cuyo conocimiento también tuvo *Santo Tomás* por su estancia pasada en *Alcalá* en el *Colegio de San Ildefonso*. Por tanto, la fundación del considerado primer seminario del mundo viene precedida del conocimiento de la existencia previa del colegio-seminario jesuita de *Valencia* (1544), del colegio-seminario jesuita de *Gandía* (1545) y de la erección de la Universidad jesuita de *Gandía* (1547), cuyos modelos le sirvieron de ejemplo. Todas estas instituciones son muy anteriores, y por tanto antecedentes causales, de la reforma en materia de formación sacerdotal del *Concilio de Trento*.

Pero la evidente relajación de costumbres y actitudes impropias del clero valenciano en el momento de la llegada de *Santo Tomás de Villanueva* a la sede valentina, propició que creara el "*Colegio de la Presentación*" como precursor de los seminarios posteriores al *Concilio de Trento*. El 2 de agosto de 1544 el Provincial de la Orden de los Agustinos había obligado a aceptar a *Tomás de Villanueva* el arzobispado de *Valencia*, condición que le había sido impuesta por el papa a petición del emperador *Carlos I*. Aquel se vio obligado a aceptar por estricta obediencia y no pudo negarse como años antes había hecho rehusando el de *Granada*. La creación del colegio, como decimos, le pareció una medida adecuada para enderezar conductas poco aleccionadoras que se habían instalado entre muchos canónigos valencianos, sin duda alentados porque la sede episcopal valenciana había estado vacante durante varios años. Para ello convocó un sínodo diocesano en el año 1548 en el que ya los canónigos díscolos se negaron a reconocer la autoridad del prelado para tomar tal determinación. Pero, al poco tiempo, se vieron obligados a rectificar, no por convicción, sino para que el fuero del arzobispo rescatara de la jurisdicción del gobernador a un canónigo que había sido encarcelado en el año 1548 por tentativa de homicidio. Conocido popularmente como el "*Colegio dels Tomasins*", esta institución fue tomada como seminario modelo de los que el *Concilio de Trento* estableció después en todos los obispados. La fundación del colegio y la orden de registrar en los libros las partidas bautismales y fallecimientos fueron las medidas en la que el santo se adelantó en aquel sínodo a algunas directrices del concilio mencionado. Finalmente, el escribano *Miguel Real* legalizaba el 7 de noviembre de 1550 el auto definitivo de la fundación del Colegio y el ya arzobispo de *Valencia Tomás de Villanueva* imponía la beca a varios colegiales. Existe un cuadro de *Ribalta* que muestra la escena de imposición de la beca a dos colegiales tomasinos.

Como curiosidad, nos dice la tradición que este colegio no fue afectado la peste que se padeció en *Valencia* en el año 1647 y no sólo no murió ninguno de los colegiales sino tampoco persona alguna de cuantos allí se refugiaron en su nombre. Tan misteriosa excepción se extendió incluso a todos los vecinos de aquella plaza pues ninguno de ellos se vio dañado por aquella peste, generando aquel hecho una misteriosa leyenda en la ciudad. Hoy queda un relieve de piedra representando a la *Presentación* en la fachada del edificio que sustituyó en el mismo emplazamiento al anterior y que procede del antiguo edificio del *barrio de Pescadores*. No debe confundirse el *Colegio de la Presentación* con el antiguo *convento de la Presentación* que estaba en el "*Edificio del Chavo*".

Para *Martínez*, "*tras la resolución 18 de la Sesión XXII del Concilio de Trento, en 1563, una de las principales bases de la reforma eclesiástica, los papas Pío IV, Pío V y Gregorio XIII suscitaron en todo el orbe católico iniciativas educativas dirigidas al clero que no eran otras que los seminarios de formación, poniéndose en funcionamiento estas instituciones educativas por parte de los obispos en sus respectivas diócesis. Al por año de ultimarse el Concilio, en 1564, y sirviéndose de una real cédula de Felipe II que lo declaraba ley de Estado, comenzaron a proliferar los seminarios en España*".

*"Valentia inter primas totus Hispaniae urbes enumeranda est". (Lucio Marineo Siculo).*

## 60.- Un médico anuncia la venida del anticristo.

No dejamos de insistir en las aportaciones fundamentales que la medicina valenciana realizó en periodos diversos y que contribuyeron a una mejora de las condiciones de vida sociales y sanitarias de grandes grupos humanos. Quizás la primera de ellas desde tiempos de la conquista cristiana fue la del enigmático *Arnau de Vilanova*, que entre sus haberes contaba con los de ser médico, teólogo y embajador de grandes figuras de la monarquía y del clero de su época. Él es reputado como el médico más importante del mundo latino medieval, implicado en su condición multifacética también en las cuestiones políticas y religiosas de su tiempo.

Sus padres eran originarios de *Villanueva del Jiloca* y se asentaron en *Valencia* con la conquista jaimina. Por tanto, *Arnau* nacería en la ciudad de *Valencia* en torno al año 1240 a pesar de las contradicciones entre sus biógrafos y, tras realizar sus primeros estudios en la ciudad, marchó a *Montpellier* para cursar unos estudios de medicina que ya en el año 1280 le habían procurado buenas rentas y merecido prestigio. Esto hizo que fuera conocido como el "*médico de Reyes y Papas*" ya que su sabiduría le llevó a ser médico de cámara de varios reyes de la *Corona de Aragón*, siendo desde 1281 médico de *Pedro II (Pedro el Grande),* posteriormente de *Alfonso II (el liberal)*, *Jaime II (Jaime el justo)* y de *Federico III (Rey de Sicilia).* A su vez, fue médico de tres papas consecutivos como fueron *Bonifacio VIII, Benedicto XI* y *Clemente V.*

En el aspecto religioso, tomó las órdenes menores como clérigo seglar en *Valencia*, como la mayoría de médicos cristianos del siglo XIII, y tuvo una activa intervención en la vida política de su tiempo casi siempre movida por sus ideales religiosos y apoyada en su prestigio profesional. El ser médico de papas y reyes le proporcionó cierta impunidad para dar difusión a sus ideas religiosas, teniendo estas una clara influencia sobre las capas burguesas ciudadanas. Entre las propuestas de *Arnau*, una de las más repetidas era la llamada a la caridad hospitalaria y a la construcción de hospitales. A pesar de eso, su obra religiosa es heterodoxa y fue condenada póstumamente por la *Inquisición* por propagar ideas como el fin del mundo, la aplicación médica de la astrología, o las propiedades ocultas del ser humano. En el año 1291 su hija *María* profesó como monja dominica en el desaparecido *convento de las Magdalenas* de *Valencia*, lugar que hoy ocupa el *Mercado Central*. En *París* dio a conocer las ideas apocalípticas que tenía respecto al próximo fin del mundo y de la necesaria reforma de la Iglesia. Allí tuvo la repulsa categórica de los teólogos de la *Sorbona* que condenaron su "*Tractatus de tempore adventu Antichristi*" (*Tratado sobre el tiempo en que ha de venir el Anticristo*). Llevado por sus elucubraciones lindantes con la fantasía o a la violencia, sus expresiones caían frecuentemente en la ampulosidad pero nunca pudo ser tachado de hereje a pesar de que sus enemigos no cejaron en ese intento. Así, una sentencia de la *Junta de Teólogos de Tarragona* en el año 1316 ordenó la destrucción de sus obras espirituales en un intento de acabar con sus tendencias reformadoras y proféticas. Fue un profundo conocedor tanto de la *Biblia*, como del *Corán* y del *Talmud*.

En el aspecto político, su prestigio le dio un criterio autorizado en asuntos como el proceso para la supresión de la orden de los templarios, los proyectos de recuperación de los lugares sagrados por las Cruzadas, las disidencias del franciscanismo estricto contra la relajación que en su religión se observaba o las tensiones entre la Santa Sede y el rey de Sicilia. Respecto a esta última cuestión, *Vilanova* se había convertido en maestro y consejero del rey *Federico II* al que, en el año 1309 y como intérprete de sus sueños, vaticinó que se aliaría con su hermano el rey de *Aragón Jaime II* para reformar la Iglesia. Su exposición pública de tal presagio consiguió la indignación del rey de *Aragón* y *Arnau* tuvo que refugiarse en *Sicilia*. Tuvo una formación políglota ya que dominó el hebreo, el árabe, probablemente el griego, algunas lenguas sureñas de *Francia*, el latín y el valenciano, siendo estas dos últimas las que utilizaba para escribir sus obras y para convertirse en uno de los primeros en utilizar el valenciano literario.

En el aspecto puramente médico, fue ante todo un "*magister medicinae*". Porque a su condición de profesor destacado de la mejor facultad del medievo como era la de *Montpellier*, unió la de ser autor de una valiosa obra médica que fue muy difundida y apreciada a lo largo de tres siglos en toda la cristiandad. Escribió obras claves para la medicina europea medieval como el "*Regimen Sanitatis ad regum Aragonum*" del año 1308 para tutelar la salud del rey de *Aragón* y que pronto se difundió amplísimamente por toda *Europa* y los extensos catálogos de medicamentos simples y compuestos conocidos como "*Simplicia*" y "*Antidotarium*", siendo este último la primera obra sobre farmacia impresa en *España*. El "*Speculum medicinae*" es una admirable síntesis de los principios de la ciencia médica, el tratado "*De graduatibus medicinarum*" teorizaba sobre la dosificación medicamentosa y el "*De regimene castra sequentium*" será el primer libro de medicina militar del mundo dirigido a una colectividad y no sólo a un monarca. El grueso de su obra original es fruto de su época de *Montpellier* y esta constituye un sólido eslabón en la cadena de transmisión perfeccionadora del saber médico clásico. Así, su obra escrita médica está compuesta por veintisiete títulos auténticos y otros cincuenta y uno atribuibles a él tanto de carácter médico como farmacológico que le sitúan como el autor más editado hasta el año 1500, adquiriendo una amplia difusión con un número sorprendentemente alto de impresiones a lo largo de cuatro siglos. Sus escritos sobre las enfermedades abarcaban desde la técnica de la sangría al cuidado de las fiebres, la gota, los síntomas de la lepra, la prevención de los catarros, la taquicardia, las alucinaciones o la epilepsia. Además, había tratado por escrito asuntos inéditos por su novedad como la salud de la memoria o el método para conservar la juventud y retardar la vejez o los tratados de higiene.

Como vemos, este polifacético y enigmático personaje dio momentos gloriosos a la medicina medieval y, con una longevidad inusual para la época, murió en *Génova* en septiembre del año 1311 contando con setenta y un años de edad. *Valencia* lo homenajea justamente dando su nombre a un hospital y con una escultura en el patio del *Hospital Clínico Universitario*.

> *"Y como el suelo de esta ciudad, sea por el clima, planeta, signo, vientos, aguas, mantenimientos o alguna secreta influencia, tiene gracia incógnita y sobrenatural, tanto que todas las cosas humanas y plantas produce con grande perfección, primor y delicadeza". (Rafael Martin de Viciana. Alabança de les llengues hebrea, grega, castellana, latina y valenciana, 1574).*

## 61.- El cólera pasa en un calcetín por la aduana.

Desde el año 1817, siete pandemias devastadoras de cólera se extendieron desde *Asia* hasta el resto del mundo, aconteciendo la última de ellas en el año 1961. Esta afectó a una población de entre tres y cinco millones de personas por año, muriendo alrededor de 120.000 personas. Su expansión fue vertiginosa por los modernos sistemas de transporte del momento que las dispersaban por el planeta, especialmente en las zonas portuarias, del mismo modo que lo hacían las mercancías y viajeros que se transportaban. Si nos remontamos al año 1885, *Valencia* se presentará ante la humanidad como el lugar donde se produjo la primera vacunación colectiva en el mundo para inmunizar a una población frente a una enfermedad bacteriana. Esta fue *promovida* por *Amalio Gimeno* como miembro de la *Junta Provincial de Sanidad de Valencia* y fue practicada a más de 50.000 personas por el médico Jaime Ferrán.

Las infecciones son enfermedades provocadas por microorganismos invasivos como las bacterias, virus, protozoos u hongos. El mecanismo que se ha demostrado más útil para la prevención de estas infecciones es la vacunación mediante preparados biológicos que se administran a los seres vivos para obtener una respuesta defensiva en el organismo similar a la producida por la infección natural, pretendiendo la inmunización de dicha persona de modo que, si se produce un contacto con el agente infeccioso, no haya riesgo de padecer la enfermedad. Con anterioridad, las únicas medidas que se tomaban eran las de la cuarentena y las primeras vacunas administradas en el mundo se establecieron para dos enfermedades producidas por virus como fueron la viruela, por *Edward Jenner* en 1796, y la de la rabia por *Louis Pasteur* en el año 1885. El cólera o morbo asiático es una enfermedad originaria del valle del rio *Ganges* que hizo su irrupción en *Europa* en el siglo XIX con cuatro grandes pandemias que afectaron a *Valencia* y su región en los años 1834, 1855, 1865 y 1884.

Nuestro personaje, *Jaime Ferrán i Clua*, fue un médico interesado por la microbiología a través de los estudios de *Pasteur* y *Koch*. El cólera había llegado a *Marsella* en el año 1884 donde fallecieron por sus efectos unas 35.000 personas y, para evitar su llegada a puertos españoles, *Ferrán* fue enviado por el *Ayuntamiento de Barcelona* para estudiar el caso y allí consiguió unas muestras de la bacteria con las que pretendía conseguir en su laboratorio una vacuna efectiva. Cuando intentó su paso por la frontera, las autoridades le impidieron atravesarla con material tan peligroso y este quedó retenido en la aduana hasta que consiguió pasar una muestra escondida en un calcetín sin conocimiento de los agentes fronterizos. Sus investigaciones le llevaron entonces a desarrollar una vacuna con virus atenuados que él mismo inoculó en su cuerpo y en el de su propia familia constituyendo todo un éxito.

Pero al año siguiente, en 1885, ya no pudo evitarse que el cólera llegara a *España* por el puerto de *Valencia* y ya el 12 de abril de 1885 apareció el primer caso de cólera en la ciudad en un varón residente en la *plaza de Pellicers*. Esta adquirió una virulencia tal que a diario se diagnosticaban del orden de cuatro a ocho casos con una mortalidad del ochenta por cien, evolucionando en los meses siguientes hasta llegar a producir trescientas muertes diarias. Fue entonces cuando se tomaron las primeras medidas higiénicas en los campos de cultivo, alcantarillas y calles, y se aisló a los enfermos pero *Amalio Gimeno,* catedrático de la *Universidad de Valencia* que sabía de los trabajos de *Ferrán*, fue a buscarlo a *Tortosa* para traerlo a *Valencia* y establecer un gabinete de vacunación en una vivienda deshabitada del médico *Manuel Candela* en la *calle de Pascual y Genís*. Una placa rotuladora nos recuerda allí tal acontecimiento. Unos días después, se dirigieron a *Alzira* como población más afectada y lugar donde se vacunó a las dos terceras partes de la población para, posteriormente, realizarse vacunaciones en muchas otras poblaciones junto a la propia capital. Estas se realizaban gratuitamente con independencia de la capacidad económica del receptor, logrando inyectarse unas treinta mil dosis de la vacuna contra el cólera con resultados muy satisfactorios. Lo bien cierto es que estudios posteriores realizados sobre la vacunación en la población de *Alzira* demostraron que su eficacia fue del 80.9% en los vacunados y del 92.5% en los revacunados, mientras que se produjo un 51,8% de fallecimientos en las personas que no recibieron la vacuna.

La rápida difusión de este éxito generó animadversiones en la comunidad científica, concretándose en la entonces llamada "*cuestión Ferrán*", especialmente cuando *Santiago Ramón y Cajal*, que entonces era catedrático de Anatomía en la Universidad de *Valencia*, se mostró muy escéptico con el trabajo desarrollado por su colega. A pesar de que dijo que la vacuna de *Ferrán* era inocua y había que experimentarla más, *Ramón y Cajal* se mostró en contra de la aplicación de la misma, lo que dio a conocer reiteradamente en conferencias y publicaciones. Estas posturas enfrentadas adquirieron gran repercusión internacional sobre todo porque *Ferrán* se negó a desvelar su método de obtención de las vacunas. La cuestión se zanjó en falso cuando el Congreso de los Diputados aprobó el 18 de mayo de 1885 una Real Orden según la cual, sólo se permitiría seguir vacunando al *doctor Ferrán*, y nadie más con excepción de él, y siempre que lo hiciera en presencia de un delegado del gobierno. En la práctica, esto suponía la imposibilidad de vacunaciones colectivas por una sola persona por las implicaciones que tenía. Como consecuencia, *Ferrán* rechazó seguir la vacunación a pesar de que tenía miles de personas en lista de espera para recibir una vacuna. Es por eso por lo que en aquel año murieron 150.000 personas en *España* debido a aquella epidemia de cólera, de las cuales, tan sólo cincuenta y cuatro correspondían a los 30.000 vacunados por el *doctor Ferrán*. Sólo en *Valencia* fueron cinco mil las muertes y afectó también a otras trescientas cincuenta localidades valencianas, ocasionando cerca de treinta mil muertes en total. *Ferrán*, posteriormente, desarrollaría una vacuna anti-tifus y otra antirrábica, así como medidas preventivas de las infecciones para los soldados durante la *Primera Guerra Mundial*. Estas le hicieron merecedor de todo tipo de honores a nivel internacional sin olvidar que fue en nuestras tierras donde primero puso en práctica colectivamente sus descubrimientos.

> *"Valencia tiene sus puertas abiertas al mundo, para entrar y para salir. En el XV, Valencia rivaliza incluso con las repúblicas italianas. El alicantino se siente valenciano; la personalidad valenciana es mucho más homogénea que los intentos de separatismo. Abiertos y hospitalarios gracias a la aportación de todos. Valencia la hospitalaria. Parece un tópico porque se repite siempre, pero es que somos así. Es que en Valencia, "el de fora té raó siempre"; a todo el que viene se le acoge con los brazos abiertos".( Daniel Sala, antropólogo, catedrático de Historia).*

## 62.- El libro de las recetas sanadoras.

Las medicinas forman parte de nuestra vida en unos tiempos en los que no tenemos por qué soportar el dolor físico si hay paliativos para ello. Y en este terreno *Valencia* fue tan importante a nivel mundial que sus aportaciones, como vamos a ver, han quedado para la posteridad como avances de modernidad en esta materia tan sensible para el ser humano.

*Pedro Vernia*, presidente de la *Fundación Valenciana de Estudios Farmacéuticos "Reina María de Castilla"*, académico de la *Real Academia de Medicina de Valencia*, de la *Academia Italiana de la Historia de la Farmacia* y de las correspondientes entidades francesa y estadounidense, aporta en su libro "*Valencia, cuna de las farmacopeas oficiales españolas*" el primer dato relevante y es el de que los boticarios valencianos fueron los primeros en nuestro país que elaboraron una farmacopea de acuerdo con los criterios que actualmente exige la *Organización Mundial de la Salud*. Una farmacopea es un libro recopilatorio de recetas de productos con propiedades medicinales en los que se incluyen elementos de su composición y modo de preparación. Esta obra que la contiene fue titulada "*Officina Medicamentorum*" y fue publicada en el año 1601 para detallar los preparados que debían realizar las oficinas de farmacia valencianas.

Desgraciadamente, la confusión que ha existido históricamente respecto a lo que es una farmacopea oficial no se resolvió hasta que la *Organización Mundial de la Salud* determinó en el año 1952 que, para que un texto pueda alcanzar la categoría de farmacopea dentro de una demarcación organizada política y territorialmente, es imprescindible que haya sido promulgada imperativamente como obligatoria por la autoridad pública competente y se haya redactado para ese fin. Esto llevó a que algunas farmacopeas que se consideraba que habían sido las primeras fueran descartadas y otras, que no llevaban ese nombre pero sí su contenido, origen legal y carácter imperativo, sí lo fueran. En concreto, se descartaba a la *Concordia de Barcelona* del año 1511 pues esta no obligaba a los boticarios de *Barcelona* ya que no había sido promulgada ni sancionada oficialmente. Con esta premisa, la primera farmacopea del mundo impresa fue el *Dispensatorio de Valerius Cordus,* editado en el año 1546 y promulgado oficialmente en la ciudad de *Nuremberg*. El vocablo farmacopea se mantuvo hasta el siglo

III de nuestra era pero, a partir de este siglo, dejó de utilizarse y en su lugar aparecieron nuevos términos. En el mundo árabe se le llamaba *Al-Aqrabadin*, en la Europa medieval y renacentista el nombre más utilizado fue el de "recetario", seguido de "antidotario", "*Officina*" en *Valencia* y "concordia" en *Barcelona*. En el siglo XVI, el médico francés *Jacques du Bois* volvió a utilizar el término "farmacopea" y, sin desaparecer las anteriores denominaciones en muchas ciudades libres y pequeñas repúblicas de *Europa*, se generalizó el uso de esta palabra.

Las raíces de la profesión farmacéutica se encuentran en *Sicilia* donde, en el año 1240 y a través de un decreto de *Federico II*, la Farmacia quedó definitivamente desligada de la medicina. El hecho de que en el siglo XV *Sicilia* dependiera administrativamente de *Valencia* favoreció la creación el 20 de marzo de 1441 del *Colegio de Boticarios de la Ciudad y Reino de Valencia* por un privilegio concedido por la reina *María de Castilla*, esposa de *Alfonso el Magnánimo* y virreina de *Valencia*. La diferencia respecto a otros colegios es que el nuestro gozaba de autonomía orgánica y funcional, por lo que podía elaborar nuevas ordenanzas y modificar sus estatutos sin intervención real, convirtiéndose de este modo en el más antiguo del mundo. Este primer *Real Colegio de Boticarios* por vez primera exigía colegiación obligatoria y propiedad privada de la oficina de farmacia para dispensar medicamentos y se regulaban las visitas de inspección a las oficinas de farmacia. Estableció además el examen previo al ejercicio profesional, logrando que los dos boticarios que preceptivamente tenían que formar parte del tribunal examinador fuesen seleccionados por el propio colegio. Sus primeros cargos directivos recayeron en los boticarios que presentaron la solicitud a la reina; *Matías Martí, Pedro Torres* y *Juan Fuster* que, desde el 22 de diciembre de 1443, fijaron su sede oficial en el *convento de Santa María Magdalena* de *Valencia*, donde permanecería durante varios siglos tras el acuerdo con su priora.

Sus acuerdos adoptados en el *Capítulo General* del colegio fueron fuente de derecho universal, es decir, que obligaban a todos los valencianos y fueron una fuente fecunda para el Derecho Foral valenciano. Pero todavía vamos más allá al decir que la primera farmacopea manuscrita oficial a nivel universal son los "*Fueros de las Medicinas*" de los boticarios valencianos del año 1449, que son el recetario de ciento cincuenta medicamentos compuestos incluidos en el "*Libro de los Fueros, Privilegios y Capítulos del Colegio de Boticarios de la Ciudad y Reino de Valencia*". Este códice se conserva actualmente en la *Farmacia Lavernia*, sita en *Sueca*.

Existe una placa donada por el *Colegio de Farmaceúticos de Valencia* conmemorando el 550 aniversario de la fundación del Colegio y que se halla en el *Real convento de la Trinidad* pues también fue fundado este cenobio por la reina *María de Castilla* y es el lugar donde está enterrada.

*"¡Valencia¡¡Valencia¡ Si de la muerte te salvase tu buena suerte se maravillarían todos los que ahora así te ven. Si Alá quiere otorgar su gracia a un lugar, que se digne a concedértela a ti Valencia, que siempre fuiste nobleza y alegría , donde todos los musulmanes se complacían, se deleitaban y se recreaban". (Al Waqqasi , "Elegía árabe de Valencia", S.XI).*

## 63.- Un árbol en el Botánico en desagravio a la ciencia.

La sociedad valenciana le debe mucho a *Lluis Alcanyís*. Y a su memoria. Porque el 25 de noviembre de 1506 fue quemado por la *Inquisición* en la misma hoguera frente a la *puerta de los Apóstoles* en que lo fue su mujer meses antes. Su crimen fue el de ser un judío converso que fue el primer catedrático de Medicina de la ciudad del *Turia*, ser el primero en escribir un tratado de cirugía en el mundo, ser uno de los fundadores de la *Universidad* de *Valencia*, ser el primero en practicar disecciones en el siglo XV, tema tabú en la época en la mayoría de las facultades de medicina europeas, y ser el primero en estudiar científicamente una epidemia como la peste que diezmaba poblaciones sin piedad. Casi nada. Pero vayamos por partes.

*Alcanyís* era hijo de un notario de origen judío que nació y residió en *Xátiva*, lugar desde el que se trasladó a *Valencia* en el año 1467 cuando ya poseía un notable prestigio como médico. Estuvo casado en dos ocasiones, teniendo dos hijos con su primera esposa y teniendo cuatro hijas y un hijo con la segunda. Su posición económica era notable y tanto él como su segunda mujer, *Elionor Esparça*, se convirtieron al cristianismo cuando se recrudeció la presión del *Santo Oficio* sobre ellos. Entre las funciones profesionales que desarrolló estuvo el de examinador de médicos entre los años 1467 y 1503 y catedrático de Medicina en el tiempo en que se fundó el *Estudi General* y una sola persona se ocupaba de esta disciplina. También fue profesor de una escuela de cirujanos fundada por el *Consell de la Ciutat* que tuvo el privilegio de de poder disecar cadáveres humanos. Y ya en el año 1490 fue nombrado "*dessospitador de ferides de la ciutat de València i els seu terme*", cargo rimbombante que le convertía ante el *Tribunal de Justicia Criminal* en perito médico de la ciudad y su término en casos de heridas graves y también médico del "*Hospital dels Innocents*" en el año 1491.

Pero sin duda la cumbre de su obra se concretó siendo el autor en el año 1490 del "*Regiment preservatiu i curatiu de la pestilencia*", opúsculo de carácter práctico dirigido a la clase burguesa de la ciudad e inspirado en la epidemia de peste que azotó la ciudad en el invierno de 1489. Esta enfermedad llevaba más de un siglo causando estragos en Europa y tardaría aún otros dos siglos en desaparecer completamente, dejando veintisiete brotes en la historia negra de la ciudad. La obra describe los síntomas de la peste, las alteraciones que produce en el cuerpo humano y sus causas y tratamiento según los remedios conocidos en la época. Aporta consejos hasta entonces desconocidos sobre higiene personal y se caracteriza por aportar remedios y fórmulas para combatir diversas afecciones, así como numerosos consejos culinarios para una dieta sana. Incluye antídotos contra el "veneno" de la peste, en especial la tríaca y el mitrídates, dos famosos medicamentos que ya se utilizaban en la medicina galénica. Además, este fue el primer libro original de medicina escrito e impreso en *Valencia* y lo fue en nuestra lengua vernácula. El pavor ante esta lacra fue tal que la población desesperada se acogió a procesiones y rogativas, apareciendo nuevas veneraciones "especialistas" como la de la *Mare de Deu Contra la Pesta.* Nadie estuvo a salvo contra ella y personajes del pueblo o personajes ilustres como *Sor Isabel de Villena* o *Martí Joan de Galba* perecieron retorcidos en sus garras.

Así, la fama de *Alcanyís* como médico y maestro llegó a oídos de su paisano el papa *Alejandro VI*, de quien se sabe que le felicitó por su ciencia y haber contribuido decisivamente a la fundación del "*Estudi General*" en el año 1499. Su fama provocó que los más famosos personajes de la época se contaran entre sus pacientes, como el "*mestre racional*" *Guillem de Saera.* En el año 1469 fue nombrado médico personal del rey *Fernando el Católico* e, irónicamente, atendió a la reina *Isabel la Católica* en el año 1498 cuando esta iba a convertirse en la principal instigadora de su tragedia personal. Y es que la reina *Isabel* estaba obsesionada en el exterminio de los judíos y, para ello, fundó la *Inquisición* española en el año 1478, expulsando a los judíos en el año 1492 y promoviendo un acoso insufrible para juzgar y condenar a los conversos que se dudara de que realmente lo fueran o simplemente para arrebatarles su vida y haciendas.

Porque el final de *Alcanyís* y su esposa fueron terribles, propios de la época más oscura de nuestra historia. Ellos se habían convertido al cristianismo y con ello evitaron ser expulsados de *España.* Pero la sospecha se cernió desde el principio sobre *Elionor* y también él fue después acusado de hereje, relapso y de practicar el ayuno del perdón. Y eso a pesar de que participó como escritor en el certamen poético recogido en "*Obres e trobes en lahors de la Verge Maria*" del año 1474 como primer libro literario impreso en *España*, acción laudatoria a la Virgen que racionalmente podría haberle eximido de sospechas. Pero un personaje en la sombra pudo haber avivado este fuego acusatorio ya que el profesor de medicina *Salvador Abril* fue beneficiado por su condena ya que asumió la cátedra que aquél ocupaba y el honor de "*dessospitador*". A pesar de su inmensa reputación intelectual, del reconocimiento en la gran labor médica que realizaba en *Valencia*, de su posición económica, o quizás gracias a esta porque los bienes del ejecutado pasaban a manos de denunciante y del *Santo Oficio*, el converso *Alcanyís* fue encarcelado padeciendo casi tres años de prisión. Se dice que, fruto de las torturas, llegó a delatar a su propia esposa. Por indicación expresa de la reina *Isabel la Católica* fue condenado a morir en la hoguera en compañía de dos mujeres y tres hombres más en el año 1506. *Elionor* había sido quemada viva el 14 de septiembre del año 1505, mientras que el presidio de él duró hasta el 24 de noviembre de 1506, casi tres años después, siendo ejecutado al día siguiente de la misma forma cruenta en que murió su esposa. Casi es gracioso comentar que, como desagravio, se plantó un árbol en el *Jardín Botánico* de *Valencia* a los 500 años de su muerte. También el *Hospital Comarcal de Xátiva* lleva su nombre para recordar a uno de los más grandes de nuestra historia.

> *"Pero todavía conserva Valencia su esbelto cuerpo, sus tierras ubérrimas parecidas al musgo aromático y al oro rojo, sus espléndidos jardines repletos de árboles y su río de nítidas aguas". (Ibn Tahir, Poeta árabe S.XII).*

## 64.- En el Reino de las cirugías imposibles.

Hemos destacado que el mundo de la medicina valenciana supuso una vanguardia más que notable para el avance en la lucha contra las enfermedades y la investigación en general. Me propongo en este momento glosar la figura de varios de sus protagonistas para incidir en las aportaciones novedosas que en su día establecieron.

*Pedro Ximeno* (1515-1555) fue un anatomista nacido en *Onda* que estudió Artes y Medicina en la *Universidad de Valencia* que descubrió el estribo como el tercero de los huesecillos auriculares. Describía este diciendo que tiene la particularidad de estar oculto en la parte interna de la cavidad del órgano del oído y tiene una forma semejante a la letra griega delta o a un triángulo equilátero cuyo vértice superior, donde los dos lados se unen, se espesa un poco con una sustancia ósea muy tenue. *Jimeno* se convirtió en fiel seguidor de las enseñanzas anatómicas de *Vesalio* en la *Universidad de Padua* para, a su regreso a *Valencia*, ocupar la cátedra de Anatomía y Simples que desempeñó durante dos años. En el año 1549 fue nombrado titular de la cátedra de "*Práctica*" pero, al terminar el curso académico, se trasladó a la *Universidad de Alcalá,* donde fue profesor de anatomía.

Nuestro siguiente protagonista es *Juan Morcillo y Olalla*, veterinario nacido en la localidad albaceteña de *Montealegre del Castillo* en junio de 1828 pero que desarrolló lo más brillante de su carrera en *Xátiva*, donde fallecería en noviembre de 1908. Esta fue una figura insigne como promotor en *España* de la inspección científica de mataderos y mercados e higiene de los alimentos. Ocupa un puesto de honor en la bromatología y en la higiene y salud pública al haber sido el primero en el mundo que estableció las bases científicas en la inspección de la carne y otros alimentos de origen animal para consumo humano. Por tanto, se convirtió en el año 1858 en la figura cumbre de la veterinaria española de la segunda mitad del siglo XIX al escribir la "*Guía del veterinario inspector ó policía sanitaria veterinaria*", aplicada a las casas-mataderos y pescaderías, primer tratado veterinario científico en el mundo sobre inspección de alimentos de origen animal.

Y llegamos a la figura de *Luis Simarro Lacabra*, hijo del pintor valenciano *Ramón Simarro Oltra*, que nació en *Italia* en 1851 porque su padre estaba pensionado en su capital. Personaje controvertido y polifacético, fue gran maestre de la logia del *Gran Oriente Español* desde 1917 a 1921. Comenzó a dar clases de Historia Natural en el *Colegio de San Rafael*, al tiempo que iniciaba sus estudios de medicina en la *Universidad de Valencia* en el año 1868. Del colegio fue expulsado por difundir a *Charles Darwin* entre los alumnos y se vio obligado a terminar el año 1873 la carrera en *Madrid*, lugar al que se había visto obligado a trasladarse a causa de sus ideas liberales. Su aportación pionera fue la de haber sido catedrático de Psicología Experimental de la *Universidad de Madrid* en el año 1902, siendo esta la primera cátedra de Psicología en *España*. Por ello es considerado comúnmente el fundador de la Psicología.

*Juan José Barcia Goyanes*, (1901-2003) aunque gallego, fue decano y rector de la *Universidad de Medicina* de *Valencia*, convirtiéndose en el médico anatomista, pionero de la neurología, de la psiquiatría y de la neurocirugía en *España*. Siendo también escritor y humanista, fue un verdadero sabio políglota pues hablaba español, gallego, valenciano, portugués, alemán, francés, inglés, italiano, sueco, danés, ruso, griego moderno, árabe y polaco y conocía el griego clásico, el latín, hebreo, sánscrito y persa. Sus publicaciones fueron recorriendo la mayoría de estos idiomas. A él se debe ser el verdadero introductor en *España* de la neurocirugía pues fue el primero en abrir la duramadre, que es la meninge exterior que protege al sistema nervioso central (encéfalo y médula espinal) y haber iniciado la formación sistemática de especialistas en la materia. Esto sería culminado por su hijo, *Juan Luis Barcia Salorio*, como primer catedrático de Neuropsiquiatría de nuestro país. Además, fue cofundador de la *Sociedad Española de Neurocirugía,* institución que fue la segunda en antigüedad del mundo, sólo por detrás de la norteamericana. En la época que se inició la neurocirugía en *España* no había bancos de sangre en ningún hospital, situación que se agravó con la postguerra, y el problema de la coagulación lo suplió *Barcia Goyanes* junto con el Dr. *Montoro*, logrando elaborar espuma de fibrina. Habiendo sido justamente nombrado hijo adoptivo de *Valencia*, tiene un instituto a su nombre dedicado en la ciudad.

Por último, resaltar el orgullo que me produce glosar la figura del doctor *Pedro Cavadas*, insigne cirujano plástico valenciano nacido en el año 1965 y autor de las cirugías más arriesgadas y decididas que se conocen en la modernidad. Este realizó en octubre del año 2008 el primer trasplante doble de brazos realizado en *España* y el segundo del mundo, en el año 2009 el primer trasplante de cara en *España* y el octavo del mundo y el primero del mundo de cara que incluye la lengua y la mandíbula. En julio del año 2011 realizó el primer trasplante simultáneo y bilateral de piernas a nivel mundial. Este genio de los quirófanos se licenció en Medicina en el año 1989 por la *Universidad de* Valencia con *Mención de Honor*. En el año 1995 obtuvo el grado de Doctor en la misma universidad con la calificación de *Apto cum laude*. Completó su formación en *Estados Unidos* y fue nombrado *Doctor honoris causa* por la *Universidad Internacional Valenciana* en el año 2012. Pero más importante que lo anterior es el magnífico trabajo solidario que realiza en *Kenia*, donde ha creado una fundación de cirugía reparadora y que ha merecido el premio de la *Fundación por la Justicia* que preside el magistrado *José María Tomás y Tío*.

> *"Alrededor de la ciudad de Valencia se hallan por todas partes campos cultivados que en otro país pasarían por deliciosos jardines" (Cavanilles, "Observación del Reino de Valencia", 1796).*

## 65.- Un remedio a los amores del papa.

Las enfermedades venéreas fueron uno de los tabúes en *Europa* durante muchos siglos. Y la sífilis era su enfermedad estrella, patología sobre la cual se aplicaron multitud de remedios supersticiosos y variopintos pues en el siglo XV sus efectos causaban estragos en *Europa*. Bajo el paraguas de las denominadas "*nuevas enfermedades*" de aquel tiempo que eran desconocidas por los autores clásicos, se convirtió en la más letal de todas ellas. Un valenciano, *Gaspar Torrella*, fue el primero que dio verdaderamente una perspectiva científica a su tratamiento clínico y terapéutico en el año 1497. Y es que los otros dos primeros descriptores de la sífilis, *Joseph Grünpeck* y *Niccolo Leoniceno,* se limitaron a exponer interpretaciones astrológicas o discursos eruditos. El origen etimológico del término nos lleva a *Girolamo Fracastoro* que fue un médico, poeta, astrónomo y geólogo de la *República de Venecia* entre los siglos XV y XVI y que publicó en el año 1533 una narración en verso bajo el nombre *Syphilis sive morbus Gallicus* (*La sífilis o enfermedad francesa*). En ella relataba las desventuras de un criador de cerdos llamado *Syphilus* que fue castigado por *Apolo* con esa enfermedad porque lo había ofendido. Para dar nombre a su personaje, *Fracastoro* tomó las palabras griegas "*sialos*" 'cerdo' y "*philos*" 'amigo', o sea, "*amigo de los cerdos*".

*Torrella* estudió en *Valencia* y pronto se trasladó a las universidades de *Pisa* y *Siena* para obtener el título de doctor en Medicina. Sin duda, aquel ambiente humanista de las universidades italianas de los siglos XV y XVI acentuó una mentalidad cosmopolita que, junto con su origen valenciano, le permitió acceder a la corte de *Rodrigo de Borja* en *Roma*, futuro papa *Alejandro VI* desde el año 1492, como médico particular suyo. Y es que resulta que en el año 1487 *Torrella* había sido ordenado sacerdote y, junto con otros médicos, formó parte del protomedicato como órgano que debía velar por la salud del sumo pontífice. Además, alcanzaría la condición de obispo de *Cerdeña* y fue bibliotecario de la *Biblioteca Vaticana*. Cuando falleció el pontífice valenciano en el año 1503, siguió ejerciendo la función de médico de cámara y prelado doméstico de *Julio II* pues se cree que este también padeció la misma enfermedad.

Como autor, escribió en su estancia romana varios libros de medicina, dos de los cuales tenían por objeto el estudio de una sífilis que causaba estragos generalizados entre la curia romana. Teniendo a *César Borja*, hijo del papa *Alejandro VI*, como uno de los principales afectados, se le animó a escribir en el año 1497 el conocido como "*Tratado con historias clínicas contra la pudendagra o morbo gálico*" ("*Tractatus cum consiliis contra pudendagram seu morbum gallicum*") en el que describe los síntomas de la enfermedad a base de observaciones propias, poniendo como ejemplo cinco historias clínicas de las cuáles una corresponderia a la sífilis padecida por *César Borja*. *Karl Sudhoff*, iniciador de la vertiente histórica de la medicina como disciplina científica en *Alemania*, habla de este texto como "*el más valioso y original... el que tiene menos prejuicios, el más directo y el menos académico*" de todos los que versaron sobre la enfermedad en aquel tiempo.

*Torrella* afirma de la sífilis que era una enfermedad contagiosa y que en este contagio tenía un papel muy destacado el contacto venéreo, describiendo la aparición del chancro inicial al día siguiente de este y que caracteriza como una úlcera. Esto es importante pues con anterioridad se creía que esta podía comunicarse sólo por el aire y *Torrella* estableció que las partes del cuerpo que primero se veían afectadas eran las que habían estado en contacto físico con el órgano infectado. Se ocupó también de la posterior aparición de la erupción cutánea y de dolores generalizados muy intensos que comienzan en la cabeza y se extienden después hasta las articulaciones, recalcando su intensificación nocturna. Propuso para su tratamiento medidas dietéticas y evacuantes y admitió tratamientos puntuales con mercurio, aunque criticaba duramente los abusos de curanderos e impostores que empeoraban la situación. Destacó también la importancia de una vigilancia médica reglamentada de las prostitutas para la prevención de la enfermedad. Afirmaba igualmente que la forma más corriente de contagio es la relación sexual y subrayó también que había visto lactantes infectados por una nodriza enferma. Esta y posteriores obras que ampliaban la primera le dieron un prestigio que propició una carrera en la que llegó a acumular numerosos beneficios eclesiásticos que le permitieron llevar una vida muy acomodada por las rentas que obtenía.

Como si no fuera mucha esta aportación valenciana al estudio de la enfermedad, entre los primeros tratadistas europeos de la sífilis figuran otros dos pioneros valencianos, los galenos *Pere Pintor* y *Joan Almenar*. *Pere Pintor*, setabense de origen judeoconverso, ejerció con prestigio en la *Valencia* del siglo XV llegando a ser examinador de médicos y profesor de cirugía. Fue, como *Torrella*, de aquellos que acompañaron a *Rodrigo de Borja* a *Roma* y pudo librarse del acoso y persecución que sufrieron los falsos conversos en aquella oscura época de nuestra historia en la que *Lluís Alcanyís* es el ejemplo más notable. Su obra "*De morbo foedo et occulto his temporibus affligente*", del año 1500, está considerada una de las principales fuentes de la enfermedad de la sífilis e incluye un breve discurso dirigido a *Alejandro VI.*

Por su parte, de *Joan Almenar* se sabe que era señor de los lugares de *Godella* y *Rocafort* en el S.XVI y, curiosamente, se doctoró en Artes y Medicina y ejerció la profesión en *Valencia.* Su tratado sobre la sífilis, "*Libellus ad evitandum et expellendum morbum gallicum*" (1502), fue uno de los textos sobre el tema más difundidos en la *Europa* del siglo XVI.

*"Las mujeres de Valencia son las más bellas, elegantes y hermosas que se conozca, porque los tejidos de oro y la seda bordada con oro y plata y el terciopelo carmesí les son tan comunes como el terciopelo negro y la seda en nuestro país". (A. de Lalaing, 1501).*

*"Nunca he visto ni he vivido en una ciudad tan lasciva y hedonista como la Valencia de los Borgia". (Giacomo Casanova en 1769 una vez ya clausurada la mancebía y a la vista de su solar).*

## 66.- Un tejedor entre tejidos humanos.

A los no versados en asuntos de anatomía se nos escapa que en siglos pasados el modo más común para los estudiosos de indagar en los misterios del cuerpo humano fue mediante la obra gráfica. Es en este campo donde un valenciano, *Crisóstomo Martínez* (1638-1694), destacó de forma fundamental al convertirse en el autor de un "*Atlas anatómico*" que puede considerarse la única contribución importante al saber morfológico realizada en *España* durante el siglo XVII y una de las aportaciones más importantes del movimiento científico renovador desarrollado en *España* a finales del siglo XVII.

Pero su formación hasta llegar a este logro también fue novedosa. Nacido en el seno de una familia de tejedores, se convirtió en un brillante pintor, grabador y microscopista, al que se encuadra dentro del avanzado movimiento *novator* de la ciencia española del Barroco. De su actividad como pintor no se conserva ninguna de sus obras. Es en el año 1680 en el que comenzó a trabajar en la *Universidad de Valencia* en la elaboración de su atlas anatómico. Este trabajo tuvo tanta proyección que las autoridades municipales y el claustro médico pidieron una beca al rey *Carlos II* que le permitiese completar su trabajo en *París* en contacto más directo con los científicos más punteros de su tiempo como eran los anatomistas y la *Academia de Ciencias de Francia.* A pesar de su carencia de estudios médicos, esto no le había mantenido alejado del ambiente académico, pues en *Valencia* ya mantuvo una relación fluida con los médicos de su tiempo y su trabajo era altamente reconocido.

Sus aportaciones más notables a la anatomía fueron sus estudios microscópicos sobre los huesos del cuerpo humano, en los que dio una explicación sobre los procesos de osificación desde el embrión hasta el estado de vejez. Además, su descripción de la textura de los huesos y la de la médula ósea dieron pautas novedosas para el estudio de esa morfología. Su figura fue pues no sólo tránsito del grabado europeo a la ilustración científica española sino que, dentro de la morfología, asumió el interés anatómico del Barroco por la función corporal y prestó una atención especial a su estructura microscópica de la que fue uno de los precursores europeos. Por eso podemos afirmar que su actividad trascendió ampliamente la simple reproducción gráfica, teniendo una modernidad casi revolucionaria. Nos dice en este sentido *Raúl Velasco Morgado* en "*Nuevas aportaciones documentales sobre el grabador Crisóstomo Martínez y su Atlas de Anatomía*" que nuestro personaje se convierte en "*figura clave para entender la anatomía española del Barroco y el movimiento novator*".

De su trabajo en *París* se sabe que residió en el famoso *College de Montaigue* y sufrió duras condiciones de vida ya que no gozaba de muy buena salud y, políticamente, las relaciones entre *España* y *Francia* eran tan delicadas que se le llegó a acusar de espía. La *Guerra de los Nueve Años* fue la puntilla para que tuviera que huir de la ciudad con destino a *Amberes* en el año 1690, lugar donde falleció sólo cuatro años después.

Respecto de la principal de sus obras, el "*Atlas Anatómico*", sólo se conservan dieciocho láminas originales en el *Archivo del Ayuntamiento de Valencia*, de las cuales doce fueron realizadas en nuestra ciudad y las restantes seis en *París* y remitidas desde allí por su autor al catedrático de la *Universidad de Valencia Juan Bautista Gil de Castelldases*. Aunque no pudiera concluirlo, su atlas es una obra muy notable en la historia de la ilustración anatómica y contiene representaciones del noventa por ciento del esqueleto humano. Las láminas contienen representaciones macroscópicas de gran calidad de la mayor parte de los huesos y músculos del organismo humano, con explicaciones que responden al interés por la función de las estructuras anatómicas. El trabajo del artista habría alcanzado las cuarenta y cuatro láminas, cuarenta y una de las cuales se enviaron a la corte para justificar su trabajo y reclamar su pago pero, lamentablemente, estas láminas, que más que doblaban en número a las que se conocen, se perdieron, con lo que no podemos imaginar cuál sería la cantidad final de estas.

Una de las láminas, la dedicada a las proporciones del cuerpo humano, fue la única que se editó en vida del autor en el año 1689. La obra de *Crisóstomo Martínez* debió alcanzar gran prestigio en el *París* de la época porque, medio siglo después, en el año 1740, se publicó allí una reedición de la misma lámina junto con otra de similar tamaño también del artista valenciano. Las dos láminas y sus explicaciones fueron muy estimadas en la enseñanza de la anatomía para los artistas y la *Académie Royale de Peinture* adquirió estas planchas y publicó de nuevo en el año 1780 una reimpresión de ambos grabados y del folleto con el mismo texto que en la edición anterior. Pero nunca se publicó integra su anatomía completa.

Dice el gran historiador de la medicina *J.M. López Piñero* que el aspecto más novedoso de la obra de *Crisóstomo* fue, sin embargo, la dedicada a investigar los huesos con el microscopio y por eso podemos afirmar que pertenece a la primera generación de microscopistas europeos. Lo hace desde una perspectiva moderna ya que superó el trabajo con el hueso desnudo y seco, como se hacía en el Renacimiento, para pasar a profundizar en sus cartílagos, ligamentos, médula e irrigación de estos. Una de las escasas contribuciones originales de un español a la ciencia de la época se basó en su afirmación de que la grasa se distribuye a través de un sistema de vasos distinto de las arterias, venas, linfáticos y nervios. Estos "*vasos adiposos*" fueron investigados por él en la fibra muscular. Concluyo con unas palabras suyas en las que dice respecto a su forma de investigación en microscopio que "*no haciéndolo de esta suerte se corre agradablemente al engaño; porque, aunque es verdad que el microscopio descubre agradablemente las cosas, con todo eso, si se consulta sin más ni más, tal vez desfigura las cosas, esto es, como todo lo aumenta, aumenta la luz de que los objetos están tocados y brillan sumamente, y más si los objetos están húmedos, mojados u oleaginosos, y añadiendo a esta luz la que los vidrios reflejan, resulta que una simple membrana parece una tela de plata con maravillosa labor que alegra y dexa absorta la imaginación, y sólo un plieguecito en ella, parece un nervio que se va ramificando... y a este modo se ofrecen muchos engaños, y así es menester mucho examen, mucha cautela y tiempo para no engañarse*". Como vemos, en este caso no aplicaríamos aquello tan español de "*que investiguen otros*".

> "*Como Vuestra Magestad y sus gloriosos antesesores lo an costumbrado y a esta invitasion lo estilan las demas nasiones, se le pague no solo con expresivos premios de maravedises sino con los lustrosos de nobleza y onores". (Misiva del licenciado Caudel al rey para que abonase el trabajo de Crisóstomo).*

## 67.- Cuando las barberías eran quirófanos.

Los grandes personajes que la medicina valenciana dio al saber científico se agruparon también en una organización corporativa pionera y de primer orden en nuestro mundo occidental. Esto se plasmó en la primera regulación normativa del oficio médico ya en el año 1329 cuando los *Furs* de *Alfonso IV el Benigno*, como norma fundamental de costumbres y leyes de los valencianos, crean en el *Reino de Valencia* la primera organización médica de todos los reinos hispánicos. En estos *Furs* aparecía un apartado titulado "*de metges*" que exigía para el ejercicio de la profesión que el título de médico se hubiera obtenido en una universidad como requisito para presentarse a un examen que facultaba el ejercicio de la cirugía y que hasta entonces venían realizando los conocidos como "*cirujanos barberos*". A estos barberos se venía acudiendo por la variedad de servicios que prestaban ya que hacían sangrías, trepanaban cráneos, extraían muelas o blanqueaban los dientes con aguafuerte. Este fue el motivo para que en el año 1433 se creara el *Colegio de Cirujanos de Valencia*, institución donde sus médicos examinadores concedían las licencias de médico y cirujano y que tuvo a uno de sus más ilustres integrantes en un *Lluis Alcanyis* al que ya dedicamos un capítulo. En el resto de *Europa*, exceptuando a *Italia*, la cirugía continuaba siendo propia de artesanos, cuando no de brujos y curanderos. El colegio dispuso además de forma organizada que en las recetas se recogiesen las indicaciones terapéuticas y los ingredientes de los medicamentos, pudiendo emitir peritajes para distintos propósitos.

Cuando se creó en el año 1499 la *Universidad de Valencia* mediante una bula papal de *Alejandro VI Borja*, conocido como el *Estudi General*, se constituyó con ocho cátedras de Medicina, mientras en *Salamanca* se hizo con seis y en *Oxford* con dos. Por tanto, se incorporó a ella la "*Cadira de Cirugía*", que comprendía la formación de los cirujanos y la enseñanza quirúrgica a los médicos cuando ambas áreas estaban separadas en el resto de *Europa*. Asimismo, la enseñanza de la Anatomía en *Valencia* constituyó uno de los hitos científicos más importantes de la *Facultad de Medicina* a nivel europeo pues fue la puerta de entrada de las teorías renacentistas y germen de la posterior difusión por las otras universidades de España. Aquí fue instaurada igualmente la primera cátedra de Anatomía de *España* y una de las primeras de *Europa*, impartiéndose dos asignaturas conjuntas como eran la "Anatomía" y la de "Medicamentos Simples" o "*Herbes*". Estas disciplinas se alternaban durante los meses de otoño e invierno para la "Anatomía", y la "Botánica Médica" durante los de primavera y verano. Su principal aportación a la anatomía moderna fue el seguimiento de la corriente de *Vesalio* que propugnaba el estudio directo del cuerpo humano por medio de la disección de cadáveres y no de prácticas más teóricas. En el año 1560 la primitiva *Cátedra de Anatomía y Herbes* se desdoblará en dos cátedras independientes. Por tanto, se puede afirmar que la semilla de *Alcanyís* fructificó en las disecciones anatómicas de *Pere Ximeno* y *Lluís Collado* y la cátedra de "*Herbes*", en la que destacaría *Joan Plaza* como creador de un huerto botánico para las prácticas, convirtieron a *Valencia* en avanzada del humanismo médico europeo. Este paso natural para nuestro *Siglo de Oro de la Medicina* del S.XVI nos llevó a tener en el año 1590 nueve cátedras y dos catedrillas, mientras *Salamanca* tenía seis, *Valladolid* cinco y *Alcalá* cuatro.

No menos importante fue la fundación de la cátedra denominada "*De remediis morborum secretis et eorum usu*" (*Remedios secretos de las enfermedades y su utilización*), establecida en el año 1590 en la *Universidad de Valencia* y que es considerada como la primera cátedra europea destinada exclusivamente al uso y preparación de medicamentos químicos. Esta fue ocupada por *Lorenzo Cózar*, médico nacido en *Valencia*, pero esta cátedra de Farmacología solo duró un año pues el *Consell* decidió amortizarla en el mes de mayo de 1592 al fallecer *Cózar*, que había sido a su vez catedrático de Cirugía en *Valencia* desde 1585 a 1591. Su impulso se basó en rechazar la concepción tradicional de la alquimia para dar importancia a la química con el fin de obtener medicamentos más eficaces que los tradicionales.

Volviendo a la organización médica valenciana, el *Decreto de Nueva Planta* de 1707 derogó la organización foral valenciana y con él la concesión de la licencia pasó a depender del *Tribunal del Protomedicato*. No obstante, en 1715 el *Colegio de Cirujanos de Valencia* fue ratificado y hasta el año 1829 continuó controlando la profesión. En este siglo XIX proliferaron numerosas asociaciones como consecuencia de la España liberal pero fueron desapareciendo en poco tiempo. Frente a ellas, el "*Instituto Médico Valenciano*", fundado en el año 1841, fue capaz de mantener una continuidad y desarrollar una importante labor durante medio siglo que le convirtió en el colectivo médico español de mayor relieve. Una de sus principales aportaciones en el campo de la medicina preventiva fue la creación de una "*Comisión Central de Vacunación*" en el año 1851 con la finalidad de poner la vacuna contra la viruela al alcance de todas las clases sociales y llevar un completo registro de todos los vacunados. Su red de depósitos de linfa vacunal por casi toda la península permitió vacunar a miles de personas hasta el año 1896, encargándose de la vacunación de la familia real española y del ejército, mientras que la *Dirección General de Sanidad* y algunas instituciones extranjeras también pidieron que se les remitiera la vacuna. Finalmente en el año 1893, el *Instituto Médico Valenciano* y la *Asociación Médico-Farmacéutica* decidieron fusionarse para culminar así con la constitución del *Colegio Oficial de Médicos de Valencia* en el año 1898.

> *"Ramillete fragante de España, ideal apetecido por los ojos y las almas. Dios favoreció a Valencia con una situación inmejorable y la rodeó de ríos y huertas; sólo se ven allí aguas que corren en todas direcciones, sólo se escuchan pájaros que gorjean, sólo se aspira aroma de flores; cuando se echa la mirada sobre cualquier cosa, siempre hay que decir, esto aún es más hermoso". (Al-Hiyari, autor del Mushib).*

# 68.- Estatutos de limpieza de sangre para un banquero.

La conquista del *Nuevo Mundo* o la llegada de los españoles a *América* ha sido uno de los episodios de la historia que convirtió a la monarquía española en la más poderosa del orbe y su difusión convirtió a la lengua castellana en la segunda más hablada. Este hecho sin precedentes no hubiese tenido lugar sin la intervención de un judío converso que aportó el capital necesario para emprender tal empresa. *Luis de Santángel* habría nacido en *Valencia* hacia el año 1435, estando asentada su familia en la *calle Castellvins* del *call* o barrio judío. En su juventud, *Luis de Santángel* estudió en *Nápoles* tutelado por su tío *Luis*, que era jurista de *Alfonso V*. La extraordinaria posición económica de su familia hizo que de antiguo tuvieran buenas relaciones con la monarquía de *Alfonso V* y *Juan II* y, por ello, desde 1460 le concedieron el arriendo de las *salinas de la Mata* para participar en el comercio mundial de la sal.

*Luis de Santángel* se erigió después en el banquero personal de *Fernando el Católico*, encargándose de recaudar los impuestos en *Valencia* entre los años 1471 y 1477 de las telas que procedían de *Lombardía*. Esto le convirtió en una persona de total confianza en la corte de un *Fernando de Aragón* al que prestaba dinero para sus campañas y que luego el monarca devolvía con cargo a diversas rentas. Uno de los máximos honores que podía obtener es que se le concediera en el año 1479 una Alcaidía de la *Ceca de Valencia* pues este cargo era el que controlaba la acuñación de moneda y el oro que entraba para tal efecto. Si, aparte de eso, eras también el "*escribano de ración*", funcionario que desempeñaba la tesorería real manteniendo activos los saldos y encontrando los fondos para cubrir los gastos de la corte, te habías convertido en un pilar fundamental de la Hacienda aragonesa. Pero no todo era idílico en este contexto pues sus antecedentes judíos y las envidias palaciegas le pusieron en el punto de mira del *Tribunal del Santo Oficio* y eso hizo que la Corona le blindase a él y sus descendientes con un privilegio llamado "*estatuto de limpieza de sangre*", por el cual no podían ser llevados ante la *Inquisición*, cosa que sí sucedió con miembros de su familia pertenecientes a la rama aragonesa.

Pero vamos al *quid* de la cuestión. *Santángel* había tenido contacto con *Cristóbal Colón* en *Córdoba* en el año 1486 y puede decirse que tenían una cierta amistad pues el navegante estaba tan convencido de lo real de su empresa que inyectó al valenciano el convencimiento de que iba a suponer un antes y un después en la historia de la humanidad. Tras un primer intento fallido, *Santángel* consiguió que los Reyes Católicos volviesen a recibir a Colón en audiencia privada para escuchar de nuevo sus pretensiones. En lo que se plasmó en las llamadas *Capitulaciones de Santa Fe*, *Colón* había pedido que se le otorgaran los títulos de Almirante, Virrey y Gobernador General de todos los territorios que descubriera o ganase durante su vida, así como la décima parte de todos los beneficios obtenidos, permitiéndole nombrar además como herederos a sus sucesores de forma vitalicia. Estas exigencias fueron rechazadas inicialmente porque parecieron desorbitadas para los reyes y *Colón* ya se disponía a presentar su proyecto al rey de *Francia* cuando *Santángel* convenció a la reina *Isabel* para que volviera a escucharle. Su intervención fue decisiva porque prestó a la Corona los fondos aportados a la expedición de *Cristóbal Colón*, esto es 1.140.000 maravedíes sin intereses y, a título personal al rey *Fernando*, 6.375.000 maravedíes. Y esto a pesar de que la reina *Isabel*, como escribe el propio *Fernando Colón*, hijo del navegante, en la obra "*Vida del Almirante Don Cristóbal Colón*", estaba dispuesta a que, sobre la garantía de las joyas de su cámara, se buscase prestada la cantidad de dinero necesaria para montar la expedición. También se asoció *Santángel* con el financiero *Gabriel Sánchez*, de modo que gran parte de la financiación del proyecto de *Colón* recayó en ambos.

En el archivo de la *Tesorería General de Aragón* se conserva el documento del préstamo de *Santángel* que dice: "*En el mes de Abril de 1492, estando los Reyes Católicos en la Villa de Santa fe, capitularon con Don Cristóbal Colón para el primer viaje de las Indias, y por los Reyes lo trató su secretario Juan de Coloma, y para el gasto de la Armada prestó Luis de Santángel, escribano de raciones de Aragón, 17.000 florines*".

La noticia de haber sido descubiertas tierras en el occidente del *Océano Atlántico* se extendió rápidamente por todas partes, no sólo en *España* y *Portugal* que eran los países directamente interesados sino en toda la *Europa* de entonces. El agradecimiento de *Colón* a la imprescindible intervención de *Santángel* en su empresa se plasmó en la carta que envió al financiador narrando su gran descubrimiento y de la que se conserva una copia íntegra junto con otras dos que fueron remitidas a los reyes y a *Gabriel Sánchez*.

*Gabriel Verd Martorell,* historiador y Secretario General de la *Asociación Cultural Cristóbal Colón* recoge en un artículo que grandes estudiosos consideran "*la Carta de Colón*" como el documento más importante de la historia universal. Es a la vez, como refiere *Carlos Sanz* en la publicación *"La Carta De Colón anunciando el Descubrimiento del Nuevo Mundo, 15 Febrero-14 Marzo 1493"*, el primer documento impreso referente a la historia de *América* puesto que trata de su propio descubrimiento. Incluso *López de Gómara* en su "*Historia de Indias*" manifiesta que la llegada a *América* fue "*la mayor cosa después de la creación del mundo, sacando la encarnación y muerte del que lo crió...*". Una leyenda sin confirmar nos dice que el primer cargamento de oro que vino de las Indias fue dado a *Santángel* por *Colón* y, a su vez, dado a los *Jurados de la Ciudad* para que lo usasen en la decoración del artesonado del *Salón Dorado* de nuestro *Palau de la Generalitat.*

*Santángel* falleció en febrero del año 1498 y en relación a sus restos hubo una ardua polémica en el sentido de si descansaban en el *monasterio de la Trinidad de Valencia*, del que fue abadesa *Sor Isabel de Villena*, o si fue enterrado en el *Convento de Santo Domingo* como afirma el catedrático de Historia Medieval de la *Universidad de Valencia Paulino Iradiel.* Así, entre diciembre del año 1993 y enero de 1994, unos hispanistas norteamericanos, el matrimonio *Lemieux*, con gran difusión mediática, excavaron la capilla de la *Virgen del Rosario* del *convento de la Trinidad* pretendiendo hallar sin éxito los restos del banquero. Por otro lado, encontramos también un busto de *Luis de Santángel* en la *Alameda* de *Valencia* en el que se puede leer: «*A Luis de Santangel. Generoso coóperador del descubrimiento de América. La ciudad de Valencia. MCMXXI.*»

*Luis de Santángel* fue por tanto uno de esos valencianos privilegiados que supieron avanzarse a su tiempo e influir en la reina *Isabel* para que entendiese que una aventura como aquella podía encumbrarla a la cima de la jerarquía de los gobernantes de cualquier territorio. Sin su intervención, la historia de *España* hubiese cambiado radicalmente y no hubiésemos conocido un imperio español que, con sus luces y sus sombras, no permitía que el sol se pusiese sobre él.

> *"Aunque me dio contento Barcelona, Valencia me ha agradado sumamente. Bellísima ciudad, pero quisiera que llegaras, señor, con gallardía, que son muy principales los señores y caballeros de esta tierra"* (Lope de *Vega).*

## 69.- Nuestras costumbres se hicieron leyes.

El estudio del ordenamiento jurídico de un pueblo nos da muchas pistas sobre cómo es este, sus valores y los criterios que utiliza para resolver sus conflictos. Nuestro cuerpo legislativo histórico, "*Furs del Regne de Valencia*", se convirtieron en la primera compilación legal en el tiempo de la *España* medieval, anterior por tanto a la aragonesa, catalana o castellana. El rey *Jaime I* conseguirá con este hecho dotar a *Valencia* en el mismo año de su conquista de una legislación propia, distinta y diferenciada de la que pretendían nobles aragoneses y catalanes, y convertirse hace ocho siglos en barrera para las ya entonces ambiciones negacionistas, colonialistas y expansionistas que sufrimos involuntariamente.

Así, los señores aragoneses habían estado aplicando en sus nuevos dominios valencianos durante la conquista el *Fuero de Zaragoza*, mientras las órdenes militares practicaban la *Costum de Lleida* y los mudéjares se regían por la ley islámica. Con la promulgación de la "*Costum*" por *Jaime I* en el año 1238 se unificaban la diversidad de fueros y costumbres que se aplicaban en los primeros años de la conquista como nuevo código jurídico para la ciudad de *Valencia* que, a partir de 1261, se transformarían oficialmente en los *Fueros de Valencia.* Este fue el camino por el que se extendían les *costums,* de aplicación inicial sólo a la ciudad, a todo el reino. Estas normas fueron escritas inicialmente en latín y estuvieron redactadas sólo seis semanas después de la conquista de *Valencia* por el canónigo *Pere Albert*, jurista formado en *Bolonia* que en aquellos momentos era asesor legal de *Jaume I.* Se cree que estuvo acompañado en esta labor por juristas, notarios y escribanos de la *Cancillería Real.* Pero, como los distintos fueros podían ser revocados por la voluntad del rey, la ciudad de *Valencia* y algunas villas lucharon por su irrevocabilidad y consiguieron que el rey los jurase ante las *Cortes del Reino de Valencia* el 7 de abril de 1261. Poco después, promulgó un privilegio para el nuevo reino según el cual todos los sucesores del monarca también tenían que jurarlos en *Valencia* antes de cumplir el primer mes de su reinado. Y, yendo aún más allá, el rey se obligó en el año 1271 a no modificar los *Furs* en el futuro sin el consentimiento de las *Corts,* con lo que no podían ser revocadas sin el consentimiento de las dos partes.

Los Fueros establecieron entre otras cosas los límites de un reino que, hasta el año 1304, estuvo delimitado hacia el sur por el *Tratado de Almizra* de 1244 en la frontera *Biar-Busot* y, a partir de esa fecha, el *Tratado de Torrella* incorporaría *Orihuela, Guardamar, Elche, Santa Pola* y *Novelda*. Este sería pues el ámbito territorial de aplicación de una ley valenciana que también regía cuestiones como la moneda, los oficios, las medidas, los volúmenes y pesos, así como la redacción de los documentos públicos. Fueron 1.558 los fueros que *Jaime I* promulgó durante su reinado y que se ampliaron a más de 5.500 con la incorporación de las sucesivas normas que nuestros reyes dieron a *Valencia* y su reino a lo largo de los casi quinientos años de vigencia del régimen foral. Su horizonte temporal abarca, como hemos dicho, los que van desde la *costum de Valencia*, como primera versión de lo que serían los posteriores *Furs de Valencia*, hasta su derogación por los *Decretos de Nueva Planta* del año 1707 por haber apoyado nuestro reino al pretendiente derrotado en la *Guerra de Sucesión*. Dentro de este intervalo de tiempo, muchos fueron los textos forales promulgados entre finales del siglo XIII y finales del siglo XIV por los reyes *Pedro I, Jaime II, Alfonso II* y *Pedro II,* ya que estos realizaron una intensa labor legislativa que dio origen a muchas instituciones forales.

*Vicent Garcia Edo*, profesor titular de Historia del Derecho y de las Instituciones de la *Universidad Jaume I de Castellón*, resalta que la primera grandeza de los *Furs* es la de su vocación global a todo un territorio, pero también incide en que fueron los primeros en el tiempo ya que en 1238, como momento en que se redactó la *costum de Valencia*, ninguno de los reinos existentes en la península ibérica que entonces eran *Portugal*, la corona formada por la unión de los reinos de *Castilla* y de *León, Navarra, Aragón, Mallorca, Granada* o la casa condal de *Barcelona*, tenían códigos legislativos extensos que fueran de aplicación general a todo su territorio. Estos territorios se regían entonces por fueros locales de mayor o menor extensión territorial, así como por la legislación puntual de carácter local promulgada por reyes y señores laicos o eclesiásticos. En contraste con esta realidad, el *Reino de Valencia* consiguió en el año 1238 el primer derecho territorial de la península ibérica como un código jurídico para todo el reino y no unas leyes limitadas a cada ciudad. Y es que *Aragón* no iba a tener sus fueros hasta el año 1247, *Navarra* hasta 1250, *Castilla* hasta 1255 y *Cataluña* hasta 1284. Por si esto fuera poco, el nuestro fue el segundo texto legislativo extenso más pionero de *Europa,* sólo por detrás de las *Constituciones de Sicilia* del año 1231. Concluir de esto que la valenciana es la primera comunidad histórica que aparece vertebrada por un ordenamiento global y homogéneo es la consecuencia lógica de lo expuesto. Tampoco concede menos importancia este profesor a cuestiones como la extensión y complejidad de estas normas pues dice que los 1558 fueros de *Jaume I* dados a *Valencia* en el año 1238 contrastan con los únicamente 350 que tuvo *Aragón* en el año 1247, cifra que sería similar a los relativos a *Navarra* o *Castilla*.

Pero quiero añadir un elemento aún más contundente. De lo anteriormente dicho se desprende que tuvimos la primera compilación legal pero es un orgullo constatar que, de estas compilaciones, la nuestra fue la primera traducción a una lengua peninsular y lo fue al romance valenciano ya que los *Fueros de Valencia* se nos dieron en latín en el año 1238. Estos fueron traducidos al valenciano en el año 1261 para conjugar los dos símbolos más importantes de la identidad valenciana, su ley y su lengua. En suma, nos hallamos ante uno de los códigos jurídicos más importantes, más completos y más perfectos de su época, un patrimonio jurídico inigualable que también elevó la lengua valenciana a categoría de tesoro inmaterial.

> *"El reino de Valencia es aquel cuya constitución política de todo el territorio cristaliza en forma sistemática y escrita antes que ningún otro en la Corona de Aragón: los Furs o Costums de 1238; es el reino especialmente castigado por la Nueva Planta de 1707; es el reino que no recupera ni siquiera su derecho privado en 1710 y que, en consecuencia, no tiene derecho foral ... es la comunidad que, desde el primer momento, elabora un Estatuto que desborda las previsiones ... , que recupera poco a poco su derecho privado propio ... y cuyo 'valencianismo político' invoca ya, sin ambages de ningún tipo, sus derechos históricos". (Miguel Herrero y Rodríguez de Miñón, 2004).*

> *"Aquí yaze un reino entero /que en lealtad no tuvo igual, /pues enfermó de leal/ y murió de mal primero". (Décima popular con ocasión de las Cortes de Monzón de 1626).*

## 70.- "...aquest cambi aja bon compliment...".

Dentro del tráfico del comercio, la invención de la letra de cambio supuso una verdadera revolución ya que permitió evitar llevar el dinero físico entre plazas distantes entre sí con la tranquilidad de poder seguir haciendo, incluso en ese caso, distintas transacciones mercantiles. También fue usado este instrumento para la documentación encubierta de préstamos ya que se utilizaba esta fórmula para evitar la prohibición de intereses y la usura que en algunos casos estos conllevaban. Diríamos en su concepto que una letra de cambio es un documento por el que una persona física o jurídica (*librador*), ordena a otra (*librado*), que pague una cantidad a favor de un tercero *(tenedor o tomador)*, en una fecha determinada (*vencimiento*).

Se cree que el origen de la primera letra de cambio del mundo medieval es italiana y que ya una ley de *Venecia* del año 1272 la regulaba. También en el año 1283 el parlamento inglés reconoce a la letra de cambio como fuente de obligaciones jurídicas. Dice *Sanchis Guarner*, creo exageradamente y citando a *Ricardo Garrido*, que la primera letra de cambio librada en *Europa* occidental fue valenciana. En todo caso, podemos afirmar que fue la primera librada en *España* como recoge el discurso de ingreso de *Ricardo Garrido Juan* en la *Academia Valenciana de Jurisprudencia y Legislación* con el título "*La letra de cambio en el medievo valenciano*" y podría ser coetánea de las primeras europeas. *David Igual Luis* recoge, citando al mismo *Ricardo Garrido*, en "*Ciudades y élites urbanas en el Mediterráneo medieval*", que *"no significa que en Valencia no hubiera antes de estas décadas transicionales entre el XIV y el XV un cierto desarrollo de prácticas crediticias de escala internacional...aunque el primer ejemplar conservado de una letra data de 1371 ó 1376 las fuentes notariales corroboran que el conocimiento de este tipo de actos por los grupos asentados en la ciudad puede remontarse hasta 1357".*

La letra a la que hacemos mención es la librada contra sus compañeros del *Consell* por los *Jurados de Valencia* que asistieron a las *Cortes de Monzón* y que se habían quedado en la ciudad, por la que se giraron cien florines mediante un documento fechado en 19 de febrero del año 1371 ó 1376 para abonarse a *Bernat de Codinachs* y tomados a mosén *Manuel d'Entença*. Ambas fechas mencionadas son posibles ya que, por un problema de humedades, la última cifra quedó prácticamente ilegible. Esta letra reúne todos los elementos que componen una letra de cambio y que la diferencian de otros instrumentos cambiarios, vinculándose a *Valencia* por sus libradores, su librado, su lugar de pago y por hallarse su original en el *Archivo Municipal de Valencia*. El contenido de su texto es el siguiente:

"*Onorables senyors, nosaltres havem pres ací en Monsó, C florins de cambi de Mossén Manuel d'Entença …, vos plácia cumplir e donar aquí en Valencia, per ell al honrat En Bernat de Codinachs, vista la present. Per la letra que us enviam, vos fem saber aquells havíem ops. Plátia us, senyors, aquest cambi aja bon compliment.*"

En él vamos a encontrar los siguientes elementos identificativos:

Librador: *Jurados de Valencia.*

Librado: Los Jurados de Valencia que se habían quedado en la ciudad.

Vencimiento: A la vista o presentación de la letra.

Lugar de libramiento: *Monzón.*

Fecha del libramiento: Viernes 19 de febrero de 1371 ó 1376.

Cantidad: 100 florines.

Tomador: *Mosén Manuel d'Entença.*

Claúsula Valor: Consta recibido ya el importe del tomador.

Claúsula a la Orden: Designa al tenedor *Bernat de Codinachs* que es al que hay que pagar pues representa al tomador.

Adicionalmente, se expresa el motivo de la toma del dinero pues existe una carta anterior en la que explican el por qué de esta óperación y por ello no es un mero aviso de letra de cambio al reunir todos sus elementos esenciales. Físicamente, se documentó ésta en una tira de papel horizontal de 7,5 centímetros de alto por 18 de ancho, teniendo en su dorso el domicilio del librado. El documento se conserva expuesto en el *Archivo Municipal de Valencia* y de él el investigador *Tramoyeres* dice que es "*el documento más antiguo entre nosotros conocido como letra de cambio… y consta que la letra se presentó y fue pagada*". Existió una polémica al atribuirse la localidad de *Medina del Campo* la primera letra de cambio, fechada esta el 2 de julio de 1553, y erigirse un monumento en su homenaje. La realidad es que lo que se refleja en la lápida explicativa es que fue allí donde cristalizó de forma definitiva en los siglos XV y XVI.

En estos años, las óperaciones mercantiles tenían carácter privado y no había ningún elemento público que las regulara. Por ello, unos años después de nuestra primera letra de cambio, para evitar quiebras de los cambistas, riesgos en el cambio de la moneda y morosidad en los pagos o usura, se creó en octubre del año 1407 un organismo que sirviera de control financiero, cambio de moneda y depósito de fondos públicos. Así, por privilegio del rey *Martín I El Humano* se estableció la *Taula de Canvis e Deposits de la Ciutat de València* que vendría a ser una especie de banco público de carácter municipal. Sus óperaciones se realizaban sobre una mesa de madera que inicialmente se ubicó en la *Lonja* y que se conserva en el *Palacio de Cervelló* con parte del tapete original que muestra el escudo de armas de la Ciudad. Esta *Taula de Canvis* era gobernada por dos *regidors* elegidos por dos años por los *Jurats* y el *Consell General de la Ciutat*. A su vez, estos nombraban a dos *escrivans* encargados de anotar en un libro todos los depósitos o entradas y salidas de efectivo y de joyas. El dinero era guardado en una caja de madera conocida como *caixa de gros*, bajo la custodia de tres *clavaris*, y existía otra caja conocida como la caixa de *menut* que servía para cobrar y pagar cantidades pequeñas de diario. Es justo citar también al *Verguer*, que era el responsable de custodiar el transporte de las cajas, los libros y el tapete donde se realizaban las óperaciones, y al *Bastaix,* que era la persona que transportaba la caja con el dinero. Su horario de apertura era de ocho a once de la mañana y de dos a cinco de la tarde.

> *"La ciudad de Valencia añadirá a sus anteriores dictados el de "magnánima" y en derredor del escudo de sus armas pondrá dieciséis banderas desplegadas". (Decreto de 19 de agosto de 1843).*

## 71.- "Parle vosté"... bajo los Apóstoles.

Que la justicia emana del pueblo es una afirmación no siempre bien entendida en vista de las resoluciones que muchas veces el justiciable debe soportar. De jueces con trayectorias poco ejemplares o cuyas *resoluciones* están notoriamente viciadas por la arbitrariedad se nos ocurren unos cuantos casos. Pero que la justicia sea impartida por hombres sabios, buenos y del pueblo sublima el concepto. Uno de estos milagros jurídicos, el "*Tribunal de las Aguas de la Vega de Valencia*", es la más antigua de las instituciones de justicia existentes y vigentes en *Europa.* Este tribunal tiene como función dirimir los conflictos por el uso del agua y del sistema de acequias del rio *Turia* entre los agricultores regantes de las comunidades que la componen y las que hubieren con terceros ajenos a las comunidades. Dice *Javier Plaza Penadés*, catedrático de Derecho Civil de la *Universidad de Valencia*, que su carácter de instancia de resolución de conflictos eficaz, moderna y ejemplar, es lo que explica su pervivencia admirable y vigencia a lo largo de tantos siglos. Su proceso se basa en los principios de oralidad, concentración, rapidez, economía, y ejecutividad inmediata y voluntaria, criterios que hacen que la justicia que emana lo sea realmente en comparación con otras.

Este se integra por los síndicos que presiden ocho de las comunidades de regantes que riegan las huertas más próximas a *Valencia*; estas son las acequias de *Tormos, Rascanya* y *Mestalla* en la ribera septentrional del río *Turia* y las de *Quart, Benàger-Faitanar, Favara, Mislata* y *Rovella* en la meridional. En ocasiones se cita la acequia de *Xirivella*, aunque esta es en realidad un brazo de la acequia de *Mislata.* Los síndicos son elegidos democráticamente en cada comunidad de regantes por el voto de sus miembros y deben reunir las cualidades de ser labradores, propietarios y cultivadores directos de sus tierras. El cargo de juez-síndico es retribuido y su autoridad dimana de ser elegido por gozar de una alta consideración moral y cultural entre los regantes. También la duración de los cargos suele ser de dos o tres años según la acequia de que se trate, con posibilidad de reelección. El *Tribunal* elige por votación a su presidente, cargo que dirige los debates pero no tiene voto cualificado, y a su vicepresidente, pudiendo removerlos. Su ámbito territorial de competencia es limitado ya que sólo afecta a la zona de la *Vega de Valencia* que está regada por el entramado de acequias que parten del río *Turia*.

Su origen es musulmán, aunque hay quien ancla sus antecedentes en el mundo romano, y sus reuniones debieron haber tenido lugar en el interior de la mezquita mayor, después desacralizada y convertida en catedral de *Valencia*. Al ser cristianizada la mezquita, a los musulmanes se les prohibió la entrada en el templo y, como la mayoría de los huertanos eran musulmanes, tuvieron que realizar sus juicios en la puerta de la catedral y no en su interior. En ese momento el rey *Jaime I* reconoció en diversos fueros su autoridad jurídica, lo que permite calificar al *Tribunal de las Aguas* como institución propia del derecho foral valenciano, "*segons que antigament és e fo establit e acostumat en temps de sarrahïns*". Y es que fueron los musulmanes los que atendieron con particular cuidado el fomento de la agricultura y trataron de sacar el máximo provecho a las, en aquel momento, desperdiciadas aguas del *Turia* desarrollando sus acequias.

Este es un tribunal moderno que funciona en la calle sin que se produzcan alteraciones en su desarrollo. Por ello, todos los jueves del año a las doce del mediodía, se cita este en sesión pública para dirimir los conflictos en la llamada *puerta de los Apóstoles* de la catedral de *Valencia,* al que se traslada desde la *Casa Vestuario* donde tiene su lugar de reuniones. El *Tribunal* sólo dispone de un alguacil para realizar las funciones de orden y estas nunca son coercitivas, portando un arpón de latón con dos púas como símbolo de autoridad. En el procedimiento en lengua valenciana, denunciante primero y denunciado después exponen sus alegaciones, para pasar posteriormente a dictarse una sentencia basada en la costumbre y que se elabora en público. La sentencia es inapelable y ejecutiva por los privilegios que le otorgaron los reyes *Jaime I* y *Jaime II*, lo que la diferencia de las resoluciones de los *Jurados de Riego* que son recurribles ante la jurisdicción contenciosa.

En nuestra legislación, como desarrollo de lo dispuesto en el artículo 125 de la Constitución, el artículo 19 de la *Ley Orgánica del Poder Judicial* establece que "*tiene carácter de tribunal consuetudinario y tradicional el Tribunal de las Aguas de la Vega de Valencia*", siendo el único tribunal que aparece expresamente citado en la Ley. El *Estatut de Autonomia de la Comunitat Valenciana* dice: "*En relación a la Administración de Justicia, exceptuada la militar, corresponde a la Generalitat coadyuvar en la organización de los Tribunales consuetudinarios y tradicionales, en especial en la del Tribunal de las Aguas de la Vega de Valencia*".

Por último, diré que el primer "*Congreso Mundial sobre aguas para irrigación*" se celebró en *Valencia* como "*homenaje al Tribunal de Aguas más antiguo de los que se conocen en acción*". En septiembre del año 2009 fue designado como *Patrimonio Cultural Inmaterial de la Humanidad* y recomiendo leer la descripción del Tribunal que hace *Vicente Blasco Ibáñez* en su novela "*La Barraca*".

> *"La huerta de Valencia fijó toda mi atención. No viajaba, paseaba por una verde llanura entrecortada por limpios arroyos que repartían su frescura". (F.Lantier. "Viaje por España del Caballero San Gervasio". S.XVIII).*

# 72.- La justicia del comercio

Que gran parte de la riqueza material y cultural de nuestras tierras ha venido del mar es algo indiscutible. Pero hay otro aspecto menos conocido y es que la regulación jurídica comercial que imperó en *Europa* durante siglos se generó desde una *Valencia* que iba a convertirse en potencia mercantil del *Mediterráneo.* Esta aportación pionera se tradujo en un libro, el "*Llibre del Consolat del Mar*", que compiló entre los años 1320 y 1330 cientos de normas dispersas sobre derecho comercial y marítimo de distinta temática, procedencia y antigüedad, que se basaban en las costumbres ancestrales y se distinguían así del derecho civil. Estas normas además no eran locales, sino que se habían consolidado desde antiguo por el tráfico comercial, con lo que gozaban de generalidad en amplios territorios. Además se concedió a *Valencia* el honor de tener el primer tribunal mercantil y marítimo, como ahora veremos.

En la segunda mitad del siglo XIII se había producido un notable crecimiento de la actividad mercantil portuaria que propició la creación de un *Tribunal Consular de Comercio*, conocido como el *Consulado del Mar* o *Consolat del Mar*, órgano instituido por privilegio del rey *Pedro III de Aragón* y concedido a la ciudad de *Valencia* en el año 1283. Resulta que tal beneficio se vio obligado a concederlo a nuestra ciudad en un momento de debilidad política en que necesitaba la ayuda de los valencianos y prohibió además establecer otros consulados dentro de la *Corona de Aragón* ni que se aplicasen sus privilegios fuera de la ciudad de *Valencia.* Su carácter de jurisdicción real le dio gran autoridad para influir en los consulados fundados con posterioridad. *Francisco Xavier Borrull,* insigne jurista y diputado en las *Cortes de Cádiz* hasta 1813, dice de él que es el primero "*que ha conocido España*". Ciudades como *Trani, Pisa, Mesina, Génova* o *Venecia* tuvieron consulados en *Europa* antes que *Valencia*, pero fueron posteriores los de *Mallorca, Sevilla, Burgos, Bilbao* o *Barcelona.* La justicia de este tribunal era aplicada por los "cónsules", comerciantes no versados en derecho que aplicaban los usos y las costumbres basados en la equidad. En el año 1359, *Pedro el Ceremonioso* estableció que, de los dos cónsules, uno fuera mercader y el otro un experto "*en el arte del mar*". Además, el rey *Alfonso el Benigno* prohibió las apelaciones, haciendo que el veredicto del juez del

*Consolat* fuese definitivo e inapelable. No debemos olvidar tampoco que uno de los elementos más importantes del edificio de la magnífica *Lonja de Valencia* es el salón del *Consolat del Mar*.

Este libro del *Consolat del Mar* tiene su origen fundamentalmente en los textos del "*Constitutum usus*", texto de *Pisa* del siglo XII, y el "*Consuetudo Maris*", procedente de *Barcelona*. La aportación valenciana a este se concretará en su configuración definitiva con la inclusión de las normas marítimas y en la estructuración del funcionamiento de los tribunales mercantiles y de comercio llamados consulados. En el libro se alternan expresiones latinas y valencianas, con lo que no existe una uniformidad lingüística. El códice manuscrito, realizado en el año 1407 y conservado en el *Archivo Histórico Municipal de Valencia*, cuenta con la magnífica caligrafía de *Jaime Gisbert* en ciento veintidós folios y está ilustrado con miniaturas y dorados de *Domingo Crespí*. Con la llegada de la imprenta, la primera edición impresa conocida es del siglo XV en *Valencia*. Las normas recogidas en el *Libro del Consulado del Mar* influenciaron enormemente las posteriores compilaciones marítimas que hubo en *Europa* y fueron difundidas desde Italia basadas en él ya que fue traducido al italiano, francés, inglés, castellano e italiano. Sus normas sólo regían para los comerciantes inscritos en su gremio por los litigios producidos en su actividad comercial. Progresivamente se fue ampliando su ámbito subjetivo al aplicarse a terceros que celebrasen negocios con un agremiado y a clérigos, nobles o militares que ejercieran el comercio.

Fue la redacción de *l'Ordonnance de la Marine* en *Francia* en el año 1681 el momento en que el *Libro del Consulado del Mar* deja de ser el código de derecho marítimo preponderante en todo el *Mediterráneo*, aunque este siguió usándose en muchos lugares, y en *España* siguió en uso hasta la implantación del *Código de Comercio* en el año 1829. Con los *Decretos de Nueva Planta* entre los años 1707 y 1716 y la eliminación de nuestros fueros se suprimieron todos los *Consulados del Mar* en la antigua *Corona de Aragón*, excepto los de *Mallorca* y *Barcelona*. Durante el siglo XX se restableció el antiguo tribunal con el nombre de "*Consulado de Lonja*" para dirimir en la actualidad asuntos mercantiles mediante arbitraje.

*"Nada indica tanto la sabiduría de estas leyes como que fueran aceptadas por los países europeos de mayor auge mercantil y marítimo en pleno Renacimiento cuando el mundo medieval que había dado sentido y forma*

*al Llibre del Consolat del Mar se había transformado en el mundo moderno con concepciones jurídicas y políticas distintas de las medievales... su valor radica en lo admirable de su conjunto, en la riqueza de sus detalles y en su tendencia concienzuda a una justicia equitativa. Estas son las causas de su enorme autoridad y difusión en el extranjero, comparable con la que alcanzó el Corpus Iuris Civilis romano". (Pere Bohigas).*

## 73.- El amor comercial en tiempos del cólera.

Mucho se ha hablado en los últimos tiempos respecto a la legalización, control fiscal y sanitario de una actividad con tantas luces y sombras como la de la prostitución. Lugares de *Europa* tan poco sospechosos de retrógrados como *Amsterdam* dieron visibilidad a un sector que en el oscurantismo y los bajos fondos creaban más problemas que ventajas. Pero es que *Valencia* ya lo tuvo claro en el siglo XIV y posteriores convirtiéndose en pionera de un modelo que fue el antecedente de los actuales en los países más avanzados. *Vicente Graulllera Sanz* dice en su obra "*Los hostaleros del burdel de Valencia*" que ya en el año 1325 el rey *Jaime II* ordenó el ingreso en el barrio llamado *Pobla de Bernat de Villa* de aquellas mujeres dedicadas a la prostitución. El rey se vio presionado por las mujeres de los nobles que veían este ejercicio cerca de sus residencias como una provocación y una potencial "distracción" para sus maridos. No podemos asegurar que este fuera el primer barrio-burdel creado en *España*, pero ciudades de la importancia de *Sevilla* y *Barcelona* los crearon en los años 1337 y 1448 respectivamente, por lo que, de seguro, fue de los primeros creados en *España*.

Pero algo sí podemos asegurar en base a los datos y citas que vamos a proporcionar a continuación; la mancebía valenciana fue la más grande, lujosa, famosa y visitada de *Europa* y tenía unas normas de higiene y seguridad tan estrictas que fue un modelo admirado por todos y visitado por cuantos nobles, monarcas y príncipes extranjeros se acercaban a la corte valenciana en la que se desarrollaba nuestro *Siglo de Oro*. Nos dice el amigo *Juan Antonio Diez Arnal* que esto fue propiciado porque el nuestro era uno de los puertos más importantes del *Mediterráneo*, cuyo trasiego de comerciantes y negociantes que venían de todos los mares hacía correr la fama de un gran barrio de prostíbulos sin parangón en el mundo. Por ello el resto de mancebías de España la tomaron como modelo. No extraña por tanto que, a principios del siglo XVI, la mancebía de *Valencia* tuviera los precios más altos de *España* y fueran sus "tarifas" el doble de caras que en cualquier otra ciudad española.

Contra lo que pudiera parecer, esta no era una actividad que estuviese mal vista y por eso pareció útil a la Corona ponerla bajo su jurisdicción financiera y gubernativa, aunque fuera delegada y regulada por los *Jurados de la Ciudad* en nombre de aquella. La Iglesia valenciana tampoco se esforzó en denigrar la actividad y sólo le puso limitaciones en los periodos de Semana Santa y algunas otras fiestas principales y haciendo lo posible por alejar de ella a las mujeres que la ejercían, incluso dotándolas económicamente en caso de contraer matrimonio. Y ello era debido a que el burdel se abría todo el año excepto en esas festividades, teniendo más afluencia de clientes al atardecer. Es pertinente en este caso mencionar el *convento de San Gregorio* de la *calle de San Vicente* que se llamó de les "*repenides*" o arrepentidas, cuyo antecedente fue el *convento de las Magdalenas* que se asentaba en el solar que hoy ocupa el *Mercado Central*, y acogía en clausura a las que por edad, enfermedad o propia voluntad dejaron de practicar la prostitución ya que antes se las recluía durante la Semana Santa en la *ermita de Santa Lucía*.

La mancebía tuvo distintos y curiosos nombres como *"Pobla de les Fembres Pecadrius"*, *"el bordell"*, *"el partit"* o *"Pobla de les males dones"* y estuvo ubicado en el límite que marcarían las actuales *calle de la Corona*, la *plaza de Na Jordana* y la *calle de Salvador Giner*, zona en un principio extramuros del recinto árabe y que quedó nuevamente incluido dentro de la muralla cristiana cuando se construyó esta nueva muralla en el año 1356. En el recinto se distribuían de forma aislada las casas, que eran de una sola planta y se adornaban con luces y plantas. Las señoritas se sentaban bajo un farol encendido luciendo sus mejores galas y limpieza a la espera de sus clientes. Una función muy importante ejercían los hostaleros u "*hostalers del bordell*", que las controlaban, eran responsables de su conducta y les facilitaban alojamiento, comida, vestidos y cualquier cosa que necesitasen. Su función era también servir comidas y bebidas y facilitar préstamos que debían documentarse ante un notario para evitar abusos. Muchas de ellas tenían origen musulmán y eran descendientes de las familias que habían decidido quedarse en tierras cristianas en el barrio aledaño. Otro grupo lo formaban las viudas o pobres de solemnidad. Las mujeres públicas debían ser admitidas por el *Justicia Criminal* y tenían a su elección habitación en las casas o en el propio hostal como inquilinas. No eran extraños los casos de prostíbulos propiedad de nobles, eclesiásticos o cofradías, creando estos un *lobby* que impedía y perseguía la implantación de nuevos lupanares que aumentaran la competencia. Con el tiempo, los abusos de los hostaleros obligaron a establecer un reglamento estricto del *bordell.* Inicialmente, fue un personaje popular llamado el "*rey Arlot*" quien se encargó del orden, pero también su impunidad y sus abusos hicieron que en el año 1338 el rey lo sustituyera por el "*regent del bordell*", que dependía directamente del *Justicia Criminal*. En el año 1444 la reina *María de Castilla*, esposa de *Alfonso el Magnánimo*, ordenó levantar un muro alrededor del barrio con el fin de aislar esta actividad.

Entre las obligaciones a las que se obligaba a las mujeres públicas estaban las de ser revisadas periódicamente por un cirujano del *Hospital General* para vigilar que su salud fuera la adecuada. Para garantizar la seguridad en la puerta del *bordell* un vigilante recogía los bastones y las armas para serles reintegrados en la salida. Incluso una horca en la entrada hacía las veces de vigía silencioso de un orden estricto. Como curiosidad, decir que en el año 1556 las monjas del *convento de San José y Santa Tecla* que profesaban en el lugar que ocupa el actual edificio de la *Beneficencia* abandonaron el monasterio vendiéndolo a los franciscanos para evitar "*los relinchos de aquellas yeguas lascivas que alcanzaban los honestos oídos de estas religiosas*". Finalmente, en el año 1677 el rey *Carlos II* clausuró la *mancebía* y en el año 1687 derribó sus muros. Los terrenos fueron comprados por el *convento del Carmen* y posteriormente desamortizados para pasar a manos privadas en el año 1835.

> *"La putería pública, que tan común es en España, que muchos primero irán a ella que a la iglesia, entrando en la ciudad, no se ha de callar en este lugar. Es ella la mayor, según los curiosos desta materia dicen, de toda España, y está cercada en derredor con un muro,… hay en Valencia, al igual que en toda España, pero aquí más atractivo, un famoso lugar con hembras dedicadas al placer público, que disponen de un barrio de la ciudad donde esa vida se ejerce con toda libertad ". (Henri Cock, piadoso arquero al servicio del rey Felipe II, cuando estuvo en Valencia en 1585 con ocasión de su regreso de las Cortes de Monzón para preparar los aposentos del Rey y su séquito).*
>
> *"In Valentia he uno bordello bellísimo …. ". (Antonio de Beatis, que acompañaba al cardenal Luis de Aragón hacia 1517).*
>
> *"Hay también en esta ciudad un lugar hecho por la autoridad, grande como la Isla de S. Jorge Mayor de Venecia, cerrado con muros con una sola puerta, en el que hay muchas casas, donde habitan todas las cortesanas de Valencia. Éstas no pagan otro alquiler de casa y en cuanto a su vivir tienen dentro 5 ó 6 hosterías en las que por cierto precio módico*

*les dan todo lo que necesitan cada día...a la puerta del cual hay continuamente un hombre, que se llama 'guardián de las putas', que no deja entrar a nadie con armas, ni que sea defraudada ninguna por su paga, que está también establecida, y soluciona las desavenencias que surgen a veces entre ellas... la Ciudad les paga cuatro médicos...y cada sábado ordinariamente las deben visitar a todas y preocuparse de la salud de cada una y si encuentran alguna con algo malo, la ponen en cierto lugar aparte y la cuidan con grandísima diligencia". (Sigismondo di Cavalli, viajero veneciano, Siglo XVI).*

*"Tras la cena, los dos caballeros, guiados por algunos de los caballeros de la ciudad, se fueron a recorrer el barrio de las mujeres públicas, que es tan grande como un pueblo y que se halla totalmente cercado por una muralla que sólo tiene una puerta. Ante esa puerta se halla levantada una horca para aquellos que cometiesen alguna fechoría en el interior. En ésta, un centinela se incauta de las armas de los visitantes y les advierte que, si desean confiarle la custodia de su dinero, éste les será restituido sin merma alguna, a la salida; pero si no quisieran depositarlo y les fuera robado durante su visita nocturna, el centinela no contraerá por ello responsabilidad alguna. Existen tres o cuatro calles llenas de pequeños lupanares y en cada uno de ellos se encuentran varias muchachas, muy lujosamente vestidas con terciopelos o sedas, de modo que puede calcularse en doscientas o trescientas el número de mujeres. Estas mancebías están llenas de adornos y disponen de buenas ropas y lencería. La tarifa es de cuatro dineros de su moneda, en Castilla sólo se pagan cuatro maravedíes, lo que equivale a un florín de Flandes y del que el fisco percibe, como en todas las cosas, una décima parte, y no se puede exigir más por una noche. Hay también albergues y tabernas. Las mujeres están sentadas en el umbral, bajo la luz de una hermosa linterna, para que pueda vérselas bien. Dos médicos, nombrados y pagados por la ciudad, visitan semanalmente a las mozuelas, a fin de comprobar si padecen enfermedades pustulosas o enfermedades secretas, y, en caso afirmativo, hacerlas que abandonen el lugar. Y he notado todo esto porque jamás había oído hablar de un servicio policial, y tan bien montado, en un lugar tan vil. La policía era, en efecto, excelente y la organización de este singular establecimiento dejaba poco que desear. Todo en él estaba ordenado de tal suerte, que los desórdenes se apaciguaban del modo más fácil. La autoridad local desplegaba la mayor pericia y diligencia en la buena disposición de aquel burdel modelo."(Antoine de Lalaing, noble flamenco).*

## 74.- Y el francés se quedó a la luna de Valencia.

Pasear por *Valencia* y descubrir referencias lapidarias relativas a *Vicente Doménech "el Palleter"* o *José Romeu* nos conduce en el tiempo a un momento muy especial de la historia. Y es que el intento por tomar la ciudad de *Valencia* durante la invasión napoleónica por el flamante ejército imperial francés significó la primera derrota bélica de esta escuadra, triunfante vencedora hasta ese momento en cuantas contiendas había intervenido. Así nos lo cuenta en animada charla *Ramón Javier Planells Sáez*, historiador y autor de la obra "*1808. La osadía de un pueblo*", presidente de la *Asociación Cultural de Amigos del Museo Histórico Militar* de *Valencia* y promotor de sus recreaciones históricas. Por una serie de circunstancias, las tropas de *Napoleón* que comandaba el *mariscal Moncey* cayeron derrotadas frente a las *Torres de Quart*, valientemente defendidas por tropas formadas por las clases populares, un pueblo llano que presentó batalla en lo que sería el primer sitio o asedio al que las tropas napoleónicas sometieron a una ciudad en *Europa*. Pero también nos encontramos con otro hito en el hecho de que *Valencia* fue la última gran ciudad de *España* que consiguieron conquistar, logro materializado por *Suchet* en el mes de enero de 1812 y, en palabras del *Conde de Toreno* como historiador y diputado de las *Cortes de Cádiz* de 1812, "*la victoria tuvo visos de maravillosa ya que nunca antes fue derrotado un ejército profesional por una fuerza compuesta casi exclusivamente de civiles*".

En el contexto de una *España* que se había visto silenciosamente ocupada por unas tropas francesas que pretendidamente iban a invadir *Portugal,* nos encontramos con que gran parte de la población ilustrada veía con agrado en el francés al portador de la corriente cultural de libertad de la Revolución Francesa por lo que la abdicación de *Fernando VII* a favor del francés *José Bonaparte* no era más que una jugada de ajedrez en el tablero del progreso. Pero la corriente de descontento del pueblo llano por ver usurpadas las pocas identidades ideológicas y costumbristas que le quedaban alimentó el caldo de cultivo de la heroicidad que vamos a narrar. Porque, como insiste *Planells*, "*Napoleón tenía como obsesión la ocupación de Valencia para tapar el abastecimiento que desde estas fértiles tierras se producía a otros lugares*".

Las tropas del emperador habían salido victoriosas de las dos batallas en territorio valenciano, cerca de *Utiel* y en *Quart de Poblet*, con las que los valencianos habían intentado frenar el avance hacia *Valencia*. Estas dos contiendas habían dado tiempo a los valencianos a reforzar la parte de las murallas que quedaban con mayor fragilidad y apropiarse de las armas de la ciudadela que, como polvorín y depósito de armas, existía intramuros. Valencia había asistido apenas un mes antes al llamado "*Crit del Palleter*", en que un vendedor de cerillas declaró la guerra al francés en defensa de la ciudad y del rey legítimo, un *Fernando VII* detestable y poco merecedor del honor que le brindó nuestro pueblo.

La ciudad se preparó entonces para el asalto definitivo tras rechazar el armisticio ofrecido. Así, aquel 28 de junio de 1808 las puertas de la ciudad se pertrecharon con la artillería y unos 20.000 valencianos armados y dirigidos por el *padre Rico* se distribuyeron por murallas, parapetos, huertas y edificios. La creatividad valenciana pensó en acciones adicionales para mitigar el potencial francés que, aunque no contaba con artillería pesada, era mucho más experimentado que el aguerrido pueblo valenciano. Por ello se reforzaron puntos estratégicos, se construyó un foso, se quemaron cañizos de las huertas aledañas y se inundó con el agua de las acequias los lugares probables desde los que los franceses iban a atacar.

Varias columnas francesas fueron lanzadas sucesivamente sobre las puertas de *Quart* y *San José* pero la fortaleza de la artillería valenciana y la férrea obstinación de los defensores evitaron que los asaltantes penetraran en la ciudad, dejando en los fosos a miles de soldados franceses muertos o tan malheridos que sus aullidos de dolor llenaron de ecos lúgubres la noche. Las torres, con los orificios que los cañones franceses dejaron en su estructura y que aún hoy contemplamos, eran el testigo de una leyenda que iba a cambiar el rumbo de la *Guerra de la Independencia* pues aquello iba a distar mucho de ser un "*paseo militar*". Ante tal desastre, el *mariscal Moncey* ordenó la retirada y las bajas en las tropas imperiales superaron las dos mil. El fracaso de *Moncey* ante *Valencia* supuso la cólera de *Napoleón* y fue el primer indicio que anticipaba que los españoles iban a ser tenaces en la defensa de sus bastiones, algo que *Bailén* y *Zaragoza* confirmarían poco tiempo después en lo que iba a convertirse en una terrible guerra durante los siguientes cinco años. El Reino de Valencia estuvo libre de tropas francesas durante los siguientes tres años pero, aunque se intentó repetir el asedio en el año 1810, el mariscal *Suchet* asumió finalmente la misión de apoderarse de la ciudad de *Valencia* y su reino para, en septiembre de 1811, realizar una nueva intentona sobre *Valencia.* Tras vencer la resistencia de la guarnición española que se hallaba en el castillo de *Sagunto, Valencia* quedó por fin al alcance de la artillería francesa. El general *Blake*, al mando de las tropas españolas defensoras, había ordenado la destrucción del *Palacio del Real* y el *convento de San Pio* V para que los franceses no se hicieran fuertes en ellos y atacar desde allí la ciudad. El primer edificio desapareció, pero no así el último ya que firmó ante *Suchet* la capitulación el 9 de enero de 1812 y pudo entrar triunfal en *Valencia* seis días más tarde por la *Puerta de San José.*

*"...Ciudad de Valencia, alza tu frente de corona de lauro inmortal, teñido en la sangre pérfida de los negociadores de la esclavitud y del oprobio, muestra al universo que dieciocho años de silencio no han debilitado la dignidad y tu entereza y dile que el Señor de los Exércitos armó tu diestra el día 28 de junio y aterró al pie de tus murallas á los vencedores de Austerlitz y de Marengo y a los amedrentadores del mundo... ". (Gaceta de Valencia).*

*"Quiso a Valencia Moncey / conquistar con diligencia/ pero el francés se quedó/ a la luna de Valencia". (Canción popular).*

*"Esta, Erfila, es Valencia/ la puerta es esta de Quarte. / Aquí dio Venus a Marte/ una divina influencia". (Lope de Vega).*

## 75.- Una demografía que aplaude al Turia.

*Valencia* ha consolidado en el último siglo la condición de tercera ciudad más poblada de *España*. Pero no siempre fue así. Partiendo de cotas menores, durante los siglos XIII y XIV la ciudad vivió un tremendo auge demográfico, va a ser en el siglo XV cuando este crecimiento va a ser de récord. Nos dice el erudito *Alvaro Santamaría* en "*La demografía en el contexto de Valencia. Siglo XV*" que la exacta medida del número aproximado de habitantes que la ciudad tuvo en ese periodo nos la dan los datos recogidos en el año 1489 por el notario *Gaspar Eximeno* y de los que nos da noticia *Rodrigo Pertegás*. *Eximeno* pertenecía a un linaje de notarios valencianos que ejercieron su labor en la administración municipal valenciana y que va a ostentar el cargo de notario-escribano de la universidad hasta el año 1501 (*scribe magnifici concilii et domorum juratorum civitatis valentie*). No cabe duda que sus protocolos y notas marginales en ellos nos dan una información muy fiable sobre distintos aspectos cotidianos de la época (fallecimientos, delitos, asuntos económicos, etc, ...) y, sobre todo, del asunto que nos ocupa. Estos datos son incluso más valiosos ante la imposibilidad de fiarnos de otras fuentes de tipo fiscal ya que *Valencia* estaba exenta de algunos tributos como el *morabatín* en atención al decidido apoyo que dio a *Pedro el Ceremonioso* y las penurias sufridas por el acoso brutal de *Pedro el Cruel de Castilla* en la llamada "*Guerra de los Pedros*".

El notario *Gaspar Eximeno,* en un protocolo notarial del *Archivo Municipal de Valencia* manifiesta que; *En lo present any-1489- se conta en la ciutat de Valencia dins los murs vuit milia vuicents noranta cases* (8.840 casas). Para hacer un cálculo fiable en base a ese dato, estas 8840 casas deberían multiplicarse por el coeficiente convencional aplicable a la época de 4,5 habitantes por cada casa para pensar que la población en aquel momento debió ser de unos 40.000 habitantes. Tal demografía sugeriría un crecimiento a partir de la conquista del año 1238 del orden del 266%, es decir, la ciudad había duplicado muy ampliamente su población desde la conquista. Si se partiera de la situación demográfica de 1355, año del que contamos datos fiables del *morabatín*, el crecimiento resultante sería del 187%, al pasar de 4.729 casas en el año 1355 a 8.840 casas en el año 1489. Al alcanzarse en el año 1510 la cantidad de 9.879 casas, la escalada demográfica elevaría el índice al 329% respecto al nivel demográfico de la conquista y al 208% respecto a la demografía dada por el *morabatín* del año 1355.

Al finalizar el siglo XV, la escalada demográfica había convertido a *Valencia* en la ciudad más poblada de la monarquía de *España* dado que *Sevilla*, en segundo lugar, contaba en torno a 8.000 casas, *Barcelona* 5.749 casas en 1497, *Zaragoza* 3.230 casas en el año 1492 y *Palma de Mallorca* 2.950 casas en el 1489. Su correlativo en número de habitantes en función de la proporción aceptada de 4,5 habitantes por cada casa es clara. Al finalizar el siglo, *Valencia* podía figurar en el ranking demográfico de las grandes ciudades europeas sólo por debajo de *París, Milán, Venecia* y *Génova* y, en nuestra península, por debajo de una *Lisboa* a la que se adjudicarían unas 10.000 casas.

Este crecimiento vertical de la población no pasó desapercibido para el sentir popular de unos valencianos que tenían conciencia del status demográfico de *Valencia* y, como ejemplo, en el preámbulo del *Estatuto Facultativo del Estudi General* de 1499 se fundamenta la creación del centro universitario para que los estudiantes "*puxen hoyr e aprofitar en la present ciutat la qual es mes populosa que ciutat de tota Espanya*". Esto desembocó en una valencianidad sin complejos, satisfecha y orgullosa. El mismo preámbulo nos dice de forma contundente que "*en totes les parts del mon hon ha valencians, aquells son preferits entre tots altres per lun bons enteniments e disposicions de animo e sperit*".

En otros lugares sin embargo se produce el fenómeno contrario. La población de *Palma de Mallorca*, por ejemplo, a fines del siglo XV decae a la mitad de la que tenía en el año 1329, momento en que la *Corona de Mallorca* había tenido su mayor punto de hegemonía económica. En el año 1497, la población de *Barcelona*, que ya se había repuesto de las consecuencias devastadoras de la guerra civil catalana, disminuyó en más de una cuarta parte respecto a la que constaba en el año 1359 cuando *Barcelona* alcanzó su techo demográfico en la baja Edad Media. De las ciudades más importantes de la *Corona de Aragón*, sólo *Valencia* y *Zaragoza* acusaron el ascenso demográfico, pero teniendo esta última entre los años 1369 y 1495 un aumento muy moderado. En la monarquía española sólo *Sevilla* puede alardear en esos tiempos de un magnífico índice de crecimiento que incluso superó al de *Valencia* en porcentaje.

Para determinar cuáles son los motivos por los que *Valencia* tuvo ese crecimiento sostenido, en contraste con otros lugares de España en que imperaba el declive demográfico, podemos aducir varios: En primer lugar, una mejora en la calidad alimenticia en el que entran en la dieta alimentos que antes no estaban al alcance del común del pueblo como la carne y el pescado, una fuerte corriente de inmigrantes que vienen a *Valencia* atraídos por su cosmopolitismo, el florecimiento en las artes o la relativa calma social y ausencia de pestes que diezmaron las poblaciones de otros lugares. Por supuesto, la gran actividad comercial e industrial hizo de efecto llamada en sectores como el textil con la seda, el papel, la producción y tinte de pieles y una pujante y próspera agricultura que en torno a su huerta creará un ambiente muy propicio para vivir. La decreciente mortandad por los avances médicos, en los cuales también *Valencia* fue pionera, ayudó a consolidar este avance demográfico imparable. Este crecimiento y prosperidad de la ciudad durante el siglo XV no significa que hubiesen dejado de afectar a la ciudad constantes históricas como enfermedades, escaramuzas bélicas, sequías, inundaciones y otras catástrofes, pero una *Valencia* en tendencia ascendente va a ser capaz de recuperarse rápidamente como consecuencia de la bondad económica del momento.

> *"A poca distancia del mar está la preclara ciudad de Valencia, muy grande, mucho mayor que Barcelona, bien poblada y habitada por muchos condes, barones, también un duque, más de 500 caballeros ricos e innumerables nobles". (Munzer, viajero alemán en 1494).*

# 76.- ¡ Qué fenicios estos íberos !

La moneda es uno de los elementos que más ayudaron a regular el tráfico comercial entre personas y pueblos y seguro el que les dio mayor seguridad y estabilidad. Pues bien, el *Museu de Prehistòria de Valencia*, sito en el lugar que ocuparon la antigua casa de la *Beneficencia* y el antiguo *convento de la Corona*, expone la primera moneda que acuñaron los indígenas íberos en la península ibérica (*Iberia*) y lo hace en la sala permanente dedicada a la *Historia del Dinero*. Esta moneda, que fue valenciana y acuñada en *Arse* (antigua *Sagunto*) a finales del siglo IV A.C., es una pequeña pieza de plata del tamaño de una lenteja que representa en su anverso una cabeza femenina y en su reverso representa una rueda de cuatro radios con dos signos ibéricos que se insertan en sendos cuadrantes que, probablemente, deben leerse como "KER". Esta tiene un peso de 0,35 gramos y un diámetro de ocho milímetros, de las que se fabricaron pocas unidades, por lo que su reducido tamaño hacía que fueran difíciles de manipular y por ello podían perderse con extrema facilidad. Los temas que aparecen en su diseño tienen una clara influencia proveniente de los griegos de época helenística. La figura femenina del anverso debe representar a una diosa local y la rueda del reverso se ha interpretado como una alusión al carro con la distinta simbología que este tiene. En cuanto a su inscripción, leída como "KER", se desconoce del todo su significado.

Dice *Manuel Gozalbes*, responsable de la *sala permanente de Numismática e Historia del Dinero*, que el valenciano es el único museo del mundo que conserva una de estas monedas. Esta es conocida entre los expertos como un óbolo y, por tanto, anterior históricamente al asedio de *Aníbal*. El óbolo fue una moneda griega de plata cuyo valor es la sexta parte de una dracma, moneda que se acuñó hasta el siglo II A.C, y cuya denominación se relaciona con una barra de metal fina y larga. Y es que los íberos conocieron las primeras monedas a través de sus contactos con los comerciantes griegos y fenicios que llegaron a nuestras costas y que traían consigo algunas monedas de plata griegas que se empleaban como dinero, pero que también eran apreciadas como objetos exóticos, votivos y de colección. Por ello, *Arse* tomó una iniciativa pionera entre los pueblos autóctonos de la península ibérica como fue la de acuñar la primera moneda de los íberos ya que nunca antes las ciudades ibéricas lo habían hecho y pasaría cerca de un siglo antes de que otras ciudades siguiesen su ejemplo y comenzasen a fabricar moneda. Pero, ya con anterioridad, quizás desde el siglo IV A.C, los íberos empleaban la plata como dinero, plata que troceaban y que supuso el camino abierto para la introducción de la moneda. Este era un metal muy apreciado por todos que se utilizaba en bruto y que se intercambiaba al peso. El avance definitivo para facilitar estos intercambios comerciales residió en convertir esa plata en monedas de peso estándar y con unas marcas o diseños que garantizaban su valor, siguiendo las pautas establecidas por los griegos que habían inventado las monedas a finales del siglo VII a.C. en la costa de *Asia Menor.* Y los saguntinos sin duda lo consiguieron. Así, cuando comenzaron las primeras acuñaciones, éstas tuvieron ya una amplia plataforma social para el uso y conocimiento de la moneda como tal desde los siglos V y IV A.C. Se trataba de una moneda de reducido valor apta para transacciones muy modestas, aunque el éxito de su utilización se consolidaría en las décadas siguientes al seguir la ciudad realizando numerosas emisiones de monedas en plata y bronce. Aunque la cronología de estas acuñaciones siempre ofrece dudas, hechos como su ausencia en los tesoros de la *II Guerra Púnica*, la cronología de los prototipos en los que se pudieron inspirar, el estilo de las figuras que muestran y el estudio de los cuños permiten afirmar que se trata de emisiones anteriores a la *II Guerra Púnica*.

Finalmente, puede afirmarse que las imágenes de las monedas señalan unas relaciones consolidadas evidentes con el mundo cultural y económico del *Mediterráneo* central pero, en el caso de *Arse*, podrían ser sólo la punta de lanza de una integración mucho mayor en el mundo helenístico que adoptaría de aquél formas, modos y tradiciones que vinieron sin duda por el mar.

> *"Valencia , llamada la bella, capital de su Reino, llena de todo lo necesario para la vida humana, es una de las ciudades más agradables de España así como una de las más grandes y ricas por el tráfico que mantiene con los países extranjeros". (A.Jouvin , viajero francés , S.XVII).*

## 77.- Plantarnos en los trece.

Que el acontecimiento político más importante del siglo XVI en *Valencia* sea la revuelta de las *Germanías* (1520-22) no ha sido impedimento para que sólo sean conocidas por muchos como el nombre de una de las grandes vías que rodean nuestra ciudad. Comencemos diciendo que esta fue una rebelión armada en contra de la nobleza que se produjo tanto en el *Reino de Valencia* como en *Baleares* durante el reinado de *Carlos I*, ya que aquella había huido de la ciudad ante una epidemia de peste en el año 1519. Junto a las *"Comunidades" de Castilla,* se convirtieron en la primera de las revoluciones populares de la *Edad Moderna*. Tras la huida de la nobleza, el descontento del pueblo llano creció de modo imparable apoyado por las clases burguesas. Esto se tradujo en que asumieron el gobierno municipal de la ciudad y colocaron para regirla a un representante de cada uno de los gremios más importantes de la ciudad en total de trece. Dos de sus representantes más conocidos fueron *Juan Llorens* y *Vicent Peris* y este dominio de los artesanos burgueses no sólo alcanzó a *Valencia* sino también a otras ciudades del reino. Otros elementos ayudaron a avivar el fuego como fueron los grandes desequilibrios económicos que produjo el *Siglo de Oro* entre las distintas clases sociales, la crisis agraria y una corrupción instaurada en los dirigentes que no se nos hace extraña.

Se da la circunstancia de que los agermanados habían estado fuertemente armados para protegerse de las incursiones de los piratas en las costas y esto hizo mucho más cruento el conflicto. Los agermanados también atacaron a los mudéjares que trabajaban para sus señores en las huertas y en otros oficios pues se les acusaba de colaborar con aquellos y tampoco la morería de *Valencia* se salvó de ser asaltada e incendiada para obligar a los musulmanes a convertirse al cristianismo. Incluso se expulsó al virrey de *Valencia, Diego Hurtado de Mendoza*. No fueron suficientes la implantación de la revuelta, la ilusión popular que generó y la victoria en la *Batalla de Gandía* del año 1521 pues el movimiento agermanado fue perdiendo fuerza a causa de derrotas puntuales y disensiones entre sus líderes, por lo que fue finalmente aplastado con la ayuda de las tropas de refuerzo que venían de vencer definitivamente a los *comuneros de Castilla* y que vinieron en auxilio del virrey de *Valencia*. Tras esto, se nombró virreina de *Valencia* a *Germana de Foix*, la cual había sido la segunda esposa de *Fernando el Católico* y que gobernó muy rígidamente hasta su fallecimiento en el año 1538. Su herencia más notable fue el apoyo que dio para la ampliación del *monasterio jerónimo de San Miguel y de los Reyes* convirtiéndolo en una de las obras más importantes del Renacimiento español y asentando allí con su esposo, el *Duque de Calabria*, una esplendorosa corte.

No faltan en nuestra historiografía citas que manifiestan la importancia de esta revolución urbana; Dice *Ricardo García Cárcel* en "*Las Germanías de Valencia y la actitud revolucionaria de los gremios*" que "*la revuelta agermanada (Seaver, Azaña, Maravall, G. Nieto, Peréz) es convertida junto con las Comunidades en la primera revolución moderna opuesta a las connotaciones feudales del imperio carolino*". *Carmelo Santo Mateo, por su parte*, en su "*Introducción a la revuelta de las Germanías*" manifiesta que "*Los analistas de la época muestran discrepancias al señalar a la Guerra de las Germanías como una primera revolución moderna o, por otro lado, como un intento del alzamiento retardatario y feudal hacia el europeísmo moderno que implantaba Carlos V*".

*Jordi Sánchez Callado* en "*El Movimiento de las Germanías Valencianas en el S.XVI (1519-1522): La Revolución*" manifiesta que "*en este movimiento de las Germanías hay que destacar el logro que consiguió: crear un gobierno unilateral al de la Monarquía Hispánica a inicios del S.XVI y comandado por una protoburguesía muy primitiva. A este movimiento se le puede considerar revolucionario ya que intenta destruir el sistema social establecido." Por último, Juanvi Pérez en Valencia News* dice que *"las Germanías significaron para algunos la primera revolución moderna, conformando un nudo de alianzas entre los estamentos de la sociedad valenciana más desfavorecidos alrededor de varios factores desencadenantes del alzamiento popular*".

No quiero dejar pasar la oportunidad de hablar brevemente de dos momentos históricos previos que podemos fijar como antecedentes de la no aceptación de los valencianos de las injusticias procedentes del despotismo, viniera de donde viniere. El morellano *Francesc de Vinatea* ocupó el cargo de *Jurat en Cap* o primer jurado de la capital del *Reino*. Su intervención fue decisiva pues se jugó la vida al oponerse a la intención de *Alfonso IV de Aragón* de asignar como heredero de parte del *Reino de Valencia* al infante *Fernando de Aragón*, hijo de su segunda mujer, *Leonor*, hermana a su vez de *Alfonso XI de Castilla*, en perjuicio del heredero legítimo que era el futuro *Pedro IV "el Ceremonioso"*. Con esta decisión se contravenían gravemente los *Furs* al dividir nuestro Reino en dos territorios. La frase que se cree que dirigió entonces al rey, "*cada uno de nos somos tanto como vos, pero todos juntos mucho más que vos*", hizo que merecidamente su estatua permanezca flamante en la *plaza del Ayuntamiento* de *Valencia.*

Pero el mismo *Pedro IV "el Ceremonioso"* no aprendió la lección y la defensa que le habían brindado los valencianos y, con su decisión de proclamar heredera del trono a su primogénita, Constanza, negando el acceso al trono al infante Jaime de Urgel, hermano del monarca, provocó entre los años 1347 y 1348 la conocida como *Guerra de la Unión.* Esta intención vulneraba los fueros valencianos y una tradición sucesoria en la *Corona de Aragón* que hurtaba a las mujeres la posibilidad de reinar. Fue entonces cuando el *Consell de la Ciudad* convocaba un parlamento de los tres brazos del Reino (Iglesia, nobleza y villas reales), con el fin de constituir una *Unión* para la defensa de la legalidad y contra la arbitrariedad del rey. El *Reino de Valencia* había quedado entonces dividido en dos frentes pero los de la *Unión* consiguieron hacer prisionero al rey y lograron aparentemente el triunfo de que sus condiciones fueran aceptadas. Cuando el rey fue liberado inició una represión brutal contra sus dirigentes. Es muy conocido el caso del cabecilla *Joan Sala* al que se condenó a beber el bronce fundido de la campana que estaba puesta en la *Casa de la Ciudad* y cuyo toque era la señal de convocatoria de los consejos de la *Unión*. Aún así, el desgaste sufrido por el rey en esta contienda civil y su posterior participación en la guerra con *Castilla*, dulcificarían enormemente el autoritarismo de *Pedro IV* y establecería un régimen pactista. Como vemos, la fama de indolentes y *meninfots* que tenemos en esta tierra tiene precedentes que debieran hacernos pensar que no siempre fuimos así.

> *"Reina, Reina, el nostre poble valenciá es franc, e nos es així subjugat com es lo poble de Castella, car ells tenen a nos com a señor, e nos a ells com a bons vasalls e companyons" (Crónica de Pedro el Ceremonioso relatando lo que le dice Alfonso el Benigno a Leonor de Castilla tras la reacción de Vinatea por la ruptura foral de 1333).*

## 78.- La antorcha de los éxitos del celuloide

"*Somos el cine que vemos*" es una frase que repite con cierta frecuencia un amigo y que aún a estas horas no le he preguntado si es suya o si la tomó prestada. Y aprovecho para manipularla diciendo que "*una sociedad es el cine que hace*" y esta la asumo para firmarla yo. Pero, para mejorar la introducción, acudiré a uno de los maestros como es *Ettore Scola* para decir que "*El cine es un espejo pintado*". Y *Valencia* fue la proveedora de mucho del cine que durante varias décadas pudieron contemplar con ojos de sorpresa los que se acercaban a las butacas de cualquier sala de proyección española. El artífice de esto no fue otro que CIFESA, *Compañía Industrial Film Española S.A*, que fue la productora y distribuidora más importante del cine español durante la década de los treinta, cuarenta y cincuenta del siglo XX. Su planteamiento comercial llegó a ser comparable con el de los grandes estudios de *Hollywood* como la *Metro Goldwin Mayer,* la *Universal* o la *Paramount*. Su fundación se debe a la conocida familia valenciana de los *Trénor* un 15 de marzo de 1932 para vendérsela poco más tarde a una familia *Casanova* que había prosperado en la industria aceitera y en otros negocios. Su primer logro fue conseguir para *España* la distribución en exclusiva de las películas de la productora estadounidense *Columbia* que estaba despuntando con películas dirigidas por *Frank Capra* como "*Sucedió una noche*". Su logo comercial pronto empezó a hacerse archiconocido en nuestras pantallas utilizando una imagen de la *torre del Miguelete* estilizado al que se conoció como "*La antorcha de los éxitos*" y utilizando unas notas del himno de *Valencia* en su sintonía. Muy pronto comenzaron a producir películas que se iban a convertir en las más taquilleras al contar con los actores y actrices más conocidos del momento como fue *Imperio Argentina* y directores como *Rafael Gil* y *Florián Rey* a los que promocionaba en sus estrenos y utilizaba como reclamo. Es muy curioso es que en su campaña de lanzamiento presentara esta declaración de intenciones a modo de diez mandamientos:

*Complacer al público sobre todas las cosas.*

*No ofrecerle buenas películas en vano.*

*Solemnizar las fiestas con programas selectos.*

*Honrar el espectáculo y el arte.*

*No matar de aburrimiento al resignado público.*

*No fastidiar al público con films soporíferos.*

*No hurtar a la admiración de tus clientes las incomparables películas Cifesa-Columbia por raras que sean.*

*No levantar falsos testimonios ni mentir en la propaganda.*

*No desear las películas de tus contrincantes si tiene contratadas las de Columbia.*

*No codiciar los éxitos ajenos y preocuparte de aumentar los tuyos con material Cifesa.*

*Estos mandamientos se encierran en dos: cuidar y atender al público sobre todas las cosas y ofrecerle constantemente las películas Cifesa-Columbia.*

Ya en la Guerra Civil, la compañía varía su rumbo para centrarse en documentales y noticieros e ideologizar su producción tras el triunfo franquista de nuestra contienda. La compañía en ese momento se acomoda a los nuevos tiempos aunque no fue ni mucho menos la productora del cine del régimen. Es entonces cuando se acentúa más si cabe el planteamiento de gran empresa del séptimo arte que contrata en exclusiva a actores y técnicos, estos muchas veces extranjeros, a los que remunera de forma muy generosa y que siempre hablan bien de la empresa. Al trabajar con los mismos estudios, decorados y actores se creó un estilo de cinematografía muy personal que era perfectamente reconocible también por los numerosos títulos que puso en el mercado. Se dice que era un cine que contaba historias sencillas, sin artilugios que despistaran la atención y con el que podía empatizar cualquier espectador de la época. Obras muy notables de esta época fueron "*Ella, él y sus millones*" o "*Malvaloca*". Huyó en lo que pudo de temas que tuvieran que ver con la guerra recién acabada para seguramente no recordar heridas abiertas y dar un tono amable a la nueva *España* que pretendía mostrar. Repartir programas de mano en centros de todo tipo como tiendas, cines, salas de espectáculos, etc,... dio una visión más popular a unas estrellas del cine que se convertían en personajes casi familiares. Artistas como *Amparito Rivelles, Paquita Rico, Aurora Bautista, Fernando Fernán-Gómez, Imperio Argentina, Francisco Rabal, Juanita Reina, Alfredo Mayo, Conchita Piquer* o *Arturo Fernández* eran ya unas mega estrellas al alcance emocional de cualquiera. Textos de los de los mejores escritores de comedia del momento como *Jardiel Poncela, Edgar Neville, Carlos Arniches* y *Wenceslao Fernández*

*Flórez*, se convirtieron en muy populares tras su paso por las pantallas. No escaparon de esta euforia oficios "menores" como el de numerosos cartelistas entre los que destacó *Rafael Raga*.

Después de la segunda guerra mundial, CIFESA sufrió fuertes pérdidas por sus guiños a la *Alemania* nazi. Es entonces cuando nuevamente se impone un cambio de estrategia y se decantan por las grandes superproducciones históricas que supondrán finalmente el ocaso de la firma. Su reflejo fueron los títulos más emblemáticos de *Juan de Orduña* como "*Locura de amor*" (1948), "*Agustina de Aragón*" (1950) o "*La leona de Castilla*" (1951). Sus grandes presupuestos sólo podían rentabilizarse con unos impactos en taquilla que no se fueron consiguiendo y este símbolo del cine doméstico cerró en el año 1956 como empresa de producción, siguiendo con la distribución hasta el año 1964 y desapareciendo definitivamente en el año 1967. Se dice que el principio del fin de esta compañía se debió al cambio de rumbo de un cine comprometido con valores, como el que realizó durante la República, a uno en el que primaba el concepto comercial y de obtención abultada de ingresos del periodo posterior a la *Guerra Civil*.

> *"No hay porción de España que bajo el aspecto cultural se iguale a Valencia en ofrecer un interés tan vario tan alto y tan sostenido en todas las épocas de la historia". (Menéndez Pidal).*

# 79.- El triángulo que corta los cielos.

Dentro de la historia aeronáutica española existe un hecho que los sucesores de un valenciano de principios de siglo luchan para que sea conocido y divulgado. Y es que *Ricardo Causarás Casaña*, (*Valencia*, 1875 - *Barcelona*, 1953), fue un pionero aeronáutico español, inventor y constructor de la primera y única máquina voladora de forma triangular en los planos sustentadores patentada en *España, Europa* y el mundo, contando este con motor, estabilidad lateral, longitudinal y velocidad, que tomó el nombre de *Aeroplano-Monoplano "Causarás"*. Su inventor no era ingeniero, sino escultor y pintor, y de hecho su dedicación era la de esculpir abanicos, sortijas y collares en unos talleres de la capital, pero tenía grandes conocimientos de Física. Su amistad con la alta nobleza española y militar de la época le ayudó a conseguir un trabajo que ofertó el *Ministerio de la Guerra* y que consistía en construir un avión militar con motor para dotar a *España* de una máquina voladora para la guerra moderna. Además, tenía diversos cargos en el *Círculo de Bellas Artes* y en el *Ateneo Mercantil de Valencia*. Como antecedente, en el año 1903 y por primera vez en la historia aeronáutica, una máquina voladora más pesada que el aire voló por los aires movida con motor, hito conseguido por los hermanos *Orville* y *Wilbur Wright* en un avión biplano de tipo "*Flyer*". Pero un martes 20 de julio de 1909 se registraba la patente de nuestra máquina de guerra militar y civil en la *Delegación de Fomento* y el *Gobierno Civil* de *Valencia* en días de euforia por la "*Exposición Regional Valenciana de 1909* " y recién iniciada la guerra de *España* contra *Marruecos*.

Pero la familia de *Causarás* sostiene que diversas circunstancias incontrolables hicieron que finalmente aquella bella historia aeronáutica no llegara a buen puerto. *Causarás* necesitaba un motor "*Anzani*" de 25 CV para colocarlo en su prototipo y, al no conseguirlo, no pudo demostrar la viabilidad constructiva, industrial y militar de su avión. Los intereses político-militares internacionales de *Francia* y *Estados Unidos*, a quienes interesaba promocionar otros aeroplanos, evitaron que *España* tuviese su propio aeroplano, hecho que hubiera mitigado los problemas económicos causados por las guerras de *Cuba*, *Puerto Rico* y las Islas *Filipinas*. Junto a esto, la Real Orden del 19 de noviembre de 1897 establecía que los inventos de máquinas industriales militares y civiles que no fueran obra de licenciados en Ingeniería Industrial no se podían aprobar, y, en consecuencia, tampoco se podían poner en práctica. Es por ello por lo que el *Aeroplano-Monoplano Causarás* quedó aparcado, desmontado y plegado en el interior de unas cajas de madera en el taller de escultura, construcción de fallas y prototipos de aviones militares y civiles de la *calle Baja*, 36 del *barrio del Carmen* de *Valencia*. Con más suerte y apoyos, *Louis Blériot* había volado el 25 de julio de 1909 la travesía de *Francia* a *Inglaterra* por el "*Canal de La Mancha*" con el avión monoplano "*Blériot XI*". Con este, tras el vuelo exitoso en Francia del "*Farman*" el 27 de agosto de 1909, estas aeronaves vinieron finalmente a *España*, siendo las primeras máquinas voladoras militares pilotadas por pilotos militares españoles que se utilizaron en la primera guerra moderna del siglo XX como fue la guerra de *España* contra *Marruecos*.

Pero otro hito podemos sumar a este. El valenciano *Juan Olivert Serra*, natural de *Cullera*, fue el primer piloto español en levantar del suelo una máquina voladora más pesada que el aire, ganándose por ello el apodo de "*el volaoret",* aunque sólo fuera unos centímetros en un recorrido de unos cuarenta metros. Este hecho histórico aconteció en el campo de maniobras militares del *Regimiento de Artillería Montado Nº 11 del Ejército de Tierra* de *Paterna* el día 5 de septiembre del año 1909, inicios de la aviación española, con su "*Aeroplano Olivert*" y teniendo gran afluencia de público. En él había invertido buena parte de su patrimonio y sus conocimientos como ingeniero industrial. Este aeroplano biplano estaba provisto de un motor *Anzani* de 25 CV y una hélice, elementos mecánicos fundamentales que obtuvo en alquiler del *Ayuntamiento de Valencia* ya que ostentaba el cargo público de vicepresidente de la *Sección de Aviación* del *Círculo de Bellas Artes de Valencia*. El diseño se basó en el modelo del experimentado profesional *Gaspar Brunet Viadera*, profesor de Ingeniería Industrial de la *Escuela Elemental de Artes e Industrias* de *Barcelona*. Como vemos, también los aires fueron el banco de pruebas de la creatividad valenciana.

> *"Los habitantes de la ciudad, tanto los hombres como las mujeres, acostumbran a pasear por la noche por las calles donde siempre hay tal multitud de gente que uno creería encontrarse en una feria, pero lo hacen con mucho orden pues nadie se mete con su prójimo. Nunca hubiese creído que existiese un espectáculo igual de no haberlo visto". (Munzer, viajero alemán).*

# 80.- ¡¡¡ Menos coches que hijos !!!

Siempre se ha asociado a la marca *Ford* como la aportación valenciana al mundo de la automoción de los tiempos modernos. Y es cierto que su implantación en *Almussafes* y su parque industrial es el gran revulsivo de un tejido industrial que ha ido dejando huérfana a *Valencia* de sus productos tradicionalmente más pujantes. Pero, mirando más de un centenar de años atrás, encontramos un gran hito pionero. Y es que la "*Compañía General Española de Coches Automóviles E. de la Cuadra, Sociedad en Comandita*", se convirtió en el primer fabricante de automóviles en *España*. Esto no significa que esta compañía fuera la artífice del primer automóvil fabricado en el país, pues la primera patente fue la obtenida en 1894 por *Francesc Bonet Dalmau* para un vehículo de tres ruedas que fabricó. Pero, en lo que a nosotros concierne, el pionero *Emilio de la Cuadra Albiol*, nacido en *Sueca* en el año 1859 y de formación militar, se convirtió con su empresa en el primer fabricante industrial con marca reconocida. *De la Cuadra* era un ferviente apasionado del entonces nuevo fenómeno de la electricidad y eso le llevó a desarrollar el proyecto de construcción de una central eléctrica en *Lérida* a la que llegó la luz eléctrica por primera vez, lo que le dio una posición económica muy desahogada. En 1889 acudió a la *Exposición Universal de París*, quedando impactado por los adelantos que del mundo de la automoción allí vio. Una carrera automovilística de *París-Burdeos-París* de 1.200 km de distancia le acabó de convencer de que el futuro se encontraba en este sector y decidió vender la central eléctrica de *Lérida* para trasladarse a *Barcelona* y fundar en septiembre de 1898 la compañía mencionada, con la que obtuvo la popularidad de ser el pionero en la producción de autos eléctricos.

*Emilio de la Cuadra* en principio optó por la fabricación de vehículos con propulsión eléctrica por su experiencia en dicho campo, decidiendo fabricar un camión, un autobús de pasajeros y un turismo junto al ingeniero *Carlos Vellino* y a *Domingo Támaro*. El inicio fue complicado pues los vehículos eléctricos sólo funcionaban cuatro o cinco kilómetros como mucho pues esta era la autonomía de sus baterías antes de que el vehículo se quedara parado. La idea de *Vellino* era la de construir un tipo de acumuladores especiales con estructura de madera y plomo a fin de no lastrar con un excesivo peso al conjunto. El mayor problema era el peso del autobús, del que ya tenía un pedido para un hotel barcelonés, pues se trataba de un vehículo lujoso de 5,5 metros de longitud para transportar hasta veinte personas. Con un peso de 7.000 Kg que serían movidos por dos motores eléctricos de 15 Kilovatios y con una potencia total de 43 HP, el vehículo alcanzaría los 20 Km/h y sería capaz de superar pendientes del 12%. Además, iba dotado de un grupo electrógeno movido por un motor convencional de 15 HP que debía recargar las baterías durante largos recorridos. Esto suponía ser el primer vehículo híbrido de la historia de la automoción española.

Esta brillante idea inicial, en la práctica, dio muchos problemas y el acumulador diseñado por *Vellino* no funcionaba correctamente, optándose por montar en su lugar baterías convencionales a pesar del contratiempo del aumento de peso y las menores prestaciones que iban a conseguirse. Así, finalmente en agosto de 1900 se presentó el autobús, pero la decepción se tradujo en que sólo pudo recorrer unos metros. Esta desgraciada circunstancia, teniendo que remolcarse el autobús hasta los talleres, provocó la marcha de la empresa del ingeniero, el nombramiento de un nuevo director técnico en la persona de *Marc Birkigt* para el desarrollo del motor de explosión y que cesaran todos los proyectos relacionados con motores eléctricos. Como las desgracias llaman a otras, el autobús acabó calcinado en el fondo del mar junto al barco que lo estaba transportando a *Valencia*.

*Birkigt* diseñó entonces dos motores de dos cilindros, de 4,5 CV y 7 CV respectivamente, para fabricar una serie de seis vehículos, siendo de los primeros automóviles con ruedas del mismo tamaño, circunstancia que no era nada habitual en esos tiempos. A mediados de 1901 los nuevos vehículos "*La Cuadra*" comienzan a dar buenos resultados. Así lo expresaba la revista "*El Automovilismo Ilustrado*": "*Es motivo de legítimo orgullo para sus constructores el carruaje con motor de benzina de la casa E. de la Cuadra que hemos ensayado y que han probado muchos aficionados de Barcelona y que tanto ha causado la admiración. (...) Muchos han sido los testigos de que con un pequeño motor de cuatro caballos y medio se ha hecho lo que no han podido hacer otros carruajes de seis caballos, tanto en paso por malos caminos como en subida de pendientes, sin haber tenido ni la más ligera parada, ni el más pequeño incidente en el recorrido de 1.108 kilómetros que lleva efectuados*". Además, su primer ejemplar ganó una carrera automovilística a los mandos del piloto *Stahel*. De los vehículos construidos por la sociedad de *La Cuadra* se conserva actualmente una unidad en perfectas condiciones, tratándose de un 4,5 CV y medio con una cilindrada de 1.100 c.c. y dos cilindros, con válvulas de admisión automáticas, encendido por ruptor, radiador de tubos, cambio de velocidades en el volante de dirección, siendo matriculado en *Soria* en el año 1900 con el distintivo SO-2 por su primer propietario *Javier Olozábal Ramey.*

Se tiene constancia de que fueron unos siete ejemplares los que construyó la empresa *La Cuadra* en total, cantidad muy estimable teniendo en cuenta que en aquellos años su fabricación era artesanal. Unos cuantos de ellos partieron hacia las *Islas Baleares* donde estuvieron exhibiéndose por las ciudades y en diferentes carreras, llegando a alcanzar la friolera velocidad de treinta kilómetros por hora. Los frenos eran los más eficaces de la época aunque no evitaron el atropello de algún rebaño de cabras que se hallaba en los caminos. Pero la huelga general del mes de mayo de 1901 repercutió de forma tan negativa que, en noviembre de ese mismo año, *Emilio de la Cuadra* declaró la suspensión de pagos haciendo imposible la continuidad de la empresa por la necesidad de más inversiones para su construcción. Y ello a pesar de que los vehículos *Benz*, de los que tenían la representación en *España*, eran más difíciles de conducir que los de la *Cuadra* y por eso, estos podían tener unas perspectivas muy optimistas. *Emilio de la Cuadra* abandonó totalmente el proyecto y solicitó entonces su reingreso en el ejército, siendo destinado a *Ceuta* donde continuó su carrera militar con el grado de comandante y llegando con el tiempo a ser nombrado general de brigada. Moriría en Febrero del año 1930 en *Valencia.*

Pero la aventura de Emilio D*e la Cuadra* no fue un fracaso completo. Aunque él decidió retirarse de la actividad automovilística y retomar su carrera militar, *Birkigt* decidió recoger el testigo junto con los principales acreedores del fabricante, *José María Castro* y *Damián Mateu.* Así, el ingeniero suizo aprovecharía los bocetos, el personal técnico e incluso los trabajadores de la marca recién desaparecida para fundar la célebre *Hispano-Suiza*, antecedente más reconocible de la industria del automóvil en *España.* Como nota de humor de esta aventura pionera recogemos un testimonio de *De la Cuadra* en el que manifestaba que "*después de haberme costado una fortuna, mi empresa fabricó menos coches que yo hijos*". ¡¡¡Y es que tuvo dieciséis !!!

*"Hay en Valencia tantos coches (de caballerías) que, exceptuando París, no creo que haya tantos en ninguna otra ciudad de Francia. A menudo*

*se juntan dos personas de condición menor para poder tener uno. Como el invierno de esta ciudad es templado, los coches no se estropean a la intemperie". (Bartolome Joly , viajero francés en 1604).*

## 81.- Al trabajo desde la "casa del relojero".

"*Tempus fugit*" es la frase inexorable que a todos nos domina, el paso del tiempo implacable que administra callado nuestra longevidad. Y como medidor implacable de las horas se erige el reloj, poderoso artilugio cuyos designios nadie puede modificar. A *Valencia* le cabe el honor de haber sido la primera ciudad española donde se instaló un reloj de torre, el reloj público que marcaba las horas para público conocimiento de artesanos, clero, mercaderes, soldados y ciudadanos de a pie. *María Francisca Olmedo de Cerdá,* en su obra "*Callejeando por Valencia*", nos dice que *Sanchis Sivera*, que fue canónigo, historiador y director del *Centro de Cultura Valenciana* en el segundo cuarto del siglo XX, cita en su obra "*Relojes públicos en Valencia en los siglos XIV y XV*" un documento que encontró en el archivo de la catedral fechado el diez de marzo del año 1378 y que es de gran importancia. En él se recogen las condiciones para contratar con *Juan Alemany*, maestro de relojeros venido de *Alemania*, la instalación de un reloj en la ciudad de *Valencia*. En este documento traducido por el ilustre investigador *J.Rodrigo Pertegás* se pactan los requerimientos del obispo y el cabildo de la catedral al imponer construirlo con una esfera grande en la que figurasen las veinticuatro horas del día y con una campana que se hiciese oír en un entorno muy extenso. Para hacer dicho reloj se obligaban a suministrarle el metal necesario.

Cuando finalizó el trabajo, regresó a *Alemania* y manifestó allí que los *Jurados de la Ciudad* le habían propuesto realizar otro de aún mayores dimensiones, pero finalmente este nuevo proyecto se desechó por su alto coste. Su ubicación fue el primer campanario de la catedral que estaba situado en la *calle de la Barchilla,* conocido como *Campanar Vell*. Este sería por tanto siete años anterior al siguiente conocido que es el reloj conocido como "*reloj de las horas*" de la catedral de *Salamanca* de 1385, anterior también al "*seny de les hores*" que fue instalado en la catedral de *Barcelona* en 1393, anterior al instalado en el campanario de la iglesia de *San Miguel* de la villa de *Cuéllar* en *Segovia* en el año 1395 y, finalmente , al de la catedral de *Sevilla* de 1396 cuya inauguración tuvo lugar el 22 de julio de 1400 en presencia del rey *Enrique III de Castilla*. De estos relojes no queda nada, pero sí de otros posteriores, auténticas máquinas de marcar el tiempo a través de campanas, de esferas o diales. Estos datos nos los corrobora *Rosa María Villanueva,* responsable de la *Asociación para la Defensa del Patrimonio: Relojes de Torre.*

*Sanchis Sivera* prosigue en esta obra diciendo que ya en el año 1403 los Jurados ordenaron instalar una campana que tocara las horas, no mecánicamente por medio de un reloj sino manualmente por dos personas que se encargasen de este menester. Esta, que era una campana y no un reloj, estaba colocada en la última sala de la *Casa de la Ciudad,* antiguo ayuntamiento que se situaba en los actuales jardincillos de la *Generalitat* en la esquina que había frente a la antigua Diputación, después Audiencia y actualmente *Palau de la Generalitat*. Hoy de su recuerdo se encarga la rotulación de la llamada *calle del Reloj Viejo,* de la que toma su nombre. El reloj del *Campanar Vell* de la catedral que estaba funcionando hasta entonces había sufrido desgaste y desperfectos y se conserva un documento del relojero alemán afincado en la ciudad llamado *Roberto de Malinas* diciendo que lo repara en el año 1407. Otro buen reloj público tuvo la ciudad instalado en el año 1437 en el *Palacio del Real* por *Pedro Vetcho*.

Dice el mismo *Sanchis Sivera* en su obra "*La Catedral de Valencia*" que en el año 1418 el cabildo de la catedral, el *Concejo de la Ciudad* y *la Junta de Murs e Valls*, organismo encargado de las infraestructuras públicas, acordaron que la gran torre nueva que se estaba construyendo para la catedral, la que conocemos como el *Micalet*, tuviera en lo más alto una gran campana gobernada por un reloj que ordenara la vida de la ciudad y se oyera en la huerta e incluso el mar. Como la campana de más de 15.000 kilos de peso estuvo hecha antes que el reloj, se acordó que las horas temporalmente fueran tocadas de forma manual por dos personas que se relevarían cada doce horas y tendrían su vivienda en una casa cercana, históricamente conocida como "*casa del relojero*". Se supone que los dos encargados sabrían entonces la hora por el reloj que aún estaba funcionando en el *campanar vell*. Cuando esta ya tuvo mecanismo de reloj, se ocuparon después del buen funcionamiento de una máquina a la que daban cuerda y a la que se accedía desde fuera de la catedral por la calle que hoy llamamos *del Micalet* y que primero se llamó del "*Campanar Nou*" y más tarde "*del Rellotge*". Esta es la campana conocida como *Micalet* por haberse bautizado un día de *San Miguel* del año 1418. Ya en el año 1425 se contrata con *Juan del Poyo* el mantenimiento del reloj y asume por tanto "*l´offici de sonar del horolotge*". Sólo la muerte de este hace que en el año 1439 ocupe su función el mencionado *Pere Vetcho*. A causa de algunos infortunios, la campana fue renovada varias veces hasta que en el año 1519 cayó a la calle cuando se incendió toda la estructura de madera que la sujetaba. La campana que hoy conocemos nació en el año 1521 de los pedazos de la que se vino al suelo dos años antes.

Este primer reloj no debió ser muy consistente porque en el año 1446 se realizó uno de nueva invención que sobrevivió durante más de dos siglos y medio, hasta que fue también retirado por desgaste y sustituido por otro en el año 1684. Estas dependencias del reloj se situaban en una construcción cúbica adosada a la *torre del Micalet* a la que se entraba por un portillo y que se cubría con un tejadillo. Esfera con gruesas saetas que fue testigo impertérrito del paso de los tranvías, nuestros abuelos aún recuerdan que fue el reloj oficial de la ciudad durante cinco siglos y medio hasta que fue finalmente vendido como chatarra en los años sesenta del siglo XX. Quiero llamar la atención también del reloj de sol que, a la derecha de la *puerta de los Apóstoles*, pasa bastante desapercibido y que marcaría las horas si no hubiera perdido la numeración horaria con el paso del tiempo. De él sólo nos queda el puntero vertical que recuerda que estaba allí situado.

> *"Aquel es el sacro Seo / y este el alto Micalete./ Ella es tal cual la promete/ su grande fama al deseo"*. (Lope de Vega).

## 82.- El futuro a golpe de tecla.

Los que lo hemos conocido sabemos que existen pocos sonidos tan entrañables y singulares como el del golpeo de las teclas sobre un papel de una de las máquinas de escribir de antaño. Máquinas de escribir en oficinas, en bancos o en redacciones de periódico nos llevan a una parte cinematográfica de la vida donde todo parecía mucho más vertiginoso, donde emborronar un papel era una contingencia más de la escritura, donde pasar el carro de una línea a otra era un arte mecánico en sí mismo. La máquina de escribir cambió la historia porque fue eficiente en dar rapidez a las comunicaciones aunque, como todos los avances tecnológicos, su vida fuese efímera y se nos antoje como un instrumento rudimentario de otras épocas. Porque la historia de la máquina de escribir se remonta al siglo XVIII cuando se realizaron unas primeras patentes que no se pusieron en práctica. Sin embargo, en el siglo XIX ya se desarrollaron prototipos con palancas, aunque eran muy arcaicos. No es hasta 1873 cuando el mecanismo avanzó notablemente y ya presentaba muchos principios de la máquina moderna personalizada en la marca *Remington* de *Nueva York*. Posteriores reformas llegaron a perfeccionarla, adquiriendo verdadero prestigio la también neoyorkina *Underwood* que, con uno de sus modelos, dominó el mercado durante casi tres décadas.

Pero nuestra ciudad pone su granito de arena en las innovaciones patrias ya que en *Valencia* se fabricó la primera máquina de escribir española en el año 1913 por la empresa *Ferrer y Toledo*, que desde el año 1923 se denominó "*Industrial Valenciana Victoria*". La máquina fue denominada *Victoria* y fue diseñada por *Alberto Toledo,* siendo fabricada en el taller que la empresa tenía en la *calle de Guillém de Castro*, 77. Con los años, se realizaron hasta cuatro modelos diferentes, compartiendo características con la *Torpedo* alemana y la *Underwood* americana. Destacaban los fabricantes de esta empresa valenciana la posibilidad de escritura de cerca de noventa signos, impresión frontal, cambio automático, cinta de dos colores, rodillo libre y tabulador y una estética niquelada realmente bella. Llegó a adquirir gran difusión, tanto por su precio, que era hasta un veinticinco por ciento inferior a sus competidoras extranjeras por la ausencia de aranceles, como por lo establecido en la Orden de 12 de abril de 1917 que obligaba a los centros oficiales españoles a su adquisición por la "*Ley de Protección a la Industria Nacional*". Como decía la publicidad de la época; "*Si usted quiere poseer la máquina más sólida y económica, compre la "Victoria". ¡Gran éxito de la industria española¡*".

Si nos remontamos al diecisiete de abril del 1914 encontramos en el diario ABC una deliciosa reseña que habla con un lenguaje casi onírico de esta empresa; " *A Valencia le cabe el orgullo de haber sido la primera capital española donde se ha montado una fábrica de máquinas de escribir. Y la satisfacción se le debe a los prestigiosos industriales de la plaza Sres. Ferrer y Toledo, productores desde hace cinco años de la renombrada máquina Victoria, tan conocida de los españoles por utilizarse esta en numerosos centros del estado con arreglo a la ley de protección de las industrias. Concurren en los Sres. Ferrer y Toledo circunstancias análogas que ponen de relieve su amor a la producción y a Valencia, porque tratándose de hombres de posición independientemente económica, sin herederos y con fortuna cuantiosa, acometieron la empresa de construir las máquinas de escribir, lanzando al mercado el modelo número I, que es de sistema completamente diferente a los otros ya conocidos. Claro que algunos amantes de España tildan la producción nuestra como deficiente pero eso es una consecuencia lógica del "amor a su patria", pensando siempre en que el trabajo del extranjero vale más… dejemos a los detractores de las cosas españolas discutiendo en los cafés para no perder el tiempo y convengamos en que en España se producen obras tan excelentes o más que en el extranjero. Las máquinas Victoria constituyen un ejemplo de este aserto. Todos recordarán el modelo número dos de las referidas máquinas de escribir que los Sres. Ferrer y Toledo regalaron hace dos años a S.M. el Rey y cuya máquina, expuesta en un escaparate de la Puerta del Sol, llamó la atención del público por el arte y lujo como estaba ejecutada. El Rey, el primer español, agradeció el presente y dedicó elogios al sistema por su perfecto mecanismo. Y no terminaremos estos datos sin elogiar el esfuerzo que supone crear obreros a fuerza de tiempo y desembolsos, pues en la referida industria trabajan sólo obreros valencianos. Los Sres. Ferrer y Toledo, disponiendo de elementos económicos sobrados, pudieron traer a España mecánicos expertos en estos trabajos; pero como amantes de Valencia y de España prefirieron dejar a su Patria los beneficios de la obra y la gloria de su fabricación*". Con una reseña así, ¡¡¡cualquiera se resiste a comprarla!!!

> *"Açí es fan algunes coses artificials les quals donen gran fama a la terra, car son fort polides e belles e qui no es troven comunament en altre lloc". (Francesc Eiximenis).*

## 83.- Pluma, agenda y paella... todo en uno.

Como algunas de las vías céntricas de la ciudad de *Valencia* nos dan pie a investigar sobre la huella de quien las rotula, nos encontramos que una de ellas nos descubre a un personaje fascinante como fue *Francisco de Paula Martí y Mora*, más conocido como el "*Taquígrafo Martí*". Entre otros grandes méritos que adornan a este personaje podemos decir que fue el inventor de la taquigrafía española, el de la primera pluma estilográfica y de las agendas de bolsillo. Fue también el primero en describir con detalle la receta del "*arròs a la valenciana*", luego mal llamado "*paella*" por relacionarlo con su recipiente en un tratado sobre agricultura del año 1818.

A pesar de que los antecedentes de la taquigrafía se remontan a varios siglos antes de nuestra era, hoy se define esta como una técnica de escritura rápida en la que se emplean signos especiales para abreviar la escritura tradicional y poder reflejar un discurso a la misma velocidad a la que se habla. Su empleo a través de la historia antigua fue generalizado y, aunque sufrió un largo periodo de decadencia, en el año 1588 volvió a emplearse en toda *Europa* y llegó a *España* en el siglo XIX. Va a ser en este momento de la historia en que aparece este valenciano nacido en *Xátiva* en el año 1761. Realizó sus primeros estudios en su ciudad natal para trasladarse a *Valencia* y aprender el oficio de grabador junto al prestigioso *Monfort*, arte que posteriormente desarrollará en la *Imprenta Real*. Su erudición le llevó igualmente al campo de la literatura como autor de obras dramáticas y al de la traducción debido a sus conocimientos de latín, inglés, italiano y francés.

Martí fue, por tanto, el introductor y difusor de la taquigrafía en *España* en el año 1802 en su libro titulado "*'Tachigrafia castellana, o arte de escribir con tanta velocidad como se habla y con la misma claridad que la escritura común*". Este sistema sólo existía en la lengua inglesa y *Martí*, basándose en aquélla, creó la española. Con el fin de estudiar y difundir la taquigrafía, *Martí* creó la *Escuela de Taquigrafía de Madrid*, lugar en donde se estableció la primera cátedra de Taquigrafía de *España* en septiembre de 1803, promovida por la *Real Sociedad Económica Matritense* y de la que se ocupó personalmente para la enseñanza del método. Es por eso por lo que en la *calle Marqués de Cubas* de la capital de *España* se erigió una lápida como recuerdo a la instalación de la primera cátedra de Taquigrafía por iniciativa de *Martí*. También un busto en el *parque del Retiro* de *Madrid* señala "*A Francisco de Paula Martí Mora, inventor de la taquigrafía española. 1761–1827*", y en su frontis un texto latino dice: "*Currant verba dicet manus est velocior illis mondum lingua suum dextra peregit opus*", cuya traducción sería: "*Corran cuanto se quiera las palabras, la mano todavía corre más. Aún la lengua no ha concluido la obra, cuando la diestra ya ha dado fin a la suya*". Después de aquella primera obra publicó "*Poligrafía o Arte de escribir en cifra de diferentes modos*" y, en el año 1833 ya fallecido, se publicó la "*Taquigrafía de la música o Arte de escribirla sin usar del pentagrama*".

Sus inquietudes literarias le llevaron a escribir algunas obras dramáticas como la de 1813 "*El día dos de mayo en Madrid*", de especial valor pues fue el autor fue testigo presencial de los hechos que ahí se narran.

Como grabador, llevó a cabo diferentes obras y, de las referidas a *Xàtiva*, cabe señalar "*El Altar Mayor de la Colegiata*", la "*Virgen de la Seo*"', "*Nuestra Señora de la Consolación*" y la "*Vida y martirio de Fray Jacinto Castañeda*". También son obras suyas las portadas y láminas que ilustran las diferentes ediciones de sus libros, el alfabeto manual de sordomudos y retratos de gran cantidad de personajes españoles conservados en la *Sección de Estampas de la Biblioteca Nacional.*

Es también autor del *Compendio* del año 1806 y del *Compendio* del año 1807, consideradas las primeras agendas de bolsillo publicadas en *España*. En sus páginas, de dimensiones 7 x 11,5 centímetros, se informaba de los sorteos de lotería, de los días de fiestas o los de indulgencia plenaria y se incluían informaciones que, hasta entonces, no habían estado al alcance del pueblo como eran los habitantes de las provincias españolas o la distancia en leguas entre las principales ciudades.

Igualmente fue el inventor de la primera estilográfica a la que bautizó como "*pluma-fuente*". Esta era un tubo de latón provisto de un depósito para almacenar la tinta al que colocó un aplique inferior con una ranura y un puntero por donde se dosificaba la tinta y se podía escribir. Pero, como los británicos habían perfeccionado el objeto, la patente se la llevaron *Parker* y *Sheaffer.*

La casa natalicia del taquígrafo *Martí,* ubicada en la *plaza de la Mercé* y en estado de práctica demolición durante muchas décadas, siguió reuniendo a los amantes de este oficio el día de su nacimiento para rendir homenaje a su figura con la colocación de una corona de laurel en el monumento a él dedicado y que se encuentra en la popular glorieta de la ciudad. Su placa conmemorativa en su casa natalicia nos dice: "EN ESTA CASA NACIÓ, EL DÍA 22 DE ABRIL DE 1761, EL ILUSTRE PATRICIO D. FRANCISCO DE P. MARTÍ Y MORA, INVENTOR DE LA TAQUIGRAFÍA ESPAÑOLA Y DE LA PLUMA ESTILOGRÁFICA. SUS DISCÍPULOS, EN PRUEBA DE RECONOCIMIENTO Y VENERACIÓN, AL CUMPLIRSE EL PRIMER CENTENARIO DE SU FALLECIMIENTO. OCHO DE JULIO DE 1927".

En los últimos años de su vida su hemiplejia empeoró y esto, junto con la presencia de su hijo en la corte portuguesa, le llevó a trasladarse a *Caldas da Rainha*, junto a *Lisboa*, para encontrar alivio a su dolencia, aunque falleció finalmente en esa ciudad en el año 1827. En tiempos recientes se propuso encontrar su cuerpo que se halla enterrado en el *convento de San Pedro de Alcántara* de *Lisboa,* pero los intentos fueron vanos pues en su subsuelo multitud de esqueletos se apilan sin identificación que permita concretar el de nuestro gran erudito.

> *"Más bella que una vida que fue dulce, más alegre que una juventud que ya pasó. Valencia es una esmeralda en que se reflejan muchas perlas. Es una novia en la que Alá ha puesto todas las bellezas y le ha dado eterna juventud. Por encima de ella siempre brilla una luz refulgente, pues allí juega el sol con el río y la Albufera." (Ibn Galib al Rusafi , Poeta árabe S.XII).*

## 84.- Nuestro pasado a través de una lente.

Fueron muchas las décadas en las que los grandes fotógrafos de estudio eran la única opción que tenían nuestros antepasados para poder conservar su imagen más o menos estilizada plasmada en un papel y con indumentaria de posado. Con el tiempo, el uso de las cámaras fotográficas se fue popularizando y con ello empezó el declive de estos importantes retratistas. Y es esto pertinente a nuestros efectos porque un pequeño empresario valenciano diseñó y construyó la primera cámara de fotos enteramente española que se fabricó en *España*.

El industrial *Julio Matutano Benedito* (1892 - 1947), pintor, grabador en metal y gran aficionado a la fotografía, tenía su taller profesional en la *calle Salamanca nº.64* de *Valencia* y fue allí donde en el año 1935 creó una preciosa máquina llamada *Nerva* para el entonces importante distribuidor de material fotográfico *Gaspar Manpel*. Así lo expresa *José Aleixandre Porcar* en su obra "*La Comunidad Valenciana en blanco y negro*" al decir que *Matutano* diseñó, construyó y puso él mismo en el mercado la primera cámara de precio popular fabricada en *España*, denominada NERVA. Fue además socio del FOTO CLUB VALENCIA, entidad fundada formalmente el 29 de noviembre de 1928, como una sección dentro de la sociedad "*La Cinegética*", localizada en la *calle de la Paz, 26,* de *Valencia*, para desarrollar fines artísticos.

En esa época se hacían en *España* versiones de cámaras extranjeras, en unos casos bajo licencia de marcas foráneas que seguían sus modelos y pautas de fabricación o en otras directamente fabricados por las filiales de estas en suelo español, como era el caso de las *Kodak* o *Agfa*. Pero también se daba el caso de otros productos diseñados bajo la inspiración de modelos extranjeros, lo que equivalía en la práctica a su copia. *Matutano* innovó al crear su NERVA desde cero y sólo añadió una lente que compró fuera de *España*, siendo así que esta cámara fue la primera enteramente española y valenciana. El auge real de la producción nacional se dio durante los años de la posguerra civil española cuando el aislamiento del país y la carencia de tantas cosas materiales obligaron a agudizar el ingenio para dar respuesta a las necesidades de consumo. La cámara en cuestión es un ejemplar de la escasa producción española original que, salvo excepciones concretas como esta, se limitó a la fabricación de productos de escasa calidad. Por tanto, los diseños españoles originales serían más bien pocos y la industria estaba basada en pequeños talleres de carácter prácticamente artesanal. La excepción en este caso podría ser la firma *Certex* que sí que alcanzó un estándar notable con sus *Werlisa,* pero que sucumbiría a finales de los ochenta al no poder superar la competencia venida del sureste asiático.

Volviendo a la *Nerva*, diré que era una cámara sencilla, pequeña de tamaño ya que sus dimensiones eran de 9 x 6'50 y de fácil manejo, que había sido pensada para que pudiera ser utilizada por cualquier recién incorporado al mundo de la fotografía. Tras la guerra civil española, las cajas que las contenían eran hechas de madera a falta de otros materiales y, en un momento posterior, ya en el año 1944, las cámaras *Capta* se hicieron muy populares al tener su modelo básico un precio inicial de sólo ciento una pesetas. Por ello, fueron muchos los españoles que en los años cincuenta y sesenta tuvieron con una de ellas sus primeros escarceos en el mundo de la fotografía. Esta popularidad y su rentabilidad consiguiente vendría dada por el lanzamiento de las *Capta* en sus diversas modalidades, como fueron la *Capta Flex* o la *Supercapta*, referencias de las que llegarían a venderse varios centenares de miles de unidades. Siendo los hijos del fundador quienes se hicieron cargo de la producción de estos nuevos modelos, trasladaron finalmente la empresa a *Mislata*.

*"Formosa Valencia ¿Cómo describiré tu extraordinaria belleza y cómo hablaré de las infinitas glorias que te adornan?". Sir John Talbot, 1781.*

# 85.- La Primitiva a todo vapor.

Entre los adelantos técnicos que marcaron los hitos de la *Revolución Industrial,* la introducción de la locomotora supuso uno de los más relevantes. El ejemplo de la *Fundición Primitiva Valenciana* elevó a la industria con su técnica durante varias décadas a un nivel fundamental en España. Así, dos auténticos pioneros fueron *Valero Cases Domingo,* como propietario de dicha fundición, y *Vicente Ríos Enrique*, maestro artesano fundidor de la misma, a quien se le atribuye las revolucionarias construcciones de hierro que se proyectaban en *Valencia* y que, hasta entonces, había que adquirirlas en el extranjero.

Nos encontramos con que la necesidad de un medio de transporte eficaz y barato para el carbón y el hierro estimuló en *Gran Bretaña* a comienzos del siglo XIX los progresos técnicos que se encargaron de desarrollar unos prototipos de locomotoras movidas a vapor. El desarrollo ferroviario en los años siguientes tuvo unas contundentes consecuencias ya que se facilitaron los intercambios comerciales y la movilidad de la población, consolidando el crecimiento urbano. Además, se estimuló el mercado nacional y el consumo relanzando la industrialización y, por supuesto, aceleró la siderurgia y la maquinaria, contribuyendo en gran medida al desarrollo de las fundiciones.

*Jordi Nadal Oller*, historiador especializado en la industrialización española, escribe en relación a la construcción de la primera locomotora en *España* dice: "*...L´any 1884 és historic en els annals de la Primitiva Valenciana (...) i sobretot la primera locomotora de ferrocarril construida en la península, provada oficialment el 13 de maig a la linia de Silla a Cullera, i destinada al tranvía de vapor entre Barcelona i Sant Joan d`Horta. La vella factoría de material agrícola sembla haver descobert en el material ferroviari la rao de la seva pervivencia*".

Y es que en el año 1848 realizó su viaje inaugural la primera locomotora que circuló en *España,* siendo conocida como la "*Mataró*" y que fue fabricada en *Inglaterra*. Pero la primera locomotora construida enteramente en *España* fue la fabricada en el mismo año 1884 por la "*Fundición Primitiva Valenciana*" para ser probada en el ferrocarril de vía estrecha que iba de *Silla* a Cullera y cuyo destino final era el tranvía de vapor que circulaba en las tierras barcelonesas de *Horta* a *Sagrera*. Esta primera prueba oficial se verificó un 13 de mayo bajo la dirección del ingeniero industrial *Ramón Cases* y a ella asistieron varios ingenieros y personas notables de la industria valenciana. La máquina pertenecía al tipo *Brown*, aunque había sido modificada en varios de sus elementos para tener una longitud final de cuatro metros y dos metros de ancho. Como estaba destinada a pasar por una carretera con gran circulación de personas y caballerías, contaba con un elemento de seguridad como el contravapor para poder parar la máquina en seco aunque marchara a gran velocidad. Además, la parte inferior de la locomotora se encontraba totalmente cubierta para que las ruedas y ejes no pudiesen causar daño ni asustar a las caballerías con que se cruzasen. *Cases* garantizaba en sus máquinas un consumo de carbón de 2 kg por caballo y hora, muy inferior al que entonces tenían otras máquinas extranjeras, mientras que su composición era de cinco carruajes y furgón con una velocidad de 25 km/hora. Entre las muchas felicitaciones que *Cases* recibió, un telegrama por parte del director de la publicación madrileña *El Liberal* expresaba que la industria nacional estaba de enhorabuena y que *Valencia*, como siempre, se colocaba a la cabeza del progreso industrial.

Los diarios valencianos se hicieron eco igualmente de la realización de la prueba de la locomotora y así lo relataba *El Mercantil Valenciano* en su edición de 14 de mayo de 1884: *"Ayer a las doce de la mañana se verificó la inauguración oficial de una locomotora para ferrocarriles económicos construida en los talleres de la fundición la Primitiva Valenciana de esta capital. El acto tuvo lugar en la línea de Silla a Cullera, que con material necesario para la prueba fue cedida galantemente por el jefe Sr.Formosa a D. Ramón Cases, ingeniero director y propietario de los talleres de la Primitiva Valenciana. En el tren de las diez de la mañana partieron de esta ciudad todos los invitados al acto... La inauguración se ha llevado a cabo con el mayor éxito y a satisfacción de todos los ingenieros presentes, la locomotora, con un tren de cinco carruajes y furgón, recorrió algunos kilómetros a razón de 20 y 25 por hora... Al apearse de regreso en la estación de Silla, el Sr. Cases, recibió la más cordial felicitación de parte de todos sus compañeros ingenieros y de todos los invitados. La industria nacional está de enhorabuena como lo está Valencia por ser cuna de este progreso".*

Tras el éxito logrado con la construcción de la primera locomotora, *Ramón Cases* optó por seguir desarrollando la construcción de nuevas locomotoras. La actividad de la *Primitiva,* en la que *Ramón Cases* y su madre aspiraban a hacerse un nombre dentro de la rama de los motores, empezaría a decaer cuando esta fallecía muy poco tiempo después del éxito de la primera locomotora construida en *España*. Así, la emblemática *Fundición Primitiva Valenciana* sería vendida.

> *"Gloria al ferrocarril que nos passa/ des del Grau a Valencia del Cid/ del vapor els oits nos traspassa / el xiulit, el xiulit, el xiulit". (Salvador Estellés, 1836-61).*

## 86.- Jávea e Ibiza a golpe de voz.

*Julio Cervera y Baviera* fue un adelantado a su época. Abordar en detalle sólo un aspecto de su biografía superaría el límite de lo que este capítulo pretende. Y no es exagerada la afirmación, ya que *Cervera* fue un personaje polifacético que vivió varias vidas a la vez siendo, entre otras cosas, militar, héroe de guerra, explorador, político, masón, inventor, científico, escritor y profesor.

Nos cuenta el amigo y técnico en turismo *José Angel Planillo Portolés*, verdadero amante y experto en tantos aspectos relativos a la comarca del *Alto Palancia*, que nuestro personaje nació el 26 de enero de 1854 en *Segorbe* donde cursó sus primeras enseñanzas. Después se trasladaría a *Valencia* para estudiar Ciencias Físicas y Naturales, estudios que abandonó en el año 1875 para ingresar como cadete en el ejército en la "*Academia de Caballería de Valladolid*". Allí fue número uno de su promoción y fue destinado como alférez al *Regimiento de Cazadores de Almansa*, llegando a intervenir en los últimos combates de la guerra carlista por lo que fue declarado "*Benemérito de la Patria*".

Finalizada la contienda, consiguió en el año 1877 un permiso para realizar su primer viaje a *Marruecos* como explorador. A su vuelta, ingresó en 1882 en la "*Academia de Ingenieros Militares de Guadalajara*", de la que saldría con el grado de teniente, y fue entonces destinado al *Cuarto Regimiento de Ingenieros de Barcelona*, donde desarrolló durante un tiempo trabajos de investigación científica. Por esas fechas contrajo matrimonio con *María de los Desamparados Jiménez Baviera*, con quien tuvo dos hijas y un hijo que murió siendo aún un niño. Fue entonces cuando se publicó su "*Geografía Militar de Marruecos*" (1884), que fue utilizada como libro de texto en la "*Escuela Superior de la Guerra*".

El éxito del libro se plasmó en un nuevo permiso del ejército para regresar a *Marruecos* y completar los estudios geográfico-militares sobre las costas de aquel imperio, misión que cumplió con éxito y que le sirvió para alcanzar el grado de capitán de ingenieros y publicar un nuevo libro titulado "*Expedición geográfico-militar al interior y costas de Marruecos*" (1885). Enseguida volvió a África, esta vez a petición de la "*Sociedad Española de*

*Geografía Comercial*", para un viaje de exploración por el *Sahara Occidental* cuyo mayor logro fueron los acuerdos con las tribus dominantes de la zona para incorporar sus territorios a la soberanía española sin disparar un sólo tiro. Esa fue la base del posterior reconocimiento internacional de la que fue colonia del *Sahara* español. La expedición, realizada en difíciles circunstancias, le permitió ascender al cargo de comandante y una popularidad plasmada en diversos homenajes.

En 1888 representó al cuerpo de ingenieros en la *Exposición Universal de Barcelona*, siendo nombrado después agregado militar de la *Legación de España en Tánger*. Pero su censura a la conducta del gobierno español en *Marruecos* le supuso un arresto de seis meses en el *castillo de Santa Bárbara de Alicante*. Este suceso frenó temporalmente su paralela carrera política y masónica, pues había fundado varias logias masónicas-militares en *Segorbe* y *Tánger*. A partir de 1893 siguió al general *Manuel Macías Casado*, en su calidad de ayudante de campo, en sus sucesivos destinos como Comandante General de *Melilla*, Capitán General de *Canarias,* Comandante en Jefe del *7º Cuerpo de Ejército de Valladolid* y, en enero de 1898, Capitán General de *Puerto Rico*. *Cervera* redactó diversos proyectos profesionales en estos destinos: "*El alumbrado de Santa Cruz de Tenerife*" (1894-1896), del que se ocupó como director técnico de la "*Compañía Eléctrica e Industrial de Tenerife*", "*El tranvía eléctrico desde La Orotava a Santa Cruz de Tenerife*" o "*El salto de aguas del río Piedras*" en *Puerto Rico*. Aquí participó *Cervera* en diversas acciones bélicas, destacando la defensa del *Guamaní,* donde fortaleció las instalaciones de comunicaciones y repelió un ataque de las tropas norteamericanas, conociéndose este evento como "*El Combate del Asomante*".

En 1899, una vez finalizada la guerra y centrándose ya en su faceta de ingeniero, logró ser comisionado por el Ejército para trabajar en el laboratorio privado de *Guillermo Marconi* y su ayudante, *George Kemp*, que acababan de establecer una comunicación de datos, pero no de voz, en el desarrollo de la telegrafía sin hilos entre la Isla de *Wight* y *Bournemouth*. A su regreso de *Londres, Cervera* siguió trabajando en la misma línea que *Marconi*, la transmisión sin cable de señales telegráficas, registrando sus primeras patentes en telegrafía sin hilos antes de finalizar el año y desplegando durante los cuatro años siguientes una frenética actividad para desarrollar, demostrar y explotar industrialmente su invención de aparatos y sistemas de telegrafía sin hilos. Una de sus primeras patentes, de hecho, fue un ingenio que permitió duplicar la velocidad de transmisión de mensajes, sustituyendo el sistema de telegrafía sin hilos de *Marconi*, basado en el lenguaje "*morse*", por otro aplicado a una máquina de escribir que transmitía cuarenta palabras por minuto, sentando el primer precedente de lo que hoy es un e-mail. Otras patentes destacadas fueron un sistema de componentes móviles automáticos, un aparato eléctrico para producir corrientes de orden infinitesimal, o el *telemando de equipos y sistemas*, ideado para dirigir torpedos o explotar bombas a distancia y que es el precedente del mando a distancia de los televisores. Algunas de estas patentes las aplicó en la que fue la segunda red telegráfica permanente sin hilos del mundo, establecida por *Cervera* entre *Tarifa* y *Ceuta* con el apoyo del *Ministerio de la Guerra*, y que fue utilizada a diario por el ejército durante tres meses.

Pero el paso más importante en las investigaciones de *Cervera* llegó en el año 1902. El 22 de marzo de ese año se constituyó la "*Sociedad de Telegrafía y Telefonía sin Hilos*", con *Cervera* como director técnico, para explotar las numerosas patentes que este había registrado en *España, Inglaterra, Alemania* y *Bélgica.* Entonces, el *Ministerio de la Gobernación* encargó a esta empresa la realización de ensayos para comunicar la península con *Baleares*, consiguiendo lograr durante cuarenta días de aquel año transmisiones telefónicas de voz humana sin hilos por radio entre *Jávea* e *Ibiza*. Sin embargo, tras el éxito inicial, el proyecto finalizó abruptamente, tal vez debido a sus molestas simpatías políticas. Es considerado pues en muchos ámbitos el padre de la radio, honor que siempre se han disputado el serbio *Nikola Tesla* y *Marconi* y al que se suma el valenciano *Julio Cervera*.

Después del fracaso de las experiencias de telegrafía sin hilos, *Cervera* realizó a partir de mayo de 1903 un viaje por *Europa* y *Estados Unidos* en el que se interesó especialmente por la enseñanza técnica por correspondencia. Abandonando la carrera militar, se dedicó con carácter pionero a la formación técnica a distancia desde la "*Internacional Institución Electrotécnica*", academia que estableció en *Valencia* a finales de 1903 y que daba títulos propios de diversas carreras técnicas en varios países de *Europa* y *América*. Su material docente estaba realizado por el propio *Cervera,* destacando su "*Enciclopedia científico-práctica del ingeniero mecánico electricista*", de la que se hicieron dos ediciones en 1904 y 1915. Para la ocasión, patentó un método de enseñanza a distancia por medio de lecciones fonográficas o gramofónicas.

En 1908 decidió relanzar su carrera política, consiguiendo un escaño como diputado a Cortes y también fue concejal del *Ayuntamiento de*

*Valencia*. En la última etapa de su vida descubrió un principio activo vegetal que curaba radicalmente la diabetes sacarina, lo que le valió el título de *Doctor Honorario en Medicina* por la *Universidad Oriental de Washington*. Finalmente, se retiró con su mujer a *Madrid*, donde debió morir en el año 1927.

Destacamos finalmente la labor iniciada por *Angel Faus*, profesor de la *Facultad de Comunicación de la Universidad de Navarra*, que persigue su reconocimiento mundial como inventor del primer sistema técnico de radio, en lugar de *Marconi*, que no lo desarrollaría hasta el año 1913, once años después de que lo hiciera nuestro gran pionero *Julio Cervera Baviera*.

> *"Disfruta Valencia de una continua primavera. Rodeada de huertas por su parte ponentina parece más un jardín que una ciudad amurallada, tanto abundan en ella las plantas, los frutos y las flores perfumadas, así como los limones, las naranjas y las cidras. En su interior, el verdor de un bosque enmarca todos los edificios, cuyas salas y lonjas quedan entrelazadas por las ramas de los árboles, flexibles o rígidas, con tal artificio que no falta amenidad ni frescor en parte alguna". (Bartolomeo de Rogatis , viajero veneciano, 1674).*

## 87.- El más digno sucesor del "Ravatxol".

El tranvía fue para nuestros mayores el medio de transporte más entrañable que decoraba nuestra ciudad. Este circula con discos metálicos sobre carriles por la superficie urbana, no habiendo un área reservada para él sino que coexiste con el tráfico de los otros vehículos urbanos. Y *Valencia* también aportó su granito de arena en este transporte ya que fue la primera ciudad española en reimplantarlo, en el año 1994, tras muchas décadas en que este había desaparecido de nuestras calles. Haciendo memoria, el primer tranvía que funcionó en España fue en *Madrid* en el año 1871 y en cinco años pasó a *Valencia* la primera línea de tranvías de tracción animal que unía la ciudad con la *Vila Nova del Grao*. A este tipo de tranvías le sucedieron los tranvías de vapor. Debido a la cantidad de accidentes con muertos que tuvo este tipo de tranvía, el pueblo lo bautizó como "*Ravatxol*", denominación sarcástica que recordaba a un famoso anarquista francés que se hizo famoso por los asesinatos que perpetraba. Con la era de los tranvías eléctricos, es en 1890 cuando se empezó a electrificar la línea *Valencia-El Grao* y fue el 23 de marzo de 1900 cuando circuló el primer tranvía eléctrico. En 1913 ya circulaban por *Valencia* treinta y siete tranvías con tracción eléctrica.

Llegado el año 1970, el *Ayuntamiento de Valencia* consideró que el uso de los tranvías suponía un atraso y fueron por ello eliminados de la circulación. En su sustitución, los trolebuses, que llevaban en este caso ruedas neumáticas, y los autobuses ocuparon su lugar. Con la feliz iniciativa pionera de recuperar este medio de transporte *Valencia* se sumaba a otras grandes ciudades europeas que optaron por este sistema como *Amsterdam, Berlín, Bruselas, Colonia, Estocolmo, Frankfurt, Ginebra, Helsinki, La Haya, Manchester, Marsella, Milán, Munich, Nápoles, Oslo, París, Roma, Rotterdam, Estrasburgo, Stuttgart, Viena* o *Zurich*. Unos años antes del de *Valencia*, la inauguración del tranvía en la ciudad francesa de *Nantes* había revolucionado el panorama del transporte urbano en aquellos países europeos en los que aquel medio de transporte todavía se veía como un anacronismo. Con el nacimiento en 1986 de *Ferrocarrils de la Generalitat Valenciana*, FGV, se inició la recuperación del transporte público ferroviario con la modernización y ampliación de su red e instalaciones y, finalmente, el 21 de mayo de 1994 se inauguró la línea cuatro de FGV que era la primera línea de tranvía moderno de *Valencia* y de *España*. Tras la iniciativa de *Valencia*, pronto ciudades como *Bilbao*, *Barcelona* y *Alicante* siguieron la misma senda. Aquel nuevo tranvía partía en su inicio de la *Estación de Empalme* y culminaba en el *Grao*, atravesando en un recorrido de más de diez kilómetros los barrios *Benicalap, Zaidía, Benimaclet* y el *Marítimo*. En 1999 se prolongó el servicio hasta el *Campus Universitario de Burjassot* y Canal 9-TVV y, posteriormente, hacia el recinto de *Feria Valencia*.

Como no todo podían ser parabienes, una anécdota luctuosa vino a empañar este acontecimiento festivo. Y es que, tres días después de la inauguración, el tranvía tuvo su primer accidente. Dos hermanos que conducían un vehículo resultaron gravemente heridos al ser arrollados por el tranvía cerca de la *Universidad Politécnica*. Parece ser que el coche se saltó un semáforo y fue arrastrado por el tranvía, quedando aprisionado entre este y la farola de la catenaria.

Por todo lo expuesto, creo que el logro de esta recuperación ha aportado a Valencia varias mejoras de consideración. Por un lado, el incremento de la calidad del aire urbano, la reducción de niveles de contaminación acústica, de consumo y de emisiones de gases al exterior, la reducción de tráfico y de porcentaje de ocupación del suelo, así como de los residuos que se generan hace que el tranvía haya contribuido a una *Valencia* mejor. Todos los expertos dicen que la elección del tranvía es una estrategia urbana muy coherente con las energías limpias y además reduce la lentitud con que otros servicios públicos de transportes se ven afectados por las congestiones de tráfico en momentos puntuales. Estos vehículos pueden modular también la composición de sus vagones en función de la demanda que en cada momento tengan. Por tanto, este nuevo tranvía heredero postmoderno del *Ravatxol* también fue valenciano. Y una última cosa. Prueba del éxito de su reimplantación es que el tranvía valenciano fue el primero en conseguir en *España* cien millones de viajeros, según FGV, y lo fue en marzo del 2013.

> *"En la Alameda encontramos a toda la sociedad valenciana elegante que pasea en largas filas de carruajes como en el Prater de Viena. Aquí todo son tartanas con velas de charol, desde las que nada se puede ver y en las que nada se deja ver tampoco… sólo de vez en cuando conseguía mirar en el interior de estos carruajes por las ventanas de detrás, y el descubrimiento de las bellas señoritas en su interior me hacía maldecir tal tipo de vehículo". (Maximiliano de Austria, 1858).*

## 88.- Un Aragonés patroneando las bateas.

De entre los manjares que las aguas del *Mediterráneo* proporcionan a nuestros paladares hay uno tan singular y exclusivo en *Valencia* que merece nuestra atención. Porque es conocido que la clóchina valenciana coexiste en el mercado de los productos marinos con sus "primos", el mejillón gallego y el que se cultiva en el *Delta del Ebro* catalán. Pero las bateas artesanales que existen en el *puerto de Valencia* son las más antiguas de *España*. Nos dice *Juan Aurelio Aragonés Just*, presidente de la *Agrupación de Clochineros del Puerto de Valencia* y la *Marca de Calidad Clóchina de Valencia*, que existió cría del mejillón mediterráneo procedente de *Francia* en el puerto de *Barcelona* a finales del siglo XIX pero, con su destierro al *Delta del Ebro* en la década de los setenta del siglo XX y su consiguiente desaparición en aguas barcelonesas, perdieron el récord de antigüedad a favor de las valencianas.

La clóchina o *clóxina valenciana* pertenece a la especie *Mytilus galloprovincialis*, en contraposición al gallego que es de la *Mytilus Edulis*. Esta es una de las razones por las que el molusco valenciano es único y sólo se cultiva en nuestras aguas, pero no es la única. Los argumentos para defender la exclusividad de este escaso bivalvo también residen en que se trata de un molusco que se cultiva en batea y por ello se somete a un cultivo tranquilo. Una batea, respetando la tradición decimonónica, es la estructura de una antigua barcaza que ya no sirve para navegar y que se ancla cerca de la costa para la plantación de la clóchina. Este producto del mar será de tamaño más pequeño que sus similares, su color no es tan rojizo ni vibrante, pudiendo incluso ser anaranjado claro o blanquecino, con una textura más cremosa y un paladar más intenso porque está constatado que las aguas valencianas son más ricas en plancton y en minerales. Abundando aún más, hay una diferencia fundamental que viene dada por la producción ya que la *clóxina valenciana* es de temporada corta, mientras que el mejillón se reproduce a lo largo de todo el año. Es decir, las clóchinas sólo se encuentran en los meses sin 'R', por tanto, en mayo, junio, julio y agosto. Pero que en el puerto de *Valencia* solamente existan veintidós bateas, con una producción media anual de trescientas toneladas, mientras que en las costas gallegas haya más de 3.500 y más de un centenar en el *Delta del Ebro* ya nos da una pista muy contundente de que nos hallamos ante la sublimación de lo artesanal. En cuanto a su distribución, su escasa producción hace que sean preferentemente de consumo interior en la provincia de *Valencia* mientras las atlánticas se distribuyen por medio mundo.

En el cuidado proceso de la miticultura para el cultivo de la clóchina se selecciona inicialmente la llamada "*semilla*", que es el embrión del animal, y se la adhiere a las cuerdas trenzadas que le servirán de sujeción en la batea. Esta semilla irá creciendo mientras esté sumergida en el mar desde los meses de noviembre hasta abril que es cuando se cierra el proceso con la cosecha. La alimentación de la clóchina se produce a través del filtrado del agua del *Mar Mediterráneo* tomando los restos del mismo que necesitan, como el plancton, y expulsando lo que no se puede aprovechar. Después de este proceso, todos los bivalvos que consumiremos reciben un lavado y son filtrados con agua limpia para eliminar cualquier resto que pudiesen retener. Algunos manifiestan que su cría se produce donde el agua está más sucia, pero precisamente las clóchinas son los filtradores más eficaces de esta. Además, los niveles orgánicos del agua del *puerto de Valencia* son analizados, por ley, varias veces a la semana y reiteradamente consiguen ser el agua más limpia de cualquier puerto. Los clochineros son tenidos por tanto como agricultores del mar y eso lleva a que su trabajo comparta terminología con el resto de las labores del campo ya que "*plantan*" las semillas y "*cosechan*" la batea. En su "proceso agrícola" es el calendario lunar el que rige los tiempos; entre la luna llena de abril y la luna menguante de agosto se procede a la cosecha y la recogida de la semilla se realiza bajo la luna creciente del mes de mayo.

Si dirigimos una mirada retrospectiva, veremos que las primeras referencias escritas sobre este molusco declaran que su cultivo comenzó en el *puerto de Valencia* a finales del siglo XIX, y se ha seguido desarrollando y manteniendo con idéntico sistema productivo de padres a hijos hasta la actualidad, misma técnica, mismos aperos, etc,... Su origen lo localizamos en dos bateas mejilloneras ubicadas en el mismo varadero del *puerto de Valencia* y que recogían cerca de 35.000 kilogramos anualmente. La gran aceptación de la clóchina por las familias valencianas hizo que se multiplicasen las bateas hasta las veintidós que hay en la actualidad y cuyo límite se fijó hace ya muchos años pues no se siguieron dando concesiones para su ampliación. Pero el inexorable crecimiento del puerto las obligó a trasladarse desde su emplazamiento original a la dársena exterior y al *puerto de Sagunto*.

Por último, si nos vamos ya a la ciencia pura y dura de los estudios nutricionales, observamos que la clóchina es superior en cualidades organolépticas a sus similares pues es rica en proteínas, calcio, sodio, magnesio, yodo, hierro, magnesio, ácido fólico y fósforo, y su índice calorífico apenas alcanza las sesenta y cinco calorías por cada cien gramos de producto. No faltan tampoco en su composición vitaminas como la B12 y la E. Estudios realizados por el *Departamento de Tecnología de los Alimentos de la Universidad Politécnica de Valencia* revelan que las virtudes de este alimento se multiplican, ofreciendo unos valores organolépticos muy notables frente a otros mejillones. Por todo ello, indicaciones que benefician a la glándula tiroides, la tensión arterial, la prevención de la anemia en mujeres y las enfermedades neurodegenerativas, la mejora de la visión y la fertilidad no le faltan. Así que, si nuestras clóchinas ayudan a la natalidad de los valencianos y son afrodisíacas....¡quién se resiste a esta dieta mediterránea!

> *"Valencia se encuentra cerca de un lago y de la desembocadura de un río que la bordea por el Norte. Está situada en la región oriental de Al-Andalus en uno de los enclaves de mayor belleza. La rodean huertas y acequias, nada se oye en ella más que el rumor del agua que corre y se ramifica extendiéndose por doquier, y los trinos y arrullos de una infinidad de pájaros cantores". (Al Ayyubi, Poeta Arabe, S.XII).*

# 89.- El incendio más creativo de una ciudad.

Una tormenta perfecta se produce cuando se reúnen todas las circunstancias para que un acto o hecho tenga las consecuencias más superlativas que puede llegar a tener. Y, si todo el mundo conociera la fiesta de las *Fallas de Valencia*, pensarían que son eso precisamente, una tormenta perfecta. Y digo que se conjugan en ella de forma magistral elementos que, tratados individualmente, harían por sí solos que fueran fiestas distintas. La conjunción de monumentos satíricos de una belleza y arte excepcional, la música de las bandas que invade la ciudad, el estruendo de la pólvora que es música en sí misma, los fuegos artificiales que iluminan de forma efímera el cielo estrellado, la indumentaria de las falleras que se convierten en brocados de sedas fastuosas, la iluminación de las calles que las convierten en escenas oníricas, la literatura ácida que nos explica el por qué de cada monumento fallero, el tapiz floral incomparable en que se convierte la ofrenda a la patrona de los valencianos, la *Virgen de los Desamparados*, la convierten en una ciudad en fin que está rendida festivamente a un evento cultural, gastronómico, etnográfico que digo sin rubor que es el más espeluznante del mundo. Se nos pueden ocurrir otras fiestas de renombre mundial que acaparen más atención mediática que la nuestra y seguro que los *Carnavales de Rio* o de *Venecia* son espectáculos en sí mismos. Pero, sin establecer agravios comparativos, el puzzle de artes diversas que confluyen en las *Fallas de Valencia* no encuentran parangón en ningún otro acontecimiento festivo del mundo.

El origen de estas arranca en el hecho de que la víspera de *San José* se encendían hogueras para anunciar su festividad, recibiendo esa práctica ritual el nombre de "*falla*". Otra versión más popular nos dice que fueron iniciadas por un gremio de carpinteros cuyos miembros quemaban en la víspera del día de su patrón, *San José*, en una hoguera purificadora, las virutas y trastos viejos sobrantes, haciendo limpieza así de los talleres antes de entrar la primavera. Además, quemaban sus "*parots*", que eran las estructuras de las que colgaban los candiles que les daban luz, ya que, con el fin del invierno y la llegada de la primavera, los días se hacían más largos y ya no eran necesarios. Así, la creatividad valenciana acabó dando forma humana a estos *parots*.

La primera información que tenemos sobre la celebración de las *Fallas* data de mediados de 1740. Es entonces cuando algunas de las miles de hogueras que se encendían en las calles de *Valencia* se empiezan a denominar *fallas*. Estos se erigieron como monumentos satíricos o burlescos en los que se exponía a la vergüenza pública y se quemaba simbólicamente a personas y situaciones de la calle o barrio donde se plantaba la falla. En la construcción de estas participaban los vecinos de cada calle y, poco a poco, se incorporaron textos que explicaban cada una de las escenas. Por otro lado, los niños iban de casa en casa pidiendo todo tipo de muebles y utensilios viejos para quemarlos junto a las fallas. En su primitivo aspecto, se formaban con cajones altos como soporte de los muñecos vestidos con ropas de tela, con caretas de cartón y las manos y caras de cera. Pero hay conceptos ineludibles que debemos conocer para aproximarnos a la fiesta:

-*Las comisiones falleras*: Integrantes de cada Falla que se reúnen en el "*casal*", lugar donde se desarrollan los actos propios de la Falla.

-*La Junta Central Fallera*: Es el organismo que regula y coordina la fiesta de las fallas en la ciudad de *Valencia*. Otras juntas locales lo hacen en los pueblos de alrededor.

-*Los artistas falleros*: Con su pericia y su arte son los artífices de la construcción de los monumentos.

-*El "llibret"*: En él se explica mediante versos satíricos el contenido de la falla y pueden tratar de otros temas de tipo informativo y cultural.

-*El monumento fallero*: Monumento de cartón que expresa argumentos satíricos sobre temas de actualidad. Se componen de una figura o composición central de varios metros de altura y varias escenas que la rodean. También hay una falla infantil con temas propios de la edad.

-*Indumentaria tradicional*: El traje tradicional de mujer valenciana ya se vestía antes de aparecer las fallas como fiesta y apareció en el siglo XVI como traje de trabajo de las labradoras valencianas, transformándose después en una indumentaria más elegante o de fiesta que se usaba en ocasiones especiales y que es el de fallera actual.

-*Música*: Elemento fundamental que anima cada momento fallero como las "*despertás*", pasacalles, recogidas de premios, ofrendas, etc, ...

- *La "Crida"*: Es el pregón que se celebra el último domingo del mes de febrero como acto en el que la *Fallera Mayor* , representante de las falleras de la ciudad, convoca en las *Torres de Serranos* a todas las comisiones falleras y realiza una llamada al inicio de los festejos.

- *La exposición del Ninot*: Son cerca de ochocientos los ninots que se presentan para elegirse al que, por su creatividad, será salvado de las llamas.

-*Cabalgata del Ninot*: Se realiza un fin de semana próximo al inicio de la semana fallera en sí y en ella las diferentes comisiones exponen en su cabalgata un tema social, político o deportivo como si de una falla itinerante se tratara.

- *La "Mascletà"*: Este acto bullicioso y multitudinario se realiza todos los días a las 14:00 horas desde el uno de marzo hasta el día diecinueve en la *plaza del Ayuntamiento* de *Valencia*. El nombre proviene de un tipo de petardo, el "*masclet*". Básicamente se componen de material terrestre y de un principio y final aéreo.

-*La "Plantà"*: Los días 14 y 15 de marzo son los días para erigir los monumentos falleros.

- *La "Despertà"*: Cada día los falleros despiertan al resto de vecinos tirando al suelo unos petardos conocidos como "*tró de bac*", los cuales explotan al golpear el suelo.

- *La Ofrenda*: Todas las comisiones falleras desfilan para entregar flores a la *Virgen de los Desamparados*, patrona de la ciudad, a lo largo de la tarde y comienzo de la noche de los días 17 y 18 de marzo.

- *Castillos de fuegos artificiales*: Del 15 al 19 de marzo el Ayuntamiento programa un espectáculo pirotécnico cada noche y que se dispara entre las 00:00 y la 1:30 en la zona de la *Alameda* y junto al antiguo cauce del río *Turia*.

-*La "Cremà"*: Es el acto de clausura de las fiestas y consiste en la quema de los monumentos falleros plantados en las calles el día 19 de marzo.

En suma, hay quien se detiene ante el fenómeno de las Fallas criticando las incomodidades que durante esa semana se pueden sufrir por no poder aparcar, dormir o circular. Ante el arte sólo cabe contemplar, aprender y sonreír. Y las Fallas son la tormenta perfecta.

> *"Todos los años, el 18 de Marzo, víspera de San José, los ebanistas y carpinteros realizan en las calles, delante de sus talleres, unas representaciones verdaderamente teatrales. Se trata de figuras de tamaño natural vestidas con la ropa adecuada. El armazón es de madera muy ligera; la cara, una máscara de cartón; y los vestidos, peinado y atavíos de papel realizados con gran destreza". (Laborde, 1806).*

## 90.- Los zocos medievales de la modernidad.

Una de las instituciones que más visibilidad ha dado a la economía valenciana, siendo escaparate de productos y punto de reunión de compradores y vendedores, ha sido la *Feria de Muestras de Valencia*. Pero es que, además, la primera *Feria de Muestras* en *España* se estableció en *Valencia,* quedando inaugurada un 10 de mayo de 1917.

La creación de la feria surgió de la iniciativa de la *Unión Gremial*, institución fundada en el año 1913 como entidad heredera de las asociaciones gremiales de la *Valencia* foral, que agrupaba a comerciantes, artesanos, industriales, agricultores y artistas valencianos. Desde esta entidad, muy activa desde sus inicios, nació la idea a través de su presidente *José Grollo Chiarri* de celebrar una feria muestrario a modo de las primeras realizadas en *Europa* y que habían tenido lugar en *Londres* (1915), *Lyon* y *Milán* (1916), decidiéndose celebrarla durante los festejos de la ciudad en el mes de mayo.

Estas ferias muestrario anclan sus antecedentes más antiguos en los mercados de la Edad Media que eran centro de abastecimiento comarcal y, más recientemente, en las grandes exposiciones, aunque en estas sus fines y funcionamiento eran totalmente distintos al primar la exposición sobre lo mercantil. Estas exposiciones funcionaban a modo de presentación de productos novedosos mediante concesiones de premios que servían de estímulo para el desarrollo de estas industrias y, dado su alto coste en cuanto a las instalaciones, no tenían lugar siempre en las mismas ciudades. Sin embargo, las ferias de muestras son certámenes anuales en lugares recurrentes donde los productores presentan sus productos con precios y condiciones de venta determinados. Son ferias donde los gastos se reducen ya que tan sólo se abona un canon de ocupación durante esos días y en que las instalaciones se simplifican.

Los propósitos de la *Unión Gremial de Valencia* al decidir crear la *Feria Muestrario* eran fomentar el comercio y el progreso de las industrias valencianas para intensificar su producción y llegar a una plena expansión económica a través de iniciativas espontáneas, coóperaciones sociales y organizaciones de elementos económicos ajenos al Estado. Al carecer de un edificio propio con las características para reunir a todos los expositores, se barajaron distintas alternativas para su ubicación como fueron la *Lonja*, las *Torres de Serranos*, el *Teatro Lírico* o el *Banco de España*, estableciéndola finalmente en dos locales; por un lado, en la nueva *Estación del Norte* aún sin uso y, concretamente, se utilizaron las dependencias del vestíbulo y el local destinado a facturación de equipajes, y en el *Colegio Imperial de Niños Huérfanos de San Vicente Ferrer* haciendo uso del claustro y de las escuelas.

La expectación en la inauguración del 10 de mayo de 1917 fue muy grande ya que se pudo reunir a ciento cuarenta y dos expositores de los más variados sectores, incluyendo veinte firmas de otros lugares de *España* y cuatro del extranjero para realizarse un buen número de transacciones. En las ediciones posteriores se instaló en el año 1918 en las antiguas dependencias de la *Estación del Norte* que estaban en la actual *plaza del Ayuntamiento*, en el año 1919 en la planta baja del *Palacio Municipal* construido con motivo de la *Exposición Regional de 1909*, y en el local de la *Industria Lanera* de *Valencia*, con ciento setenta stands y, de nuevo, en el *Palacio Municipal* y en un pabellón anexo construido al efecto en 1920 ya con doscientos expositores.

En el año 1921 la Feria no se celebró debido al gran impacto por el *Desastre de Annual*, derrota militar española ante los rifeños, tribu del norte de *Marruecos*, en julio de ese año. Este parón sirvió para recibir la cesión por parte del ayuntamiento de unos terrenos frente a los *Jardines del Real* para la construcción del edificio y, por otra parte, se recibió por parte del Estado la calificación del carácter de *Institución Oficial* a la *Feria de Valencia* que llevaba implícito su patrocinio y subvención para la construcción del edificio. La *Unión Gremial* había proyectado este edificio en el año 1918 con el fin de que fuera sede estable de la Feria, poniéndose la primera piedra en noviembre de 1921. Ya en 1922 se ocuparon las instalaciones del edificio que se había finalizado con un récord de 250 expositores. En el año 1923 asistieron a la inauguración los reyes *Alfonso XIII* y *Victoria Eugenia*, consiguiéndose ya 600 expositores.

Llegamos al año 1924 para que se establezca por parte del Estado que las dos ferias internacionales de España sean las de *Valencia* y *Barcelona*, celebrándose con este carácter de forma alternativa cada año en una ciudad. Así, la ciudad que no la organizara establecería ese año una feria tan sólo de carácter monográfico y no generalista. Cumpliendo este Decreto, la primera feria oficialmente internacional se celebró en al año 1925 con 693 expositores. Al año siguiente debía celebrarse en *Barcelona* pero, debido a problemas internos de la sede, no pudieron hacerlo y por tanto se celebró de nuevo en *Valencia* la segunda feria con carácter oficial e internacional de *España*. Ya en el año 1927, según el orden alternativo establecido, *Barcelona* celebró su primera *Feria Muestrario Internacional* y *Valencia*, según el decreto, instaló su primera feria monográfica que estuvo dedicada al Automóvil.

Entre los años 1937 y 1941 la Feria no celebró certámenes a causa de la Guerra Civil y postguerra y el *Palacio Ferial* fue gravemente dañado por los bombardeos. El año 1942 supone la reincorporación de la Feria a sus certámenes anuales con un número de quinientos expositores y setecientos stands, la construcción de una nueva nave, la habilitación del piso superior y la construcción de la comunicación con los *Jardines del Real* mediante un paso elevado. En el año 1943 se ratificó que las dos únicas ferias internacionales fueran las de *Valencia* y *Barcelona*, quedando con carácter nacional la de *Zaragoza* y con carácter regional la de *Bilbao*. Pese a las dificultades que atravesaba el país, la Feria se abrió paso en el contexto del mundo ferial europeo, llegando al año 1950 con 314 participantes europeos y con 387 en el año 1951. La falta de espacio provocó que en varias ediciones hubiera que recurrirse a ocupar los terrenos del *paseo Valencia al Mar* o a la misma *Alameda*, como ocurrió en el año 1954 con la construcción de un pabellón de cien metros de longitud para albergar las secciones de maquinaria y vehículos. La celebración de la Feria del año 1958 tuvo las dificultades de rehabilitación de los locales que habían quedado dañados como consecuencia de la riada del año anterior pero esto se logró y fue el primer año en que acudió *Japón*, entonces segunda potencia económica mundial, y dos países del Este como *Polonia* y *Checoslovaquia*, alcanzándose entonces 2487 expositores y la participación de veintiún países extranjeros.

Como la tendencia natural era la de la especialización, se crean los certámenes especializados de ferias monográficas con el fin de incrementar y difundir los productos nacionales. La primera de estas fue en el año 1962 con la *I Feria del Juguete y artículos para la infancia*, celebrada de forma independiente a la Feria general, para posteriormente ir ampliando la oferta con la *Feria del Mueble* en 1963, de la *Cerámica* en 1965 y *del Arte en Metal* en 1966. Esto provocó igualmente que las instalaciones ya resultaran definitivamente insuficientes para albergar la Feria y se adquiera por parte del *Ayuntamiento de Valencia* 20 hectáreas en *Benimámet* mediante compra al *Ministerio de Defensa*. La 47ª edición del año 1969 supuso por tanto la última que se celebraba en las instalaciones que había junto al desaparecido *Palacio de Ripalda* y cuya memoria guardan aún muchos de nuestros mayores.

Es en el año 1970 cuando se celebrará en el recinto de *Benimámet*, hasta nuestros días. Esta institución ha crecido sin pausa haciendo necesarias sucesivas ampliaciones del recinto. Nuevos certámenes hicieron necesaria la construcción paulatina de nuevos pabellones pues *Feria Valencia*, denominación oficial de la institución, organiza ya más de medio centenar de ferias y eventos comerciales de distinta naturaleza y dispone de 200.000 m2 de exposición distribuidos en modernos pabellones con todo tipo de salas, aparte de vestíbulos, foros de acceso y zonas ajardinadas.

> *"A las cuatro de la mañana en el verano y a las seis en el invierno ya están abiertas todas las botillerías de Valencia... Tomado este refrigerio, dirígese cada uno a su respectivo taller y da principio a su trabajo y a sus canciones. El dicho vulgar de que es imposible hacer bien dos cosas al mismo tiempo no tiene aplicación en Valencia. Y el tejedor al son de su lanzadera, el cerrajero al de su martillo y el curtidor al de su cuchilla entonan mil coplas alegres..." (Pedro Sabater, Semanario Pintoresco español, 1839).*

## 91.- Esto va como la seda.

El impacto fundamental que un producto como la seda tuvo en la economía y prestigio de la industria valenciana es un hecho que los valencianos de a pie debemos conocer. Los propios textos del *Colegio del Arte Mayor de la Seda de Valencia* nos dicen que desde el siglo XV *Valencia* se convirtió en líder de las sederías españolas por su capacidad productiva y un nivel de organización muy avanzado. Su ejemplo sirvió para marcar el rumbo a lugares como *Toledo, Murcia* o *Barcelona* e, incluso internacionalmente, superó a las sedas provenientes de la industria musulmana de *Granada* que fueron reconvirtiéndose tras la conquista de los *Reyes Católicos*. Su tradición llega a nuestros días ya que *Valencia* es la única ciudad de *España* donde se mantiene la artesanía sedera en telares manuales, cubriendo por tanto esa especialidad para los vestidos de fallera.

El antiguo gremio de "*Velluters*", después *Colegio*, se convirtió durante siglos en el garante de que toda la seda que se realizaba en *Valencia* tuviese la máxima calidad y sus disposiciones gremiales establecían severamente las normas para el corte, decomiso e incluso quema de aquellas telas que no se ajustaran a las Ordenanzas de 1479. Esto sucedió en muchas ocasiones en las visitas de inspección de los veedores a los obradores. Por ello, las telas valencianas destacaron entre todas las de la península y el Colegio se postuló entre los órganos de poder como el órgano consultivo de confianza y garante de la pureza y dignidad del producto sedero valenciano. Sin duda, su poder erradicó el libertinaje que durante el siglo XV había en la fabricación de los tejidos de seda que no hacía sino menoscabar el prestigio del producto.

Dice *Pilar Benito García* en "*La Seda en Europa Meridional desde el Renacimiento hasta la aparición del mecanismo Jacquard*" que ya los viajeros en la España del siglo XV constataban que los talleres de *Valencia* y *Toledo* ya contaban con una alta producción de tejidos de abundantes colores que producía gran actividad económica. Su despegue arranca desde el siglo IX pero *Jaime I* en la conquista ya concede importantes privilegios a los tejedores por lo que en el siglo XIV *Valencia* se había convertido en el gran mercado de la seda morisca, con tejedores locales, muchos de ellos judíos y luego conversos. Es entonces cuando la emigración de sederos genoveses y de otros lugares impulsa definitivamente la producción de ricos terciopelos que propician una gran actividad comercial con *Europa* y posteriormente con *América*.

Esta relevancia social debía mostrarse en un edificio de postín que fuera sede del *Colegio del Arte Mayor de la Seda*. En su origen fue un edificio gótico del que todavía quedan algunos restos y que desde el año 1981 es *Monumento Histórico Artístico*. Este ha sufrido diversas reformas en su historia pero la de mediados del siglo XVIII lo convirtió en un edificio al gusto barroco que es como lo conocemos en la actualidad. En la fachada encontramos una portada adintelada de piedra barroca, teniendo en su parte superior un sombrero cardenalicio en relieve. Curiosamente, este símbolo se relaciona con *San Jerónimo* como patrón del gremio de *Velluters y* que celebra la tradición errónea de que fue cardenal. Muchos artistas han representado a *San Jerónimo* por inercia con atuendo cardenalicio sin motivo. Es sobre esta figura donde encontramos un bello relieve enmarcado por un frontón curvo y partido en el que se representa a *San Jerónimo*, atribuido a *Ignacio Vergara*. Es en el interior donde podemos observar una sucesión de magníficos azulejos, escaleras, salas, pinturas, artesonados y relieves que hacen de la rehabilitación de este edificio una de las asignaturas pendientes de nuestra ciudad por el indigno aspecto que desde el exterior presenta.

La expulsión de los moriscos de 1609 supuso una grave crisis y por ello descendió el número de telares, las plantaciones de moreras y la cría de los gusanos. Esto no supuso en cambio una merma de la calidad de lo que se producía y la seda cruda o hilada de *Valencia* y *Murcia* seguían siendo altamente requeridas en toda *Europa* por su duración ilimitada. Mención aparte merece el hecho de que, para la alimentación del gusano y la obtención del hilo de la seda que es el hilo brillante que segrega el gusano cuando se rompe el capullo, *Valencia* se pobló de moreras que daban la hoja necesaria para su alimento. Esta tradición la recoge la famosa "*Farmacia de la Morera*" de la *calle de las Barcas*, edificio que ocupaba el lugar que luego ocupó el edificio del *Banco de Valencia* y que se llamó así por la morera que aparece en el plano del padre *Tosca* frente a ella.

Es en el año 1686 cuando *Carlos II* eleva el rango del gremio terciopelero y le concede el título de *Colegio del Arte Mayor de la Seda*, siendo este el privilegio más importante y trascendental de la historia del gremio. Es el Decreto de 31 de mayo de 1813 de las *Cortes de Cádiz* el que establece la libertad de la industria, suponiendo esto el declive y desaparición de muchos de los antiguos gremios. Sin embargo, el *Colegio del Arte Mayor de la Seda* se salvó del naufragio general y conservó parte de los fines corporativos que tenía y sigue teniendo en la actualidad. La progresiva pérdida de importancia de la seda en el siglo XIX acabó desembocando en que muchos de los desempleados que había generado su progresiva decadencia fuesen empleados en el derribo de las murallas cristianas de *Valencia* ya que era mano de obra desaprovechada al deambular constantemente por la ciudad.

Otro elemento que nos da la pista de la importancia de la seda es que el barrio donde se asentaron los obradores y telares y estaba su casa gremial se llamó de "*Velluters*", uno de los seis barrios de *Ciutat Vella*. Es a finales del siglo XV, como consecuencia de la enorme comunidad artesanal emergente, cuando se empezó a diseñar el barrio sedero de *Valencia* en un barrio vital cuya música de fondo era el traqueteo de sus más de tres mil telares. La industria de la seda llegó en muchos momentos a dar trabajo directamente a más de la mitad de la población valenciana y las fachadas de sus casas se pintaban con colores claros y franjas según el oficio al que pertenecían dentro del gremio, siendo estas homogéneas en su aspecto en el S.XVIII al tener la vivienda en los pisos bajos y en los porches sus grandes telares. Sus maestres eran los más respetados por la riqueza de sus indumentarias, por la clase de sus residencias y por el puesto que ocupaban en desfiles y otros actos, obteniendo títulos nobiliarios algunos de ellos.

Reivindiquemos por tanto un destino digno para el edificio que albergó su maestría y pensemos que nuestra *Lonja de Mercaderes* se llamó "*de la seda*" por la enorme importancia que las transacciones comerciales de este producto tuvieron en el mayor templo del comercio.

> *"Que tots los draps que es feren en Valencia los fessen una corona, perque on vagen sien coneguts que son de Valencia" (Disposición del Consell Municipal de 1417).*

## 92.- Una laguna que es espejo de nosotros mismos.

Arroz, *Albufera,* barraca, *Blasco Ibáñez...* elementos de nuestra iconografía tan vinculados a nuestro ser que parecería que siempre hubiesen estado con nosotros. Nuestro producto más tradicional, el arroz, comenzó a cultivarse en Asia unos 6.000 años antes de Cristo y su introducción en *España* desde nuestras tierras se debió a los árabes a partir del siglo VIII. Su cultivo logró su mayor desarrollo en la zona de *Valencia* en el siglo X durante el califato de *Abderramán III* ya que el suelo, los sistemas de riego y el clima eran más favorables para esta gramínea y fue el primer lugar donde se elaboró a gran escala. Desde aquí, las áreas de cultivo se extenderían hacia otras zonas mediterráneas, como el *Delta del Ebro* y *Murcia*, y, posteriormente, a las marismas del *Guadalquivir* y algunos lugares de Extremadura. Nos dice *Juan Vicente Muñoz Raga*, autor de la "*Guía de Plantas del Racó de l´Olla, Parc Natural de l´Albufera*", que los humedales como la *Albufera* son ecosistemas que cuentan con una serie de peculiaridades que los hacen especialmente valiosos. No sólo son espacios de una elevada biodiversidad, sino que la presencia humana en ellos ha perfilado modelos de vida, usos y sociedades especialmente singulares. En la actualidad, *l'Albufera* es igualmente la mayor laguna costera de agua dulce de todo el territorio español.

Hoy en día, el *Parque Natural de l'Albufera,* con una superficie de 21.120 hectáreas, constituye una de las principales zonas húmedas de la península ibérica y una de las de mayor importancia del Mediterráneo occidental por su elevado valor ambiental, paisajístico y cultural. Por todo ello, fue declarado *Parque Natural* en el año 1986 con el propósito de detener el proceso de degradación sufrido por este espacio en la década de los 70 del siglo XX e intentar recuperar en la medida de lo posible sus valores originales de biodiversidad y patrimonio antropológico vinculados al lugar. Su extenso legado de valores, tradiciones, prácticas, gastronomía, formas de hacer, trabajar y modelar un paisaje cultural único lo convierten en un verdadero microcosmos. También cuenta con el reconocimiento internacional desde 1989, al ser incluido en la lista de humedales de importancia internacional en virtud de la *Convención Ramsar* y, del reconocimiento europeo a través de la *Red Natura 2.000*, atendiendo a las directivas europeas (*Directiva Hábitats y Aves*).

Todo comenzó hace unos 6.000 años cuando un golfo marino comenzaba a cerrarse debido a los aportes sedimentarios de los ríos Turia y Júcar a sus respectivas desembocaduras. Estos sedimentos, arrastrados por las corrientes marinas y los vientos, fueron construyendo una barrera arenosa que acabaría separando a este golfo del *Mar Mediterráneo*, formando así *l'Albufera*. Es maravillosa la capacidad constructora de la naturaleza, frecuente en lugares con este tipo de factores y condiciones geológicas. Con la conquista cristiana de Valencia del año 1238 comienzan a tenerse referencias más concretas ya que *l'Albufera* entró a formar parte del Patrimonio Real, periodo en el que mostró su naturaleza original como una extensa laguna salobre abierta al mar por un canal natural o *gola* (*gola de l'Albufera*) que favorecía la entrada de agua salada y de una gran cantidad de peces. Esta situación hizo de la pesca el principal aprovechamiento económico llevado a cabo en ella. La ganadería extensiva, la extracción de sal, la obtención de plantas y leña y, sobre todo, la caza eran, junto con la pesca, los principales aprovechamientos realizados en el entorno de aquella albufera rodeada de un marjal inmenso (SANCHIS IBOR, 2001; FURIÓ DIEGO; MARTÍNEZ SANMARTÍN, 2006).

Finalizada la Edad Media, la actividad agrícola fue, poco a poco, ganando importancia y muy especialmente con la expansión del regadío impulsada con la construcción de la *Acequia Real del río Xúquer* (iniciada en el siglo XIII y que representa uno de los sistemas de riego más antiguos en España). En el periodo comprendido entre los siglos XV y XVIII, una extensa superficie del perímetro del humedal comenzó a ser transformado lentamente, introduciéndose desde entonces muchos de los sistemas agrícolas y de reparto del agua que se llevan a cabo en la actualidad, si bien la caza, la pesca y la ganadería extensiva continuaron siendo los principales usos durante siglos. (CASTELLÓ I BALLESTER, 1991; FURIÓ DIEGO, 1982). Como rasgo destacado de este periodo, debe señalarse el inicio del cambio ambiental que experimentó *l'Albufera* a partir de entonces. La necesidad de controlar a su conveniencia los niveles hídricos de la laguna según los intereses agrícolas crecientes, hizo necesaria la construcción de sistemas de regulación y compuertas que interrumpieron la entrada de aguas marinas hacia la laguna (SANCHIS IBOR, 2001). De esta forma y de manera paulatina, *l'Albufera* dejó de recibir influencia del mar y aumentó los caudales de aguas dulces procedentes de su cuenca de drenaje y, muy especialmente, de las aportaciones de la incipiente red de irrigación creada desde los ríos *Xúquer* y *Turia*. Esta situación forzó la evolución progresiva de la laguna salobre original a la laguna de aguas dulces que ha llegado a nuestros días y que la han convertido en la mayor laguna costera de agua dulce de todo el territorio español. Este cambio supuso además una alteración importante en la naturaleza de los ecosistemas originales del humedal de manera que la fauna, la flora e incluso las actividades de sus pobladores, debieron ir adaptándose progresivamente a las nuevas condiciones ambientales que *l'Albufera* moderna ofrecía (SANCHIS IBOR, 2001).

Con este cambio ambiental, las salinas y la extracción salinera fueron abandonadas hacia el siglo XVII y la agricultura, junto con la caza y la pesca, se convirtieron en las actividades más importantes. Así, se consolidó por siglos el conflicto económico y social entre pescadores y agricultores por el manejo y control del agua en *l'Albufera* y, especialmente, de las golas que unían ésta con el mar, hecho que *Blasco Ibáñez* noveló magistralmente en sus obras y que le dio altura literaria de muchos quilates. Por otro lado, la expansión del monocultivo del arroz dio lugar a una homogeneización del paisaje que se hizo patente con la creación de una frontera poligonal de *l'Albufera*, entre los límites de la laguna y el arrozal, separando los últimos espacios de cultivo ganados a la laguna, denominados *Tancats*. Para el manejo y gestión de los niveles de la propia laguna y de la inundación de los marjales perimetrales quedó definitivamente constituida, en 1832, la *Junta de Desagüe de L'Albufera*. Vemos, por tanto, cómo la acción del hombre y en especial la actividad agrícola han supuesto la principal causa de modificación y alteración del medio natural de *l'Albufera* (SANCHIS IBOR, 2001). Por otro lado, la actividad agraria del cultivo del arroz constituye, sin duda alguna, la base fundamental que ha permitido y permite el mantenimiento de este espacio como zona húmeda y la supervivencia de buena parte de las comunidades biológicas y, por qué no decirlo, humanas que lo habitan (SEGARRA FERRANDO; DIES JAMBRINO, 2008).

La puesta en marcha de esta actividad necesitó de la creación de una extensa y compleja red de riego que fue creciendo con el paso de los siglos. Un sistema particular de manejar y distribuir el agua que ha requerido de canales, norias, partidores, compuertas, paradas, motores, *escorredors*, acequias, *anguileras*, *derramadors*, *encadufats*, *guadadanys*... y también del establecimiento de una serie de infraestructuras paralelas vinculadas al arroz, como son puentes, caminos, secaderos, muelles de descarga, trilladoras, molinos, silos, almacenes, etc... En suma, aquí se genera todo un entramado de elementos de la arquitectura rural que forman parte del paisaje cultural arrocero. No menos importante es la herencia recibida del modo de hacer arroz en *l'Albufera* en el manejo de los niveles del agua, el control manual de las "malas hierbas" (*birbar*), los trabajos de "*fangueo*" o roturación de los campos con les "*gàbies*", los secados (*eixugons*) durante el ciclo del cultivo y otras muchas prácticas culturales que han perfilado una técnica de hacer arroz en otros muchos lugares arroceros (ZARAGOZÁ PÉREZ, 1982).

Por último, un elemento de nuestro patrimonio cultural inmaterial como es la gastronomía ha dado lugar a una cocina de reconocido prestigio internacional basada en un concepto de la "*paella*" y otros arroces con los que se debe ser estricto para que no se vean contaminados por elementos que nunca formaron parte de su composición. Platos también elaborados con recursos vinculados con el humedal como la anguila (base principal para el *all i pebre*), las aves acuáticas, la rana verde o incluso la rata de agua, son o fueron parte fundamental de las cocinas locales.

> *"Cerca de Valencia está la Albufera que por el reflejo del sol en sus aguas, acrecienta la luminosidad de Valencia. Se dice que la luz de Valencia es siempre diáfana, sin nada que turbe la mente o la vista, porque los jardines y ríos la rodean, y ni el pisar de los pies ni el soplo de los vientos levantan de su suelo polvo que enturbie el ambiente. Su aire es sano porque está situado en el clima cuarto y participa de toda clase de bondades; tiene el mar próximo y tierra espaciosa. Adonde quiera que vayas por ella no encontrarás más que lugares de deleite y de recreo entre los cuales los más célebres y bellos son la Ruzafa y la almunia de Ibn-Abi-Amir". (Al-Hiyari, autor del Mushib).*

## 93.- ¡¡¡¡ Diez de la mañana y sereno !!!!

Los serenos fueron unos personajes sin los cuales no se entiende la historia de un pasado de nuestras ciudades no tan lejano. Para explicarle a quienes no los conocieron cuál era su función diríamos que eran aquellas personas que velaban por la seguridad nocturna en nuestras calles y barrios desde las once de la noche hasta las cinco de la mañana. Este entrañable oficio fue ideado por un valenciano llamado **Joaquín Manuel Fos,** prohombre nacido en 1730 y fallecido en 1789, *Alcalde de Barrio* que fue el creador del primer cuerpo de serenos de *Valencia* y de *España* o *Cuerpo de Vigilantes Nocturnos*. Porque sucedió que en el año 1750, según unos, y en el 1777, según otros, se declararon ilegales las prácticas pirotécnicas y fueron prohibidas las actividades del oficio de cohetero, necesitándose con urgencia dar alguna clase de trabajo a aquellos que habían sido afectados por tal medida. Pero la historia del caballero *Fos* no está exenta de un gran enigma que vamos a contar.

Este personaje era un industrial del sector textil que se había casado con una mujer de buena posición en la ciudad, con lo que había mejorado de fortuna y vivía en una posición acomodada. En el año 1758 desapareció misteriosamente dejando una nota a su familia en la que se entendía que era su intención la de suicidarse. Después de haber sido buscado de forma intensa pero infructuosa, apareció de nuevo a los cinco años relatando que durante esos cinco años había estado trabajando en fábricas textiles francesas e inglesas aprendiendo las técnicas de fabricación de tejidos y, en especial, del *muaré* que iba a introducir en *España* y que le iba a convertir en un empresario de gran éxito. La reacción de los que le habían buscado se supone que sería de todo menos comprensiva. Estuvo posteriormente ligado al *Colegio del Arte Mayor de la Seda* y, entre sus cargos, estuvo el de vocal de la *Junta de Comercio de Valencia* entre los años 1769 a 1776 e incluso tuvo protagonismo en la corte de *Carlos III*. Esto le llevaría en el año 1777 a ocupar el cargo de inspector general de las fábricas de seda de *Valencia* y vocal vitalicio de la *Junta de Comercio* de *Valencia*. En su labor filantrópica costeó la construcción del altar mayor y mobiliario de la iglesia de las *Escuelas Pías* de *Valencia* y su advocación de *San Joaquín* se eligió en su honor.

Volviendo a la figura de los serenos, hay que decir que su vestimenta era pobre y se ayudaban de un *chuzo* que era un palo de madera con punta metálica, un farol y un silbato. Las alabardas o chuzos con el tiempo fueron sustituidos por porras de goma que llevaban enganchadas al cinto y, con la llegada de la luz eléctrica en las calles, los faroles desaparecieron. Como muy pronto se hicieron populares, otras poblaciones imitaron el modelo de los serenos y fueron creándose réplicas de este cuerpo en otros lugares como *Vitoria* y *Toledo* que serían las primeras en adaptarlo. Entre sus cometidos estaban los de encender las farolas, abrir las puertas de los edificios a los que venían de madrugada pues tenían todas las llaves de los vecinos, controlaban el orden nocturno, anunciaban las horas y el estado del tiempo. Por esto último fueron conocidos como "*serenos*" ya que, tras decir la hora correspondiente, la mayor parte de las ocasiones decían que el tiempo estaba "sereno".

Esta figura perduró durante doscientos largos años y fue desapareciendo merced a los avances que se producían en el alumbrado público, despertadores, telefonillos, etc,... Otra de sus funciones era la de avisar a los bomberos si advertían algún fuego o incendio y a la policía si presenciaban algún delito, pero fundamentalmente era el de mantener el orden en las calles haciendo sonar de forma contundente su silbato si atisbaban algún indicio de gresca. En su función de "**ángeles de la guarda urbanos**" evitaban que la gente gritara, que realizaran sus necesidades en las calles, esquinas o puertas, prevenían con su presencia robos y otros delitos, ayudaban a los vecinos que caían enfermos o iban a la farmacia a por medicamentos aparte de despertar a la hora convenida y acudir presurosos cuando se hacían sonar las palmas que era la forma más común de llamarlos...

La ciudad de *Valencia* se dividió en cuatro cuartos para distribuir a los serenos, *Campanar, Benimaclet, Ruzafa* y *Patraix*, y se asignaron cuatro cuadrillas a cada uno. Cada barrio estaba bajo el mando de un cabo que era el responsable del buen funcionamiento de las cuadrillas que lo vigilaban y de la seguridad del mismo. Como señal de alarma, podían dar también una hora distinta de la que era y así se avisaban unos a otros de que algo no funcionaba y algún malhechor rondaba el lugar. También algunas calles tenían cadenas en las esquinas que eran cerradas cuando algún delincuente intentaba huir. Respecto a sus ingresos, hay que decir que eran más bien escasos y que complementaban con las propinas que daba la voluntad de cada vecino. Tradicionales fueron también las tarjetas de felicitación que se convirtieron en un clásico en las Navidades y que servían igualmente para complementar sus exiguos recursos.

*"L'ofici de coeters es trobava en el seu esplendor, ya que la gent es inclinada a festa i alegria; pero quedà suprimit anys passats, com en lo restant d'Espanya. A tants pobres que l'eixercitaven se'ls trobà en acabant una manera de viure, molt profitos i gens gravos al public, per mig de l'ingeni d'en Joaquim Fos, qui en aquell instant eixercia d'alcalde de barri, convertint esta necessitat en un nou ram de Policia, que per pareixer-me important per a qualsevol ciutat populosa li ho referixc a voste. Se'ls propongue que havien de rondar pels carrers, des de les onze de la nit hasda les cinc del mati. Dividida la ciutat en quatre quarters, s'assignaren quatre quadrilles a cada quarter. Se'ls armà d'una especie d'alabarda, proveint-los de fanalets. La seua funcio es chillar de quan en quan l'hora que es i l'orage que fa: si es d'aire, o pluja, o sere; i com est es, regularment, qui domina sobre els atres, la veu que mes freqüent es sent es sereno, i es la que ad estos homens els ha donat el nom de serenos. No son estes les ventages majors que en ells es conseguixen, perque impedixen, patrullant tota la nit, el que es cometen furts, entre mil coses mes que es cobrixen en la foscor. Si entropecen en algun desorde que per ells no poden posar remei, a l'instant avisen a la Justicia. A qualsevol part a on els criden acodixen; i en quasevol necessitat repentina son d'un prontissim socorriment. Avisen quan per descuit s'han quedat obertes en les cases portes o finestres; velen sobre els incendis; li donen llum a qui la demana; porten cartes al correu; criden al mege o a la comadrona, al confessor o ad atres, com en tantes ocasions passa en aquelles hores; i a la veu de sereno tot lo mon obri, ya que els veïns els estimen, havent conegut l'utilitat que es trau d'estes guardies nocturnes, que destinen lo dia o part d'ell per al repos. La seua remuneracio no n'es atra sino lo que els vol donar cada veï al final de la semana". (Antonio Ponz describe así a los serenos en el siglo XVIII en su obra "Viaje por España").*

# 94.- Nuestro petróleo es el mar.

Que unas tierras dispongan de costas como las nuestras hace que el carácter y posibilidades de sus pobladores sean muy singulares. Mentalidades de tierra adentro en ocasiones se nos antojan muy distintas a las nuestras pues las aguas de nuestro *Mare Nostrum* nos trajeron a lo largo de la historia prosperidad, turismo, civilizaciones y mercancías para comerciar. El máximo galardón que puede recibir una costa en atención a las cualidades de sus aguas, sus servicios y su entorno es la concesión de una "*bandera azul*". Este reconocimiento tiene carácter internacional y se concede anualmente por la *Fundación de Educación Ambiental*. Según fuentes de la *Generalitat Valenciana*, la *Comunitat Valenciana* logró durante el año 2013 la cifra histórica de ciento veintisiete banderas azules para sus playas y puertos. Esto hizo que una de cada cinco banderas azules que se concedieron en España en ese año se encontrara en nuestras costas, siendo *Alicante* la provincia española con más reconocimientos por la calidad de sus aguas e instalaciones. Otro dato añadido es que el 38% del litoral de la *Comunitat* fue galardonado con banderas azules, casi el doble de méritos que la media nacional. Pero el dato más importante es que la *Comunitat*, siendo la segunda con más banderas azules después de *Galicia*, se convierte en la primera autonomía con más banderas azules respecto a su número total de playas. Y este es el dato más reseñable de nuestro récord y desemboca en que la *Comunidad Valenciana* ocupa el segundo lugar con mayor nivel de turistas por kilómetro lineal de costa sólo por detrás de *Cataluña*, según fuentes del Gobierno del año 2012.

La *Comunidad Valenciana* posee 524 kilómetros de costa pero, ciñéndonos a la ciudad de Valencia, se reducen a veinticinco kilómetros de litoral costero de los cuales algo más de diecinueve corresponden a playas que se caracterizan por su temperatura templada y su escasa profundidad, dividiendo el *puerto de Valencia* en su fachada marítima en dos grandes zonas.

*Valencia* es también una ciudad privilegiada gracias a su gran variedad de playas y a las distintas características de las mismas. La playa situada más al norte de la ciudad es la archiconocida *Malva-rosa*, playa de arena fina amplia y abierta, que se constituye en la más urbana por el paseo que la delimita albergando restaurantes y cafeterías. Históricamente fue la playa más marinera ya que era el lugar natural de desembarco de la pesca. También la burguesía valenciana la tomó como lugar de recreo cerca de la ciudad y tuvo como veraneantes más ilustres a *Sorolla* y *Blasco Ibáñez*. Por eso no es exagerado decir que estas playas inspiraron nuestras obras de arte más reconocidas internacionalmente. Su nombre proviene de la plantación de hierbas aromáticas y malvas rosáceas que la adornaban.

A continuación y dirigiéndonos hacia el sur, se encuentra la playa del *Cabanyal*, también urbana y caracterizada por edificios como el *Balneario de las Arenas* y la cercanía de los edificios que constituyeron la *Marina Real* de la *America´s Cup*. Esta playa tiene su origen en un barrio de cabañas de pescadores cuyas paredes estaban hechas de cañas y barro amasado con paja. Una de sus estampas más populares era la de la "*pesca del bou*", modalidad que nació en el siglo XVIII y consistía en una pesca de arrastre con dos barcas paralelas a vela que arrastraban una red sobre aguas de poca profundidad. Al regresar, las barcas no amarraban en el puerto sino que las yuntas de bueyes entraban en el mar y arrastraban las barcas hasta quedar fijas en la arena. Era entonces cuando las mujeres recogían la pesca en cestas y las llevaban a la pescadería.

Situada ya al sur de la ciudad, y habiendo superado el puerto comercial y el *Club Náutico*, nos encontramos con la playa de *Pinedo*, localidad tradicional de labradores y pescadores. Esta es una playa abierta que queda a un paso de la popular huerta valenciana. Seguimos por la playa de l`*Arbre del Gos*, que fue abierta al público no hace muchos años tras ser regenerada con flora local. Sin duda, esta se convierte en una delicia por el paseo con carril bici que la recorre y que es de los más agradables y llanos de la *Comunidad Valenciana*.

Un poco más al sur seguimos por la playa de *El Saler*, verdadero pulmón verde de la ciudad como parte de su parque natural y que se recuperó con muy buen criterio con la demolición del paseo marítimo, la eliminación de antiguos viales y la regeneración de un cordón de dunas de primera línea. Su enorme extensión de pinares confiere a su entorno un aspecto salvaje y natural.

Ya llegados a la zona del *Hotel Sidi* y la *Casbah Playa* nos encontramos con la playa denominada la "*Garrofera*". A esta le sigue la de "*La Devesa*", ubicada en pleno *Parque Natural de la Albufera* entre las golas "*de Puchol*" y "*del Perellonet*", siendo la única playa salvaje de *Valencia* al no tener construcciones en su recorrido litoral. Se extiende en casi cinco kilómetros de longitud y acoge dos emblemáticos lugares como son el *Parador "Luis Vives"* y el campo de golf del *Saler*, campo que durante mucho tiempo fue calificado como el mejor de *Europa* por sus "*links*" tan escoceses y sus dunas monumentales. Esta playa se encuentra en la zona más protegida del parque natural con un rico ecosistema en el que, junto a las lagunas, convive todo tipo de vegetación como pinos, palmitos, lentisco y madreselva, hábitat propicio para numerosas aves.

Ya en la playa del *Perellonet- Recatí*, las zonas residenciales se suceden pero son sólo una fachada de ladrillo de las grandes extensiones arrozales que convierten su vista en un gran manto verde estival. Por ello, recorrer andando o en bicicleta los senderos del *Parque Natural* o navegar por los canales de la *Albufera* a bordo de las tradicionales embarcaciones es un placer que nuestra tierra nos regala con la única condición de ser transmisores responsables de su legado. Junto a estas, las maravillosas playas de *Benicássim, Oropesa, Cullera, Gandía, Oliva, Denia, Xávia, Moraira, Altea*,... un rosario de lugares paradisíacos que debemos luchar por conservar por muchas prospecciones petrolíferas que los de nula sensibilidad natural quieran realizar... que gritamos que estas costas son nuestro verdadero petróleo.

> *"Cerca de Valencia llegaron, en la qual no quisieron entrar por escusar las ocasiones de detenerse; pero no faltó quien les dixo la grandeza de su sitio, la escel.lencia de sus moradores, la amenidad de sus contornos y, finalmente, todo aquello que la haze hermosa y rica sobre todas las ciudades, no sólo de España sino de Europa; y principalmente les alabaron la hermosura de sus mugeres y su estremada limpieza y preciosa lengua, con quien sólo la portuguesa puede competir en ser dulce y agradable". (Miguel de Cervantes, Persiles y Segismunda, 1580).*

# 95.- Con la compra de cada día.

Entre las historias de éxito empresarial que se estudian en profundidad en las escuelas de negocio de todo el mundo hay una que tiene origen e identidad valenciana. Su presencia copa el día a día de nuestras compras en alimentación y otros productos domésticos y se ha convertido en la empresa con números de récord más vertiginosa de nuestra economía, con una evolución vertical sin parangón. Porque el grupo de alimentación *Mercadona* es la mayor empresa de venta al detalle de *España* en magnitudes como facturación, número de clientes, mayor número de puntos de venta exclusivos o de trabajadores empleados en una empresa privada en nuestro país. En suma, una estructura empresarial que nos da el orgullo de saber que también la economía y el emprendimiento han dado en nuestras tierras unos hitos dignos de admirar.

*Mercadona S. A.* nació en el año 1977 como parte del grupo *Cárnicas Roig*, entidad creada por *Francisco Roig Ballester* y su esposa *Trinidad Alfonso* con el objetivo de ampliar la comercialización de carnes que fue su negocio fundacional y expandirse al negocio de los ultramarinos. Con la adquisición de esta área por parte de su hijo *Juan Roig* y alguno de sus hermanos en el año 1981 se le nombra presidente ejecutivo para transformar los primitivos ultramarinos en una pequeña cadena de supermercados que se irían posicionando en localidades de la *Comunidad Valenciana*.

Con la concentración de empresas del sector en los años siguientes y la introducción del mayoritario capital francés en la distribución, la expansión de la empresa se va a ver limitada pues existen competidores que pueden negociar mejores precios con proveedores y eso va a repercutir en sus posibilidades de acometer otros mercados. Aún así, pequeñas cadenas de supermercados son adquiridas por *Mercadona* para posicionarse en otras regiones de expansión natural y resistir así las ofertas de compra que se recibían, implantando un modelo de gestión exitoso y estable en el tiempo. En el año 1990 *Juan Roig*, junto a su esposa *Hortensia*, se hacen con la mayoría del accionariado de la empresa al adquirir las participaciones de sus hermanos.

Tres ejes son los que guían la gestión del negocio: Tratar al cliente como el verdadero "jefe", pensando en sus necesidades e implantando puntos de venta en términos de proximidad, una gestión de recursos humanos en condiciones mucho más favorables para el trabajador que las del resto del sector y una relación con los proveedores en la que estos se convierten en parte de un proyecto a largo plazo. Según fuentes de la compañía, *Mercadona* está presente en el año 2014 en cuarenta y siete provincias de dieciséis comunidades autónomas, teniendo una cuota de mercado sobre la superficie total del sector de la alimentación en *España* del 14,1%. En sus números de récord, posee un total de 1.489 supermercados de barrio, con unos 4,8 millones de hogares realizando diariamente su compra en ellos y siendo atendida por una plantilla de 74.000 trabajadores. Pero el efecto de *Mercadona* va mucho más allá de sólo sus trabajadores directos ya que sus interproveedores, que son proveedores con contratos de largo plazo en condiciones especiales y que fabrican en su gran mayoría las marcas blancas casi en exclusiva, emplean a 42.000 trabajadores. Además, 8.000 pescadores, 3.600 ganaderos y 5.600 agricultores con los que la compañía mantiene vínculos estrechos completan un mapa de unas 133.200 personas que, de forma directa e indirecta, trabajan para la cadena valenciana. Desde el punto de vista de la eficiencia también se consiguen ratios impecables con unas ventas por tienda que pasaron de 9,4 millones de euros en el año 2004 a 12,3 millones de euros en el año 2013, lo que significa una escalada de un 30% más de ventas por tienda. Pero es que, desde el año 2007 en que ya comandaba el ranking de distribución alimentaria en *España,* se llegó al 2012 consiguiendo aumentar su cuota de mercado en seis puntos y medio, algo para lo que es difícil encontrar precedentes en todo el mundo al crecer sin adquisición de competidor alguno.

La trayectoria empresarial también se mide con criterios de reputación. Así, las tres compañías españolas que contaron con mejor reputación en el año 2014, según el *Monitor Empresarial de Reputación Corporativa MERCO*, fueron *Mercadona, Inditex* y el *Grupo Santander*, mientras como líderes empresariales más reconocidos figuraban sus presidentes, *Juan Roig, Amancio Ortega* y *Emilio Botín.* Otro ranking explicativo de su excelencia es el de las empresas más valoradas para trabajar en *España* según el que confecciona la entidad *Merco Personas*, en el que *Mercadona, Inditex* y *Repsol* copan la clasificación. En esta se tienen en cuenta tres factores que caracterizan a las buenas empresas como son el de *"Calidad Laboral"*, el de la *"Marca Empleador"* y el de *"Reputación Interna"*. Pero no todo han sido parabienes para la compañía ya que esta tomó en el año 2008 una decisión polémica que le granjeó críticas de todo tipo por su eliminación de los lineales de marcas externas para dar la preeminencia absoluta a las marcas blancas. Otras medidas radicales fueron encaminadas a ahorrar costes de producción. Entre estas, cambiar los envases de las especias de cristal a plástico, suprimir etiquetas duplicadas, eliminar el satinado en el envase del *brick* de leche o cambiar el formato de determinados envases de cilíndricos a rectangulares optimizaron algunos procesos que contribuyeron al ahorro de costes. Existe una frase que se ha instalado en nuestra cultura deportiva y que procede de la mentalidad empresarial de su creador, casi como un dardo que directamente pretende modificar e influir en los hábitos sociales para reinventarnos como sociedad y recordar nuestros valores: La "*Cultura del Esfuerzo*", sin duda nos ayudará a crecer como pueblo para seguir dando nuevas glorias a *España*.

> *"La naturaleza parece haber repartido en Valencia sus dones a manos llenas y esa campiña en una palabra es más rica que las más fértiles de Lombardía. Y todo contribuye a formar una vista cual nunca imaginaron los poetas" (Antonio Ponz, Viaje por España. S.XVIII).*

## 96.- Nuez y hoja de árbol son la chispa de la vida.

La chispa de la vida, *Coca Cola*, es la bebida refrescante más famosa y consumida del mundo y que más momentos gloriosos ha dado a la publicidad para crear en torno a ella un verdadero imperio comercial. Respecto a su origen, se dice que fue creada como un jarabe medicinal compuesto por una mezcla de hojas de coca maceradas y semillas de cola en la farmacia de *John Pemberton* en *Atlanta* en el año 1886 mientras buscaba un nuevo remedio para la diarrea y las náuseas. Posteriormente la coca se cambió por cafeína. Este jarabe, inicialmente, se mezclaba con agua fría y se bebía como un refresco, hasta que alguien tuvo la idea de mezclarlo con soda y de ahí nació la bebida refrescante con burbujas. Pero existen datos para pensar que esta afirmación generalmente aceptada sobre su origen geográfico pudiera ofrecernos dudas. Entre otras cosas, porque en *Aielo de Malferit* se dice que el origen de la posterior bebida *Coca Cola* partió de allí y lo argumentan con una historia plena de datos enigmáticos.

Nos remontamos al año 1880 en que tres amigos del pueblo, *Bautista Aparici, Ricardo Sanz* y *Enrique Ortiz*, fundaron una innovadora destilería que pronto sería proveedora de la *Casa Real* a los que la reina regente en *España, María Cristina de Austria*, les autorizó a usar el escudo de armas en todas sus comunicaciones y en las etiquetas de sus productos. Teniendo su consumo asentado en casas de familias pudientes españolas, obtuvo numerosas distinciones internacionales por la originalidad de sus licores, entre los cuales se hallaban denominaciones tan sugerentes como "*perfecto amor*", "*placer de damas*", "*lágrimas de contribuyente*" o "*leche de vieja*".

Las referencias de esta bodega estaban siendo muy aclamadas en todos los certámenes a los que acudían y entre los que destacaron el de *Milán* en el año 1881, el de *Chicago* en 1883 y el de *Roma* en el año 1884. Posteriormente lo serían en *Turín* en el año 1886 y *Londres* y en la *Exposición Universal de París* de 1889 cuando se inauguró la *Torre Eiffel*. Pero llegados al 1885, *Bautista Aparici*, que hacía las funciones comerciales y de venta viajando por muchos lugares del mundo, acudió al *certamen de Filadelfia* con una bebida a la que llamó *Nuez de Kola Coca*, anteriormente "*Anís celestial*", basada en nuez de Kola africana rica en cafeína y hojas de coca de *Perú*, que tenía un sabor y color muy similares y que también nació como un jarabe. Allí fue dejando botellas de *Nuez de Kola Coca* a otros comerciantes, representantes de ventas y gente de los negocios, como muestras comerciales y agradecimiento por determinados favores. Adicionalmente, en las últimas décadas del siglo XIX apareció una enfermedad en las viñas llamada "*filoxera*" que era causada por un insecto que atacaba a las hojas y la raíz de la vid, destruyendo la mayor parte de las viñas europeas. Como este era un problema que afectaba directamente a la producción de la licorería, *Bautista Aparici* también viajó a EE.UU para traer vides inmunes a esta plaga y fue también, por este motivo, dejando muestras comerciales de *Nuez de Kola Coca*.

Curiosamente, sólo un año después del *certamen de Filadelfia*, en 1886, *Pemberton* presentó la invención de la *Coca Cola* en un momento en que las bebidas eran fácilmente copiables. Y es que en esa época no se registraban los productos hasta que no eran totalmente aceptados por los consumidores y formaban parte de sus hábitos de consumo. Por esto, la fórmula del licor de *Aparici* no acabó registrándose en la antigua *Dirección General de Agricultura, Industria y Comercio* hasta el 17 de agosto del año 1903, es decir diecisiete años después de la fecha de origen de la *Coca Cola* que se da por cierta, desconociendo a su vez *Aparici* que en EEUU empezaba a tener un éxito fulgurante la *Coca Cola*. Dos meses después, el *Instituto Médico Valenciano* emitió un dictamen, con fecha 17 de octubre de 1903, firmado por los doctores *Vicente Peset Aleixandre, Vicente Guillem* y *Agustín Trigo*, en el que se reconocían las cualidades digestivas y tónicas del licor, siendo altamente recomendado para la astenia postgripal, infecciones, fiebres y pulmonías, anemia y otras enfermedades.

A finales de 1897 los socios de la destilería se separaron por cuestiones personales y la fábrica quedó sólo en manos de *Ortiz*. En el año 1909 *Enrique Ortiz* dio entrada en la empresa a su amigo *Joaquín Juan Mompó*, que era propietario de una destilería de alcohol. Desde el año 1910 el nombre comercial pasaría a ser "*Fábrica de Licores y Jarabes Ortiz y Juan Mompó*". En el año 1913 *Joaquín Juan Mompó* adquirió la parte de su amigo *Ortiz* y quedó como único propietario. Al fallecer el 7 de abril de 1922 *Joaquín Juan Mompó,* la empresa pasó a llamarse "*Viuda de Joaquín Juan Mompó*".

Con el comienzo de la Guerra Civil española la fábrica fue intervenida y ocupada por el *comité local de abastecimientos,* estando su producción desde entonces muy mermada por la escasez de materia prima y la falta de abastecimientos. Al finalizar la guerra, la fábrica se entregó a sus antiguos propietarios, es decir, a la viuda de *Joaquín Juan Mompó*, encontrando el almacén de materias primas y los barriles de licores, como podemos suponer, completamente vacíos.

Desde entonces la destilería cambió de dueño varias veces hasta que en el año 1953, *Coca Cola*, que quería implantarse en *España* en su imparable expansión internacional, adquirió la patente a los dueños de la destilería valenciana para poder vender así su producto ya que en aquella época no se podía vender legalmente en *España* una bebida si ya había otra registrada con la misma base y el mismo sabor. El precio de aquella compra fue de 30.000 pesetas. La *Nuez de Kola Coca* se siguió produciendo pero ya como una bebida con alcohol que se podía mezclar con leche o con agua y cuya evolución puede verse en el museo que hoy es la fábrica.

*"Ramo de flores, pomo de esencia, / eso, señores, es Valencia". (Zorrilla).*

## 97.- La alferza se convirtió en reina.

El ajedrez es el híbrido deporte-juego que más páginas literarias ha llenado. Este arte de la guerra sobre un tablero en el que los caballeros ejercitaban sus estrategias vitales no sería lo que hoy conocemos sin la aportación revolucionaria que en nuestras tierras se gestó. Corría el año 1475, época en la que hemos reiterado que *Valencia* era la ciudad más importante de la península ibérica y en la que tuvo su época de mayor esplendor cultural y comercial, y surge un poema que iba a cambiar el curso de la historia. En este, titulado "*Scachs d´amor*", el poeta *Bernat Fenollar* narra una partida de ajedrez alegórica entre los poetas *Francesc de Castellví* y *Narcís Vinyoles* en la que explica las leyes del juego del ajedrez y razona moralmente cada jugada. La revolución va a producirse cuando describe por primera vez en la historia el movimiento de la reina o dama y de esta obra se desprende categóricamente que los tres poetas valencianos van a establecer una nueva forma de jugar pues la anterior les parecía arcaica y poco ágil. Y es que, con anterioridad a este hito, la dama no existía como tal pues su lugar lo ocupaba una vieja pieza llamada "*alferza*" que sólo recorría un cuadrado en diagonal. La dama, de la que se llegó a creer que estaba basada en la figura de *Isabel la Católica*, dio dinamismo y largo recorrido al tablero. Junto a esto, el movimiento del alfil se amplió para recorrer en diagonal tantas casillas como fuera su voluntad y el peón se coronó como dama al llegar al final del tablero. Con estos ingredientes, la revolución estaba hecha.

De nuestros tres poetas "inventores" diremos que *Bernat Fenollar* era un capellán beneficiado de la catedral de *Valencia*, escribano de ración y encargado de llevar todas las cuentas de los empleados al servicio del rey, capellán y maestro de capilla de *Fernando el Católico*. *Narcís Vinyoles* era jurista, consejero, administrador de la Lonja y Jurado y Justicia de la ciudad de *Valencia* y, finalmente, *Francesc de Castellví* tenía el título de *Barón de Benimuslem*, asistiendo a *Fernando el Católico*. Abundando en su trabajo común, el 15 de mayo de 1495 se publicó en *Valencia* en la imprenta de *Lope de Roca* y *Pedro Trincher* el "*Llibre dels jochs partits dels schachs en nombre de 100*" en lengua valenciana. En esta obra, *Francesch Vicent*, siendo el primer libro impreso sobre ajedrez, daba también al mundo el primer tratado de ajedrez moderno con un aliado excepcional como era la imprenta. Este era un enigmático personaje judeoconverso que se había trasladado a *Valencia* desde *Segorbe* y que tuvo que huir después a tierras italianas, lugar donde pudo ser el maestro de ajedrez de *Lucrecia Borja*, por problemas con el *Tribunal del Santo Oficio* o *Inquisición*. Desafortunadamente, los ejemplares impresos de la obra se perdieron y el último rastro de uno de ellos fue el inventariado en la librería del *monasterio de Monserrat*, que se perdió en el año 1811 durante la *Guerra de la Independencia* española ya que los soldados franceses utilizaron muchos de los pergaminos para fabricar cartuchos. Parece ser que ese ejemplar fue adquirido por un conocido librero de obras antiguas de *Barcelona, Salvador Babra,* quien vendería el incunable alrededor de 1913 a un coleccionista norteamericano de *Cleveland* llamado *John Griswold White*. Pero otra vía apunta a que la adquirió un farmacéutico neoyorquino, mecenas, filántropo y coleccionista llamado *Gustavus A. Pfeiffer*. Este enigmático incunable hoy podría hallarse en cualquier biblioteca de *Estados Unidos* mal catalogado pero, a partir de ahí, nada más se sabe. Para aumentar la leyenda de su hallazgo se convocó un premio que otorgará hasta mediados del año 2015 una recompensa de 18.000 euros para quien lo encuentre, fondos aportados por los ayuntamientos de *Valencia* y *Segorbe* y varios patrocinadores privados, valorándose que tal vez pueda estar encuadernado dentro de otro libro, hecho que dificultaría aún más su descubrimiento.

Dos grandes investigadores de la historia del Ajedrez como *Antonius van der Linde* (1833-1897) y *Tassilo von der Lasa* (1818-1899), personaje que dio el nombre al premio mencionado para la búsqueda del libro, afirmaron en sus obras que este es el primer tratado de ajedrez publicado en el mundo y que la aparición del poema valenciano *Scachs d´amor* en el año 1905 sería el primer antecedente claro para fijar definitivamente a *Valencia* como la cuna del ajedrez moderno. No en vano, los grandes especialistas contemporáneos coinciden en el origen valenciano del ajedrez moderno, plasmando su opinión y reconocimiento en numerosos trabajos al respecto. Además, los más prestigiosos jugadores del mundo de la modernidad como *Anatoly Karpov, Gari Kasparov* o *Viswanathan Anand* corroboran esta tesis y apoyan a *Valencia* como pionera también en este campo.

El investigador *José A. Garzón Roger* es el que más ampliamente se ha ocupado en los últimos tiempos de establecer categóricamente las bases para afirmar la valencianía del origen del juego. La publicación de su trabajo "*En pos del incunable perdido*" demuestra que el libro de *Vicent* era un tratado que recogía cien problemas de ajedrez moderno con la dama como elemento fundamental. Afirma igualmente que el "*marro de punta*", hoy "juego de damas", se concibió en *Valencia* como una derivación del ajedrez moderno, siendo un juego que ya se practicaba en *Valencia* en el año 1495. Este tomó del ajedrez moderno la coronación de los peones al llegar a los confines del tablero y convertirse así en la poderosa dama, como si de una metamorfosis biológica se tratara. Como refuerzo, en la documentación anterior o coetánea a las dos obras literarias valencianas que en el Medievo se ocupan del ajedrez no se menciona a la dama, lo que sustenta aún más la tesis de que el origen del ajedrez moderno hay que situarlo en *Valencia* en el último tercio del siglo XV. Otro de sus descubrimientos fue la aparición de los cien problemas del libro de *Vicent* copiados por su autor en un manuscrito de principios del siglo XVI, ya en su etapa italiana, y son llamados los "*manuscritos de Cesena y Perugia*" por ser estas las bibliotecas donde están depositados.

Por último, el simposio "*Valencia, Cuna del Ajedrez Moderno*", que se desarrolló en septiembre del año 2009, puso de relieve de forma erudita y científica el nacimiento en *Valencia* del ajedrez como lo conocemos actualmente

> *"Valencia es mucho mejor y está más suntuosamente adornada que cualquier otra ciudad del Reino de Aragón en todos sus estados. Por eso mucha aristocracia reside en ella". (Nikolaus von Popplaw, viajero alemán, 1484).*

## 98.- Cien Guineas frente a la Malvarrosa.

Las aguas de *Valencia* vivieron el mayor honor que se le puede dar a unas costas en una competición deportiva. Conocidas eran la estabilidad y bonanza de los vientos que nos rodean para erigirse en el mejor campo de regatas del mundo. Y nuestra oportunidad para demostrarlo al mundo llegó. *La Copa de la América (America's Cup)* es la competición de vela más importante de ese deporte náutico e incluso algunos sostienen que es el tercer evento deportivo con mayor impacto mediático y económico para el país de acogida después de los Juegos Olímpicos y los Campeonatos mundiales de fútbol. Y también es la competición náutica más antigua del mundo. Pero es que hay dos hechos que convierten a *Valencia* en única en esta historia: Las aguas de Valencia han sido el único lugar en Europa donde se ha celebrado la competición más allá de la primera edición y, por tanto, único lugar en Europa elegido como sede por un equipo ganador. Además, la ciudad de *Valencia* y su flamante *Marina Real "Juan Carlos I"* albergó en el año 2007 la disputa de la 32ª *America's Cup*, evento que reunió al, hasta ese momento, mayor número de equipos participantes en la historia de más de un siglo y medio de la competición.

Su origen se remonta al año 1851 cuando se estaba celebrando en *Londres la Exposición Universal* y allí se programó una regata denominada *Queen's Cup*, cuyo ganador recibiría el trofeo de un aguamanil de plata valorado en cien guineas de oro. Este es el motivo por el que también se conoce a este trofeo como *Copa de las Cien Guineas*. El recorrido consistió en una vuelta alrededor de la isla de *Wight*, en el que miembros del *Club de Yates de Nueva York* a bordo de la goleta America se enfrentaron y vencieron a catorce barcos del *Real Escuadrón de Yates de Londres*. Tras esta victoria, pasó en el año 1870 a denominarse *America's Cup* en su honor y no fue hasta el año 1983 en que la competición dejó de ser ganada por embarcaciones norteamericanas. En ese mismo año se creó la *Louis Vuitton Cup*, como una suerte de competición previa que determinaba quién se enfrentaría al defensor del trofeo.

Y algo inédito hasta entonces sucedió en la edición de *Auckland de 2003* ya que un barco europeo, el suizo *Alinghi*, ganaba la *America's Cup* tras ciento cincuenta y dos años de hegemonía anglosajona. Según las normas de la competición, el sindicato suizo debía encargarse de la organización de la siguiente edición ya en el año 2007. Fue entonces cuando los astros se aliaron con *Valencia* ya que el reglamento oficial de la competición establece que la *America's Cup* sólo puede disputarse en aguas saladas. Cincuenta y seis candidatas pugnaron duramente por hacerse un hueco en la historia y *Valencia* fue finalmente designada para albergarla, batiendo a competidoras como *Barcelona, Nápoles, Marsella, Palma de Mallorca o Cascais.*

En la 32ª edición de la *America's Cup*, el equipo suizo *Alinghi*, como defensor del título, encabezó una lista de doce equipos competidores, denominados *Challengers* o aspirantes, que fueron el *BMW Oracle Racing, (EE.UU), +39 Challenge (Italia), Team Shosholoza (Sudáfrica), Emirates Team New Zealand (Nueva Zelanda), Luna Rossa Challenge (Italia), Areva Challenge (Francia), Victory Challenge (Suecia), Desafío Español 2007 (España), Mascalzone Latino-Capitalia Team (Italia), United Internet Team Germany (Alemania) y China Team (China).* Todos estos tuvieron sus bases en el entorno del antiguo tinglado del puerto, cambiando la fisonomía de este con una pátina de modernidad. Todas los eventos que se precian tienen un edificio simbólico y en nuestro caso el edificio es el *Veles e Vents.* Emblema del *Port America's Cup*, este edificio está situado en el canal principal y sirve de enlace visual entre el mar Mediterráneo y la ciudad. Diseñado por *David Chipperfield y Fermín Vázquez* en un estilo sencillo y minimalista, tiene veinticinco metros de altura, 10.500 $m^2$ de superficie y está compuesto por plataformas horizontales que generan sombras sobre unas terrazas desde las que los visitantes pueden disfrutar de una bella perspectiva tanto de la marina y las playas como de la ciudad.

Volviendo a la competición, tras una emocionante final en el mejor campo de regatas del mundo, la embarcación suiza *Alinghi* se alzó con la victoria al derrotar en la séptima regata al *Team New Zealand* por 5 a 2. Así, el *Alinghi* consiguió retener el título logrado en el año 2003 en tierras neozelandesas. La participación de la embarcación española fue igualmente brillante y el *Desafío Español* que, por primera vez logró alcanzar las semifinales en esta competición, pudo concluir en una magnífica cuarta posición.

Pero lo que podía haber sido un duelo estrictamente deportivo se vio salpicado por una denuncia ante los tribunales. El 20 de julio de 2007 comenzó un litigio entre *BMW Oracle y Alinghi* al denunciar el sindicato americano ante el *Tribunal Supremo de Nueva York*, único en el mundo con jurisdicción en esta regata, el protocolo firmado entre *Alinghi* y el *Club*

*Náutico Español de Vela (CNEV)* que organizaba la 33ª edición de la regata. El Tribunal de Apelación de Nueva York emitió en abril de 2009, tras un largo culebrón judicial, una sentencia que daba la razón al *BMW Oracle*. Por eso, dicha edición se disputó en un duelo al mejor de tres regatas en aguas valencianas entre el equipo suizo y los americanos en barcos multicascos, es decir, catamaranes o trimaranes. Después de que el equipo norteamericano *BMW Oracle* ganara este duelo en febrero de 2010, decidió que esta volviera a las aguas americanas de la bahía de *San Francisco*, dejando el reto en *Valencia* de poner en valor todas las infraestructuras que este magnífico evento nos dejó y no malgastemos el crédito internacional ganado en la celebración de esta competición náutica. Un proyecto ambicioso de emprendimiento de Juan Roig así lo pretende.

La celebración de la *America's Cup en Valenci*a supuso, por tanto, la consolidación de la ciudad como destino abierto al *Mediterráneo* habiendo sabido construir unas infraestructuras a la altura de este gran acontecimiento. En el terreno deportivo se vivió con intensidad y el campo de regatas situó a *Valencia* en el mapa mundial del turismo náutico. Tras el éxito de ambas ediciones, las aguas de *Valencia y la Comunitat Valenciana* se han posicionado como el escenario perfecto para albergar y organizar regatas de prestigio internacional en las que se puede vibrar con rápidos veleros dotados de la más avanzada tecnología.

> *"Valencia pot pagar e fer totes les galeres ab molt maior facultad que no Barcelona ni Mallorques". Fernando el Católico a los Jurados de Valencia en 1494 al estar remisos a armar barcos anticorsarios.*

# 99.- Ché, qué bó.

No hay duda de que el *Valencia C.F.* es la institución civil más importante de la *Comunidad Valenciana*. Ninguna otra institución en nuestras tierras arrastra semana tras semana tantos miles de ojos ávidos de que los lances que se producen sobre el terreno de juego se traduzcan en triunfos tranquilizadores. Esta es la grandeza de un deporte como el fútbol que hace coincidir a nuestro murciélago con nuestros recuerdos más infantiles de cambios de cromos y de partidos en la plaza del pueblo. Y es que la historia gloriosa de nuestro *Valencia C.F* comenzó el 18 de marzo del año 1.919 en el *Bar Torino*, establecimiento que estaba situado en la actual *calle Barcelonina* del centro de nuestra ciudad y hoy desaparecido. Allí se celebraba regularmente una tertulia que reunía a amigos y aficionados de clubes que ya existían en la ciudad y que fue el punto de partida de la fundación de nuestro club. Pero antes de la fundación del *Valencia C.F.* ya existía desde el año 1.902 un equipo llamado *Valencia Foot Ball Club*, sin relación directa con el nuestro, y que jugaba sus partidos en un descampado que existía en el *camino del Grao*. Con la desaparición de aquel *Valencia Foot Ball Club* nació el *Deportivo Español,* equipo cuya desaparición años más tarde dio lugar a que los dos miembros más activos de la tertulia mencionada, *Octavio Augusto Milego Diaz y Gonzalo Medina Pernas*, lideraran la fundación del actual *Valencia C.F* recayendo por una moneda al aire el cargo de presidente en el primero y el de secretario en el segundo. Acto seguido, se procedió a la elección de uniforme decidiéndose que la camisola sería blanca y el calzón negro. Su primer terreno de juego estable fue el mítico *camp del Algirós,* que se situaba en los terrenos militares que hoy recaerían a la *calle Finlandia* pero, poco después, un 20 de mayo de 1923, el *Valencia* inauguraría el actual *Mestalla*.

Con el ascenso del *Valencia* a la Primera División en el año 1931 se anticipaba el glorioso aterrizaje del equipo en la década de los cuarenta con la consecución de los primeros títulos en forma de tres ligas y dos copas del *Generalísimo* que tendrían su continuidad con las copas del *Generalísimo* de 1954 y 1967. No sería hasta la temporada 1971 en que el *Valencia* volvería a conseguir otra liga bajo la batuta de *Alfredo di Stéfano,* quien no consiguió evitar que el *Valencia* descendiera a la Segunda División en 1986 en el capítulo más negro de nuestra historia, y hasta 1979 donde un *Kempes* imperial batió al Real Madrid para alzarnos con una nueva *Copa del Rey*. No menos mítica fue la victoria del Valencia en la Copa del Rey de 1999 ante el *Atlético de Madrid* con aquellos goles imposibles del *"Piojo" López y Mendieta* que tenemos por mágicos. Pero sin duda lo que quedó en la memoria de los adolescentes de hoy como un equipo ganador fue el *Valencia* glorioso de un *Rafael Benítez* que consiguió las dos ligas de los años 2002 y 2004 y que encumbraron al *Valencia* como uno de los equipos más temidos de Europa, llegando a ser calificado, en ese año, como el mejor club del mundo por la *Federación Internacional de Historia y Estadísticas del Fútbol (IFFHS)* y consiguiendo además el primer título de *Copa de la UEFA* ante el *Olympique de Marsella* en *Goteborg*. Sin solución de continuidad, aquellas glorias fueron apagándose con excepción de la *Copa del Rey* conseguida en el año 2008 ante el *Getafe*. Es por eso por lo que podemos afirmar que los triunfos en el terreno de juego han contrastado con el eterno culebrón en que ha venido siendo la agitada vida social en los despachos. Somos capaces de recordar a más de un incapaz que llegó a la presidencia de nuestro club sin más bagaje que sus artes conspiratorias o los dígitos que adornaban sus balances financieros. Este hazmerreír continuo en los despachos ha empañado nuestro prestigio de supervivientes ganadores entre los dos grandes de nuestro fútbol.

En esta *Valencia* de récord que pretendemos reflejar se asoma nuestro club de fútbol ya que ningún club europeo ha sido capaz de igualar una trayectoria tan exitosa en sus debuts en competiciones europeas como las que nuestro equipo consiguió. Ya en los años sesenta del siglo XX se tenía la necesidad de que nuestro club, que ya era un grande de *España*, lo fuera también de *Europa*. Esa idea rondaba por la cabeza del entonces presidente *Julio de Miguel* desde años atrás. Es por eso que decidió viajar a *Londres* para visitar a *Stanley Rouss* como presidente de la FIFA y explicarle personalmente el historial de *Valencia* y de su equipo y la antigüedad e importancia de la *Feria de Muestras* de nuestra ciudad. Y es que la FIFA había puesto en marcha junto con el diario deportivo francés *L'Equipe* la *Copa de Europa,* que el *Real Madrid* había vencido en sus primeras cinco ocasiones, y, como este torneo se limitaba sólo a los campeones de Liga, se decidió crear la *Copa de Ciudades en Ferias* para que clubes poderosos como el *Barcelona, Milán e Inter* tuvieran también su escaparate internacional. El criterio para participar en este torneo no era el de una buena clasificación en los campeonatos nacionales sino merecimientos de tipo comercial de la ciudad sede del equipo. Esto era así pues solo se accedía a la competición por invitación y un 29 de julio de 1960 el *Valencia* recibió una invitación que iba a iniciar una trayectoria continental repleta de triunfos. En su debut en 1961 el *Valencia C.F.* se alzó con la victoria en la final ante el Barcelona, en 1962 ante el *Dínamo de Zagreb* y no pudo encadenar la tercera consecutiva al perder en la final de 1963 ante un *Zaragoza* que se benefició de un arbitraje desastroso. En la segunda participación en *Recopa de Europa* de campeones de copa el *Valencia* consiguió su título ante el *Arsenal* en *Bruselas* con aquella tanda de *penalties* en que *Pereira* pasó a la gloria. En las dos participaciones en *Supercopa de Europa* el *Valencia* resultó vencedor al vencer en 1980 al *Nottingham Forest* a doble partido y en el que los goles de *Felman y Morena* fueron decisivos y ante el *Oporto* en *Mónaco* en 2004. Finalmente, en sus dos primeras participaciones en *Champions League el Valencia C.F* se plantó en la final y aún duele recordar que no fuimos capaces de culminar nuestro viaje al Olimpo pues caímos en París y *Milán* ante el *Real Madrid* y el *Bayern de Munich* en los años 2000 y 2001. Incluso la efímera competición conocida como *Copa Intertoto*, cuyo vencedor obtenía pasaporte para jugar en *Copa de la UEFA*, vio el triunfo del *Valencia* en su primera participación en la temporada 1998-99. Este breve resumen nos lleva a afirmar que, en los debuts europeos, el *Valencia* fue el club más exitoso de la historia.

Tampoco quiero dejar pasar la oportunidad de reivindicar que *Valencia* ha dado al mundo del deporte una idea brillante que nos enorgullece a los que trabajamos por ella. *La Peña Valencianista per la Solidaritat*, que dirige-entrena *José María Tomás y Tío*, es la única peña exclusivamente solidaria que conozcamos y dedica todos sus esfuerzos a mejorar las condiciones de vida de los lugares más alejados para que se identifique al escudo del Valencia con la SOLIDARIDAD con mayúsculas. Nada más y nada menos.

Sirvan por último estas líneas como homenaje a los héroes que se dejaron la piel en los despachos, banquillos o sobre el césped para perpetuar nuestra memoria: *Luis Casanova, Cubells, Montes, Eizaguirre, Mundo, Puchades, Pasieguito, Wilkes, Waldo, Guillot, Claramunt, Arias, Kempes, Fernando, Lubo Penev, el "Piojo" López, Mendieta, Rafael Benítez, Cañizares, Carboni, Albelda …* y tantos otros que siempre serán *"los nuestros"*.

*"E jatsia que en altres partides del mon haja viles e ciutats així apellades, emperó aquelles e d´altres terres, com parlen de aquesta nostra reverend ciutat, tostemos per Excel.lencia hi ajusten dient: Valencia la gran". (Francesc de Eiximenis , Carta a los Jurados , 1385).*

## 100.- Nuestro teatro de los sueños.

Hemos dicho del *Valencia C.F.* cuando hablamos de sus exitosos debuts en competiciones internacionales que es la institución civil más importante de la *Comunidad Valenciana.* Por historia, por trascendencia social, por número de seguidores y por ser la "marca" valenciana más conocida en el mundo. Pero también en lo que todavía hoy es su casa tenemos una marca de renombre. Su primer terreno de juego estable fue el mítico *camp del Algirós*, que se situaba en los terrenos militares que hoy recaerían a la *calle Finlandia* y del que muchos conocen su existencia por la parte del himno del *Valencia* que la menciona; "... *en el camp del Algirós ja començaren a demostrar...*" Y es que llegó el 25 de julio de 1919 para que el solar de *Algirós*, al paso de su acequia y a unos doscientos cincuenta metros del actual *Mestalla*, fuera testigo del primer partido del equipo en la ciudad. El solar que lo albergaba estaba situado en las cercanías de la desaparecida *Estación del Ferrocarril Central de Aragón* y dicho debut, contra un Gimnástico que era el equipo hegemónico en la ciudad en aquel momento, se produjo como parte del torneo que con motivo de la *Feria de Julio* organizó el Ayuntamiento. El resultado final fue de empate a uno y *Pepe Llobet* pasó a la historia como el primer jugador en marcar un gol con el escudo del *Valencia C.F.* Y, como se pensó al poco tiempo que aquel terreno de juego era apropiado para convertirlo en "estadio estable", se procedió a vallarlo retirando las piedras que abundaban en el lugar, construir un vestuario, un botiquín y un urinario.

Ese "milagro" se obró por el donativo de 25.000 pesetas que hizo *Gonzalo Medina*, secretario del club, lo que obligó que tuviera que posponer un año su boda con el consiguiente cabreo de su entonces novia y que tuvo que ser calmado con una visita del equipo en pleno para explicarle las razones que su generosa acción tuvo. Así es como el 7 de diciembre de 1.919 se inauguró el remozado campo de *Algirós* jugando un partido contra el *Castalia* de *Castellón* con resultado final de empate a cero. Un par de días después se repitió el encuentro y, en esta ocasión, el *Valencia* venció por 1-0. En aquel partido debutó el gran *Eduardo Cubells*, figura que sería a la postre el primer jugador del Valencia que llegó a jugar con la selección nacional y gran entrenador y ejecutivo del club. El espacio deportivo era de dimensiones reducidas tanto en el graderío de piedra, cabían cerca de 8.000 personas, como en el terreno de juego que tenía unas dimensiones de 91 x 47 metros. Como anécdota cabe señalar que un hombre llamado "*el guitarrero*" solía refrescar los acalorados partidos vendiendo gaseosa en una pequeña barraca que dispuso al efecto. Ya en la temporada 1922-23 y habiéndose hecho cargo *Ramón Leonarte* de la presidencia del Club, el Valencia contaba con una afición cada vez más numerosa y podía ya considerarse el primer club de la región. Es por ello que la directiva decidió comprar el 16 de enero de 1923 unos terrenos junto a la acequia de *Mestalla* por una cantidad de 300.000 pesetas para hacer un nuevo campo. Se iniciaron seguidamente las obras y en pocos meses se alzó un bonito estadio con terreno de juego de tierra que tenía capacidad para 17.000 espectadores y unas dimensiones de 100 x 59 metros. Este se inauguró el 20 de mayo de 1923 y es, en las fechas de publicación de este trabajo, el estadio más antiguo de la primera división española superando por apenas un mes al *Madrigal* del *Villarreal.* Para la inauguración del campo se celebró un partido contra el *Levante F.C.* siendo el resultado final de 1-0 y marcando el histórico primer gol del periplo mestallista el sempiterno *Arturo Montesinos "Montes"*. El lleno fue absoluto y la recaudación de aquel encuentro se destinó a la "*Asociación Valenciana de Caridad*".

El *Dundee* escocés fue el primer equipo extranjero que pisó *Mestalla,* ganando por 0-3, y el *C.D Europa* el primer no valenciano, venciéndosele por 3-1. En esta primera temporada el equipo jugó veintiún encuentros internacionales ante doce equipos extranjeros y hasta ese momento el equipo carecía de entrenador pues los mismos jugadores confeccionaban las alineaciones y decidían los cambios.

El nombre del nuevo coliseo se debe a la histórica *acequia de Mestalla* que pasaba junto a la grada sur del estadio, acequia que había que superarse para llegar a este en sus primeros años. Ya en 1927 se produjeron reformas en el estadio al sembrarse por primera vez el césped, ya que hasta ese año se jugaba sobre tierra, y ampliarse la capacidad del mismo a raíz de la construcción de la tribuna cubierta formada por una fila de palcos a pie de campo, cinco filas de butacas, palcos principales y un pasillo de acceso interior a las gradas de preferencia. Bajo esas gradas se situaron los vestuarios, la enfermería y las taquillas que daban fachada a la calle. En ese momento el estadio albergaba a unos 25.000 espectadores, siendo todo él de madera.

La guerra civil fue devastadora para el estadio ya que, por la carestía del momento, parte de él fue utilizado para plantar patatas y fue provisionalmente destinado a campo de prisioneros por lo que el mejor presidente de nuestra historia, *Luis Casanova*, se puso manos a la obra para su recuperación al acabar esta. En los años cincuenta, el mismo presidente tomó el acuerdo de ampliación de un campo de *Mestalla* para el que se necesitó un crédito concedido por el *Banco Hipotecario* y vender abonos para quince años además de obligaciones de diversas entidades bancarias. Aquí la figura del entonces presidente del *Real Madrid Santiago Bernabeu* fue decisiva ya que amenazó a las entidades que no querían comprar obligaciones del *Valencia C.F.* con retirar sus fondos y animar a otros a que lo hicieran si no ayudaban a nuestro equipo. Es lo que se conoció como el "*Gran Mestalla*" y el 27 de diciembre de 1955 se inauguró la nueva tribuna con una capacidad de 7.000 espectadores en la zona inferior y 5.000 en el anfiteatro, con la que el estadio alcanzó una capacidad total de 30.000 espectadores.

Con la riada de 1957 quedaron destrozadas las instalaciones de agua y luz, las sillas de la tribuna navegaban por el estadio tras dos días de intensísimas lluvias y quedaron anegadas las oficinas, el túnel de vestuarios y otras instalaciones. Y tan sólo año y medio después, el 17 de marzo de 1959, se inauguró la luz artificial del estadio pues hasta entonces sólo podían disputarse partidos con luz natural. Desde 1969 hasta 1994 se denominó "*Estadio Luis Casanova*" en honor al gran presidente, aunque la humildad de este siempre se opuso a tal denominación. A finales de los años setenta y principios de los ochenta nuevas reformas ampliaron su capacidad para acoger encuentros de la fase final de la *Copa Mundial de Fútbol* de 1982 que se disputó en España. La última ampliación tuvo lugar en 1998, bajo la presidencia de *Francisco Roig*, en la que se añadieron tres nuevas gradas, obras que casi diez años después fueron declaradas ilegales por el Tribunal Supremo pero cuya orden de derribo de dicha ampliación no fue ejecutada. Nuestra casa, nuestro *teatro de los sueños* particular, tiene actualmente capacidad para 55.000 espectadores en espera de la finalización de las obras del nuevo estadio. *Sempre gran , sempre Mestalla...nostra casa.*

*"Valencia se asienta en uno de los lugares más hermosos y la rodean ríos y huertas no oyéndose más que murmullos de aguas que se ramifican y extienden en todas direcciones". (Abulfeda. Descripción de España. Escritor árabe. S.XIII).*

# 101.- La cultura del esfuerzo.

El deporte del fútbol monopolizó durante décadas el interés deportivo de los aficionados dominicales dejando al resto de deportes como entretenimientos que se apartaban de grandes titulares. Ni los triunfos emergentes de nuestros deportistas en disciplinas como el tenis o el golf pudieron cambiar una tendencia imparable. Así fue en una ciudad como *Valencia* donde el *Valencia C.F.* tuvo durante años secciones deportivas que alimentaban el deseo de una diversificación que nunca llegó a consolidarse. Y entre ellas estuvo la del baloncesto.

Nuestro mejor equipo, el actual *Valencia Basket Club*, fue fundado en el año 1986 como heredero de la sección de baloncesto mencionada del *Valencia Club de Fútbol.* Tras el descenso a la segunda división del equipo de fútbol en aquella temporada, el club de baloncesto tomó identidad propia y en la temporada 1986-87 participó en la primera división B del baloncesto español. En un principio el equipo estuvo patrocinado por la empresa cerámica *Pamesa* con su mecenas *Juan Roig* al frente y por eso era nombrado hasta el año 2009 como *Pamesa Valencia.* Desde entonces y hasta el 2011, la empresa valenciana *Power Electronics* patrocinó al primer equipo, recibiendo éste el nombre oficial de *Power Electronics Valencia.* A partir de ahí, su denominación oficial será la de *Valencia Basket Club.* El pabellón que presencia sus partidos es el de la *Fuente de San Luis*, con capacidad para 9.000 espectadores, y viste camiseta y pantalón naranja. Su equipaje reserva es pantalón y camiseta azules.

En el año 1988 el equipo logró el ascenso a la Liga ACB y permaneció de forma ininterrumpida en esta competición hasta la temporada 1994-95 en la que descendió a la Liga EBA por única vez. Su regreso a la máxima división se produjo en la siguiente temporada y de ahí no se ha movido. El primer título de su historia se fraguó en febrero de 1998 al vencer la *Copa del Rey* ante el *Joventut de Badalona.* Este triunfo le dio derecho a disputar su primera competición europea y plantarse en la final de la *Copa Saporta* para perderla ante el *Benetton de Treviso* italiano en *Zaragoza.* En la temporada 1999-2000 el *Pamesa* quedó subcampeón de la *Copa del Rey*, perdiendo la final ante el *Estudiantes,* por lo que se volvió a plantar en la final de la *Copa Saporta* de la temporada 2001-02 y se volvió a perder en esta ocasión ante el *Montepaschi di Siena* en *Lyon*. La *Copa Saporta* es el nombre con el que, entre los años 1999 y 2002, se denominó a una extinta competición europea de baloncesto que enfrentaba a los clubes campeones coperos de cada país y que antes se llamó *Recopa*. Por tanto, el *Pamesa* fue el equipo que más finales jugó de esta competición en sus cuatro años de vida.

De entre las temporadas memorables en la liga ACB, la de la 2002-2003 supuso la de la llegada a la final aunque se perdiera contra el poderoso *Barcelona*. Jugadores como *Fabricio Oberto, Dejan Tomaševic* o *Alejandro Montecchia* elevaron la calidad del equipo a cotas desconocidas hasta entonces. En la siguiente temporada el equipo llegó al *Top 16* de la *Euroliga* pero desechó clasificarse para la *Final Four* por no acudir a disputar su eliminatoria en *Tel-Aviv* por temor a posibles atentados.

Pero lo que nos interesa a nuestros efectos es resaltar que el *Valencia Basket*, en sus distintas denominaciones, ha sido el equipo que más finales ha disputado de la competición europea de la *Eurocup*, segunda máxima competición baloncestística continental, el que más títulos ha conseguido y el primero en conseguirla. En la *Eurocup de la ULEB*, anteriormente denominada *Copa ULEB*, compiten los equipos mejor clasificados de las ligas nacionales y que no están clasificados para disputar la *Euroliga*. En ella participan treinta y dos equipos, de los que catorce equipos se clasifican como perdedores de la fase previa de la *Euroliga*, diez se clasifican directamente y los ocho restantes salen de una eliminatoria previa. Esta competición fue creada en la temporada 2002-2003 para recoger el testigo de las desaparecidas *Recopa de Europa* y la *Copa Korac*. Pues bien, el *Valencia Basket* ha sido el equipo estrella por excelencia en esta competición tras conseguir tres títulos en sus cuatro finales disputadas.

Nos remontamos pues a la temporada 2002-03 para conseguir el primer entorchado europeo ante el *Novo Mesto* esloveno, que entrenaba el que posteriormente sería nuestro entrenador *Neven Spahija,* y al que *Paco Olmos* ganó la partida doblemente en la ida por 78-90 y en la vuelta por 78-76 con un *Tomasevic* imperial. Fue la primera edición de la competición y en su debut cayó en nuestras vitrinas. Siete años más tarde, en la 2009-10 y con *Spahija* como entrenador, la víctima fue el *Alba de Berlín* al que se arrolló por 44-67 en el encuentro disputado en *Vitoria*. En esta ocasión *Matt Nielsen* fue nombrado MVP del torneo y de la final. No se pudo vencer en la tercera final ante el *Khimki* en la temporada 2011-12 pues pesó mucho que la final se jugara en la cancha del rival y el equipo valenciano nunca encontró su lugar para acabar perdiendo por 77-68. El tercer título vino en la 2013-14 ante el *Unics Kazan* al eliminar sucesivamente en una serie imposible a equipos rusos de muchos quilates como el *Khimki* y el *Nizhny*. La final a doble partido arrojó el inapelable 80-67 en *la Fonteta* y un 73-85 en *Kazan* que coronó a *Justin Doellman* como un "*killer*" inmenso anotador desde la pintura.

No podemos olvidar en este capítulo a los ilustres valencianos que retiraron su número del equipo por los servicios prestados para la consolidación de nuestro baloncesto local como fueron el 11 de *Nacho Rodilla* y el 15 de *Víctor Luengo*. *Víctor Claver* además fue el primer valenciano que fue fichado para jugar en la N.B.A de *Estados Unidos*. Como expresa magníficamente el lema del equipo, nuestra sociedad necesita *"la cultura del esfuerzo"* ...

> *"Las manufacturas dentro de la ciudad están florecientes cuanto Vd. puede figurarse hoy de otra de España. Todo está lleno de mujeres y hombres ocupados en sus respectivos oficios a las puertas de sus casas, en las ventanas, en los patios, y no hay rincón en donde no resuenen cantares y otras muestras de alegría en los trabajadores". (Antonio Ponz , viajero, S.XVIII).*

# Bibliografía y Webgrafía.


San Vicente Mártir y la Roqueta: Pasión, devoción y olvido. Conferencias Culturales 2000.

Santo Tomás de Villanueva O.S.A y los Colegios jesuitas de Valencia y Gandía. Carlos Martínez Herrer.

http://www.colegiodelartemayordelaseda.es/historia-edificio

Nómina de los autores valencianos del Siglo de Oro. Diputación Provincial de Valencia, 2005. Francisco Roca Traver

El primer periódico de la península Ibérica: la Gazeta de Valencia (1619). Carmen Espejo (Universidad de Sevilla)

Descripción e historia del Miguelete y sus campanas. José Sanchis y Sivera. 1909.

Poder, piedad y patronazgo de una reina bajomedieval. Nuria Silleras-Fernández

LA ARTESANÍA INDUSTRIAL EN VALENCIA: LA FUNDICIÓN PRIMITIVA VALENCIANA (1850 - 1890) Luís Mañas Borrás

Al servicio de la ciudad: Joan del Poyo y la práctica de la arquitectura en Valencia ( 1402-1439) Amadeo Serra Desfilis.

Relojes públicos en Valencia en los Siglos XIV y XV. José Sanchis y Sivera.

La Catedral de Valencia. Guía Histórica y artística. José Sanchis y Sivera.

Aquellos viejos coches de nuestros antepasados. Un aspecto de la arqueología industrial del Campo de Gibraltar. José Manuel Algarbani Rodríguez. Almoraima 42, 2011

http://www.vehiculosclasicos.com/lacuadra.php

http://hsypegaso.webcindario.com/Pioneros/pioneros.htm

http://www.vehiculoclasico.es/es/marcas/pioneras/pioneras2.php

La letra de cambio en el medioevo valenciano. Ricardo Garrido Juan. Colegio de Abogados de Valencia

De Feria Muestrario a Feria Valencia. Federico Martinez Roda, Daniel Sala Giner. Valencia 2005

De las Exposiciones de la Real Sociedad Económica de Amigos del País a la Feria Muestrario Internacional de Valencia. Salvador Zaragoza Adriaensens.

Feria Muestrario Internacional, crónica de los primeros 65 años. Luis B.Lluch Garín. Valencia 1982

El hallazgo de los frescos de Paolo de San Leocadio en la catedral de Valencia y algunas consideraciones acerca de Francesco Pagano. ADELE CONDORELLI.

Bellés, X.: *Los insectos y el hombre prehistórico.* Los artrópodos y el hombre. Bol. S.E.A., Nº20 (1997).

Beltrán, A: *Arte Rupestre I,evantino.* Zaragoza, 1968

Blasco Bosqued, Mª.C.: *La caza en el arte rupestre del Levante español*

Hernández-Pacheco, E.: *Escena pictórica con representaciones de insectos de época paleolítica. Memoria de la Real Sociedad de Historia Natural, tomo del cincuentenario.* Madrid, *1921.*

Hernández-Pacheco, E.: *Las pinturas prehistóricas de las cuevas de la Araña (Valencia). Evolución del Arte rupestre en España.* Madrid, *1924.*

Jordá, F.: *Notas sobre Arte rupestre del Levante español.* Caesaraugusta,21-22. Zaragoza, 1963.

Ortego, T.: *Nuevas estaciones de Arte rupestre aragonés: «El Mortero» y «Cerro Felío», en el término de Alarcón (Teruel).* Archivo Español de Arqueología, T. XXI. Madrid, 1948.

Ripoll, E.: *Pinturas rupestres de la Gasulla (Castellón).* Monografías de arte rupestre, arte levantino, núm. 2. Barcelona, 1963.

El Museu Benlliure de Crevillent: història i fons. TRELIS MARTÍ, Julio; SATORRE PÉREZ, Ana.

El Museu Benlliure de Crevillent: història i fons. La Rella. 2006. Volumen 19, pp 101- 126

Monumento al Cid Campeador, obra de la escultora estadounidense Anna v. Hyatt de Huntington. José Luis Melendreras Gimeno.

Las termas romanas de la Almoina. Quaderns de Difusió Arqueològica 7. Carmen Marín Jordá y Albert Ribera i Lacomba, 2009.

Vicente Graulllera Sanz "Los hostaleros del burdel de Valencia".

Manuel Costa. Jaime Guemes Del huerto de simples al Jardín Botánico.

Manuel Costa. Jaime Guemes. Del huerto de simples al Jardín Botánico.

SEBASTIA GARCIA MARTINEZ, Gaudenci Senach i la cátedra valenciana de botánica medica, AFERS, 5/6 1987

J.M. LOPEZ Piñero, La introducción de la ciencia médica en España. Barcelona. Ariel. 1969

SAPIENTIA AEDFICAVIT- MARIANO PESET, JAVIER PALAO, Escenes de la vida Universitaria, pag 21.

JARDINES BOTANICOS CREADOS EN ESPAÑA DURANTE LA EDAD MEDIA Y RENACIMIENTO: REVISION HISTORIOGRAFICA. Tercer Congrés de Historia de la Medicina Catalana. Lleida, 1981. M.C. Vidal Casero

"MOMENTOS Y LUGARES DE LA CIENCIA ESPAÑOLA" de Antonio Lafuente Juan Pimentel

http://derechocivilvalenciano.com/estudios/derechos-de-aguas/item/193-el-tribunal-de-las-aguas-de-la-vega-de-valencia

http://www.origenvalencianodelajedrez.com

Nacimiento, apogeo y declive de las antiguas mejilloneras de Cataluña y Valencia (1900-1965),

Juan Pérez-Rubín Feigl, Instituto Español de Oceanografía.

De Guadan, A. M.: Los griegos y la Península Ibérica a la luz de la numismática.

Domínguez Monedero, A. J.: Sagunto, el emporion de Arse, punto de fricción entre las políticas de Roma y Cartago en la Península Ibérica. Cu PAUAM 37-38, 2011-12,

Gozalbes, M.: Historia del dinero. Guía de sala. Museu de Prehistòria de València, València, 2011.

Martínez Chico, D.: La plata troceada de los íberos.

Ripollés Alegre, P.P.: El reflejo de la iconografía helenística en las emisiones de iberia oriental: en el siglo III a. C. Roma, 2012.

Aycart Luengo, Carmen - Fundación de los Ferrocarriles Españoles: "Guía de Vías Verdes, Volumen II". Grupo Anaya y Fundación de los Ferrocarriles Españoles (2007)

Hernández Villaplana, Ricardo: La Vía Verde de Ojos Negros. Carena Editors (2010)

Ortiz López, Antonio – Prats Escriche, Jose María: El Puerto: Crónica de un siglo, 1902-2002. Los lugares de la Memoria. Martínez Impresores, SL (2002)

Taller de Formación para la Contratación Técnico en Información Turística 2008/2009: Guía del Patrimonio Arqu*itectónico de los municipios de la comarca del Alto Palancia*. Mancomunidad Alto Palancia (2009)

http://www.catedraldevalencia.es/el-santo-caliz_historia.php

http://www.enlacejudio.com/2012/07/23/cristobal-colon-luis-de-santangel-y-america/

Lluis de Santangel primer financiero de America. Actas del Simposio internacional Santangel 98. GV 2008

Lluis de Santangel y su época. Un nuevo hombre un mundo nuevo. Sevilla 1992 Comisión V Centenario del Descubrimiento.

Wikipedia

www.**jdiezarnal**.com/

Museos históricos en España: de los gabinetes de curiosidades a los modernos centros de investigación, conservación y comunicación. Isabel Rábano

Grandes mamíferos del sur: extinciones sudamericanas y la colección Rodrigo Botet del Museo de Ciencias Naturales de Valencia, España. Karina Vanesa Chichkoyan. Colección Tesis. Bariloche 2011

Las hipótesis de Eduardo Boscá sobre la alimentación del megaterio y el montaje del ejemplar de la Colección Rodrigo Botet. Amparo Salinas Jaques. 2005

Una colección para una ciudad. Mª Amparo Salinas, Margarita Belinchón, Esteban J. Sánchez Ferris. 2000 (http://metode.cat/es/Revistas/Monografics/Colleccions-de-la-memoria/Una-colleccio-per-a-una-ciutat)

La polémica sobre el hombre terciario y su expresión en la Valencia de comienzos del siglo XX. Jesús Catalá Gorgues. Revista Asclepio 2012

Catálogo inventario de la colección Rodrigo Botet de mamíferos fósiles suramericanos del Museo Paleontológico municipal. Manuel Martel San Gil, Emiliano Aguirre Enríquez. Valencia 1964

Catálogo-Guía de la colección paleontológica de J.Rodrigo Botet. Valencia 1909

La enseñanza de la Historia Natural y de la Agronomía en la Valencia del siglo XIX. Jose M. Lopez Piñero. Valencia 1998

Exposición, Rodrigo Botet i el mon cientiific valencià entre les dos republiques.

http://www.cibm-valencia.com/

*CORTÉS PEÑA en su obra "Religión y Política durante el Antiguo Régimen", Universidad de Granada, Granada, 2001, pág. 105.*

Justas, votos y fundaciones. Valencia y la Inmaculada en la primera época

Moderna. Emilio Callado Estela, Universidad CEU-Cardenal Herrera

http://www.xiquetsdesantvicent.es/historia.html

El internamiento psiquiátrico en España: de Valencia a Zaragoza. Luis Fernando Barrios Flores

La fundación en Valencia del primer hospital psiquiátrico del mundo. Juan José López-Ibor

EL PADRE JOFRÉ Y LOS ENFERMOS MENTALES. 25 febrero 2009 / Florián Yubero

http://www.monografias.com/trabajos5/borgia/borgia.

La medicina y las ciencias biológicas en la historia valenciana. Jose María Lopez Piñero. 2004. Ayuntamiento de Valencia.

Jaime Ferrán y su papel en las epidemias de cólera de Valencia. María José Báguena Cervellera.

Desarrollo de la microbiología en el siglo XIX. Influencia de la vacuna de Ferrán en la epidemia de cólera en Valencia en 1885. Briones Perez AI, Vidal Casero MªC.

LOPEZ Piñero, La introducción de la ciencia médica en España. Barcelona. Ariel. 1969

LÓPEZ PIÑERO, José María: "La repercusión en Francia de la obra anatómica de Crisóstomo Martínez" en *Cuadernos de Historia de la Medicina Española, 6* (1967), 87-100.

LÓPEZ PIÑERO, José María: "Crisóstomo Martínez. El hombre y la obra" en *El atlas anatómico de Crisóstomo Martínez*, 2.ª ed., Valencia, Ayuntamiento, 1982, pp. 19-68.

http://www.comv.es/

La Universidad de Valencia durante el siglo XVII. Amparo Felipo Orts. Valencia 1991

La Facultad de Medicina de la Universidad de Valencia. Aproximación a su historia. José Mª Lopez Piñero. Valencia. 1980

Catálogo de los fondos de Ciencias morfológicas de la biblioteca y museo historicomédicos de Valencia. Juan Antonio Micó, Amparo Soler, Rafael Aleixandre, Isabel Perez Salinas. Valencia 1999

Estudios sobre la profesión médica en la sociedad valenciana (1329-1898). Jose Mª Lopez Piñero. Valencia 1998

José Rodríguez Guerrero, Pedro Rojas García. LA *CHYMICA* DE RICHARD STANIHURST EN LA CORTE DE FELIPE II. 2001

El "Dialogus" (1589) del paracelsista Llorenç Coçar y la Cátedra de Medicamentos Químicos de la Universidad de Valencia. Lopez Piñero

Cinc segles i un dia. Valencia 1999

La taquigrafía en España: origen y evolución. Ángela del Valle López. Revista de Educación 333 (2004)

http://www.revistaeducacion.mec.es/re333/re333_21.pd

http://lataquigrafiayestenotipia.blogspot.com.es

http://www.ellibrepensador.com/2013/07/16/taquigrafia-en-la-era-digital/

https://knightcenter.utexas.edu/es/blog/00-13921-taquigrafia-herramienta-para-periodistas-que-no-pasa-de-moda

Bellés, Salvador (2013) "*Julio Cervera Baviera. Un científico de Segorbe que participó en el nacimiento de la radiofonía*". La prensa de Segorbe, Agosto de 2013.

De Paz Sánchez, (2004) "Militares masones de España: Diccionario biográfico del siglo XX", Valencia, pp. 115-116.

Gil González, Fernando: *Julio Cervera Baviera (1854-1927).* Museo virtual de Historia de la Masonería.

Gómez Benedito, Vicente: "*Julio Cervera y Baviera, vanguardia de una época*"; Boletín del Instituto de Cultura Alto Palancia, nº 1. (1995)

Ledesma Obelar, Iván: "*Julio Cervera Baviera, pionero de las radiocomunicaciones en España*", Foro Histórico de las Telecomunicaciones, nº 172, Diciembre-Enero. (2009)

Martín Artiguez, Rafael: "*Julio Cervera y Baviera. Un genio olvidado*". Exposición organizada durante la *V Muestra de Audiovisual Histórico de Segorbe* (2011)

Pina, J.: "Julio Cervera Baviera. Apuntes biográficos". Conmemoración de la expedición científica de Cervera-Quiroga-Rizzo al Sahara Occidental en 1886" en J. A. Rodríguez Esteban (ed.), Estudios sobre la Ciencia, CSIC. (2008)

Rodriguez, Victor:*"El español que inventó la radio"*. Diario El Mundo, nº 524, (Domingo, 30 de Octubre de 2005)

Sánchez Miñana, Jesús: "*La introducción de las Radiocomunicaciones en España"*. Fundación Rogelio Segovia para el Desarrollo de las Telecomunicaciones. Madrid (2004)

http://www.rtve.es/television/20130217/sin-hilos-perfil-biografico-julio-cervera/607969.shtml

http://www.alpoma.net/tecob/?p=8065

http://www.uned.es/dpto-hdi/museovirtualhistoriamasoneria/17ciencias_y_masoneria/juliocervera.htm

http://home.coqui.net/sarrasin/pers2.htm

http://ingeniatic.euitt.upm.es/index.php/personajes/item/282-cervera-baviera-julio

http://www.coit.es/foro/pub/ficheros/librosapendice_1_981ff066.pdf

AGRAMUNT LACRUZ, Francisco: *Diccionario de Artista Valencianos.* Tomos I, II y III. Edita: Albatros. Obra completa 1999.

BONET SALAMANCA, Antonio: *ESCULTURA procesional en Madrid (1940-1990).* Edita: Pasos. 2009.

GARÍN ORTIZ DE TARANCO, Felipe María: *Historia del Arte de Valencia.* Edita: Caja de ahorros de Valencia. 1978.

HISTORIA DEL ARTE VALENCIANO: *"Escultura".* Edita: Consorci d'editors valencians, S.A. Tomo V. Valencia. 1988.

*"El siglo XX hasta la guerra del 36".*Edita: Consorci d'editors valencians, S.A. Tomo VI. Valencia. 1988.

PANTORBA DE, Bernardino: *Historia y crítica de las Exposiciones Nacionales de Bellas Artes celebradas en España.* Editada y distribuida por Jesús Ramón García-Rama J. Segunda edición. Madrid 1980.

PORTELA SANDOVAL, Francisco José-BONET SALAMANCA, Antonio: *Luis MARCO PÉREZ.* Edita: Diputación de Cuenca, 1999.

TORMOS CAPILLA, Juan Bautista: *Art Sacre: Imatges. Església Parroquial dels Sants Reis de la vila d'Albalat dels Sorells.* Edita: Servei de Publicacions de la Diputació de València. 2011.

*Tresors del Patrimoni Imatger Moncada.* Edita: Ajuntament de Moncada. 2012.

# AGRADECIMIENTOS

Este trabajo no se hubiese podido hacer sin la colaboración desinteresada de amigos de verdad como Vicente Claramunt, Arturo Cervellera, José Angel Planillo, Tino Nevado, Enrique Gandía, Juan Antonio Diez Arnal, Juan Vicente Muñoz Raga, Sandra Ruíz Gros, Paco Gascó y otros que, en menor medida, con sus aportaciones y documentación me han dado la energía necesaria para desarrollarlo y acabarlo. Gracias de corazón a todos ellos por su sabiduría y amistad.

# ÍNDICE